법무법인 강산이 알려주는
진짜경매
명도소송 · 법정지상권 · 유치권

법무법인 강산이 알려주는
진짜경매
명도소송 · 법정지상권 · 유치권

발행일 | 2017년 12월 8일
저　　자 | 김은유, 김미영, 임승택, 김태원
발행처 | 주식회사 파워에셋

출판등록 | 2014년 5월 2일(제2014-000010호)
주소 | 충청남도 아산시 탕정면 탕정면로 124
책내용문의(저자) | 02-592-6390 / lawmain@hanmail.net

이 책의 저작권은 저자와 출판사에 있습니다.
저자와 출판사의 허락없이 책의 전부 또는 일부 내용을 사용할 수 없습니다.

ISBN　979-11-952851-8-1　03360
값 30,000원

저자와의 협의에 의해 인지는 붙이지 않습니다.
잘못 만들어진 책은 구입처나 본사에서 교환해 드립니다.

법무법인 강산이 알려주는

진짜경매

명도소송 · 법정지상권 · 유치권

법무법인 강산 김은유, 김미영, 임승택, 김태원 공저

파워에셋

머리글

"변호사님 100% 자신하십니까?" 공장을 낙찰 받은 의뢰인이 상담 과정에서 한 말이다. 그는 공장 건물에 대해 그 안에 있는 정밀한 기계 장치를 제외하고 낙찰 받았다. 인도소송이야 당연히 의뢰인이 승소하겠지만, 인도 집행을 하려면 기계 장치를 떼어내야 하는데, 고도의 정밀한 기계장치에 대해서는 추후에 기계소유자로부터 손해배상청구를 받게 될까 염려하여 집행관들이 인도 집행을 극도로 꺼린다. 그 때문에 낙찰자가 인도소송에서 승소한 후에도 오랜 시간 집행을 못하고 피해를 입는 경우가 많다.

낙찰을 받은 후 해당 부동산을 인도 받는 방법은 두 가지이다. 첫째는 합의에 의한 것이고, 둘째는 강제방법을 동원하는 것이다. 강제방법은 인도명령과 인도(철거 및 부당이득금 포함)소송으로 나뉜다. 주택의 경우는 대부분 큰 문제가 없다. 이 책을 보고서 직접 인도명령신청이나 인도소송을 하고 그 집행까지 마무리해 보자. 이 책의 양식을 보고 따라만 하면 된다.

그러나 문제는 기계장치를 제외한 공장건물, 임차인 점유자가 있는 상가건물이다. 이런 경우에는 인도소송에서 승소를 하여도 그 집행이 어렵다. 또한 토지에 법정지상권·유치권 문제가 있거나, 그 지상에 수목이나 컨테이너, 비닐하우스 등이 있는 경우에도 부동산을 인도받기 쉽지 않다.

구체적으로 인도소송을 시작할 때는 피고를 누구로 특정해야 하는지(특히 미등기부동산의 경우), 소장 송달 방법, 집행방법 및 집행 후 후속처리 등이 어렵다. 경매입찰방해죄, 공무상 비밀표시무효죄 등 형사문제도 알아야 한다.

그리고 인도소송에 앞서서 하여야 하는 점유이전금지가처분이나 인도단행가처분, 출입금지가처분 문제도 고민이다.

법무법인 강산은 1995년 '김은유 변호사' 개인 사무실로 출발하였다. 1995년부터 약 20년간 한국수자원공사, 1998년부터 현재까지 경기도시공사 고문 변호사를 맡으면서 신도시를 건설하기 위한 손실보상분야를 특화하여 취급하였다. 그 동안 손실보상 후에 필연적으로 뒤따르는 인도소송을 포함하여, 저자가 직접 낙찰을 받거나, 낙찰자들로부터 의뢰받은 인도소송 및 집행을 2,000건 이상(2017. 12. 1. 현재 진행 중인 사건 79건) 처리하면서 무수히 많은 문제를 해결하여 왔다.

공동저자인 김미영 대표는 2009년부터 경매를 시작하였다. 서울자산관리주식회사를 설립하여 예고등기, 유치권, 대지권미등기, 법정지상권, 지분물건 등 특수물건만을 전문적으로 투자하고 있다.

저자들은 경매의 신(神)이 아니다. 다만 변호사 및 전문투자자로서 그동안의 인도소송 과정과 실전경매를 토대로 터득한 법률 지식을 가감 없이 알려드리고자 한다. 독자들이 이 책을 통해 정확한 지식으로 무장하여 낙찰 받은 부동산을 신속하게 인도받도록 돕고자 한다. 이 책은 기본적인 인도 지식은 과감히 생략하였다. 기본적인 인도지식은 다른 전문가들이 쓴 글이나 책이 많이 있기 때문이다.

이 책의 내용은 다음과 같다.

① 유치권, 법정지상권 성립여부에 대한 권리분석부터, 점유이전금지가처분 등 가처분 관련사항,

② 인도명령신청, 인도·철거·부당이득금 청구소송 및 그 집행방법,

③ 가설건축물에 대해 법정지상권이 성립하는지 여부,

④ 경매 권리분석에서 숨은 하자인 건물소유를 위한 토지임대차 해결방법,

⑤ 지분경매 후 인도 및 공유물분할소송방법,

⑥ 실제 소송 사례,

⑦ 경매과정에 일어나는 형사문제를 다루고 있다.

특히 가설건축물에 대한 법정지상권 성립문제는 이 책에서 처음 다루는 것이고, 공유자분할소송에 대해서는 깊이 있게 다루어 전문가도 참고할 수 있도록 하였다.

이 책은 초보자가 보기에는 다소 어려울 수 있다. 그러나 인도소송 및 집행절차를 직접 진행하는 경매전문가들에게는 큰 도움이 될 것이다. 낙찰 받은 부동산을 인도받는 과정에서 시행착오를 피하여 손해를 입지 않도록 이 책이 길잡이가 되어 줄 것이라 자부한다.

인도를 조속히 마무리 하여야 돈이 되는 경매가 되고, 그것이 "진짜경매"

다. 법무법인 강산은 앞으로 **"진짜경매"**라는 제목으로 경매 관련 시리즈를 낼 예정이다. 그 제3탄이 바로 이 책 **명도소송·법정지상권·유치권**이다(법무법인 강산은 이미 「도로·공원 경매 및 골목길·진입도로 해결법」, 「집합건물 경매·재건축·관리 실무」를 출간한 바 있다). 서점에 나와 있는 경매 관련 책이 실무에 적용할 수 있는 법률지식을 다룬 책은 찾기 힘들다며 문제를 제기하는 목소리가 높다. 경매를 다룬 책이 무협지가 되어서는 아니 된다. 법무법인 강산은 "진짜경매"시리즈를 통해 돈이 되는 경매를 알려드리고자 한다.

모쪼록 <u>낙찰 후 인도 문제와 지분경매 후 공유물분할소송문제</u>를 해결하는 데 이 책이 일조하기를 기대한다. 나아가 앞으로 출간될 "진짜경매"시리즈를 통해 독자들이 돈 되는 경매를 경험하시길 빈다.

법무법인 강산 방배동 연구실에서
2017. 12.
대표저자 김은유 변호사 드림

차례

머리글 • 4

제1장 총설

01 강제집행 불발에 쪽박 차는 부동산 경매 • 17
02 인도소송 전문변호사 선임 • 21
03 부동산 침해방지 조치 • 24
04 신속·정확한 인도를 위한 사전 준비사항 • 25
05 인도시기 • 28
06 인도, 철거, 퇴거 개념 • 28
07 단전단수를 통한 인도 가능 여부 • 32
08 사적인 임의인도 가능여부 및 거주불명등록 • 40
09 실무상 가장임차인 판단기준 • 42
10 관리비 문제 • 44

제2장 합의 및 제소전화해

01 합의에 의한 인도 • 53
02 제소전화해 • 58

제3장 유치권 돌파하기

- 01 개설 • 65
- 02 허위 유치권이 문제되는 경우 • 69
- 03 유치권 성립요건 • 71
- 04 비용상환청구권에 의한 유치항변 • 80
- 05 공사대금청구권과 유치권 성립 여부 • 84
- 06 유치권 소멸시키기 • 89
- 07 유치권 성립여부 사례 • 99

제4장 법정지상권 돌파하기

제1절. 제도 취지 등
- 01 제도 취지 • 111
- 02 법정지상권 다시 생각하기 • 112
- 03 법정지상권 성립 토지 매각가격 결정방법 • 114

제2절. 법정지상권 종류
- 01 건물 전세권과 법정지상권 • 117
- 02 저당권과 법정지상권 • 118
- 03 가등기담보권과 법정지상권 • 119
- 04 「입목에 관한 법률」과 법정지상권 • 121
- 05 관습법상의 법정지상권 • 121

제3절. 법정지상권 성립요건
- 01 민법 제366조 법정지상권 • 123
- 02 관습법상의 법정지상권 성립요건 • 141
- 03 토지 또는 건물에 공유관계가 존재하는 경우 • 154

제4절. 법정지상권의 등기, 이전
- 01 법정지상권의 등기 • 165
- 02 법정지상권 이전 문제 • 166

제5절. 법정지상권의 성립시기 및 존속기간
- 01 법정지상권의 성립시기 • 171
- 02 법정지상권의 존속기간 • 172

제6절. 법정지상권이 인정되는 범위
01 일반적인 지상권 범위 • 174
02 판정기준 • 175

제7절. 지료 및 법정지상권 소멸
01 지료를 정하는 소송의 성격 • 177
02 지료결정청구권자 • 179
03 지료 산정의 기준 • 179
04 지급의무자 • 181
05 지료결정 시점 • 183
06 지료결정판결의 효력 • 183
07 예비적 지료청구 • 185
08 지료 연체 시 소멸청구 • 186
09 법정지상권 소멸 • 190
10 지상권 점유 취득시효의 인정 요건 및 그 판단 기준 • 193

제8절. 판단 방법 및 타 권리와의 경합
01 개설 • 194
02 건물소유를 위한 토지임차권과 법정지상권의 함정 • 196
03 유치권 등과의 경합 • 199

제9절. 가설건축물과 법정지상권
01 문제의 제기 • 202
02 가설건축물이란 • 202
03 법정지상권 성립여부 • 204
04 기타 대응방법 • 213
05 결론 • 215

제10절. 분묘기지권
01 장사법 시행 후 • 217
02 장사법 시행 전 • 219

제5장 인도·철거소송 관련 가처분

01 가처분을 하여야 하는 이유 • 225
02 점유이전금지가처분 • 227
03 인도·철거·수거단행가처분 • 242
04 처분금지가처분 • 255
05 출입금지가처분 • 262

인도명령신청

01 의의 및 인도소송과의 차이점 • 267
02 인도명령의 당사자 • 269
03 인도명령의 신청 • 275
04 인도명령의 재판 • 279
05 인도명령 집행 • 282
06 인도명령에 대한 불복방법등 • 286

 인도소송

01 어떤 소송을 할 것인가? • 291
02 누구를 상대로 소송을 하는가? • 293
03 소장 송달 방법 • 302
04 제시외 건물 • 309
05 오픈상가와 경매 • 311
06 지분경매와 인도 • 320
07 인도청구 청구취지(주문) 기재 례 • 332

제8장 철거소송

01 서설 • 337
02 누구를 피고로 하는가? • 339
03 청구취지와 철거대상물 특정 • 352
04 건물철거와 신의칙 • 358

제9장 부당이득금청구소송

01 개설 · 365
02 누구를 피고로 하는가? · 366
03 점유하되 사용수익을 하지 않는 자에 대한 부당이득 성립여부 · 367
04 선의의 점유자와 부당이득반환 · 369
05 도로를 낙찰 받은 경우 · 370
06 집합건물 대지만 낙찰 받은 경우 · 373
07 저수지 하상 토지를 낙찰 받은 경우 · 376
08 단순공유인 경우 부당이득금 산정방법 · 377
09 구분소유적 공유인지 단순공유인지 · 378

제10장 공유물분할소송

01 지분경매 시작 · 385
02 지분경매의 완성, 공유물분할 · 387
03 지분경매 시 유의사항 · 393
04 토지분할소송 비법 · 394
05 공유자 우선매수청구권 부인 · 398

제11장 실제 소송 사례

01 미등기부동산 인도·철거·부당이득금 청구 · 403
02 상가 인도청구 · 418
03 수목 수거 및 토지인도청구 소장 · 422
04 컨테이너, 비닐하우스, 분묘가 있는 토지 인도청구 · 429
05 정밀기계가 있는 공장 인도 청구 · 434
06 도로 낙찰 후 부당이득금청구 · 435
07 도로 낙찰 후 건물 철거소송 · 442
08 집합건물 철거 및 부당이득금청구 · 447
09 지분경매 후 공유물분할소송 · 454

제12장 인도·철거 집행방법

01 집행절차 • 465
02 위법·부당 집행에 대한 구제방법 • 473
03 집행 후 후속처리(위탁보관 물건 매각절차) • 476
04 낙찰 받은 부동산에 유체동산압류가 되어 있는 경우 • 477

제13장 형사처벌

01 공무상비밀표시무효 • 483
02 부동산강제집행효용침해 • 487
03 공무상보관물의 무효 • 488
04 업무방해 • 489
05 경매 입찰 방해 • 492
06 주거침입 • 497
07 권리행사방해 • 498
08 강제집행면탈 • 501
09 사기 • 503
10 부당이득 • 507
11 공갈 • 509
12 재물손괴 • 510
13 경계침범 • 511
14 변호사법 • 513

제 1 장

총설

1 강제집행 불발에 쪽박 차는 부동산 경매
2 인도소송 전문변호사 선임
3 부동산 침해방지 조치
4 신속·정확한 인도를 위한 사전 준비사항
5 인도시기
6 인도, 철거, 퇴거 개념
7 단전단수를 통한 인도 가능 여부
8 사적인 임의인도 가능여부 및 거주불명등록
9 실무상 가장임차인 판단기준
10 관리비 문제

01 강제집행 불발에 쪽박 차는 부동산 경매

경매의 끝은 인도를 받는 것이고 인도는 언젠가는 받기 마련이다. 그러나 신속하고 정확한 인도만이 돈 되는 "진짜경매"다.

인도 과정에는 매우 많은 문제가 도사리고 있다. 입찰 참여여부를 결정할 때 신속하게 인도받을 수 있는지도 고려해야 한다. 특히 경매를 막 배우고 입찰하는 분들은 인도문제에 대해서 별로 신경을 쓰지 않고 입찰에 참여하는 경우가 많은데 위험천만한 일이다.

주택의 인도는 인도명령신청으로 대부분 해결된다. 약 1-2% 정도만 속을 썩인다(예를 들어 유체동산가처분이 있는 경우 등). 그러나 상가나 공장 등은 다르다.

아래 보도자료는 단적으로 인도 집행 문제가 얼마나 어려운지를 알려주는 내용이다. 이래도 인도문제를 소홀히 할 것인지 묻고 싶다.

강제집행 불발에 쪽박 차는 부동산경매
동아일보 2015. 10. 28.

잦은 점유이전으로 골탕 먹이는 임차인, 손 놓은 법원집행관

2년 넘게 끌다 재경매 경매로 부동산을 낙찰 받고 실질적으로 점유하는 데까지 얼마의 시간이 걸릴까. 낙찰 후 이해관계자들의 즉시항고가 없거나 기각되면 매수인은 대금 납부 기간인 한 달 내 잔금을 납부하고 임차인과 명도협의에 들어간다. 합의가 순조롭게 이뤄지고 임차인이 이사하면 매수인은 해당 부동산을 실질적으로 점유할 수 있다. 그러나 임차인에게 합의 의사가 없거나 채무자, 소유자, 점유자 등 인도명령을 받는 이 외의 사람이 해당 부동산을 점유하는 경우 매수인은 그 부동산을 점유하기 위해 명도소송에 들어간다. 이때 매수인은 점유이전금지 가처분 신청을 하고, 승소판결을 받으면 법원집행관이 강제집행을 할 수 있다.

2013년 경매 낙찰 이후 강제집행 지연으로 다시 경매에 넘어간 서울 송파구의 한 오피스텔 상가. 낙찰 이후 명도소송에서 강제집행까지 짧게는 6개월, 길게는 1년까지 걸린다. 시간이 지연되더라도 매수인이 낙찰 받은 부동산을 점유하면 문제는 없다. 그러나 명도소송에서 이기고도 2년 넘게 강제집행이 이뤄지지 않아 은행 이자를 감당하지 못하고, 낙찰 받은 부동산을 손에 넣어보지도 못한 채 다시 경매에 넘어가게 됐다면 어디서부터 잘못된 것일까.

수차례 점유이전 주장, 번번이 강제집행 불발
2013년 A씨는 경매에 나온 서울 송파구의 한 오피스텔 1층 상가 9채를 50억 원에 낙찰 받았다. 상가를 점유한 전 소유자 외 임차인들과 합의에 이르지 못하자 A씨는 7월 명도소송을 냈고, 8월에는 점유이전금지 가처분신청을 했다. 이듬해 1월 법원은 A씨 손을 들어줬고 그는 곧바로 법원집행관실에 강제집행을 신청했다. 법원집행관은 전 소유자이자 채무자인 B씨에게 인도고지절차를 마치고 강제집행을 진행하려 했다. 그런데 강제집행 당일 B씨는 상가 9채 가운데 일부는 다른 사람이 점유하고 있다며 점유이전을 주장했다. 이 경우 집행관은 강제집행문에 명시된 점유자와 실제 점유자가 다르기 때문에 강제집행을 진행할 수 없다.

A씨는 하는 수 없이 B씨가 점유자라고 진술한 3명에 대해 법원 집행관 실에 승계집행문 부여신청을 했고, 또다시 인도고지절차를 거쳐 강제집행 날짜를 잡았다. 그런데 이번에는 B씨와 점유자 3명이 점유자가 C라는 회사로 바뀌었다는 의견서를 법원 집행관실에 제출했다. 그러면서 점유자는 C사이므로 강제집행을 할 경우 모든 손해를 집행관에게 지우겠다는 협박성 내용의 의견서를 포함했다. 이에 따라 법원집행관은 A씨에게 승계집행문 신청을 지시했고, A씨는 올해 2월 또다시 C사에 대한 승계집행문을 부여받았다.

그러자 B씨 외 점유자 3명과 C사 대표는 법원 집행관 실에서 발송하는 강제집행문 송달을 한 달 넘게 회피하면서 강제집행 날짜를 지연시켰다. 그러면서 또 다른 이를 내세워 점유자가 바뀌었다고 주장했지만 입증자료를 제출하지 못해 결국 강제집행을 위한 절차는 완료됐다. 그사이 채무자들은 명도소송 1심결과에 불복, 항소하면서 강제집행정지를 신청했다. 이로 인해 잠시 집행이 정지됐지만 법원이 올해 9월 항소기각 판결을 내리면서 집행이 재개됐다. 그런데 점유자들은 또 점유권이 이전됐다는 의견서를 법원 집행관 실에 제출해 강제집행을 지연시키려 하고 있다.

A씨는 2013년 해당 부동산을 낙찰 받았지만 지금까지도 점유권을 획득하지 못하고 있

다. 그는 입찰 당시 해당 부동산에 대한 점유권을 획득하면 부동산을 처분해 낙찰받을 때 들어간 은행 대출금을 갚으려 했다. 그러나 진행이 더뎌졌고, 2년 동안 한 달 이자만 4,000만 원씩 쌓였다. 엎친 데 덮친 격으로 B씨를 비롯한 채무자들이 임차인 신분을 내세워 금융감독원에 민원을 제기해 조사에 들어가자 A씨가 대출받은 은행에서 대출기한을 상실시키고 상환일을 앞당겼다. 그는 해당 부동산을 처분하기 전까지 이자를 갚을 상황이 되지 못하자 다른 금융권에 대환대출을 신청했지만 이마저도 거부당했고, 결국 해당 부동산은 다시 경매에 넘어갔다.

A씨는 B씨와 채무자들이 악의적으로 해당 부동산에 대한 강제집행을 방해한다고 판단해 경찰에 형사고소를 했다. 경찰은 해당 건을 기소의견으로 검찰에 넘겼고, 검찰에서는 혐의 없음 처분을 내렸다. A씨는 고등검찰청에 항고한 상태다. 그는 채무자들은 낙찰 이후 점유를 너덧 번씩 바꿨고, 법원집행관은 그때마다 집행을 못 한다는 말만 반복하고 있다. 점유이전이 확인되기 전 상태에서 채무자들의 단순 진술과 의견만으로 매번 집행을 방해하고 있는데도 법원집행관은 집행 의사가 없어 보인다. 도움을 청한 경찰도, 검찰도 손을 놓아버린 상황에서 집행관만 바라보고 있는데, 이런 식이면 영원히 강제집행을 못할 것 같다고 말했다. 법적 도움 장치 없어, 집행관만이 유일한 해결책 해당 사건은 채권자가 명도소송에서 이기고도 점유권을 2년 넘게 돌려받지 못하고 있는 극단적 사례다. 일반 주거용 건물, 아파트, 주택 같은 경우 이런 사례는 100건 중 1건 정도로 거의 없다고 보면 된다. 그런데 50억 원 이상 대형건물, 고액건의 경우 이런 식의 잦은 점유이전으로 강제집행을 불가능하게 만드는 비율이 10%까지 올라간다고 말한다.

이 경우 채권자가 임차인을 상대로 형사고소를 할 수 있지만 점유이전을 공권력으로 방지하고 빈번한 점유이전을 규제할 관련법은 존재하지 않는다. 이 때문에 채권자는 강제집행 권한을 가진 법원집행관에게 의존할 수밖에 없다. 그러나 법원집행관은 채권자와 채무자의 갈등을 중재할 의무가 없고, 점유이전을 주장하는 채무자나 임차인의 이해관계까지 파악할 의무도 없다. 그래서 채무자들이 마음만 먹으면 강제집행을 무기한 연기할 수 있는 것이다.

문제는 또 있다. 채무자와 임차인이 한통속이어도 규제할 방법이 없다는 것. 사실 해당 사건의 경우 채무자들이 제기한 강제집행정지 신청에 대한 기각 판결문에서 C사 대표이사는 B씨이고, 나머지 임차인 3명도 C사의 대표이사와 감사로 등재돼 있었다. 한 집단에 속한 이들이 외견상으로만 점유를 변경한 것처럼 꾸며 강제집행을 방해했음이 드러난 것이다. 이에 대해 관할 법원집행관실 관계자는 강제집행 당일 점유자가 점유이전을 주장하면 일단 집행문을 확인하는데, 정보가 일치하면 집행을 한다. 그러나 집행문 정보와 실질 점유자가 일치하지 않으면 점유상이로 분류돼 집행을 할 수 없다고 답한다.

해당 건은 2013년 이후 지금까지 담당 법원집행관이 두 번 바뀌어 올해 7월부터 새로 부임한 법원집행관이 담당하고 있다. 법원집행관실 관계자는 강제집행을 가면 매번 점유자가 바뀌니까 채권자에게 다시 승계집행문을 신청하라고 말하는 수밖에 없었다. 사실 법원집행관이 그냥 강제집행을 해버리면 차후에 집행에 대한 문책이 돌아오기 때문에 집행관도 함부로 나설 수 없는 것이라고 설명한다.

02 인도소송 전문변호사 선임

인도는 합의로 처리하는 것이 최선이다. 대부분은 이사비를 지급하면 스스로 나간다. 따라서 시간과 비용이 드는 인도소송은 가급적 피하는 것이 좋다. 인도소송비용은 청구물건에 따라 다르지만 대강 주택 1채를 기준으로 변호사 보수를 포함하여 800만 원 정도 소요되고(변호사 보수 300만 원 내지 500만 원, 인지대·송달료·감정비 등)¹, 소송기간은 6개월 정도 걸린다. 이를 기준으로 합의여부를 판단하면 될 것이다.

합의가 되지 않을 경우에는 먼저 인도명령으로 해결할 수 있는지 검토하자. 인도명령으로 해결할 수 없다면 인도소송을 제기해야 하는데 이때는 변호사를 선임하는 것이 좋다. <u>인도소송 전문변호사를 선임하여야 예상치 못했던 낭패를 겪지 않게 된다.</u> 경매와 달리 공매는 인도명령제도가 없어 합의가 안 되면 인도소송이 필요하다.

갑이 토지를 낙찰 받았는데, 그 지상에는 미등기집합건물이 있었다. 미등기집합건물은 골조와 외벽은 물론 어느 정도 내부 공사도 되어 있었으나, 알고 보니 그 건물에 대해 법정지상권은 성립하지 않았다.

법정지상권이 성립하지 않으니 인도소송이 쉬울 것이라고 생각해서, 갑은 전문변호사가 아닌 OOO에게 사건을 의뢰하였다. 그러나 갑은 3년 동안 두 번의 소송을 겪고 나서야 건물철거소송 및 토지인도, 부당이득금반환청구에 대해 승소 판결을 받았다. 처음에 제기한 소송에서 패소한 후에 판결문을 받고 보니, 인도소송 지식이 부족한 OOO이 그만 엉뚱한 사람을 피고로 잡아 소송을 시작하였기 때문이다. 미등기집합건물의 경우에는 건물의 완성 정도에

---

1 실무에서는 이사비로 통상 200만 원 내외를 지급하는 것으로 보인다.

따라 소유자가 달라진다.

 필자도 변호사 초보시절에는 인도소송을 당연히 이기는 쉬운 소송이라고 생각하였다. 그러나 지금은 그렇지 않다. 수많은 인도소송을 수행해보니 이는 결코 쉽지 않았다. 고백하건데, 한국수자원공사나 경기도시공사의 인도소송을 맡아 수행하면서 패소를 경험한 적도 있다.

 인도소송이야말로 소송기술의 집합체이다. 우선 송달부터 쉽지 않다. 피고가 괴롭히려고 마음먹으면 일단 송달을 받지 않는다. 소장을 송달받지 않으면 특별송달을 하여야 하는데 이 경우 빨라도 2개월이 소요될 수도 있다. 송달이 되어도 답변서 제출기법으로 또 2달을 지연시킬 수 있다. 또한 피고 특정 문제도 있다. 이것이 제일 어렵다. 피고 특정이 잘못되면 모든 것이 허사가 되기 때문이다. 측량감정여부도 쉽지 않다. 점유이전금지가처분 문제도 있다. 예컨대 컨테이너의 위치가 달라지는 경우의 문제이다. 인도소송은 어렵다. 조심하기를 권고한다. 아파트 등 주거용 건물의 경우는 별 문제가 없지만, 공장이나 지장물이 있는 토지의 경우는 전문변호사와 상의하길 바란다.

 재판은 생물처럼 움직인다. <u>특히 인도(철거)소송은 전문변호사가 아니라면 예상치 못할 변수가 얼마든지 숨어 있다. 인도소송을 전문변호사에게 맡겨야 하는 이유이다.</u> 필자가 이 책을 쓴 이유이기도 하다.

03 부동산 침해방지 조치

가. 당사자

경매절차를 개시하는 결정을 한 뒤에는 법원은 직권으로 또는 이해관계인의 신청에 따라 부동산에 대한 침해행위를 방지하기 위하여 필요한 조치를 할 수 있다(법 제83조 제3항).

이해관계인은 압류채권자(배당요구의 종기가 지난 뒤에 강제경매 또는 담보권 실행을 위한 경매신청을 한 압류채권자를 제외한다.) 또는 최고가매수신고인이다(규칙 제44조 제1항).

신청의 상대방은 채무자·소유자 또는 부동산의 점유자로서 그 점유권원을 압류채권자·가압류채권자 혹은 법 제91조제2항 내지 제4항의 규정에 따라 소멸되는 권리를 갖는 사람에 대하여 대항할 수 없는 사람이다(규칙 제44조 제2항).

나. 보전처분 내용

매각허가결정이 있을 때까지 담보를 제공하게 하거나 담보를 제공하게 하지 아니하고 그 행위를 하는 사람에 대하여 가격감소행위 등을 금지하거나(금지명령) 일정한 행위를 할 것을 명할 수 있다(작위명령).

또는 ① 압류채권자 또는 최고가매수신고인의 신청에 따라, ② 매각허가결정이 있을 때까지, ③ 담보를 제공하게 하고 부동산의 점유를 풀고 집행관에게 보관하게 할 것을 명할 수 있다(보관명령).

다. 발령 및 집행

법원이 채무자·소유자 외의 점유자에 대하여 제1항 또는 제2항의 규정에 따른 결정을 하려면 그 점유자를 심문하여야 한다. 다만, 그 점유자가 압류채권자·가압류채권자 또는 법 제91조제2항 내지 제4항의 규정에 따라 소멸되는 권리를 갖는 사람에 대하여 대항할 수 있는 권원에 기초하여 점유하고 있지 아니한 것이 명백한 때 또는 이미 그 점유자를 심문한 때에는 그러하지 아니하다(규칙 제44조 제3항).

위 결정에 대하여는 즉시항고를 할 수 있다.

04 신속·정확한 인도를 위한 사전 준비사항

가. 점유자 파악

인도는 점유자를 상대로 하는 것이다. 따라서 신속·정확한 인도를 위해서는 점유자를 먼저 알아야 한다. 통상은 점유자를 아는 것은 어렵지 않다. 등기부등본, 전입세대열람, 경매현황조사서 등을 보면 대부분 알 수 있다.

그러나 실제 점유자를 알기 어려운 경우도 있게 마련이다. 이름이 전혀 알려져 있지 않은 사람이 점유를 하면서 나가지 않겠다고 버티는 경우도 있다. 이런 경우에는 우선 서류상 점유자를 상대로 인도명령결정을 받는다. 집행관이 현장조사를 나갔을 때 인도명령 대상자가 아닌 자가 거주하고 있다면 강제집행은 불능이 되지만 현장에서 집행관이 실제 점유자에 대해 조사하므로 이 때 집행관과 동행하면 실제 점유자의 인적사항을 알아낼 수 있다. 또한 쓰레기통이나 우편함을 뒤지는 방법, 미행하는 방법, 일단 점유자라고 의심이 되는 사람과 '성명불상자'를 피고로 하여 점유이전금지가처분을 신청한 후 주민등록을 열람하는 방법, 거액의 이사비를 주겠다고 유혹하여 점유자가 먼저 접촉해오기를 기다리는 방법 등 다양한 방법을 동원하여 점유자의 신분을 알아내야 한다. 그래야만 실제 점유자를 상대로 주거침입죄로 고소를 하거나, 점유이전금지가처분, 인도명령, 인도소송을 할 수 있다.

나아가 임차인외에 (무단)전차인이 있는지 등도 살펴야 한다.

한편 '점유'라 함은 물건이 사회통념상 어떤 사람의 사실적 지배에 속한다고 볼 수 있는 객관적 관계에 있는 것을 말하고, 여기서 사실상의 지배가 있다고 하기 위해서는 반드시 물건을 물리적·현실적으로 지배하여야 하는 것이 아니고, 물건과 사람과의 시간적·공간적 관계와 본권관계, 타인지배의 배제 가능성 등을 고려하여 사회관념에 따라 합목적적으로 그 사실상의 지배 여부를 판단하여야 한다(대법원 2002. 11. 26. 선고 2002다32721 판결, 대법원 1996. 8. 23. 선고 95다8713 판결 참조).

나. 인도대상물 특정

인도대상물이 무엇인지를 알아야 한다. 매수인이 취득하는 부동산 소유권의 범위는 매각허가결정서에 적힌 부동산과 동일성이 인정되는 범위 내에서 그 소유권의 효력이 미치는 범위와 같다. 따라서 매각 대상 부동산의 구성부분, 종물 및 종된 권리(건물을 위한 지상권, 요역지를 위한 지역권 등)는 매각허가결정서에 기재되어 있지 않더라도 매수인이 소유권을 취득하는 범위에 포함된다.

한편 법원이 매각허가결정을 하면서 착오로 부동산목록에 매각대상이 아닌 부동산을 포함시킨 경우 이는 명백한 오기로서 결정의 경정사유가 될 뿐 매각허가결정의 효력이 그 부동산에 미치지 아니한다(대법원 1993. 7. 6.자 93마720 결정). 경매신청이 되지 아니하였고 경매개시결정을 받은 바도 없는 부동산이 경매 신청된 다른 부동산과 함께 경매되어 매각허가결정이 확정된 경우 그 경매 신청되지 아니한 부동산에 대한 매각허가결정은 당연 무효이므로 매수인은 그 부동산에 대한 소유권을 취득할 수 없다(대법원 1991. 12. 10. 선고 91다 20722).

한편 경매에 의한 소유권취득은 승계취득이다(대법원 1991. 8. 27. 선고 91다3703). 승계취득 한다는 것은 그 이전 소유권자의 부담을 안고 산다는 말이다. 예를 들면, 종전 소유자가 배타적 사용수익권을 포기한 도로를 경매로 낙찰을 받으면 낙찰자 역시 배타적 사용수익권을 포기한 것을 승계하는 것이므로, 도로점유자(통상 기초자치단체)를 상대로 부당이득금반환청구소송을 제기하면 패소를 하게 된다.

나아가 종물이나 부합물이 있는지 등을 살펴야 한다. 경매서류를 보면서 주의 깊게 살펴서 문제가 되는 것은 없는지 파악하는 것이 좋다.

05 인도 시기

매수인은 매각대금을 다 낸 때에 매각의 목적인 권리를 취득한다(법 제135조). 따라서 매수인이 대금을 분할하여 지급하거나 또는 민사집행법 제142조 제4항에 의하여 보증을 현금화하여 매각대금 및 이에 대한 지연이자에 충당하고, 모자라는 금액이 있어서 다시 대금지급기한을 정하여 매수인으로 하여금 내게 한 때에는 그 나머지 금액을 모두 낸 때에 소유권을 취득하고, 낸 대금에 비례하여 지분을 취득하는 것이 아니다.

따라서 인도 시기는 매각대금을 다 낸 이후이다.

06 인도, 철거, 퇴거 개념

인도란 물건에 대한 직접적 지배, 즉 점유를 현상 그대로 이전시키는 것을 의미하는 것으로 강제집행을 하게 되면 현재 있는 상태 그대로 점유이전을 시키게 된다. 즉 목적물이 동산이든, 토지이든, 건물이든 가리지 않고 언제나 인도의 용어를 사용할 수 있고, 주의할 것은 인도는 강제집행에 있어서 현상 그대로의 점유이전을 의미한다는 점이다[2].

---

2 사법연수원, 민사실무2, 2017년, 85

구민사소송법하에서는 명도라는 용어를 사용하였으나(구민사소송법 제690조 제1항), 현행 민사집행법 제258조 제1항은 '명도'라는 개념을 따로 인정하지 않고 '인도'의 개념에 포함시키고 있다.

건물인도청구에서 직접점유자와 간접점유자가 있는 경우에 누구를 상대로 하여야 할 것인가. 대법원 1969. 2. 4. 선고 69다234 판결은 불법점유를 이유로 한 명도청구에서는 오직 현실로 불법점유를 하고 있는 자만을 상대로 하여야 한다고 한다. 다만 대법원 1983. 5. 10. 선고 81다187 판결은 명도하기로 약정을 한 경우에는 간접점유자에 대해서도 명도를 청구할 수 있다고 한다.[3]

불법점유를 이유로 하여 그 명도 또는 인도를 청구하려면 현실적으로 그 목적물을 점유하고 있는 자를 상대로 하여야 하고 불법점유자라 하여도 그 물건을 다른 사람에게 인도하여 현실적으로 점유를 하고 있지 않은 이상, 그 자를 상대로 한 인도 또는 명도청구는 부당하다(대법원 1999. 7. 9. 선고 98다9045 판결).

점유보조자를 상대로 하여서는 아니 된다(기각사유이다).

현재 상태를 변경시켜야 할 필요성이 있는 경우, 예컨대 지상건물을 철거해야만 한다든지, 아니면 지상수목을 수거해야 할 경우에는 인도청구소송의 승소 판결만으로는 소기의 목적을 달성할 수 없게 되어 소기의 목적을 달성

---

3 판결요지 : 불법점유를 이유로 한 건물인도청구를 하려면 현실적으로 불법점유하고 있는 사람을 상대로 하여야 할 것이나 그렇지 않은 경우에는 간접점유자를 상대로 인도를 청구할 수 있다.

하기 위하여는 인도청구 승소 판결문 외에 반드시 강제 집행을 위한 별도의 철거 판결이나 수거 판결을 받아야 한다. 즉 토지의 인도를 명한 판결의 효력은 그 지상에 건립된 건물이나 식재된 수목의 인도에까지 미치는 것이 아니고 또한 위와 같은 건물이나 수목을 그대로 둔 채 토지에 대한 점유만을 풀어 채권자에게 인도할 수도 없는 것이니, 집행관으로서는 지상에 건물이 건축되어 있거나 수목이 식재되어 있는 토지에 대하여는 그 지상물의 인도, 철거 등을 명하는 판결이 따로 없는 이상 토지를 인도하라는 판결만으로는 그 인도집행을 실시할 수 없다(대법원 1986. 11. 18.자 86마902 결정).

<u>토지 위에 있는 정착물의 구분에 따라, 건물에 대하여는 "철거(撤去)", 수목·입목 등에 대하여는 "수거(收去)", 분묘에 대하여는 "굴이(掘移)", 정착되어 있지 않은 물건의 철거를 요하는 때에는 "취거(取去)"라는 용어를 사용하는 것이 관례이다.</u>[4]

퇴거란 건물점유자의 점유를 풀어 그 건물로부터 점유자를 쫓아내고 아울러 그 건물 내에 있는 점유자의 살림을 반출하는 것을 의미한다. 인도와 비슷하나, 점유의 해제만으로 집행이 종료되고 점유의 이전으로까지 나아가지는 아니한다는 점에서 구별된다. 퇴거를 명하는 전형적인 경우는 소유자를 상대로 철거를 구함에 있어 소유자가 아닌 세입자 등 제3자가 점유하고 있는 경우 그 점유자를 상대로 퇴거를 구하는 것이다.

---

4 사법연수원, 민사실무2, 2017년, 86

즉, 건물의 소유자가 그 건물의 소유를 통하여 타인 소유의 토지를 점유하고 있다고 하더라도 그 토지 소유자로서는 그 건물의 철거와 그 대지 부분의 인도를 청구할 수 있을 뿐, 자기 소유의 건물을 점유하고 있는 자에 대하여 그 건물에서 퇴거할 것을 청구할 수는 없다(대법원 1999. 7. 9. 선고 98다57457 판결). 판례는 건물철거 의무에는 퇴거 의무도 포함된 것으로 보므로 철거를 구하면서 그 의무자에게 별도로 퇴거를 구할 필요는 없다는 것이다.[5]

건물이 그 존립을 위한 토지사용권을 갖추지 못하여 토지의 소유자가 건물의 소유자에 대하여 당해 건물의 철거 및 그 대지의 인도를 청구할 수 있는 경우에라도 건물소유자가 아닌 사람이 건물을 점유하고 있다면 토지소유자는 그 건물 점유를 제거하지 아니하는 한 위의 건물 철거 등을 실행할 수 없다. 따라서 그때 토지소유권은 위와 같은 점유에 의하여 그 원만한 실현을 방해당하고 있다고 할 것이므로, 토지소유자는 자신의 소유권에 기한 방해배제로서 건물점유자에 대하여 건물로부터의 퇴출을 청구할 수 있다. 그리고 이는 건물점유자가 건물소유자로부터의 임차인으로서 그 건물임차권이 이른바 대항력을 가진다고 해서 달라지지 아니한다. 건물임차권의 대항력은 기본적으로 건물에 관한 것이고 토지를 목적으로 하는 것이 아니므로 이로써 토지소유권을 제한할 수 없고, 토지에 있는 건물에 대하여 대항력 있는 임차권이 존재한다고 하여도 이를 토지소유자에 대하여 대항할 수 있는 토지사용권이라고 할 수는 없다. 바꾸어 말하면, 건물에 관한 임차권이 대항력을 갖

---

5 사법원수원, 민사실무1, 2017년, 65

춘 후에 그 대지의 소유권을 취득한 사람은 민법 제622조 제1항이나 주택임대차보호법 제3조 제1항 등에서 그 임차권의 대항을 받는 것으로 정하여진 '제3자'에 해당한다고 할 수 없다(대법원 2010. 8. 19. 선고 2010다43801 판결).

법정지상권이 없는 대지를 낙찰 받은 경우 그 지상에 건물이 존재한다면 낙찰자는 건물소유자를 상대로 철거 및 대지인도, 부당이득금반환청구소송을, 세입자에 대해서는 퇴거 소송을 하는 것이다.

07 단전·단수를 통한 인도 가능 여부

가. 문제의 제기

(1) 낙찰자가 단전 · 단수 가능여부

경매로 낙찰 받은 건물에 대해 낙찰자가 소유자로서 임의로 단전·단수를 하여 점유자를 압박할 수가 있는지가 문제된다.

<u>결론적으로 이는 불가하다.</u> 임의적으로 단전·단수를 하면 업무방해죄로 형사처벌을 받을 수도 있다. 만일 낙찰자가 단전·단수를 통한 인도를 고려한다면 형사처벌을 감수해야 한다.

이하는 모두 관리자에 의한 단전·단수가 가능한지 여부이다.

(2) 관리자에 의한 단전·단수

 아파트나 상가 등 집합건물의 경우 각 관리규약에서 관리비가 연체되거나 업종준수의무를 위반한 경우 관리단이 규약을 근거로 단전·단수를 할 수 있는지가 문제된다.

 집합건물 내에서의 관리비 체납이나 업종준수의무 위반 등은 재판을 통해 해결하는 것이 원칙임에도 불구하고, 손쉽게 의무이행을 강요하기 위해 단전·단수조치를 대부분의 관리규약에 기재하고 있으며, 이 규약을 근거로 단전·단수 조치가 쉽게 취해지는 경향이 있다.

 단전·단수조치는 극단적인 방법이다. 건물에서 영업을 하는 경우, 업종에 따라서 치명적인 영업방해가 될 수 있고, 거주를 하는 경우에는 거주가 불가능하게 된다. 이 조치를 취하기 전에 다른 방법이 없는지 신중하게 고려할 필요가 있다.

나. 관리자에 의한 단전 · 단수 가능여부

(1) 상가의 경우
(가) 관리규약 상 업종준수의무 위반 시

<u>상가의 경우 관리규약 상의 업종제한 위반 시에 단전·단수를 허용한 사례가 있다.</u>

 즉, 대법원은 집합건물법 제28조는 "건물과 대지 또는 부속시설의 관리 또는 사용에 관한 구분소유자 상호간의 사항 중 이 법에서 규정하지 아니한 사

항은 규약으로써 정할 수 있다."라고 규정하고, 같은 법 제29조는 "규약의 설정은 관리단집회에서 구분소유자 및 의결권의 각 4분의 3 이상의 찬성을 얻어 행한다."고 규정하여 단체자치의 원칙에 따라 자율적으로 규약을 제정할 수 있음을 명시하고 있는데, 이러한 절차에 따라 제정된 집합건물의 규약은 그 내용이 강행법규에 위반된다거나 구분소유자의 소유권을 필요하고 합리적인 범위를 벗어나 과도하게 침해 내지 제한함으로써 선량한 풍속 기타 사회질서에 위반된다고 볼 정도로 사회관념상 현저히 타당성을 잃었다고 여겨지는 등의 특별한 사정이 있는 경우를 제외하고는 이를 유효한 것으로 시인하여야 할 것이다. 이 사건 규약은 적법한 절차에 의하여 제정되었고, <u>공동주택과는 달리 상가에 대한 단전 등의 조치는 구분소유자의 생활에 미치는 영향은 적고</u> 단지 영업을 하지 못함으로 인한 금전적 손해만을 가져오는 것이며, 집합건물에 관한 단체법적 법률관계를 규율함에 있어서 단전 등의 조치 이외에는 달리 위반메뉴의 조리·판매만을 선별하여 중지시킬 다른 효과적인 제재수단을 상정하기 어렵고, <u>나아가 의무위반행위에 대하여 바로 단전 등의 제재조치가 가하여지는 것이 아니라 1차적으로 시정을 구하고 그에 불응할 때 비로소 제재조치로 나아가도록 되어 있고, 제재조치의 정도를 채무자 관리인이 임의로 정하는 것이 아니라 대표위원회의 결의에 의하여 미리 정하여진 양정기준에 따라 정하도록 되어 있으며, 위 규약이 위반행위의 정지시까지만 단전 등 조치를 취할 수 있도록 규정하고 있어 구분소유자로서는 일단 위반행위를 중지하면 바로 단전조치를 중단하도록 되어 있는 점</u> 등에 비추어 보면, 이 사건 조항의 내용이 구분소유자의 소유권을 필요하고 합리적인 범위를 벗어나 과도하게 침해 내지 제한함으로써 사회관념상 현저히 타당성을 잃은 경우에 해당한다고는 보이지 아니하고, 또한 집합건물 구분소유자들이 상호간의 과다경쟁을 방지하고 공동의 이익을 도모하기 위하여 각자의 자유의사에 따른 협의로 업종을 제한하고, 이에 위반할 경우 구분소유권의 본질적 내용을 침해하지 아니하는 범위 내에서 자율적인 제재조치를 취하는 것은 단체자치의 원칙상 허용된다 할 것이고, 집합건물법 제43조 내지 제45조가 이를 완전히 금지하는 규정이라고 볼 수는 없으므로 이 사건 조항이 집합건물법의 강행규정에 위반된다고 할 수도 없다. 따라서 <u>구분소유자의 규약위반행위에 대하여 단전 등의 제재조치를 할 수 있다고 규정한 이 사건 조항은 특별한 사정이 없는 한 유효하다고 할 것이다</u>"라고 판시하고 있다(대법원 2004. 5. 13. 선고 2004다2243 판결).

즉, 대법원은 상가의 경우 무조건 단전·단수는 불가하지만, 적법하게 제정된 규약에 단전·단수 규정이 있고, 여러 가지 보완적인 규정을 가지고 있는 경우에는 가능하다는 입장이다. 즉, <u>① 1차적으로 시정을 구하고, ② 단전·단수 조치를 취할지 여부는 미리 정하여진 양정기준에 따라 정하고, ③ 위반행위의 정지시까지만 단전 등 조치를 취할 수 있다면, 단전·단수가 가능하다는 입장이다.</u>

대법원 2006. 6. 29. 선고 2004다3598 판결

집합건물의 관리단이 전(前) 구분소유자의 특별승계인에게 특별승계인이 승계한 공용부분 관리비 등 전 구분소유자가 체납한 관리비의 징수를 위해 단전 · 단수 등의 조치를 취한 사안에서, 관리단의 위 사용방해행위가 불법행위를 구성한다고 한 사례.

나아가 단전 · 단수 등의 조치가 적법한 행위로서 불법행위를 구성하지 않기 위해서는 그 조치가 관리규약을 따른 것이었다는 점만으로는 부족하고, 그와 같은 조치를 하게 된 동기와 목적, 수단과 방법, 조치에 이르게 된 경위, 그로 인하여 입주자가 입게 된 피해의 정도 등 여러 가지 사정을 종합하여 사회통념상 허용될 만한 정도의 상당성이 있어 위법성이 결여된 행위로 볼 수 있는 경우에 한한다 할 것인데, 이 사건의 경우 원고에 대하여 행하여진 당초의 단전·단수 등의 조치가 불법행위에 해당하고 원고가 이를 다투며 관리비 지급을 거부하였다는 것이므로, 그런 와중에 3개월이 경과됨으로써 3개월 이상 관리비 연체라는 관리규약상의 요건이 충족되었다 하더라도 그러한 사정만으로 종전부터 계속되어 오던 피고의 위법한 단전·단수 등의 조치가 그 시점부터 사회통념상 허용될 만한 정도의 상당성이 있는 행위로서 적법행위로 된다고 할 수는 없는 것이다.

(나) 임대차계약서 상 차임연체로 인한 단전·단수

대법원 2007. 9. 20. 선고 2006도9157 판결

[1] 임대업자가 임차인의 의무이행을 강요하기 위하여 계약서상 규정(차임을 2개월 이상 연체하면 단전·단수조치를 할 수 있다)을 근거로 임차물에 대하여 단전·단수조치를 취한 경우, 업무방해죄의 성립에 관한 법률의 착오를 인정할 수 있는지 여부(원칙적 소극)

[2] 호텔 내 주점의 임대인이 임차인의 차임 연체를 이유로 계약서상 규정에 따라 위 주점에 대하여 단전·단수조치를 취한 경우, 약정 기간이 만료되었고 임대차보증금도 차임연체 등으로 공제되어 이미 남아있지 않은 상태에서 미리 예고한 후 단전·단수조치를 하였다면 형법 제20조의 정당행위에 해당하지만, 약정 기간이 만료되지 않았고 임대차보증금도 상당한 액수가 남아있는 상태에서 계약해지의 의사표시와 경고만을 한 후 단전·단수조치를 하였다면 정당행위로 볼 수 없다고 한 사례

대법원 2006. 4. 27. 선고 2005도8074 판결

사무실 임차인이 임대차계약 종료 후 갱신계약 여부에 관한 의사표시나 명도의무를 지체하고 있다는 이유로 임대인이 단전조치를 취하여 업무방해죄로 기소된 사안에서, 피해자의 승낙, 정당행위, 법률의 착오 주장을 모두 배척한 사례

이 사건 임대차계약서 제16조 제2항은 "제16조 제1항의 경우 임대인이 임차인에게 단전조치 등을 요구할 수 있다."는 취지로 규정되어 있으나, 피해자는 임대차계약의 종료 후 '갱신계약에 관한 의사표시 혹은 명도의무를 지체'하였을 뿐 차임, 관리비의 연체 등과 같은 위 제16조 제1항 각 호의 위반행위를 한 적이 없기 때문에 이 사건의 경우 단전조치에 관한 계약상의 근거가 없고(가사 계약상의 근거가 있다 하여도 피해자의 승낙은 언제든지 철회할 수 있는 것이므로 이 사건에 있어서와 같이 피해자측이 단전조치에 대해 즉각 항의하였다면 그 승낙은 이미 철회된 것으로 보아야 할 것이다), 피해자가 이 사건 단전조치와 같은 이유로 2003. 12.경에도 피고인에 의한 단전조치를 당한 경험이 있다거나 이 사건 단전조치 전 수십 차례에 걸쳐 피고인으로부터 단전조치를 통지받았다거나, 혹은 피고인에게 기한유예 요청을 하였다는 사정만으로는 이 사건 단전조치를 묵시적으로 승낙하였던 것으로 볼 수도 없으므로, 이 사건 단전조치는 피해자의 승낙에 의한 행위로서 무죄라고 볼 수 없다.

(정당행위 해당 여부)에 관하여

어떠한 행위가 사회상규에 위배되지 아니하는 정당한 행위로서 위법성이 조각되는 것인지는 구체적인 사정 아래서 합목적적, 합리적으로 고찰하여 개별적으로 판단하여야 할 것이고, 이와 같은 정당행위를 인정하려면, 첫째 그 행위의 동기나 목적의 정당성, 둘째 행위의 수단이나 방법의 상당성, 셋째 보호이익과 침해이익과의 법익균형성, 넷째 긴급성, 다섯째 그 행위 외에 다른 수단이나 방법이 없다는 보충성 등의 요건을 갖추어야 할 것인바(대법원 1986. 10. 28. 선고 86도1764 판결, 1994. 4. 15. 선고 93도2899 판결, 2000. 4. 25. 선고 98도2389 판결, 2001. 2. 23. 선고 2000도4415 판결 등 참조), 차임이

> 나 관리비를 단 1회도 연체한 적이 없는 피해자가 임대차계약의 종료 후 임대료와 관리비를 인상하는 내용의 갱신계약 여부에 관한 의사표시나 명도의무를 지체하고 있다는 이유만으로 그 종료일로부터 16일 만에 피해자의 사무실에 대하여 단전조치를 취한 피고인의 행위는 그 권리를 확보하기 위하여 다른 적법한 절차를 취하는 것이 매우 곤란하였던 것으로 보이지 않아 그 동기와 목적이 정당하다거나 수단이나 방법이 상당하다고 할 수 없고, 또한 그에 관한 피고인의 이익과 피해자가 침해받은 이익 사이에 균형이 있는 것으로도 보이지 않으므로, 같은 취지의 원심 판단은 정당하고, 이 사건 단전조치가 사회상규에 위배되지 아니하는 정당행위로서 무죄라는 상고이유의 주장도 받아들일 수 없다.

(2) 공동주택

대법원은 위 2004다2243 판결에서 "공동주택과는 달리"라는 표현을 사용하여 공동주택에서의 단전·단수는 불가능한 것처럼 설시하고 있다.

그러나 공동주택의 경우 관리단이 전기·수돗물공급업자와 위·수탁계약을 맺고 전기·수돗물의 공급 관리 및 요금징수를 대행하고 있는 경우에는 단전·단수업무까지 대행하고 있는 것으로 볼 수 있어 관리규약에 기초해 전기료·수도료의 미납을 이유로 하는 단전·단수조치 그리고 공동관리의 필수경비인 관리비의 징수를 목적으로 하는 단전·단수조치를 취할 수는 있지만, 그 밖의 다른 관리상의 목적을 이유로 하는 단전·단수조치에 대한 규정은 허용될 수 없다는 주장도 있다[6].

---

6 서보학, 단전단수 조치와 업무방해죄의 성립여부, 대한변호사협회, 인권과 정의, 통권 358호, 53-70.

따라서 공동주택에서는 비록 관리규약이나 계약서에 단전·단수 규정이 있다고 하더라도 정당행위를 인정하려면, 첫째 그 행위의 동기나 목적의 정당성, 둘째 행위의 수단이나 방법의 상당성, 셋째 보호이익과 침해이익과의 법익균형성, 넷째 긴급성, 다섯째 그 행위 외에 다른 수단이나 방법이 없다는 보충성 등의 요건을 갖추어야 할 것이다(대법원 2006. 4. 27. 선고 2005도8074 판결, 대법원 1986. 10. 28. 선고 86도1764 판결, 1994. 4. 15. 선고 93도2899 판결, 2000. 4. 25. 선고 98도2389 판결, 2001. 2. 23. 선고 2000도4415 판결 등 참조).

따라서 공동주택에서의 단전·단수는 생활에 직접적인 영향을 미치므로 매우 주의하여야 한다.

다. 결론

전기와 물은 일상생활 또는 영업활동의 필수적인 조건이다. 따라서 임의적인 단전·단수는 상호간의 권리에 대한 균형성을 인정하기 어렵고, 다른 법적 절차를 통해 권리구제가 가능하다는 점에서 긴급성도 정당화되기 어렵다. 따라서 단전·단수조치는 매우 신중하게 이루어져야 할 것이다.

다만 불가피한 경우 관리규약에 근거를 두어야 하고, 이때에도 보완적인 조치들을 선행하도록 하여야만 정당성이 인정될 것이다.

08 사적인 임의 인도 가능 여부 및 거주불명등록

가. 낙찰자에 의한 임의 인도

낙찰자가 열쇠공을 동원하여 임의로 문을 따고 임의로 짐을 들어내는 등의 임의 인도는 불법이다.

임의 인도를 하면 주거침입죄 등으로 형사처벌을 받을 수도 있다. 다른 방법이나 수단이 없어서 임의 인도를 고려한다면 형사처벌을 감수해야 한다.

나. 임대차 시 임의명도 조항 가능여부

임대차 기간 만료 시 또는 계약 해지 시에 임차인이 문만 잠근 채로 거주를 하지 않는 경우 임의명도 조항을 두는 경우가 있다. 특히 소규모 원룸의 경우에 임차인이 밀린 월세 때문에 별 다른 짐도 없이 문만 잠그고 나타나지 않는 경우를 대비하여 이런 조항을 두는 경우가 많다.

그러나 이러한 임의명도 조항에 대해 대법원은 무효라고 보고 있다. 즉, 대법원은 "강제집행은 국가가 독점하고 있는 사법권의 한 작용을 이루고 채권자는 국가에 대하여 강제집행권의 발동을 신청할 수 있는 지위에 있을 뿐이므로, 법률이 정한 집행기관에 강제집행을 신청하지 않고 채권자가 임의로 강제집행을 하기로 하는 계약은 사회질서에 반하는 것으로 민법 제103조에 의하여 무효라고 할 것이다. 따라서 '본 임대차계약의 종료일 또는 계약해지 통보 1주일 이내에도 임차인이 임차인의 소유물 및 재산을 반출하지 않은 경우에는 임대인은 임차인의 물건을 임대인 임의대로 철거 폐기처분 할 수 있으며, 임차인은 개인적으로나 법적으로나 하등의 이의를 제기하지 않는다'는 이 사건 점포에 관한 임대차계약 제20조(강제명도)가 법률이 정한 집행기관에 강제집행을 신청하지 않고 채권자가 임의로 강제집행을 하기로 하는 계약이라고 한다면 이는 사회질서에 위반되어 무효라고 할 것이고, 또한 이 사건 임대차계약을 체결할 당시 공인중개사가 입회하였다든가 간판철거 당시 피해자의 신고로 출동한 경찰관이 간판철거를 제지하지 아니하고 그냥 돌아갔다는 사정만으로 피고인의 간판철거 행위가 죄가 되지 아니하는 것으로 오인한 데 정당한 이유가 있다고 볼 수 없으므로, 이와 다른 전제에 선 상고이유의 주장은 받아들일 수 없다."라고 판시[7]하고 있다(대법원 2005. 3. 10. 선고 2004도341 판결).

다만, 계약 시 아래 내용처럼 임차인이 거주하지 않는 경우로 한정한 특약을 한 경우까지도 무조건 무효인지에 대해서는 다툼의 여지는 있다고 본다.

> ▶ 임차인이 임대차기간 종료 또는 계약해지 시에 사실상 거주하지 않고 시건장치만 하여 두고 있는 경우에는, 임대인은 문을 따고 임의로 들어 갈 수 있고, 만일 재산적 가치가 있는 임차인 소유의 물건이 있는 경우 그 물건은 창고에 보관하되, 그 보관료는 임차인이 부담하여야 한다.

---

7   차임연체를 이유로 이 사건 점포에 관한 임대차계약을 적법하게 해지하기는 하였지만 여전히 피해자가 이 사건 점포를 점유하고 식당영업을 하고 있는 상태에서, 피고인이 2001. 11. 6. 간판업자를 동원하여 이 사건 점포에 설치된 피해자 소유의 간판을 철거하여 그 효용을 해한 사안

다. 거주불명등록

가재도구 없이 단지 주민등록만 되어 있는 경우(대항력이 없는 경우이어야 함)에는 거주불명등록으로 대출문제, 인도문제 등을 해결할 수 있다.

> **주민등록법**
>
> **제8조(등록의 신고주의 원칙)** 주민의 등록 또는 그 등록사항의 정정, 말소 또는 거주불명 등록은 <u>주민의 신고에 따라 한다</u>. 다만, 이 법에 특별한 규정이 있으면 예외로 한다. <개정 2009.4.1.>
>
> **령 제13조(말소신고 등)** ① 법 제8조에 따른 말소신고 또는 <u>거주불명 등록신고</u>는 거주자의 경우에는 별지 제9호서식에, 재외국민의 경우에는 별지 제9호의2서식에 따른다. <개정 2009.8.13., 2014.12.31.>
>
> ② 시장·군수 또는 구청장은 제1항에 따른 주민등록의 말소신고 또는 거주불명 등록신고를 받으면 지체 없이 주민등록표를 정리하여야 한다. <개정 2009.8.13.>

09 실무상 가장임차인 판단기준

가장임차인을 가려내기는 어렵다. 판례를 근거로 아래 몇 가지 판단기준을 제시하였으니 실무에서 이러한 점을 기초로 하여 가장임차인 여부를 판단하는데 도움이 되기 바란다.

임대차계약이 공인중개사를 통하지 않고 쌍방합의로 체결되었는지, 경매개시 후 확정일자를 받았는지, 보증금이 시세와 차이가 있는지, 돈을 지급한 객관적 자료가 있는지 등을 살핀다. 계약서에 적힌 핸드폰 번호가 010으로 시작되거나, 표준임대차계약서를 사용하였고 그 양식이 최근에 변경된 것인데도 임대차계약을 오래전에 체결하였다고 주장한다면 가장임차인이라고 의심해 볼만 하다.

또한 경매개시 시점 즈음에 전입신고가 되었는지, 임대차계약서 작성일과 전입신고일 사이에 상당한 간격이 있는지도 살펴보자.

만일 임대인과 임차인이 친·인척 관계이거나, 고용 관계라면 낙찰 받은 부동산에 대해 대항력이 있다고 주장하는 임차인이 사실은 가장임차인일 가능성이 높다.

방마다 현황조사 전 배당요구 여부도 살핀다. 문건송달내역에서 채권자의 임차인에 대한 의견서 송달 여부, 배당배제신청 여부, 현황조사서에 보증금 등이 명확하게 등재되어 있지 않거나, 법원 집행관의 현장 방문 시 보증금 등 임대차계약서 관련 서류를 제출하지 않았는지 여부도 살핀다.

> **대법원 2013. 12. 12. 선고 2013다62223 판결**
> 甲이 아파트를 소유하고 있음에도 공인중개사인 남편의 중개에 따라 근저당권 채권최고액의 합계가 시세를 초과하고 경매가 곧 개시될 것으로 ○○아파트를 소액임차인 요건에 맞도록 시세보다 현저히 낮은 임차보증금으로 임차한 다음 당초 임대차계약상 잔금지급기일과 목적물인도기일보다 앞당겨 보증금 잔액을 지급하고 전입신고 후 확정일자를 받았는데, 그 직후 개시된 경매절차에서 배당을 받지 못하자 배당이의를 한 사

안에서, 甲은 소액임차인을 보호하기 위하여 경매개시결정 전에만 대항요건을 갖추면 우선변제권을 인정하는 주택임대차보호법을 악용하여 부당한 이득을 취하고자 임대차계약을 체결한 것이므로 주택임대차보호법의 보호대상인 소액임차인에 해당하지 않는다고 본 원심판단을 수긍한 사례.

⑩ 관리비 문제

가. 1차 판결 : 공용부분 매수인 부담

집합건물법 제18조는 공유자가 공용부분에 관하여 다른 공유자에 대하여 가지는 채권은 그 특별승계인에 대하여도 행사할 수 있다고 규정하고 있다. 이 조항은 명확성의 원칙에 반하지 않는다(헌법재판소 2013. 5. 30. 선고 2011헌바201).

아파트의 특별승계인은 전 입주자의 체납관리비 중 공용부분에 관하여는 이를 승계하여야 한다고 봄이 타당하다(대법원 2001. 9. 20. 선고 2001다8677 전원합의체 판결).

한편 집합건물법 제17조는 "각 공유자는 규약에 달리 정함이 없는 한 그 지분의 비율에 따라 공용부분의 관리비용 기타 의무를 부담한다", 제25조 제1항은 "관리인은 공용부분의 보존·관리 및 변경을 위한 행위와 관리단의 사무의 집행을 위한 분담금액 및 비용을 각 구분소유자에게 청구·수령하는 행위 및 그 금원을 관리하는 행위를 할 권한과 의무를 가진다."라고 규정하고 있는 바, 이에 의하면, 위 법상 <u>관리단은 관리비 징수에 관한 유효한 관리단 규약 등이 존재하지 않더라도, 위 법 제25조제1항 등에 따라 적어도 공용부분에 대한 관리비는 이를 그 부담의무자인 구분소유자에 대하여 청구할 수 있다</u>(대법원 2009. 7. 9. 선고 2009다22266 판결).

나. 2차 판결 : 공용부분 원금만 부담, 즉 연체료는 부담하지 않음

관리비 납부를 연체할 경우 부과되는 연체료는 위약벌의 일종이고, 전(前) 구분소유자의 특별승계인이 체납된 공용부분 관리비를 승계한다고 하여 전 구분소유자가 관리비 납부를 연체함으로 인해 이미 발생하게 된 법률효과까지 그대로 승계하는 것은 아니라 할 것이어서, <u>공용부분 관리비에 대한 연체료는 특별승계인에게 승계되는 공용부분 관리비에 포함되지 않는다</u>(대법원 2006. 6. 29. 선고 2004다3598 판결).

한편 관리비 연체료는 위약벌의 성격을 갖는 것이므로(대법원 1989. 10. 10. 선고 88누1417 판결), 연체료를 '공용부분에서 생기는 이익'으로 볼 수는 없으므로, 법 제17조에 따라 지분별로 구분소유자에게 귀속하지는 않는다. 규약으로 연체료의 귀속주체나 사용처에 대해 정할 수 있으며(법 제28조), 규약에 없다면 관리비 연체료는 관리단에 귀속된다.

다. 3년 이내 공용부분 부담

1개월 단위로 지급되는 관리비 채권은 민법 제163조 제1호의 3년 단기 소멸시효 대상이므로(대법원 2007. 2. 22. 선고 2005다65821 판결), 매수인은 매각 대금 납부시점에서 3년이 지난 관리비는 납부하지 않아도 된다. 그러나 관리인이 전 소유자를 상대로 밀린 관리비에 대해 가압류를 하였거나 체납 관리비에 대해 판결을 받아 놓은 경우에는 시효중단이 된다. 판결문에 대한 소멸시효기간은 10년이다.

즉, 집합건물의 전 구분소유자가 공용부분에 관한 관리비를 체납한 상태에서 그 전유부분에 관한 구분소유권을 취득하여 전 구분소유자의 체납관리비채무를 인수한 자가 민법 제169[8]조의 '승계인'에 해당하여 채권자의 전 구분소유자에 대한 시효중단의 효력이 신 구분소유자에게도 미친다(대법원 2015. 5. 28. 선고 2014다81474 판결).

라. 중첩적 채무인수

집합건물법상의 특별승계인은 관리규약에 따라 집합건물의 공용부분에 대한 유지·관리에 소요되는 비용의 부담의무를 승계한다는 점에서 채무인수인으로서의 지위를 갖는데, 위 법률의 입법 취지와 채무인수의 법리에 비추어 보면 구분소유권이 순차로 양도된 경우 각 특별승계인들은 이전 구분소유권자들의 채무를 중첩적으로 인수한다고 봄이 상당하므로, <u>현재 구분소유권을 보유하고 있는 최종 특별승계인뿐만 아니라 그 이전의 구분소유자들도 구분소유권의 보유 여부와 상관없이 공용부분에 관한 종전 구분소유자들의 체납관리비채무를 부담한다</u>(대법원 2008. 12. 11. 선고 2006다50420 판결).

---

8 민법 제169조(시효중단의 효력) 시효의 중단은 당사자 및 그 승계인간에만 효력이 있다.

마. 대납 시 처리방법

특별승계인인 매수인은 전 입주자의 체납관리비 중 공용부분에 대해서만 부담할 의무가 있고, 그 중에서도 연체료를 제외한 원금만 부담하면 된다. 체납관리비 중 공용부분을 제외한 부분은 관리단의 책임이다. 그러나 관리단은 매수인이 체납관리비 전부를 납부하지 않으면 이사할 때 엘리베이터를 사용하지 못하도록 하는 등 방해를 하기 때문에 매수인이 하는 수 없이 밀린 관리비 전부를 납부하는 경우가 많다. 밀린 관리비를 대납할 때는 어쩔 수 없이 납부하였다는 객관적 자료를 남겨두어야 한다. 그래야만 후일 민사소송을 통해 돌려받을 수 있다.

바. 밀린 공과금

<u>전기·수도·도시가스 체납요금도 매수인이 승계하지 않는다.</u>

대법원은 "<u>전기사업법 제17조 제1항 소정의 "전기요금 기타 공급조건"</u>이라 함은 전기를 공급받고자 하는 자 또는 전기를 사용하는 자가 일반전기사업자로부터 장래 전기를 공급받기 위한 전기공급계약의 내용으로 되는 사항, 즉 일반전기사업자가 수용가에게 전기를 공급하는 방법, 이와 관련하여 수용가가 수인하거나 부담하여야 할 요금 기타 사항을 말한다 할 것이고, <u>구수용가가 체납한 전기료납부의무의 승계에 관한 사항은 구수용가의 한국전력공사에 대한 채무를 신수용가가 인수하느냐 하는 문제로서</u> 신수용가가 장래 위 공사로부터 전기를 공급받는 데 관한 사항은 아니며, 따라서 이러한 사항은 위 "전기요금기타 공급조건"에 포함되지 아니한다. <u>수도법 제17조의 규정</u>에 의하여 제정된 시의 수도급수조례에 급수장치에 관한 권리의무는 당해

급수장치가 설치된 건물 또는 토지의 처분에 부수하며, 급수장치에 관한 소유 또는 관리권을 취득한 자는 이 조례에 의하여 그 취득 전에 발생한 의무에 대하여도 이를 승계한다고 규정되어 있어도 위 규정은 급수장치에 관한 권리의무의 승계에 관한 것으로서 <u>건물의 구소유자의 체납수도요금납부의무가 건물에 대한 소유권을 취득하였다는 것만으로 신소유자에게 승계된다고 할 수 없다</u>"고 판시하였다(대법원 1992. 12. 24. 선고 92다16669 판결). 그러나 참고로 수도 사용자의 범위를 <u>급수장치의 사용자, 소유자 및 관리인으로 규정</u>하면서 그들이 요금납부에 있어서 연대책임을 진다는 춘천시의 급수조례 제25조가 모법인 구 수도법에 위반하여 무효라고 할 수는 없다(대법원 1996. 7. 9. 선고 94다31112 판결).

서울고등법원은 "수돗물의 공급을 받지 않았던 신규 수도사용자가 기존 수도사용자의 체납 수도요금 납부의무를 승계하도록 한 부천시 수도급수 조례 제24조제2항은 수도법 제38조제1항의 '그 밖의 수돗물의 공급조건에 관한 규정'의 위임 범위를 벗어난 것으로 법률에 위배되어 무효이다."라고 판시하였다(서울고법 2011. 4. 21. 선고, 2010누33476 판결[9]: 확정).

아파트의 특별승계인은 전 입주자의 체납관리비 중 공용부분에 관하여는 이를 승계하여야 한다고 봄이 타당하다(대법원 2001. 9. 20. 선고 2001다8677 전원

---

9 부천시장이 '타이거월드' 부천체육문화센터를 매수한 甲 회사에 부천시 수도급수 조례 제24조제2항을 근거로 甲 회사가 스포츠센터 소유권을 취득하기 전 기존 수도사용자 乙 회사가 체납한 상하수도요금을 부과한 사안에서, 수돗물 공급을 받지 않았던 신규 수도사용자가 기존 수도사용자의 체납 수도요금 납부의무를 승계하도록 한 위 조례 제24조제2항은 수도법 제38조제1항의 위임 범위를 벗어나 법률에 위배되어 무효이므로, 그에 근거하여 이루어진 부과처분은 위법하다고 한 사례.

합의체 판결).

사. 하자보수금 승계여부

집합건물의 소유 및 관리에 관한 법률 제9조에 따른 하자담보추급권은 집합건물의 수분양자가 집합건물을 양도한 경우 양도 당시 <u>양도인이 이를 행사하기 위하여 유보하였다는 등의 특별한 사정이 없는 한 현재의 집합건물의 구분소유자에게 귀속한다</u>(대법원 2016. 7. 22. 선고 2013다95070 판결).

제 2 장

합의 및 제소전화해

1 합의에 의한 인도
2 제소전화해

01 합의에 의한 인도

가. 합의 방법

낙찰 후에 합의에 의해서 인도를 하는 것이 가장 이상적이다. 그러나 점유자가 합의를 순순히 하지 않는 경우가 대부분이다. 아마도 경매를 당하여 나가는 입장에서는 당연한 행동인 것이다.

합의가 되지 않을 때 열쇠를 바꾼다든지, 단전·단수를 하는 불법적인 방법을 동원하는 경우가 가끔 있는데, 가급적 합법적인 방법을 통해 인도를 받아야 한다. 불법적인 행동을 한다면 추후에 형사처벌을 받을 수도 있다는 점을 알아두자.

여러 고수들이 합의를 하면서 경험한 수많은 무용담을 자랑하고 있으나, 합의가 이루어지지 않는다면 앞으로 어떠한 법적 절차가 진행되는지에 대해 설명해 주는 것이 가장 좋은 방법이라고 필자는 생각한다.

소유자가 점유자인 경우에는 모든 것을 다 잃고 나가야 하는 경우가 많을 것이다. 사실 이런 사람에게 설득은 무의미할지도 모른다. 그러나 나가지 않고 버티면 결국 돌아오는 것은 또 다른 빚이다. 이 점을 설명하면 된다.

부드러운 말투로 설득하고, 앞으로의 진행과정에 대해 아래와 같은 내용증명을 보내자. 그래도 소용없다면 인도명령이나 인도소송 절차에 따라야 한다. 이사비를 지급하여야 한다면 그 금액은 강제집행절차에 착수하였을 경우에 발생할 낙찰자의 부담액을 기준으로 하면 될 것이다. 인도명령을 받고 강제집행을 할 때 소요되는 비용 중 가장 큰 부분이 노무자 임금이다. 노무자 약 15명을 기준으로 하고, 인도명령 신청비용, 강제집행 접수비, 집행관 수수료, 사다리차 비용 등을 계산하면 낙찰자가 250만 원 내지 300만 원 정도를 부담해야 한다. 그 범위 내에서 이사비를 지급하면 될 것이다.

나. 합의를 위한 내용증명서 예시

통고서

발신인 000

수인인 000

발신인은 서울시 서초구 00번지 주택의 낙찰자인바, 다음의 내용을 통고하오니, 원만히 이행하여 불이익을 받지 말기를 권합니다.

통고내용

1. 이사요청

발신인은 2017. 10. 12. 위 주택을 낙찰 받고 대금을 납부하여 위 주택의 소유자가 되었습니다. 발신인은 위 주택의 소유자로서 위 주택을 점유 중인 수신인에게 <u>2018. 0. 00까지 이사</u>를 가기를 요청합니다.

2. 이사비 지급

수신인이 위 기일까지 이사를 완료할 경우 발신인은 이사완료 여부에 대해 현장을 확인하고 나서 이사비로서 <u>금000 원</u>을 지급할 예정입니다.

3. 미 이사 시 진행예정 사항

(1) 수신인이 이사를 가지 않을 경우에 대비해서 발신인은 <u>법원에 이미 인도명령신청을 해 두었습니다</u>. 인도명령에 따라 수신인이 이사를 할 경우에는 <u>인도명령비용을 수신인이 부담하셔야 합니다</u>. 강제집행이 이루어지는 경우에는 강제집행 접수비, 집행관 수수료, 십여 명에 대한 집행 인건비, 사다리차 비용 등이 <u>수신인의 채무</u>로 남게 됩니다. 강제집행 후에 귀하의 동산은 <u>보관소에 수신인의 비용</u>으로 보관합니다.

(2) 아울러 이런 절차를 변호사에게 의뢰할 예정인바 그렇게 되면 수신인은 <u>변호사 비용도 물어야 함</u>을 양지하시기 바랍니다. 또한 인도소송과 동시에 임차료지급소송도 같이 하므로 이 경우 귀하는 <u>매월 임차료도 물어야 합니다.</u>

(3) 상기와 같이 수신인은 ① 인도명령비용, ② 인도집행비용 ③ 보관비용, ④ 임대료상당부당이득금, ⑤ 변호사비용을 부담하여야 하고, 이 비용에 대해 추후 <u>수신인의 월급이나 임대보증금이 (가)압류 될 수 있습니다.</u>

(4) 경매낙찰자가 하는 인도명령이나 인도소송은 낙찰자가 100% 승소하게 되어 있습니다. 이 점에 대해서 법률상담을 받아보시기를 권합니다.

(5) 수신인도 딱한 사정이 있겠지만, 대금을 전액 납부하여 위 주택에 대한 소유자가 되고서도 위 주택을 사용하지 못하는 발신인의 사정도 이해하시어, 정해진 기간 안에 이사해 주시기 바랍니다.

(6) 추후 연락사항이나 궁금한 사항은 010-****-****으로 전화하시기 바랍니다.

다. 합의서

합의서

소유자 000(이하 '갑'이라고 한다)
점유자 000(이하 '을'이라고 한다)

갑과 을은 서울 서초구 서초중앙로 000, 00아파트 7동 501호에 대해 다음과 같이 합의한다.

다음

제1조(목적부동산) 서울 서초구 서초중앙로 000, 00아파트 7동 501호이다.

제2조(이사완료일) ① 을은 2017. 10. 00까지 위 주택에서 이사를 하고 위 주택을 갑에게 인도한다. 을은 이사 시에 위 주택을 분양계약 당시에 분양계약서에 포함된 모든 물품을 현상 그대로 보존하여야 한다.

② 을은 위 주택을 타인에게 점유이전을 하여서는 아니 된다.

③ 을은 2017. 10. 00 이후에는 갑이 <u>문을 임의로 따고 들어가는 것을 용인하고</u>, 위 주택에 남은 물건은 모두 을이 버린 것으로 하고, 이를 갑이 임으로 폐기처분해도 민·형사상 아무런 이의제기를 하지 않기로 한다.

제3조(이사비) 갑은 을에게 이사를 돕기 위해 우선 2017. 10. 00일에 000원을 지급하고, 나머지 잔금 000원은 을이 제2조 의무를 성실히 이행하고 <u>현관문 열쇠를 갑에게 전달하여</u> 인도를 마치고, 체납관리비 납부 완료를 확인한 후 지급키로 한다. 지급계좌 : 우리은행

제4조(위약금) 갑과 을이 위 의무를 이행하지 않는 경우 위약금으로 상대방에게 금 000원을 지급키로 한다.

2017. 10. 00

이를 증명하기 위해 계약서에 서명날인하고 2부를 각각 보관키로 한다.

갑 :

을 :

02 제소전화해

가. 개설

여기서 말하는 제소전화해는 위 합의를 제소전화해로 하는 것을 말한다.

민사상 다툼에 관하여 당사자는 청구의 취지·원인과 다투는 사정을 밝혀 상대방의 보통재판적이 있는 곳의 지방법원에 화해를 신청할 수 있다(민사소송법 제385조 제1항). 신청인이 제소전화해 신청서를 작성하여 피신청인의 날인을 받아 보관하고 있다가 피신청인이 합의 내용을 이행하지 않았을 때 법원에 제소전화해 신청서를 제출하는 경우가 많다. 제소전화해는 그 신청서를 작성한 뒤에 신청인과 피신청인이 재판에 출석하여야 비로소 그에 대한 화해가 성립되는 것이다. 피신청인이 합의 내용을 이행하지 않고서 재판에 출석할 리가 없으므로 신청인이 뒤 늦게 신청서를 접수한다면 제소전화해가 이루어지지 않는다.

이러한 제소전화해는 규모가 큰 건물이나 상가, 공장 등에서 유용할 것이다.

낙찰 후에 점유자와 인도문제에 대해 합의를 하고 그 합의내용에 대해 제소전화해를 하면 후일 합의내용대로 인도를 하지 않을 경우에 별도의 재판 없이 임차인 또는 전차인에게 강제집행이 가능하다.

한편 제소전화해를 할 경우에는 화해조항을 제대로 작성하여야 후일 제소전화해를 근거로 집행을 하는데 문제가 없다.

▶ **화해조항 예시**

1. 피신청인은 2017. 10. 00까지 서울 서초구 서초중앙로 000, 00아파트 00동00호 주택에서 이사를 하고 위 주택을 신청인에게 인도한다. 피신청인은 인도 시에 위 주택을 분양계약 당시에 분양계약서에 포함된 모든 물품을 현상 그대로 보존하여 인도하여야 한다.
2. 피신청인은 위 주택을 타인에게 점유이전을 하여서는 아니 된다.
3. 피신청인은 2017. 10. 00 이후에는 신청인이 문을 임의로 따고 들어가는 것을 용인하고, 위 주택에 남은 물건은 모두 버린 것으로 하고, 신청인이 임으로 폐기처분해도 민형사상 아무런 이의제기를 하지 않기로 한다.
4. 신청인은 피신청인에게 2017. 10. 00일에 000원을 지급하고, 나머지 잔금 000 원은 이사 및 체납관리비 납부 완료를 확인한 후 지급키로 한다. 지급계좌 : 우리은행
5. 신청인과 피신청인이 위 의무를 이행하지 않는 경우 위약금으로 상대방에게 금 000원을 지급키로 한다.
6. 화해비용은 각자 부담으로 한다.

나. 제소전화해신청서

제소전 화해신청서

사 건 명
신 청 인   (이름)   (주민등록번호   -   )
           (주소)   (연락처)
피신청인   (이름)   (주민등록번호   -   )
           (주소)   (연락처)

신 청 취 지

신청인과 피신청인 사이에 다음 화해조항과 같은 화해를 구합니다.

신 청 원 인

1. 신청인은 별지 목록 기재 부동산을 ○○지방법원 20○○타경 1234호 부동산임의경매신청사건에 관한 매수인으로 20○○. 5. 15. ○○지방법원 매각허가결정을 원인으로 같은 해 7. 1. 매각대금을 완납하여 소유권이전등기를 마친 소유자입니다.

2. 그런데 피신청인은 현재 위 부동산을 점유하고 있으므로, 신청인에게 위 부동산을 인도하여야 할 의무가 있습니다. 이에 신청인은 피신청인을 상대로 인도명령신청을 하려고 하였으나, 피신청인과 화해조항과 같은 내용으로 합의에 이르게 되었습니다.

3. 이에 신청인은 추후 피신청인이 합의사항을 이행하지 않을 경우에 집행력을 확보하기 위해서 본 신청에 이르게 되었습니다.

4. 따라서 신청인과 피신청인을 불러 다음과 같은 화해조항이 성립되도록 권고하여 주시기 바랍니다.

화 해 조 항

1.
2.
3.

별지(부동산) 목 록

1.

입 증 방 법

1.
2.

첨 부 서 류

1. 위 입증방법   각 1통

1. 신청서부본   1통

1. 송달료납부서   1통

1. 신청원인, 화해조항, 별지(부동산) 목록(신청서 부본과 별도) 각 1통

20 . . .

위 신청인   (서명 또는 날인)

서울중앙지방법원 귀 중

소송목적의 값		원		인 지		원

※ 제소전 화해비용은 소장에 첨부하는 인지액의 1/5 입니다.

(인지첩부란)

송달료 계산 방법 : 당사자 수(신청인 + 피신청인) × 5 × 1회분

※ 1회 송달료는 추후 변동될 수 있습니다.

휴대전화를 통한 정보수신 신청

위 사건에 관한 재판기일의 지정·변경·취소 및 문건접수 사실을 예납의무자가 납부한 송달료 잔액 범위 내에서 아래 휴대전화를 통하여 알려주실 것을 신청합니다.

■ 휴대전화 번호 :

20 . . .

신청인 원고   (날인 또는 서명)

※ 문자메시지는 재판기일의 지정·변경·취소 및 문건접수 사실이 법원재판사무시스템
 에 입력되는 당일 이용 신청한 휴대전화로 발송됩니다.

※ 문자메시지 서비스 이용금액은 메시지 1건당 17원씩 납부된 송달료에서 지급됩니다
 (송달료가 부족하면 문자메시지가 발송되지 않습니다).

※ 추후 서비스 대상 정보, 이용금액 등이 변동될 수 있습니다.

제 3 장

유치권 돌파하기

1 개설
2 허위 유치권이 문제되는 경우
3 유치권 성립요건
4 비용상환청구권에 의한 유치항변
5 공사대금청구권과 유치권 성립 여부
6 유치권 소멸시키기
7 유치권 성립여부 사례

01 개설

가. 법 규정

(1) 민법

제320조(유치권의 내용) ①타인의 물건 또는 유가증권을 점유한 자는 그 물건이나 유가증권에 관하여 생긴 채권이 변제기에 있는 경우에는 <u>변제를 받을 때까지 그 물건 또는 유가증권을 유치할 권리가 있다.</u>
②전항의 규정은 그 점유가 불법행위로 인한 경우에 적용하지 아니한다.
제321조(유치권의 불가분성) 유치권자는 채권전부의 변제를 받을 때까지 유치물전부에 대하여 그 권리를 행사할 수 있다.
제322조(경매, 간이변제충당) ①유치권자는 채권의 변제를 받기 위하여 유치물을 경매할 수 있다.

②정당한 이유있는 때에는 유치권자는 감정인의 평가에 의하여 유치물로 직접 변제에 충당할 것을 법원에 청구할 수 있다. 이 경우에는 유치권자는 미리 채무자에게 통지하여야 한다.

제323조(과실수취권) ①유치권자는 유치물의 과실을 수취하여 다른 채권보다 먼저 그 채권의 변제에 충당할 수 있다. 그러나 과실이 금전이 아닌 때에는 경매하여야 한다.

②과실은 먼저 채권의 이자에 충당하고 그 잉여가 있으면 원본에 충당한다.

제324조(유치권자의 선관의무) ①유치권자는 선량한 관리자의 주의로 유치물을 점유하여야 한다.

②유치권자는 채무자의 승낙없이 유치물의 사용, 대여 또는 담보제공을 하지 못한다. 그러나 유치물의 보존에 필요한 사용은 그러하지 아니하다.

③유치권자가 전2항의 규정에 위반한 때에는 채무자는 유치권의 소멸을 청구할 수 있다.

제325조(유치권자의 상환청구권) ①유치권자가 유치물에 관하여 필요비를 지출한 때에는 소유자에게 그 상환을 청구할 수 있다.

②유치권자가 유치물에 관하여 유익비를 지출한 때에는 그 가액의 증가가 현존한 경우에 한하여 소유자의 선택에 좇아 그 지출한 금액이나 증가액의 상환을 청구할 수 있다. 그러나 법원은 소유자의 청구에 의하여 상당한 상환기간을 허여할 수 있다.

제326조(피담보채권의 소멸시효) 유치권의 행사는 채권의 소멸시효의 진행에 영향을 미치지 아니한다.

제327조(타담보제공과 유치권소멸) 채무자는 상당한 담보를 제공하고 유치권의 소멸을 청구할 수 있다.

제328조(점유상실과 유치권소멸) 유치권은 점유의 상실로 인하여 소멸한다.

(2) 민사집행법

제91조(인수주의와 잉여주의의 선택 등) ⑤매수인은 유치권자(留置權者)에게 그 유치권(留置權)으로 담보하는 채권을 변제할 책임이 있다.

제274조(유치권 등에 의한 경매) ①유치권에 의한 경매와 민법·상법, 그 밖의 법률이 규정하는 바에 따른 경매(이하 "유치권등에 의한 경매"라 한다)는 담보권 실행을 위한 경매의 예에 따라 실시한다.
②유치권 등에 의한 경매절차는 목적물에 대하여 강제경매 또는 담보권 실행을 위한 경매절차가 개시된 경우에는 이를 정지하고, 채권자 또는 담보권자를 위하여 그 절차를 계속하여 진행한다.
③제2항의 경우에 강제경매 또는 담보권 실행을 위한 경매가 취소되면 유치권 등에 의한 경매절차를 계속하여 진행하여야 한다.

(3) 상법

제58조(상사유치권) 상인간의 상행위로 인한 채권이 변제기에 있는 때에는 채권자는 변제를 받을 때까지 그 채무자에 대한 상행위로 인하여 자기가 점유하고 있는 채무자소유의 물건 또는 유가증권을 유치할 수 있다. 그러나 당사자간에 다른 약정이 있으면 그러하지 아니하다.

나. 우선변제권 여부

민법 제320조 제1항은 "변제를 받을 때까지 그 물건 또는 유가증권을 유치할 권리가 있다."고만 규정하여 우선변제권을 인정하지는 않는다.

그러나 민사집행법 제91조 제5항은 "매수인은 유치권자(留置權者)에게 그 유치권(留置權)으로 담보하는 채권을 변제할 책임이 있다."고 규정하여, 유치권자는 사실상 우선변제를 받게 된다.

유치권자는 방어적인 입장에서는 우선변제를 받을 수 있지만, 경매를 신청하여 공격을 하는 입장이 되면 일반채권자 입장에서 배당받으므로, 주로 방어를 하게 되는 것이다. 유치권에 의한 경매도 강제경매나 담보권 실행을 위한 경매와 마찬가지로 목적부동산 위의 부담을 <u>소멸시키는 것을 법정매각조건으로 하여 실시되므로</u> 우선채권자뿐만 아니라 일반채권자의 배당요구도 허용되며, <u>유치권자는 일반채권자와 동일한 순위로 배당을 받을 수 있다고 보아야 한다.</u> 다만 집행법원은 부동산 위의 이해관계를 살펴 목적부동산 위의 부담을 소멸시키지 않고 매수인으로 하여금 인수하도록 법정매각조건을 정할 수 있다(대법원 2011. 6. 15. 자 2010마1059 결정).

다. 선행 유치권 경매 + 후행 실질적 경매

민사집행법 제274조 제2항은 "유치권 등에 의한 경매절차는 목적물에 대하여 강제경매 또는 담보권 실행을 위한 경매절차가 개시된 경우에는 이를 정지하고, 채권자 또는 담보권자를 위하여 그 절차를 계속하여 진행한다."라고 규정하고 있다.

대법원은 "유치권에 의한 경매절차가 정지된 상태에서 그 목적물에 대한 강제경매 또는 담보권 실행을 위한 경매절차가 진행되어 매각이 이루어졌다면, <u>유치권에 의한 경매절차가 소멸주의를 원칙으로 하여 진행된 경우와는 달리 그 유치권은 소멸하지 않는다고 봄이 상당하다.</u> 원심은 그 채택증거에 의하여 <u>2004. 11. 16. 유치권자인 피고의 신청</u>으로 이 사건 점포를 포함한 이 사건 건물에 대하여 서울남부지방법원 2004타경41559호로 유치권에 의한 경매절차가 개시된 사실, 위 경매절차의 진행 중 근저당권자 주식회사 우리

은행의 신청으로 이 사건 점포 등에 대해 위 법원 2004타경49041호로 임의경매절차가 개시되었고, 이에 따라 위 유치권에 기한 경매절차는 정지된 사실, 소외인은 위 2004타경49041호 임의경매절차에서 이 사건 점포를 낙찰 받고 그 매각대금을 납부하여 소유권을 취득한 사실, 이후 이 사건 점포에 대하여 다시 위 법원 2008타경10829호로 임의경매절차가 개시되자 원고들이 그 임의경매절차에서 이 사건 점포를 낙찰 받고 2009. 7. 16. 그 매각대금을 납부하여 소유권을 취득한 사실을 인정한 다음, 위 유치권에 의한 경매절차는 근저당권에 의한 임의경매절차가 개시됨으로써 정지되었고 소외인은 그 임의경매절차에서 이 사건 점포를 낙찰 받아 그 유치권 부담까지 함께 인수받았다고 봄이 상당하므로, 유치권자인 피고는 이 사건 공사대금 중 미변제된 부분을 모두 변제받을 때까지 이 사건 점포를 유치할 권리가 있다고 판단하여 원고들의 인도청구를 배척하였다. 앞서 본 법리와 기록에 비추어 살펴보면 원심의 이러한 판단은 정당하여 수긍이 가고, 거기에 상고이유에서 주장하는 바와 같은 유치권에 의한 경매절차의 정지 및 유치권 소멸에 관한 법리오해나 판단누락 등의 위법이 있다고 할 수 없다. 이에 관한 상고이유의 주장은 모두 이유 없다."고 판시하고 있다(대법원 2011. 8. 18. 선고 2011다35593 판결).

02 허위 유치권이 문제되는 경우

유치권 신고가 있는 경우에는 유치권 인수우려 및 유치권자와의 인도분쟁 등에 대한 우려 때문에 매각가격의 하락을 가져온다. 특히 허위의 유치권을 신고하거나, 실제보다 많은 채무액을 주장하면서 채권자가 부당하게 채무자를 압박하는 경우가 문제이다.

유치권 신고서가 법원에 제출되면, 법원은 현황조사보고서상 조사된 유치권인지를 검토한 후, 유치권의 성립여부가 불분명한 경우에는 유치권의 존재 등에 관한 현황재조사명령을 하거나 이해관계인에게 사실조사를 하는 경우가 있다. 유치권신고인에게는 <u>실제 점유하고 있다는 점을 소명하는 자료 및 점유부분, 점유의 개시시기, 누구로부터 점유를 넘겨받았는지, 유치권의 피담보채권에 관한 사항</u>(유치권 주장이 공사대금채권이면 공사계약서나 견적서, 공사가 완료되었는지 여부, 실제 공사한 일자와 공사내역, 공사 전후의 사진이나 자료 제출)에 관하여 보정명령을 발함과 동시에 채무자를 상대로 <u>피담보채권에 대한 이행청구 소송이나 피보전채권으로 한 가압류 등의 보전조치를 취한 사실이 있는지 여부 및 있다면 그 소송결과를 확인할 수 있는 자료의 제출을 명한다.</u> 또한 경매신청채권자에게는 유치권 신고인이 실제로 이사건 부동산을 점유하고 있는지 여부 및 만일 점유하고 있다면 그 점유개시일자와 그 점유가 불법행위로 인한 것인지 여부, 유치권신고인을 상대로 유치권부존재확인의 소 등 법적 조치를 취할 의사의 여부 및 법적 조치를 취한 경우 그 결과 등을 확인할 수 있는 서류의 제출을 명한다[1].

근저당권자 등이 유치권부존재확인의 소를 제기하면서 경매법원에 경매절차를 사실상 중단해 줄 것을 요청하면, 이를 허용하는 경우도 있다.

---

[1] 의정부지방법원, 경매업무편람, 2012, 134.

따라서 입찰에 참가하는 사람은 위 자료를 면밀히 검토하여 유치권의 성부를 판단하고 입찰에 응하면 될 것이다.

나아가 매수인이 된 경우에는 위 자료가 제출되어 있지 않다면(매각물건명세서 작성 이후에 유치권이 접수된 경우), 유치권부존재확인의 소를 제기하고, 법원에 위 자료를 제출하여 줄 것을 명해달라고 신청하면 된다.

만일 매각기일 이후에 유치권이 신고 되면, 매각불허가결정 신청을 하거나, 매각허가결정 이후라면 즉시항고를 하여 매각허가결정을 취소할 수도 있다.

03 유치권 성립요건

가. 민사유치권

(1) 개설

유치권이 성립하기 위해서는 ① 물건과 채권과의 사이에 견련관계가 있을 것, ② 유치권자가 타인의 물건이나 유가증권을 점유하고 있을 것, ③ 점유가 불법이 아닐 것, ④ 채권이 변제기에 있을 것, ⑤ <u>당사자 사이에 유치권 배제의 특약이 없을 것</u> 등의 조건을 갖추어야 한다.

(2) 배제 특약이 없어야 함

유치권은 법에서 정하고 있는 요건을 갖추면 당연히 성립하는 법정담보물권이다(민법 제320조). 다만 당사자가 유치권의 발생을 배제하는 특약을 한 경우에 그 특약은 유효하다.

따라서 유치권 배제 특약이 있는지를 반드시 확인하여야 할 것이고, 배제 특약이 입증되면 유치권은 없어지는 것이다. 통상 건축주 입장에서는 시공자의 횡포를 방지하기 위해 유치권 배제 특약을 많이 한다. 특히 은행으로부터 건축비를 대출받은 경우에 은행은 필수적으로 유치권 배제 특약을 하므로 그에 따라 유치권이 성립하지 않을 가능성이 매우 크다.

(3) 점유

점유 요건과 관련하여 서울고등법원은 "구**의 며느리인 정**이 2004. 4. 1.경부터 2005. 10. 15.경까지 구**를 위하여 이 사건 건물을 관리하여 온 사실, 피고들은 2005. 1.경부터 이 사건 건물의 1층 또는 지하 1층에 유치권을 행사한다는 취지의 안내문을 부착하고, 같은 달 15. 이 사건 임의경매절차에서 유치권자로서 권리신고를 하는 한편, 피고들의 직원들이 가끔 이 사건 건물에 들러 지하 1층에 있는 총무과 사무실의 책상을 사용하기도 하였으나, 이 사건 건물에 상주하거나 위 건물을 관리하지는 아니한 사실, 그 후 피고들은 2005. 10. 15.경 이 사건 건물 1층에 있는 사무실을 점유하는 한편 정**으로부터 이 사건 건물의 열쇠를 교부받아 그 무렵부터 이 사건 건물의 출입을 통제하여 왔고, 그로 인하여 이 사건 건물에서의 병원영업도 2005. 10. 15.경부터 중단된 사실을 인정할 수 있는바, 위 인정사실에 의하면 피고들이 이 사건 건물을 직접 점유하기 시작한 것은 2005. 10. 15.경부터라 할 것이고(유치권 행사에 관한 단순한 안내문 부착이나 가끔 이 사건 건물에 들르기 시작한 것만으로는 이 사건 건물을 점유하였다고 하기에 부족하고, 설령 이를 점유로 본다 하더라도 그 시기가 2005. 1. 초순경으로서 이미 위 임의경매개시결정의 기입등기가 경료된 2004. 12. 27. 이후이다), 이는 위 기입등기 이후이므로 피고들은 위 점유에 근거한 유치권을 내세워 이 사건 임의경매절차에서의 매수인인 원고에게 대항할 수 없다 할 것이다."라고 판시하였다(서울고등법원 2008. 6. 25. 선고 2008나42036 판결). <u>즉, 단순히 안내문만을 부착하고 상주하지 않은 경우에는 점유를 불인정한다.</u>

또한 다수의 유치권자간의 공동점유도 가능하다. 전기, 미장, 방수, 창호, 냉난방 등 각 시공자들이 채권단을 구성하여 건축물을 공동점유하는 경우 점유 요건이 인정된다.

(4) 견련관계

견련관계는 민법 제320조 제1항에서 '그 물건에 관하여 생긴 채권'이라고 표현하고 있다. 예를 들어, A라는 자가 B라는 사람에게 스마트폰 수리를 맡기고 수리대금을 주지 않았다. 그러면 B라는 자는 스마트폰을 주지 않아도 된다. 후에 A라는 사람이 노트북의 수리를 맡기고 노트북의 수리대금만 지불했다. 그렇다 해도 B는 스마트폰의 수리비를 요구하면서 노트북을 주지 않겠다고 주장할 수는 없다.

민법 제320조 제1항에서 '그 물건에 관하여 생긴 채권'은 유치권 제도 본래의 취지인 공평의 원칙에 특별히 반하지 않는 한 채권이 목적물 자체로부터 발생한 경우는 물론이고 채권이 목적물의 반환청구권과 동일한 법률관계나 사실관계로부터 발생한 경우도 포함한다(대법원 2007. 9. 7. 선고 2005다16942 판결[2].

목적물과 관련하여 채권이 발생한 경우는 목적물에 지출한 비용의 상환청구권(민법 제203조, 제626조), 수급인의 공사목적물에 대한 보수청구권(민법 제664조)[3], 타인의 동물로부터 공격을 받아 피해를 입은 경우의 손해배상채권(민법 제759조) 등이 이에 속한다. 다만 손해배상에 물건이 원인을 제공한 것이 아니라 사람의 배신행위가 그 원인을 제공한 것인 채무불이행의 경우에는 그 손해배상청구권을 담보로 목적물을 유치할 수는 없다.

채권이 목적물의 반환청구권과 동일한 법률관계나 사실관계로부터 발생한 경우란 매매계약에 의한 급부가 이행된 뒤 그 계약이 취소된 경우에 매수인의 대금반환청구권과 매도인의 목적물반환청구권과의 관계(취소라는 동일한 법률관계)를 말한다.

---

2 다세대주택의 창호 등의 공사를 완성한 하수급인이 공사대금채권 잔액을 변제받기 위하여 위 다세대주택 중 한 세대를 점유하여 유치권을 행사하는 경우, <u>그 유치권은 위 한 세대에 대하여 시행한 공사대금만이 아니라 다세대주택 전체에 대하여 시행한 공사대금채권의 잔액 전부를 피담보채권으로 하여 성립한다고 본 사례.</u>
3 주택건물의 신축공사를 한 수급인이 그 건물을 점유하고 있고 또 그 건물에 관하여 생긴 공사금 채권이 있다면, 수급인은 그 채권을 변제받을 때까지 건물을 유치할 권리가 있다고 할 것이고, 이러한 유치권은 수급인이 점유를 상실하거나 피담보채무가 변제되는 등 특단의 사정이 없는 한 소멸되지 않는다(대법원 1995. 9. 15. 선고 95다16202 판결).

그러나 건물의 임대차에 있어서 임차인의 임대인에게 지급한 임차보증금 반환청구권이나 임대인이 건물시설을 아니하기 때문에 임차인에게 건물을 임차목적대로 사용 못한 것을 이유로 하는 손해배상청구권은 모두 민법 320조에 말하는 소위 그 건물에 관하여 생긴 채권이라 할 수 없고(대법원 1976. 5. 11. 선고 75다1305 판결), 임대인과 임차인 사이에 건물명도시 권리금을 반환하기로 하는 약정이 있었다 하더라도 그와 같은 권리금반환청구권은 건물에 관하여 생긴 채권이라 할 수 없으므로 그와 같은 채권을 가지고 건물에 대한 유치권을 행사할 수 없다(대법원 1994. 10. 14. 선고 93다62119 판결).

서울중앙지방법원은 재개발사업으로 인한 신축아파트와 관련하여, "원고는 위 화해권고결정으로 확정된 징수금 등 채권액 276,738,328원 및 이에 대한 2008. 4. 18.까지의 지연손해금의 합계 417,040,869원, 아파트관리비 10,065,580원, 유리샷시비용 3,600,300원, 대위등기비용 8,101,300원의 합계 438,808,049원(=417,040,869원 +10,065,580원 +3,600,300원 +8,101,300원)을 상환 받을 때까지 이 ○○아파트를 유치할 권리가 있다."고 판시하였다(서울중앙지방법원 2009. 9. 4. 선고 2009가합49365 판결). 대법원은 "甲이 건물 신축공사 수급인인 乙 주식회사와 체결한 약정에 따라 공사현장에 시멘트와 모래 등의 건축자재를 공급한 사안에서, 甲의 건축자재대금채권은 매매계약에 따른 매매대금채권에 불과할 뿐 건물 자체에 관하여 생긴 채권이라고 할 수는 없음에도 건물에 관한 유치권의 피담보채권이 된다고 본 원심판결에 유치권의 성립요건인 채권과 물건 간의 견련관계에 관한 법리오해의 위법이 있다."고 판시하였다(대법원 2012. 1. 26. 선고 2011다96208 판결).

대법원은 건물공사대금채권을 피담보채권으로 하는 토지유치권에 대해서는 소극적이다. 즉, 건물의 신축공사를 도급받는 수급인이 사회통념상 독립한 건물이라고 볼 수 없는 정착물을 토지에 설치한 상태에서 공사가 중단된 경우에 그 정착물은 토지의 부합물에 불과하여 이러한 정착물에 대하여 유치권을 행사할 수 없는 것이고, 또한 공사 중단 시까지 발생한 공사대금 채권은 토지에 관하여 생긴 것이 아니므로 그 공사대금 채권에 기하여 토지에 대하여 유치권을 행사할 수도 없는 것이다(대법원 2013. 5. 9. 선고 2013다2474 판결, 대법원 2008. 5. 30.자 2007마98 결정 등 참조).[4]

구 건물을 철거하고 새 건물을 신축하기 위하여 지출된 비용채권은 신축공사로 인하여 철거될 구 건물과 유치권에 있어서 견련관계를 인정할 수 없다고 본 사례

대구고등법원 2017. 7. 13. 선고 2016나26618 판결

이 사건 1층 부분은 이 사건 신축공사가 시행되면 철거되어야 하는 건물이다. 그런데 피고의 주장에 의하면, 피고는 이 사건 신축공사의 건축허가에서부터 착공계를 제출하여 건물철거공사에 착수할 때까지의 관련 업무인 신축공사의 기획, 설계 등을 위한 용역대금 채권으로 이 사건 1층 부분에 관하여 유치권을 행사한다는 것이다. 여기서 위 용역대금 채권은 이 사건 1층 부분을 철거하고 새 건물을 신축하기 위하여 지출된 비용채권으로 이 사건 신축공사로 인하여 철거될 이 사건 1층 부분에 관하여 생긴 채권이라고 할 수 없으므로 피담보채권과 유치목적물과의 견련관계를 인정할 수 없다. 따라서 피고는 이 사건 1층 부분에 관한 유치권을 주장할 수 없다.

---

[4] 지상 15층, 지하 4층 규모의 오피스텔 신축공사 토공사 및 흙막이 공사 : 각 토지를 지표면으로부터 지하 4층 규모인 14m깊이까지 굴착한 뒤 흙막이 벽체를 설치하고 굴착된 부분의 벽면 부위를 지탱하기 위한 철골구조물을 설치한 상태에서 이 사건 하도급공사가 중단

위에서 본 바와 같이 견련관계가 있는지 여부를 판단하기는 쉽지 않다. 따라서 경매참여자들은 유치권 성립여부에 대한 권리분석을 할 때 일단 다른 성립요건을 가지고 판단을 해보고, 견련관계에 대해서는 맨 마지막에 보수적으로 판단하기를 권고한다.

한편, 견련성과 점유는 반드시 동시 관계일 필요는 없고, 선 채권 성립 후 점유도 유치권이 인정된다. 즉, 유치권자가 유치물을 점유하기 전에 발생된 채권(건축비채권)이라도 그후 그 물건(건물)의 점유를 취득했다면 유치권은 성립한다(대법원 1965. 3. 30. 선고 64다1977 판결).

(5) 변제기

대법원은 "유치권은 목적물에 관하여 생긴 채권이 변제기에 있는 경우에 비로소 성립하고(민법 제320조), 한편 채무자 소유의 부동산에 경매개시결정의 기입등기가 마쳐져 압류의 효력이 발생한 후에 유치권을 취득한 경우에는 그로써 부동산에 관한 경매절차의 매수인에게 대항할 수 없는데, 채무자 소유의 건물에 관하여 증·개축 등 공사를 도급받은 수급인이 경매개시결정의 기입등기가 마쳐지기 전에 채무자에게서 건물의 점유를 이전받았다 하더라도 경매개시결정의 기입등기가 마쳐져 압류의 효력이 발생한 후에 공사를 완공하여 공사대금채권을 취득함으로써 그때 비로소 유치권이 성립한 경우에는, 수급인은 유치권을 내세워 경매절차의 매수인에게 대항할 수 없다."라고 판시하였고(대법원 2011. 10. 13. 선고 2011다55214 판결), "공사비용상환청구권은 이 사건 전세권의 기간 만료시에 변제하기로 약정되어 있으므로 아직 그 변제기가 도래하지 아니하였고, 따라서 이를 피담보채권으로 한 유치권이 성립될 수 없다."고 판시하였다(대법원 2007. 9. 21. 선고 2005다41740 판결).

(6) 타인 소유

유치권은 자기 소유 물건에 대해서는 생길 수 없다. 유치권은 타물권인 점에 비추어 볼 때 수급인의 재료와 노력으로 건축되었고 독립한 건물에 해당되는 기성부분은 수급인의 소유라 할 것이므로 수급인은 공사대금을 지급받을 때까지 이에 대하여 유치권을 가질 수 없다(대법원 1993. 3. 26. 선고 91다14116 판결).

나. 상사유치권 성립 여부

상법 제58조는 "상인간의 상행위로 인한 채권이 변제기에 있는 때에는 채권자는 변제를 받을 때까지 그 채무자에 대한 상행위로 인하여 자기가 점유하고 있는 채무자소유의 물건 또는 유가증권을 유치할 수 있다. 그러나 당사자간에 다른 약정이 있으면 그러하지 아니하다."라고 규정하여, 상사유치권을 인정하고 있다.

상사유치권이 성립하려면, ① 상인간의 상행위로 인한 채권이어야 하고, ② 그 채권이 변제기에 있어야 하고, ③ 자기가 점유하여야 하고, ④ 채무자소유의 물건 또는 유가증권이어야 하고, ⑤ 당사자간에 배제 특약이 없어야 한다.

한편 근저당권 설정 이후 상사유치권은 매수인에게 대항할 수 없다. 즉, 대법원은 "상사유치권은 민사유치권과 달리 피담보채권이 '목적물에 관하여' 생긴 것일 필요는 없지만 유치권의 대상이 되는 물건은 '채무자 소유'일 것으로 제한되어 있다(상법 제58조, 민법 제320조 제1항 참조). 이와 같이 상사유치권의 대상이 되는 목적물을 '채무자 소유의 물건'에 한정하는 취지는, 상사유치권의 경우에는 목적물과 피담보채권 사이의 견련관계가 완화됨으로써 피담보채권이 목적물에 대한 공익비용적 성질을 가지지 않아도 되므로 피담보채권이 유치권자와 채무자 사이에 발생하는 모든 상사채권으로 무한정 확장될 수 있고, 그로 인하여 이미 제3자가 목적물에 관하여 확보한 권리를 침해할 우려가 있어 상사유치권의 성립범위 또는 상사유치권으로 대항할 수 있는 범위를 제한한 것으로 볼 수 있다. 즉 상사유치권이 채무자 소유의 물건에 대해서만 성립한다는 것은, 상사유치권은 성립 당시 채무자가 목적물에 대하여 보유하고 있는 담보가치만을 대상으로 하는 제한물권이라는 의미를 담고 있다 할 것이고, 따라서 유치권 성립 당시에 이미 목적물에 대하여 제3자가 권리자인 제한물권이 설정되어 있다면, 상사유치권은 그와 같이 제한된 채무자의 소유권에 기초하여 성립할 뿐이고, 기존의 제한물권이 확보하고 있는 담보가치를 사후적으로 침탈하지는 못한다고 보아야 한다. 그러므로 채무자 소유의 부동산에 관하여 이미 선행(선행)저당권이 설정되어 있는 상태에서 채권자의 상사유치권이 성립한 경우, 상사유치권자는 채무자 및 그 이후 채무자로부터 부동산을 양수하거나 제한물권을 설정받는 자에 대해서는 대항할 수 있지만, 선행저당권자 또는 선행저당권에 기한 임의경매절차에서 부동산을 취득한 매수인에 대한 관계에서는 상사유치권으로 대항할 수 없다(대법원 2013. 2. 28. 선고 2010다57350 판결).

대법원은 "상법 제58조는 '상인간의 상행위로 인한 채권이 변제기에 있는 때에는 채권자는 변제를 받을 때까지 그 채무자에 대한 상행위로 인하여 자기가 점유하고 있는 채무자 소유의 물건 또는 유가증권을 유치할 수 있다.'고 규정하고 있으므로, 채권자가 채무자와의 상행위가 아닌 다른 원인으로 목적물의 점유를 취득한 경우에는 상사유치권이 성립할 수 없는 것이다. 기록에 의하면, 재항고인은 공장건물의 신축공사가 이 사건 경매로 중단된 후에 공사현장을 점거하면서 타인의 지배를 배제하고 이 사건 토지에 대한 점유를 사실상 개시한 것으로 보일 뿐, 재항고인이 토지소유자와 '이 사건 토지에 관한 상행위'를 원인으로 이 사건 토지에 대한 점유를 취득하였다고 보기 어려우므로, 재항고인이 이 사건 <u>토지에 관하여 상사유치권을 행사할 수 없다</u>고 할 것이어서, 이와 다른 전제에 서 있는 재항고 이유는 더 나아가 살펴볼 필요 없이 이유 없다."라고 판시하였다(대법원 2008. 5. 30.자 2007마98 결정).

04 비용상환청구권에 의한 유치항변

가. 점유자의 비용상환청구권

점유자가 <u>점유물을 반환할</u> 때에는 회복자에 대하여 점유물을 보존하기 위하여 지출한 금액 기타 <u>필요비의 상환</u>을 청구할 수 있다. 그러나 점유자가 과실을 취득한 경우에는 통상의 필요비는 청구하지 못한다(민법 제203조 제1항). 점유자가 점유물을 이용한 경우에는 점유자는 회복자에 대하여 통상의 필요비를 청구하지 못한다(대법원 1964. 7. 14. 선고 63다1119 판결).

점유자가 점유물을 개량하기 위하여 지출한 금액 기타 <u>유익비</u>에 관하여는 그 가액의 증가가 현존한 경우에 한하여 회복자의 선택에 좇아 그 지출금액이나 증가액의 상환을 청구할 수 있다(민법 제203조 제2항). 민법 제203조 제2항에 의한 점유자의 회복자에 대한 유익비상환청구권은 점유자가 계약관계 등 적법하게 점유할 권리를 가지지 않아 소유자의 소유물반환청구에 응하여야 할 의무가 있는 경우에 성립되는 것으로서, 이 경우 점유자는 그 비용을 지출할 당시의 소유자가 누구이었는지 관계없이 <u>점유회복 당시의 소유자 즉 회복자</u>에 대하여 비용상환청구권을 행사할 수 있는 것이나, 점유자가 유익비를 지출할 당시 계약관계 등 적법한 점유의 권원을 가진 경우에 그 지출비용의 상환에 관하여는 그 계약관계를 규율하는 법조항이나 법리 등이 적용되는 것이어서, 점유자는 그 계약관계 등의 상대방에 대하여 해당 법조항이나 법리에 따른 비용상환청구권을 행사할 수 있을 뿐 계약관계 등의 상대방이 아닌 점유회복 당시의 소유자에 대하여 민법 제203조 제2항에 따른 지출비용의 상환을 구할 수는 없다(대법원 2003. 7. 25. 선고 2001다64752 판결[5]).

점유자가 건물인도청구의 <u>본안소송 중에서 토지, 건물 등의 목적물에 변경을 가하고는 이를 이유로 비용상환청구권</u>(민법 제203조) <u>등의 행사에 의한 유치권의 항변</u>을 할 수도 있다.

---

5 이 사건에서 임차인인 원고는 임대차계약에 의하여 이 사건 건물을 적법하게 점유하고 있으면서 비용을 지출한 것이므로, 임대인인 소외 회사에 대하여 민법 제626조 제2항에 의한 임대차계약상의 유익비상환청구를 할 수 있을 뿐, 낙찰에 의하여 소유권을 취득한 피고에 대하여 이와는 별도로 민법 제203조 제2항에 의한 유익비의 상환청구를 할 수는 없다고 보아야 할 것이며(다만, 원고가 피고의 목적물인도청구에 대하여 임대인에 대한 위 유익비상환청구권에 기한 유치권으로써 대항할 수 있었을 것임은 별론으로 한다).

따라서 현상변경의 우려가 있다면 반드시 점유이전금지가처분을 하여야 한다.

나. 임차인의 비용상환청구권

법적으로 임차인에게 투하자본 회수기회를 보장하기 위해서 민법은 비용상환청구권과 부속물매수청구권을 인정하고 있다.

임차인이 임차물의 보존에 관한 필요비를 지출한 때에는 임대인에 대하여 그 상환을 청구할 수 있고, 임차인이 유익비를 지출한 경우에는 임대인은 임대차종료 시에 그 가액의 증가가 현존한 때에 한하여 임차인의 지출한 금액이나 그 증가액을 상환하여야 한다. 이 경우에 법원은 임대인의 청구에 의하여 상당한 상환기간을 허여할 수 있다(민법 제626조).

임차인은 위 비용상환청구권으로 유치권을 행사할 수 있고, 실무상 임차인이 유치권을 신고하는 경우가 유치권 신고 중 가장 많은 건수를 차지하고 있다. 유치권을 신고한 임차인이 소유권자의 배우자나 실제 거주하고 있지 않은 친척인 경우가 있는데, 이는 가장 임차인을 통하여 전세보증금을 배당받고, 최저경매가를 하락시켜서, 저가로 주택을 경락받기 위하여서이다. 이러한 경우를 대비해서 응찰인은 실제 거주하는 자가 유치권을 신고한 임차인인지에 대해 응찰 전에 실황조사를 해 보는 것이 좋다.

민법상 비용상환청구권은 임의규정이므로 임대차 계약 당시에 임차인의 원상회복 의무가 규정되어 있는 경우는 임차인이 비용상환청구권을 포기한 것으로 보아서 비용상환청구권이 발생하지 않고, 피담보채권이 없으므로, 유치권도 성립하지 않는다(대법원 1975. 4. 22. 선고 73다2010 판결).

부속물매수청구권	비용상환청구권
강행규정	임의규정, 약정으로 배제 가능
- 건물 기타 공작물의 임차인에 한하여, 임대인의 동의가 있거나 임대인으로부터 매수한 것이고, 그 부속물이 독립한 물건으로서 임차인의 소유에 속하는 것을 전제(독립물 투하자본 회수제도, 주택의 차양) - 임차인의 채무불이행으로 해지되면 행사불가(대법원 1990. 1. 23. 선고 88다카7245,7252). 학설은 반대	- 필요비, 유익비 반환 - 건물 등의 임차인에 한하지 않고, 임대인의 동의도 요하지 않고, 부가한 것이 구성부분을 이루어 독립되지 아니한 것(미독립물 투하자본 회수제도)

또한 유익비 또는 필요비는 임차 목적물의 객관적인 가치의 증대나 유지에 도움이 되는 것이어야 하므로, 임차인이 건물의 필수적인 시설인 지붕이나 화장실을 수리하였을 경우에는 비용상환청구권을 주장할 수 있으나 임차인이 자신의 영업을 위해서 설치한 물건(간판, 노래방 시설 등)에 대해서는 비용상환청구권이 발생할 수 없다(대법원 1994. 9. 30. 선고 94다20389판결 등).

실제로 임차인이 경매법원에 신고한 유치권 중 상당수는 위에 열거한 이유로 인해서 허위 유치권으로 판명되거나 유치권으로 인정되지 않는 경우가 많다. 참고로 임대차 보증금과 임대차 목적물은 견련성이 없어서 임대차 보증금을 피담보채권으로 하는 유치권은 부정된다(대법원 1975. 6. 18. 선고 74나2637 판결).

다. 유치권자의 비용상환청구권

민법 제325조 제1항은 "유치권자가 유치물에 관하여 필요비를 지출한 때에는 소유자에게 그 상환을 청구할 수 있다.", 동조 제2항은 "유치권자가 유치물에 관하여 유익비를 지출한 때에는 그 가액의 증가가 현존한 경우에 한하여 소유자의 선택에 좇아 그 지출한 금액이나 증가액의 상환을 청구할 수 있다. 그러나 법원은 소유자의 청구에 의하여 상당한 상환기간을 허여할 수 있다."고 규정하고 있다.

이 조항은 어느 물건에 대해서 이미 유치권이 성립한 상태에서 유치물에 필요비, 유익비를 지출한 경우에 그 상환을 청구할 수 있다는 것이다.

민법 제203조는 선의의 점유자가 과실을 수취한 경우에는 필요비는 청구하지 못하는 것이나, 민법 제325조는 유치권자는 과실을 수취하여도 이를 채권의 변제에 충당하므로 통상의 필요비를 청구할 수 있고, 유치권 존속 중에도 비용의 상환을 청구할 수 있는 것으로 정하는 점에서 민법 제203조와 다르다.

05 공사대금청구권과 유치권 성립 여부

가. 공사수급인

공사수급인은 공사대금을 피담보채권으로 하여 공사목적물에 대하여 유치권을 행사할 수 있다. 즉 공사목적물과 공사대금은 서로 견련성이 있다. 실무에서는 경매물건을 신축한 건설회사나 경매물건에 대해서 공사를 한 공사수급인이 유치권을 신고하는 경우가 많다. <u>임차인과 다르게 공사수급인의 유치권은 점유가 문제되는 경우가 많다.</u> 즉 유치권을 주장하는 공사수급인이 점유를 하고 있어야 유치권이 성립, 존속되는 것인데 공사수급인은 점유를 하지 않는 경우가 많기 때문에 유치권이 부정되는 경우가 많다. 예컨대 아파트가 경매될 경우에 아파트를 신축한 건설회사가 유치권을 신고하는 경우가 많은데 만약 소유권자가 실제로 그 아파트에 거주한다면 건설회사의 점유를 인정하기 어려울 것이다.

공사수급인이 목적물에 어떠한 공사를 한 경우(예컨대 공장에 기계를 설치한 경우), 신축공사가 아닌 한, 대부분은 소유권자가 점유를 하지 공사수급인이 목적물을 점유하는 경우는 흔하지 않기 때문에 공사수급인이 목적물과 견련관계가 있는 공사를 한 경우(예컨대 공장에 기계를 설치한 경우)라도 신축공사가 아니라면 유치권이 성립되지 않을 가능성이 높다. 따라서 공사수급인이 유치권을 신고한 경우, 공사수급인의 점유 여부를 살펴보기 위해 현장을 답사하는 것이 필요하다.

유치권에서의 점유는 간접점유도 포함한다(대법원 2002. 11. 27.자 2002마3516 결정). 지상권, 전세권, 질권, 사용대차, 임대차, 임치 기타의 관계로 타인으로 하여금 물건을 점유하게 한 자는 간접으로 점유권이 있다(민법 제194조). 다만, 유치권자는 채무자의 승낙이 없는 이상 그 목적물을 타에 임대할 수 있는 처분권한이 없으므로(민법 제324조 제2항 참조), 유치권자의 그러한 임대행위는 소유자의 처분권한을 침해하는 것으로서 소유자에게 그 임대의 효력을 주장할 수 없고, 따라서 소유자의 동의 없이 유치권자로부터 유치권의 목적물을 임차한 자의 점유는 구 민사소송법(2002. 1. 26. 법률 제6626호로 전문 개정되기 전의 것) 제647조 제1항 단서에서 규정하는 '경락인에게 대항할 수 있는 권원'에 기한 것이라고 볼 수 없다(대법원 2002. 11. 27. 자 2002마3516 결정).

나. 공사 중단과 하수급인의 유치권 행사 가능 여부(적극)

(1) 사례

갑이 건축주이자 도급인이고, 을은 공사수급인이고, 병이 하수급인이다. 갑은 5층 건물을 발주하였고, 을은 2층까지만 공사를 한 상태에서 부도가 발생하였고, 이때 갑은 을에게 2층까지 공사대금은 모두 지급하였다. 그런데 을이 하수급인인 병에게 하도급대금을 지급하지 않자 하수급인인 병이 건물을 점유하면서 유치권을 행사하고 있다. 이 경우 병의 유치권 행사가 가능한가가 문제이다.

(2) 대법원 판결의 검토

<u>대법원은 하수급공사대금 채권을 가지고 유치권을 행사하는 것을 인정하고 있다</u>(대법원 2013. 10. 24. 선고 2011다44788 판결, 대법원 2013. 5. 23. 선고 2012다18588 판결).

나아가 대법원은 하수급인이 자신의 공사대금채권을 위한 <u>독립한 유치권을 취득·행사하는 것은 물론 수급인의 유치권을 원용하여 행사하는 것도 허용하고 있다</u>(대법원 2007. 5. 15.자 2007마128 결정, 대법원 2005. 8. 19. 선고 2004다

8197 판결). 다만, 원용하여 주장할 경우에도 자신이 점유는 하여야 할 것으로 보인다. 즉 자신이 점유하지 않고 수급인이 점유하는 경우 이를 간접점유로 보아 수급인의 유치권을 원용하여 주장하기는 어렵다고 본다. 하수급인의 유치권이 인정된 사례를 보면 모두 하수급인이 직접 점유를 한 경우이다. 한편 여기서 점유는 불법행위로 인한 것이 아니어야 한다(민법 제320조제2항).

또한 대법원은 재건축공사 중 창호, 기타 잡철 부분 공사를 하도급 받은 하수급인이 공사를 완료하였는데, 하도급인이 총 공사대금 267,387,000원 중 110,000,000원만을 지급하고 나머지 157,387,000원을 지급하지 아니하자 신축된 다세대주택 중 구분소유권의 목적인 1세대만을 점유하기 시작하였고, 공사대금채권에 기하여 이 사건 주택을 포함한 7세대의 주택에 대하여 유치권을 행사한다는 통지를 하였으나, 변론종결일 현재 나머지 주택에 대한 점유는 상실하고 이 사건 주택 1세대만을 점유하고 있고, 이 사건 주택에 대한 공사대금은 합계 3,542,263원인 경우에서, 2심은 하수급인이 공사대금 채권에 대해서 하수급인이 점유하고 있는 세대에게만 유치권 행사가 가능한 것이라고 하여 3,542,263원을 지급받음과 동시에 이 사건 주택을 인도할 것을 명하였으나, 대법원은 공사대금채권은 하도급계약이라는 하나의 법률관계에 의하여 생긴 것으로서 그 공사대금채권 전부와 공사 목적물 전체 사이에는 견련관계가 있다고 할 것이고, 현재 나머지 목적물에 대하여는 점유를 상실하고 이 사건 주택만을 점유하고 있다고 하더라도, 유치물은 그 각 부분으로써 피담보채권의 전부를 담보한다고 하는 유치권의 불가분성에 의하여 이 사건 주택은 이 사건 공사로 인한 공사대금채권 잔액 157,387,000원 전부를 담보하는 것으로 보아야 할 것이고, 그렇게 보는 것이 우리 민법상 공평의 견지에서 채권자의 채권확보를 목적으로 법정담보물권으로서의 유치권 제도를 둔 취지에도 부합한다고 하고 있다(대법원 2007. 9. 7. 선고 2005다16942 판결).

(3) 확인사항

도급계약 시에 유치권 배제 특약이 있는 지를 확인하여야 한다. 수급인과 유치권배제 특약을 한 것과 별도로 하수급인과도 유치권배제 특약을 하여야 하는지에 대해서는 당연히 별도로 하수급인과도 유치권 배제 특약을 하면 효력이 있는 것이고, 만일 별도로 하지 못하였다고 하더라도 하수급인이 도급인과 수급인 사이에 체결된 유치권배제 도급계약에 대해서 이의를 제기하지 않은 이상 유치권을 주장할 수 없다고 보아야 한다(대법원 1990. 2. 13. 선고 89다카11401 판결).

토지유치권과 관련하여, 대법원은 "피고가 소외 김0규에게 이 사건 건물에 관한 유치권이 있다 하여도 같은 건물의 존재와 점유가 토지소유자인 원고에게 불법행위가 되고 있는 이 사건에 있어서는 소외인에 대한 유치권으로 원고에게 대항할 수 없는 것이다"라고 판시하고 있는바(대법원 1989. 2. 14. 선고 87다카3073 판결), 이는 하수급인도 마찬가지이다.

다. 공사대금에 기한 유치권과 소멸시효

공사대금에 기한 유치권을 주장하면서도 공사대금채권이 시효로 소멸하여 피담보채권이 없다는 이유로 유치권이 인정되지 못하는 경우가 많다. 공사대금에 기해 유치권을 행사한다고 하더라도 공사대금채권의 소멸시효는 계속 진행된다(민법 제326조). 유치권행사만으로는 공사대금채권의 시효진행을 중단시킬 수 없다. 더구나, <u>공사대금채권이 3년간의 단기소멸시효에 해당되어서 이런 경우가 자주 발생한다.</u>

> **서울고등법원 2005. 10. 11. 선고 2005나13129**
> 유치권의 행사는 피담보채권의 시효 진행에 영향을 주지 않는다고 할 것이고, 위 공사대금채권은 민법 제163조 제3호의 3년의 단기소멸시효의 대상이 되는 채권이라고 할 것인바, 위 피고는 이 사건 건물에 대한 골조 공사가 중단되고 기성 공사대금채권의 액수가 확정된 1998. 5.경부터는 위 공사대금채권을 행사할 수 있었다고 할 것이므로 이로부터 현재까지 3년이 경과하였음은 역수상 명백하여 위 공사대금채권은 시효가 완성되어 소멸하였다고 할 것이다.

06 유치권 소멸시키기

가. 유치권의 후발적 소멸

(1) 일반적 소멸사유

유치권이 성립하였다고 하더라도 유치권은 물권의 일반적 소멸사유 즉, 물건의 멸실·수용·혼동·포기 등에 의해 소멸된다.

(2) 피담보채권 소멸

유치권도 담보물권이므로 당연히 부종성[6]이 있다. 즉, 피담보채무가 소멸하면 유치권은 당연히 소멸한다. 유치권의 행사는 채권의 소멸시효의 진행에 영향을 미치지 아니한다(민법 제326조).

따라서 채무자가 피담보채권의 원금과 이자를 변제하거나 변제공탁하면 유치권은 소멸하게 된다. 공사대금채권에 대한 3년간의 단기소멸시효가 완성된 경우도 많다.

피담보채권이 소액이라면 피담보채권을 빨리 변제하는 것이 소유권자나 배당권자 등 이해관계인에게는 이익이다. 경락가의 대폭 하락을 막을 수 있기 때문이다. 만일 유치권자가 부당하게 많은 금액을 요구하면서 변제의 수령을 거절하는 경우에는 <u>채무자는 피담보책권액을 모두 변제공탁하면서</u>(민법 제487조), <u>유치권의 소멸을 주장</u>할 수 있다.

문제는 피담보채권의 채무자가 아닌 제3자가, 예컨대 배당권자가 경락가 하락으로 인해 자신이 충분히 배당을 받지 못할 것을 우려하여 소유권자가 부담하는 채무액을 변제공탁할 수 있는가이다. 이해관계 있는 자이면 반드시 채무자가 아닌 자라도 변제할 수 있으므로(민법 제469조) <u>배당 단계에서 이해관계 있는 배당권자들은 모두 채무자를 위하여 변제공탁할 수 있다.</u> 구체

---

6 담보물권의 공통되는 성질 중 하나로서, 담보물권은 피담보채권의 존재를 선행조건으로 하여서만 존재할 수 있게 되는 성질을 말한다.

적으로 이들은 변제나 변제공탁을 한 뒤, 유치권부존재확인의 소를 제기함으로써 보호받을 수 있다.

(3) 채무자의 소멸청구, 타담보제공

나아가 유치권은 ① 채무자의 소멸청구(민법 제324조 제3항), ② 다른 담보의 제공(민법 제327조)으로 소멸한다.

> **제324조(유치권자의 선관의무)** ①유치권자는 선량한 관리자의 주의로 유치물을 점유하여야 한다.
> ②유치권자는 채무자의 승낙없이 유치물의 사용, 대여 또는 담보제공을 하지 못한다. 그러나 유치물의 보존에 필요한 사용은 그러하지 아니하다.
> ③유치권자가 전2항의 규정에 위반한 때에는 채무자는 유치권의 소멸을 청구할 수 있다.
> **제327조(타담보제공과 유치권소멸)** 채무자는 상당한 담보를 제공하고 유치권의 소멸을 청구할 수 있다.

소유권자가 상기의 사유로 유치권의 소멸을 청구할 경우 유치권은 즉시 소멸된다(형성권). 실무상 유치권자가 유치물을 점유 중 제3자에게 임대를 하는 경우가 종종 발견되는데 이 경우 소유자가 유치권의 소멸을 청구하면 유치권은 소멸하게 된다. 소유권자는 구두나 서면으로 유치권자에게 유치권의 소멸을 청구한 뒤 유치권부존재확인의 소나 유치물인도청구의 소를 제기하면 될 것이다.

(4) 점유 상실

유치권은 점유의 상실로 인하여 소멸한다(민법 제328조).

유치권의 성립요건이자 존속요건인 유치권자의 점유는 직접점유이든 간접점유이든 관계가 없으나, 그 물건에 대한 점유를 상실하면 유치권은 소멸하고, 유치권 자체에 기한 방해배제청구권도 인정되지 아니한다. 원고들이 당심 변론종결일 현재까지 이 사건 건물에 대한 점유를 회복하지 못하고 있는 이상, 원고들의 점유상실이 피고의 불법적인 점유침탈로 인한 것이라고 하더라도 유치권은 소멸된다(부산고등법원 2011. 7. 5. 선고 2010나7805 판결).

대법원은 "이 사건 토지상의 건물이 채무자들의 공사대금채권 보전을 위한 유치권의 목적물이었다고 하더라도 채무자들이 그에 대한 점유를 상실한 이상 그것이 채권자 이○○의 불법적인 점유침탈로 인한 것이라고 하더라도 유치권은 소멸되는 것이고, 다만 채무자들이 민법 제204조에 의한 점유회수의 소를 제기하여 승소판결을 받는 등 하여 점유를 회복하게 되면 유치권은 되살아난다고 할 것이나 <u>아직 점유의 회복이 이루어지지 아니한 이상 점유회수청구사건의 제1심에서 승소판결을 받았다는 사실만으로 이 사건 토지상의 건물에 관한 유치권이 존재한다고 할 수 없다.</u>"라고 판시하고 있다(대법원 2004. 2. 27. 선고 2003다46215 판결).

따라서 경매참여자들은 유치권이 성립하였다고 하더라도 위에서 본 후발적 소멸사유가 있는지를 살펴야 한다.

아래에서는 유치권이 성립하지 않거나 성립하였더라도 신속히 제거하는 소송형태에 대해서 살피기로 한다.

나. 유치권배제신청

신청채권자나 소유자 또는 채무자는 법원에 허위로 유치권 신고를 했다는 이유로 유치권배제신청을 하는 것이다.

이에 대해 법원은 별다른 조사 없이 유치권배제신청이 접수되었다는 사실을 기록에 올린다. 그것만으로도 유치권이 문제가 있다는 시그널로 작동하여 입찰자가 늘고 입찰가격이 올라가는 효과를 볼 수 있다.

그러나 유치권배제신청이 있다는 사실만으로 법원이 유치권이 없다는 점을 확정한 것이 아니라는 점을 주의하여야 할 것이다.

다. 유치권부존재확인소송

유치권이 경매법원에 신고 되어서, 매각물건명세서 등에 기재되어 공시된 경우, 또는 공시되지는 않았으나, 사실상 경매에 영향을 미치는 경우에는 유치권의 존재는 경락가에 큰 영향을 주는 존재가 된다. 경락가가 하락할 경우에 실질적인 손해를 받을 가능성이 있는 자들은 <u>유치권자를 피고로 하여 유치권부존재확인의 소를 제기</u>할 수 있다. 원고는 경매신청인, 경매물건의 전 소유자, 근저당권자, 권리신고 및 배당요구를 한 신청인, 경락인 등이 될 것이다. 경매신청인이나 권리신고 및 배당요구를 한 신청인, 근저당권자는 목적물이 정당하게 평가되어, 자신이 정당하게 배당받을 수 있는 확인의 이익이, 경매물건의 경락 전 소유자는 정당한 낙찰가를 받을 확인의 이익이 있다. 경락 전 소유자는 소유권에 기해 후술하는 유치물인도청구의 소도 가능하나 인도 청구만으로는 경락가의 하락사태를 막을 수 없기 때문에, 경락가를 정당히 받기 위해서는, 유치권부존재확인의 소를 제기하는 것이 효과적이다.

주로 금융기관이 경매신청인이나, 근저당권자인 경우가 많은데 실무상으로는 금융기관들이 유치권으로 인해서 배당을 제대로 받지 못할 것을 대비하여, 유치권부존재확인의 소를 제기하는 경우가 많다.

즉, 법원에 유치권부존재확인소송을 제기하여 유치권이 존재하지 않음을 증명하고, 이를 경매정보에 공개하여 경매참여자들이 유치권에 대하여 안심하고 입찰에 참여할 수 있도록 할 수 있는 것이다. 근저당권자의 경우에는 유치권부존재확인소송을 제기하고 판결 전이라도 유치권이 부존재 한다는 개연성을 어느 정도 입증하면서 입찰기일 연기신청을 하면, 경매가 연기[7]될 수도 있다(대법원 2004. 9. 23. 선고 2004다32848 판결).

일반적으로 유치권 신고서류는 공사도급계약서, 거래명세서, 인건비, 세금계산서 등 공사대금을 증빙할 수 있는 서류를 복사하여 첨부하고 채권금액을 청구한다. 유치권부존재확인소송은 유치권의 입증책임이 유치권자에게 있다는 점을 고려하여 유치권자가 그 자료를 제시하게 하여 그 자료의 흠결이 있는지 파악하고 그 흠결을 이유로 부존재를 주장하는 방식이라 할 수 있다. 그러므로 우선적으로 확인해야할 사항은 첫째, 공사대금채권이 해당 부동산에 대해 발생한 것인지, 둘째, 유치권의 행사방법은 무엇인지(직접점유,

---

7 유치권부존재확인소송을 제기하고, 경매절차를 사실상 중단해 줄 것을 요청하면, 이를 허용하는 실무례도 있다. 의정부지방법원, 경매업무편람, 2012년, 136.

간접점유), 셋째, 공사대금의 채권 지급기일이 도래하였는지 여부이다(만일 공사대금청구권의 변제기가 도래하지 않으면 유치권은 불성립한다.[8]).

입증방법으로는 법원에 현장검증 및 감정 신청, 유치권을 주장하는 공사업체, 임차인의 사업자등록증, 건설업등록, 매출신고 및 각종 세금납부 등에 관한 관할세무서장에 대한 사실조회 신청, 유치권자와 채무자가 친·인척이거나 법인과 임원 내지 주주관계 입증 서류 제출, 경비용역 계약서 및 점유관리일지 제출 요구, 공사도급계약서등 공사 관련 서류 제출, 원상복구 조항 유무가 기재된 임대차계약서 제출, 금융기관 등에 유치권 포기특약이 있는 서류, 관리비 납입 영수증 조회 내지 제출을 하는 방법 등으로 한다.

라. 유치물인도청구소송

건물의 소유자(경락 전에는 원래의 소유자, 경락 후에는 경락인)는 소유권에 기하여 유치물의 인도를 청구할 수 있다. 유치물인도청구의 소와 앞에서 살핀 유치권부존재확인의 소와의 관계가 문제되나, 전자는 소유권자만이 제기할 수 있으나, 후자는 배당, 잉여배당에서 이해관계에 있는 자도 원고 적격이 있다는 점에서 차이가 있다.

---

[8] 공사대금청구권에 기한 피고의 유치권 주장은 이 사건 전세권 관련 합의서(을 제4호증의 1, 2) 제7조에 의한 피고의 전세권설정자에 대한 공사비용상환청구권을 피담보채권으로 한 것임을 알 수 있는바, 원심이 이를 피고와 이 사건 부동산 소유자들 사이의 공사계약에 따른 공사대금채권에 기한 유치권 주장이라고 전제하여 판단한 것은 잘못이나, 위 공사비용상환청구권은 이 사건 전세권의 기간 만료시에 변제하기로 약정되어 있으므로 아직 그 변제기가 도래하지 아니하였고, 따라서 이를 피담보채권으로 한 유치권이 성립될 수 없어 피고의 이 부분 주장은 배척될 수밖에 없다고 할 것이므로 원심판결은 결론에 있어서 정당하고, 원심의 위 잘못은 판결 결과에는 영향이 없다. 이 점에 관한 상고이유의 주장은 이유 없다(대법원 2007. 9. 21. 선고 2005다41740 판결).

실무상 주로 경락 전에는 이해관계인들이 유치권부존재확인의 소를, 경락 후에는 경락인이 유치물인도청구의 소를 제기하고 있다.

마. 유치권부 채권양도

유치권부 채권양도가 가능한지에 대해 적극설과 소극설(유치권 발생의 견련관계 있는 그 특정 당사자만이 행사할 수 있는 것)로 견해가 갈린다.

실무는 적극설이다. 다만 구체적 양도방법으로는 혼동[9]의 염려가 있어 명목상 제3자 명의로 채권양도를 받는다. 유치권 문제를 미리 해결하고, 다른 경쟁자에 대해 우위를 점하기 위해 한다.

> ▶ 유치권 혼동으로 소멸 사례
> 서울고등법원 2007. 3. 30. 선고 2006나78956 판결
> ① 피고 1은, 1997. 11.경 이 사건 건물 3, 4층에 관하여 식당 시설공사를 하였으나 당시 이 사건 건물의 소유자 피고(반소원고)로부터 공사대금 150,000,000원을 수령하지 못하였다고 주장하면서, 위 시설공사가 완료된 이후 피고(반소원고)에 대한 공사대금 채권에 기하여 이 사건 건물을 점유함으로써 유치권을 취득하였으므로, 공사대금 150,000,000원을 받을 때까지는 원고의 청구에 응할 수 없다고 항변한다.
> ② 그러나 위에서 살펴본 바에 의하면, 피고 1은 그 주장에 따라 유치권을 취득한 이후인 2001. 12. 7. 이 사건 건물의 소유권을 취득한 사실을 인정할 수 있다. 이에 의하면, 설령 피고 1에게 그 주장과 같은 유치권이 존재하였다고 하더라도, 위 유치권은 「민법」제

---

9 민법 제191조 ①동일한 물건에 대한 소유권과 다른 물권이 동일한 사람에게 귀속한 때에는 다른 물권은 소멸한다. 그러나 그 물권이 제삼자의 권리의 목적이 된 때에는 소멸하지 아니한다. ②전항의 규정은 소유권이외의 물권과 그를 목적으로 하는 다른 권리가 동일한 사람에게 귀속한 경우에 준용한다.

191조 제1항에 의하여 피고 1이 이 사건 건물의 소유권을 취득한 때에 혼동으로 소멸하였다 할 것이다. 결국 피고 1의 주장은 이유 없다.

대법원 2008. 5. 8. 선고 2007다36933 판결
피고 1은 2001. 10. 29. 교보생명보험 주식회사로부터 이 사건 건물을 매수하여 같은 해 12. 7. 이전등기를 경료한 다음, 같은 날 주식회사 국민은행 앞으로 근저당권설정등기와 박정호 앞으로 소유권이전등기청구권보전을 위한 가등기를 각 순차로 경료한 사실을 알 수 있는바, 그렇다면 <u>피고 1이 위와 같이 이 사건 건물의 소유권을 취득하기 전에 이 사건 건물에 관하여 유치권을 가지고 있었다고 하더라도 이는 그 유치권이 앞에서 본 혼동으로 소멸한다.</u>

대법원은 "소외인 이0휘가 이 사건 건물에 관하여 공사금 채권이 있어 이0휘가 이 건물을 점유하고 있다면 이0휘에게는 위 공사금 채권을 위하여 이 건물에 대한 유치권이 인정될 것이다. 그러나 피고들이 이0휘로부터 그 점유를 승계한 사실이 있다고하여 피고들이 이0휘를 대위하여 유치권을 주장할 수는 없다. 왜냐하면 피대위자인 이0휘는 그 점유를 상실하면서 곧 유치권을 상실한 것이기 때문이다. 이 사건에서는 원심이 정당하게 판단하고 있는 바와 같이 이0휘의 위의 공사금 채권이 피고들에게 이전된 사실도 없는 것이다."라고 판시하여(대법원 1972. 5. 30. 선고 72다548 판결), 적극설 입장이다.

유치권 양도 사례
서울서부지방법원 2016타경7117
주의사항 :
3. 2017.10.12.자 유치권자 주식회사 지에스인베스트의 유치권 권리신고(유치권자 서호

> 건설 주식회사는 서울서부지방법원 2011가합4629(반소)[2010가합14711(본소)]공사대금청구소송의 판결에 의하여 유치권을 행사하고 있었으며, <u>위 유치권부 채권을 주식회사 지에스인베스트에 양도하여 주식회사 지에스인베스트는 점유권 및 채권을 양수받아 유치권을 행사하고 있으므로 상기 판결문상의 채권액 중 일부금 12억원을 신고금액으로 하여 유치권을 신고함</u>) 있으나, 성립여부는 불분명함

바. 형사고소로 해결하기

유치권과 관련하여, 허위일 경우에는 경매방해죄, 재물손괴, 사기죄, 업무방해죄 등이 성립한다. 따라서 매수인은 유치권을 신고한 자를 위 죄명으로 고소할 수 있다.

상세내용은 제13장. 형사처벌 부분을 참고하기 바란다.

07 유치권 성립 여부 사례

- 압류 후 점유 개시 : × 선·악 불문
- 압류 후 피담보채권 성립 : ×
- 가압류 후 압류 이전 : ○
- 가압류/유치권/본압류전이 : 실무는 부정
- 저당권설정 후 압류 이전 : ○ 단, 신의칙에 의한 제한 가능(대법원 2004. 9. 23. 선고 2004다32848 판결).
- 체납압류 후 유치권 : ○
- 선행저당권 후 상사유치권 : × 단, 선행 담보권 이외에는 유치권자가 대항 가능
- 공사시공자의 대지에 대한 상사유치권 : ×
- 미완성 건물에 대한 유치권 행사 : ×

가. 압류 후 점유가 개시된 경우 : 유치권 불성립

채무자 소유의 건물 등 부동산에 강제경매개시결정의 기입등기가 경료되어 압류의 효력이 발생한 이후에 채무자가 위 부동산에 관한 공사대금 채권자에게 그 점유를 이전함으로써 그로 하여금 유치권을 취득하게 한 경우, 그와 같은 점유의 이전은 목적물의 교환가치를 감소시킬 우려가 있는 처분행위에 해당하여 민사집행법 제92조 제1항, 제83조 제4항에 따른 압류의 처분금지효에 저촉되므로 점유자로서는 위 유치권을 내세워 그 부동산에 관한 경매절차의 매수인에게 대항할 수 없다(대법원 2005. 8. 19. 선고 2005다22688 판결). 이 경우 위 부동산에 경매개시결정의 기입등기가 경료 되어 있음을 채권자가 알았는지 여부 또는 이를 알지 못한 것에 관하여 과실이 있는지 여부 등은 채권자가 그 유치권을 매수인에게 대항할 수 없다는 결론에 아무런 영향

을 미치지 못한다(대법원 2006. 8. 25. 선고 2006다22050 판결).

나. 압류 후 피담보채권이 성립한 경우 : 유치권 불성립

유치권은 목적물에 관하여 생긴 채권이 변제기에 있는 경우에 비로소 성립하고(민법 제320조), 한편 채무자 소유의 부동산에 경매개시결정의 기입등기가 마쳐져 압류의 효력이 발생한 후에 유치권을 취득한 경우에는 그로써 부동산에 관한 경매절차의 매수인에게 대항할 수 없는데, 채무자 소유의 건물에 관하여 증·개축 등 공사를 도급받은 수급인이 경매개시결정의 기입등기가 마쳐지기 전에 채무자에게서 건물의 점유를 이전받았다 하더라도 경매개시결정의 기입등기가 마쳐져 압류의 효력이 발생한 후에 공사를 완공하여 공사대금채권을 취득함으로써 그때 비로소 유치권이 성립한 경우에는, 수급인은 유치권을 내세워 경매절차의 매수인에게 대항할 수 없다(대법원 2011. 10. 13. 선고 2011다55214 판결).

다. 가압류 후 압류이전에 유치권을 취득한 경우 : 유치권 성립

부동산에 가압류등기가 경료 되면 채무자가 당해 부동산에 관한 처분행위를 하더라도 이로써 가압류채권자에게 대항할 수 없게 되는데, 여기서 처분행위란 당해 부동산을 양도하거나 이에 대해 용익물권, 담보물권 등을 설정하는 행위를 말하고 특별한 사정이 없는 한 점유의 이전과 같은 사실행위는 이에 해당하지 않는다. 다만 부동산에 경매개시결정의 기입등기가 경료 되어 압류의 효력이 발생한 후에 채무자가 제3자에게 당해 부동산의 점유를 이전함으로써 그로 하여금 유치권을 취득하게 하는 경우 그와 같은 점유의 이전은 처분행위에 해당한다는 것이 당원의 판례이나, 이는 어디까지나 경매개시결정의 기입등기가 경료 되어 압류의 효력이 발생한 후에 채무자가 당해 부동산의 점유를 이전함으로써 제3자가 취득한 유치권으로 압류채권자에게 대항할 수 있다고 한다면 경매절차에서의 매수인이 매수가격 결정의 기초로 삼은 현황조서보고서나 매각물건명세서 등에서 드러나지 않는 유치권의 부담을 그대로 인수하게 되어 경매절차의 공정성과 신뢰를 현저히 훼손하게 될 뿐만 아니라. 유치권신고 등을 통해 매수신청인이 위와 같은 유치권의 존재를 알게 되는 경우에는 매수가격의 즉각적인 하락이 초래되어 책임재산을 신속하고 적정하게 환가하여 채권자의 만족을 얻게 하려는 민사집행제도의 운영에 심각한 지장을 줄 수 있으므로, 위와 같은 상황 하에서는 채무자의 제3자에 대한 점유이전을 압류의 처분금지효에 저촉되는 처분행위로 봄이 타당하다는 취지이다. 따라서 <u>이와 달리 부동산에 가압류등기가 경료되어 있을 뿐 현실적인 매각절차가 이루어지지 않고 있는 상황 하에서는 채무자의 점유이전으로 인하여 제3자가 유치권을 취득하게 된다고 하더라도 이를 처분행위로 볼 수는 없다</u>(대법원 2011. 11. 24. 선고 2009다19246 판결).

위 판결의 사실관계를 살펴보면, "토지에 대한 담보권 실행 등을 위한 경매가 개시된 후 그 지상건물에 가압류등기가 경료 되었는데, 甲이 채무자인 乙 주식회사에게서 건물 점유를 이전받아 그 건물에 관한 공사대금채권을 피담보채권으로 한 유치권을 취득하였고, 그 후 건물에 대한 강제경매가 개시되어 丙이 토지와 건물을 낙찰 받은 사안에서, 건물에 가압류등기가 경료 된 후 乙 회사가 甲에게 건물 점유를 이전한 것은 처분행위에 해당하지 않아 가압류의 처분금지효에 저촉되지 않으므로, 甲은 丙에게 건물에 대한 유치권을 주장할 수 있다."라는 것이다(대법원 2011. 11. 24. 선고 2009다19246 판결).

라. 가압류 후 유치권을 취득하고 그 후 선행 가압류가 본압류로 전이된 경우: 실무는 부정(본압류전이의 소급효)

위 "다"항 기재 판결은 가압류에서 전이한 압류가 아니라 다른 채권자에 의하여 경매가 개시된 경우이다.

그런데 가압류가 본압류로 이행되어 강제집행이 이루어진 경우에는 가압류집행은 본집행에 포섭됨으로써 당초부터 본집행이 있었던 것과 같은 효력이 있게 된다(대법원 2004. 12. 10. 선고 2004다54725 판결, 대법원 2010. 10. 14. 선고 2010다48455 판결).

따라서 위 법리에 충실하면 가압류 후 유치권 성립요건을 갖추고 그 이후 가압류가 본압류로 전이한 경우에는 위 "다"항 판결과 달리 유치권 성립을 부정하여야 한다는 결론에 이른다. 실무는 유치권 성립을 부정하는 것으로 보인다[10]. 향후 대법원이 어떤 결론을 취할지 주목하여야 할 것이다[11].

마. 저당권설정 후 압류 이전에 유치권을 취득한 경우 : 유치권 성립

부동산 경매절차에서의 매수인은 민사집행법 제91조 제5항에 따라 유치권자에게 그 유치권으로 담보하는 채권을 변제할 책임이 있는 것이 원칙이나, 채무자 소유의 건물 등 부동산에 경매개시결정의 기입등기가 경료 되어 압

---

10 손흥수, 제224기 민사집행실무연구, 47. 변호사연수원
11 선행 가압류가 있고 압류 이전에 유치권이 성립된 경우에 선행 가압류가 본압류로 전이된 경우에는 유치권이 성립되지 않고, 선행 저당권이 있고 저당권에 기해 압류가 된 경우에는 유치권이 성립한다는 취지이므로, 유치권에 대항할 때는 가압류가 본압류로 전이된 경우가 더 수월함을 유의하여야 한다.

류의 효력이 발생한 후에 채무자가 위 부동산에 관한 공사대금 채권자에게 그 점유를 이전함으로써 그로 하여금 유치권을 취득하게 한 경우, 그와 같은 점유의 이전은 목적물의 교환가치를 감소시킬 우려가 있는 처분행위에 해당하여 민사집행법 제92조 제1항, 제83조 제4항에 따른 압류의 처분금지효에 저촉되므로 점유자로서는 위 유치권을 내세워 그 부동산에 관한 경매절차의 매수인에게 대항할 수 없다. 그러나 이러한 법리는 경매로 인한 압류의 효력이 발생하기 전에 유치권을 취득한 경우에는 적용되지 아니하고, <u>유치권 취득시기가 근저당권설정 후라거나 유치권 취득 전에 설정된 근저당권에 기하여 경매절차가 개시되었다고 하여 달리 볼 것은 아니다</u>(대법원 2009. 1. 15. 선고 2008다70763 판결).

다만 유치권자가 채무자와의 사이에 자신의 채권을 먼저 변제 받을 목적으로 의도적으로 유치권의 성립요건을 충족하는 거래를 하였다면, 이는 신의칙 위반으로 허용되지 아니한다. 이러한 경우 담보권 실행을 위한 경매절차에서 근저당권자가 유치권자로 권리신고를 한 자에 대하여 유치권부존재확인의 소를 구할 법률상의 이익이 있다(대법원 2004. 9. 23. 선고 2004다32848 판결).

바. 체납처분에 의한 압류 후 : 유치권 성립

체납처분압류가 되어 있는 부동산이라고 하더라도, 그러한 사정만으로 경매절차가 개시되어 경매개시결정등기가 되기 전에 부동산에 관하여 민사유치권을 취득한 유치권자는 경매절차의 <u>매수인에게 유치권을 행사할 수 있다</u>.

대법원 2014. 3. 20. 선고 2009다60336 전원합의체 판결[유치권부존재확인]

[다수의견] 부동산에 관한 민사집행절차에서는 경매개시결정과 함께 압류를 명하므로 압류가 행하여짐과 동시에 매각절차인 경매절차가 개시되는 반면, 국세징수법에 의한 체납처분절차에서는 그와 달리 체납처분에 의한 압류(이하 '체납처분압류'라고 한다)와 동시에 매각절차인 공매절차가 개시되는 것이 아닐 뿐만 아니라, 체납처분압류가 반드시 공매절차로 이어지는 것도 아니다. 또한 체납처분절차와 민사집행절차는 서로 별개의 절차로서 공매절차와 경매절차가 별도로 진행되는 것이므로, 부동산에 관하여 체납처분압류가 되어 있다고 하여 경매절차에서 이를 그 부동산에 관하여 경매개시결정에 따른 압류가 행하여진 경우와 마찬가지로 볼 수는 없다.

따라서 체납처분압류가 되어 있는 부동산이라고 하더라도 그러한 사정만으로 경매절차가 개시되어 경매개시결정등기가 되기 전에 부동산에 관하여 민사유치권을 취득한 유치권자가 경매절차의 매수인에게 유치권을 행사할 수 없다고 볼 것은 아니다.

[대법관 신영철, 대법관 민일영, 대법관 박보영의 반대의견] 국세징수법에 의한 체납처분절차는 압류로써 개시되고, 체납처분에 의한 부동산 압류의 효력은 민사집행절차에서 경매개시결정의 기입등기로 인한 부동산 압류의 효력과 같으므로, 조세체납자 소유의 부동산에 체납처분압류등기가 마쳐져 압류의 효력이 발생한 후에 조세체납자가 제3자에게 그 부동산의 점유를 이전하여 유치권을 취득하게 하는 행위는 체납처분압류권자가 체납처분압류에 의하여 파악한 목적물의 교환가치를 감소시킬 우려가 있는 처분행위에 해당하여 체납처분압류의 처분금지효에 저촉되므로 유치권으로써 공매절차의 매수인에게 대항할 수 없다.

나아가 체납처분에 의한 부동산 압류 후 그 부동산에 관하여 개시된 경매절차에서 부동산이 매각되는 경우에 마치 공매절차에서 부동산이 매각된 것과 같이 매수인이 체납처분압류의 부담을 인수하지 아니하고 체납처분압류등기가 말소되는바, 선행하는 체납처분압류에 의하여 체납처분압류권자가 파악한 목적물의 교환가치는 그 후 개시된 경매절차에서도 실현되어야 하므로, 체납처분압류의 효력이 발생한 후에 채무자로부터 점유를 이전받아 유치권을 취득한 사람은 유치권으로써 경매절차의 매수인에게 대항할 수 없다고 보아야 한다.

1. 민법상 유치권은 타인의 물건을 점유한 자가 그 물건에 관하여 생긴 채권을 가지는 경우에 법률상 당연히 성립하는 법정담보물권이다(민법 제320조 제1항). 따라서 어떤 부동산에 이미 저당권과 같은 담보권이 설정되어 있는 상태에서도 그 부동산에 관하여 민사유치권이 성립될 수 있다. 한편 민사집행법은 경매절차에서 저당권 설정 후에 성립한 용익물권은 매각으로 소멸된다고 규정하면서도, 유치권에 관하여는 그와 달리 저당권 설정과의 선후를 구별하지 아니하고 경매절차의 매수인이 유치권의 부담을 인수하는 것으로 규정하고 있으므로(민사집행법 제91조 제3항, 제5항), 민사유치권자는 저당권 설정 후에 유치권을 취득한 경우에도 경매절차의 매수인에게 유치권을 행사할 수 있다. 이는 점유하는 물건에 관하여 생긴 채권이라는 민사유치권의 피담보채권이 가지는 특수한 성격을 고려하여 공평의 원칙상 그 피담보채권의 우선적 만족을 확보하여 주려는 것이다.

그러나 부동산에 관하여 이미 경매절차가 개시되어 진행되고 있는 상태에서 비로소 그 부동산에 유치권을 취득한 경우에도 아무런 제한 없이 유치권자에게 경매절차의 매수인에 대한 유치권의 행사를 허용하면 경매절차에 대한 신뢰와 절차적 안정성이 크게 위협받게 됨으로써 경매 목적 부동산을 신속하고 적정하게 환가하기가 매우 어렵게 되고 경매절차의 이해관계인에게 예상하지 못한 손해를 줄 수도 있으므로, 그러한 경우에까지 압류채권자를 비롯한 다른 이해관계인들의 희생하에 유치권자만을 우선 보호하는 것은 집행절차의 법적안정성이라는 측면에서 받아들일 수 없다.

그리하여 대법원은 부동산에 관하여 경매개시결정등기가 된 뒤에 비로소 부동산의 점유를 이전받거나 피담보채권이 발생하여 유치권을 취득한 경우에는 경매절차의 매수인에 대하여 유치권을 행사할 수 없다고 본 것이다(대법원 2005. 8. 19. 선고 2005다22688 판결, 대법원 2006. 8. 25. 선고 2006다22050 판결 등 참조). 이는 집행절차의 법적 안정성을 보장할 목적으로 매각절차인 경매절차가 개시된 뒤에 유치권을 취득한 경우에는 그 유치권을 경매절차의 매수인에게 행사할 수 없다고 보는 것이므로, <u>부동산에 저당권이 설정되거나 가압류등기가 된 뒤에 유치권을 취득하였더라도 경매개시결정등기가 되기 전에 민사유치권을 취득하였다면 경매절차의 매수인에게 유치권을 행사할 수 있다</u>(대법원 2009. 1. 15. 선고 2008다70763 판결 , 대법원 2011. 11. 24. 선고 2009다19246 판결 참조).

한편 부동산에 관한 민사집행절차에서는 경매개시결정과 함께 압류를 명하므로 압류가 행하여짐과 동시에 매각절차인 경매절차가 개시되는 반면, 국세징수법에 의한 체납처분절차에서는 그와 달리 체납처분에 의한 압류(이하 '체납처분압류'라고 한다)와 동시에 매각절차인 공매절차가 개시되는 것이 아닐 뿐만 아니라, 체납처분압류가 반드시 공매절차로 이어지는 것도 아니다. 또한 체납처분절차와 민사집행절차는 서로 별개의 절차로서 공매절차와 경매절차가 별도로 진행되는 것이므로, <u>부동산에 관하여 체납처분압류가 되어 있다고 하여 경매절차에서 이를 그 부동산에 관하여 경매개시결정에 따른 압류가 행하여진 경우와 마찬가지로 볼 수는 없다</u>.

따라서 체납처분압류가 되어 있는 부동산이라고 하더라도 그러한 사정만으로 경매절차가 개시되어 경매개시결정등기가 되기 전에 그 부동산에 관하여 민사유치권을 취득한 유치권자가 경매절차의 매수인에게 그 유치권을 행사할 수 없다고 볼 것은 아니다.

사. 채무자 소유의 부동산에 관하여 이미 선행저당권이 설정되어 있는 상태에서 채권자의 상사유치권이 성립한 경우 : 유치권 불성립

상사유치권은 민사유치권과 달리 피담보채권이 '목적물에 관하여' 생긴 것일 필요는 없지만 유치권의 대상이 되는 물건은 '채무자 소유'일 것으로 제한되어 있다(상법 제58조, 민법 제320조 제1항 참조). 이와 같이 상사유치권의 대상이 되는 목적물을 '채무자 소유의 물건'에 한정하는 취지는, 상사유치권의 경우에는 목적물과 피담보채권 사이의 견련관계가 완화됨으로써 피담보채권이 목적물에 대한 공익비용적 성질을 가지지 않아도 되므로 피담보채권이 유치권자와 채무자 사이에 발생하는 모든 상사채권으로 무한정 확장될 수 있고, 그로 인하여 이미 제3자가 목적물에 관하여 확보한 권리를 침해할 우려가 있어 상사유치권의 성립범위 또는 상사유치권으로 대항할 수 있는 범위를 제한한 것으로 볼 수 있다. 즉 상사유치권이 채무자 소유의 물건에 대해서만 성립한다는 것은, 상사유치권은 성립 당시 채무자가 목적물에 대하여 보유하고 있는 담보가치만을 대상으로 하는 제한물권이라는 의미를 담고 있다 할 것이고, 따라서 유치권 성립당시에 이미 목적물에 대하여 제3자가 권리자인 제한물권이 설정되어 있다면, 상사유치권은 그와 같이 제한된 채무자의 소유권에 기초하여 성립할 뿐이고, 기존의 제한물권이 확보하고 있는 담보가치를 사후적으로 침탈하지는 못한다고 보아야 한다. 그러므로 채무자 소유의 부동산에 관하여 이미 선행(先行)저당권이 설정되어 있는 상태에서 채권자의 상사유치권이 성립한 경우, 상사유치권자는 채무자 및 그 이후 채무자로부터 부동산을 양수하거나 제한물권을 설정 받는 자에 대해서는 대항할 수 있지만, 선행저당권자 또는 선행저당권에 기한 임의경매절차에서 부동산을 취득한 매수인에 대한 관계에서는 상사유치권으로 대항할 수 없다(대법원 2013. 2. 28. 선고 2010다57350 판결).

아. 공사시공자의 대지에 대한 상사유치권 : 유치권 불성립

상사유치권은 상법 제58조의 규정상 채권자인 상인이 상인간의 상행위로 인하여 채무자 소유의 물건을 점유하고 있는 경우에 이를 행사할 수 있다. 대법원은 "상사유치권은 채무자에 대한 상행위로 인하여 채권자가 점유하고 있는 채무자 소유의 물건 또는 유가증권에 대하여 인정되는 것인데, <u>피고 D는 피고 B와의 이 사건 건물 신축공사도급계약에 의해 발생된 공사완성의무를 이행하기 위하여 이 사건 대지를 점유 피고 D 주식회사(이하 '피고 D'라 한다)가 피고 B로부터 이 사건 건물 공사를 도급받고 그 공사를 진행하다가 중단한 이후 피고 B에 대한 공사대금 채권을 변제받기 위하여 이 사건 건물을 점유[12]한 것일 뿐 위 도급계약을 직접적인 원인으로 한 것이 아니었으므로 피고 D가 이 사건 대지에 관하여 상사유치권을 취득하였다고 할 수 없다</u>"라고 판단하였다(대법원 2008. 12. 24. 선고 2007다52706, 2007다52713 판결).

자. 미완성 건물에 대한 유치권 행사 : 유치권 불성립

건물의 신축공사를 한 수급인이 그 건물을 점유하고 있고 또 그 건물에 관하여 생긴 공사금 채권이 있다면, 수급인은 그 채권을 변제받을 때까지 건물을 유치할 권리가 있는 것이지만(대법원 1995. 9. 15. 선고 95다16202, 16219 판결 등 참조), 건물의 신축공사를 도급받은 수급인이 사회통념상 독립한 건물이라고 볼 수 없는 정착물을 토지에 설치한 상태에서 공사가 중단된 경우에 위 정착물은 토지의 부합물에 불과하여 이러한 정착물에 대하여 유치권을 행사할 수 없는 것이고, 또한 공사 중단 시까지 발생한 공사대금채권은 토지에 관하여 생긴 것이 아니므로 위 공사대금채권에 기하여 토지에 대하여 유치권을 행사할 수도 없는 것이다(대법원 2008. 5. 30.자 2007마98 결정).

---

12 피고 D 주식회사(이하 '피고 D'라 한다)가 피고 B로부터 이 사건 건물 공사를 도급받고 그 공사를 진행하다가 중단한 이후 피고 B에 대한 공사대금 채권을 변제받기 위하여 이 사건 건물을 점유

제4장

법정지상권 돌파하기

1 제1절. 제도 취지 등
2 제2절. 법정지상권 종류
3 제3절. 법정지상권 성립요건
4 제4절. 법정지상권의 등기, 이전
5 제5절. 법정지상권의 성립시기 및 존속기간
6 제6절. 법정지상권이 인정되는 범위
7 제7절. 지료 및 법정지상권 소멸
8 제8절. 판단 방법 및 타 권리와의 경합
9 제9절. 가설건축물과 법정지상권
10 제10절. 분묘기지권

제1절

제도 취지 등

01 제도 취지

　법정지상권은 당사자 사이에 계약을 체결하지 않더라도 건물소유자가 법에서 정한 요건만 갖추고 있으면 법률적으로 당연히 지상권을 취득하는 것을 말하고, 관습법상 법정지상권은 관습에 의해서 성립되는 지상권이다. 이들 모두 약정지상권과는 달리 등기부 상에 등기할 필요가 없다.

　이러한 지상권 제도는 건물과 토지를 별개의 부동산으로 구성하고 있는 우리 민법에 있어서, 타인 소유의 토지 위에 건물 등을 소유하고자 하는 자의 입장에서는 불가결한 것이다.

　<u>건물이 철거되는 것과 같은 사회경제적 손실을 방지하려는 공익상 이유,</u>

법정지상권을 인정하더라도 저당권자 또는 저당권설정자에게는 불측의 손해가 생기지 않는 반면, 법정지상권을 인정하지 않는다면 건물을 양수한 제3자는 건물을 철거하여야 하는 손해를 입게 되는 점 등에 비추어 법정지상권을 취득한다(대법원 1999. 11. 23. 선고 99다52602 판결).

법정지상권은 법률상 성립하는 물권이므로 당사자 간 약정에 의하여 그 존속기간과 범위, 지료 등이 정하여지는 약정지상권과 구별되는 점이 있다. 법정지상권이 성립하는 경우, 우리 민법은 제366조, 제305조 단서에서 "지료"는 당사자의 청구에 의하여 법원이 정한다고 규정하고 있고, 이 지료를 2년 이상 연체한 때에는 지상권 소멸 사유가 된다. 지상권자는 타인에게 그 권리를 양도하거나 그 권리의 존속기간 내에서 그 토지를 임대할 수 있다(민법 제282조).

02 법정지상권 다시 생각하기

법정지상권이 성립되는 토지에 대해서는 낙찰을 기피하는 것이 대세이다. 그러나 이제는 사고의 전환이 필요하다. 법정지상권이 성립한다면 토지를 인도받지는 못하지만, <u>지료청구</u>는 당연히 가능하다. 요즈음 같은 저금리 시대에 오히려 지료를 받는 것이 나은 경우도 있다. 지상권자가 2년 이상의 지료를 지급하지 아니한 때에는 지상권설정자는 지상권의 소멸을 청구[1]할 수

---

1 사용용법위반의 경우도 마찬가지로 소멸청구를 할 수 있다고 생각한다. 다만 지료의 연체를 이유로 법정지상권의 소멸청구를 하기 위해서는 원칙적으로 '부당이득'이 아닌 '지료'청구를 인정한 판결을 받아야

있다(민법 제287조). 지상권이 소멸되면 그때는 토지 지상에 존재하는 건물에 대한 철거도 가능해진다.

또한 지상권은 영원한 것이 아니라 존속기간이 있다[2]. 민법 제280조에 의하면 석조의 경우 30년이다. 관습법상 법정지상권에 있어서 존속기간에 관하여 합의가 이루어지지 않은 경우에 대하여 판례는 존속기간을 약정하지 아니한 지상권으로 보고 있다(대법원 1963. 5. 9. 선고 63아11). 그러므로 민법상 존속기간의 약정이 없는 지상권에 관한 규정에 의하면 연와조, 석조, 석회조 또는 이와 유사한 건물은 그 존속기간이 30년이 되고(민법 제280조 제1항 제281조 제1항), 이외 기타의 건물은 15년이 될 것이다(민법 제280조 제2항, 제281조 제1항). 그리고 관습법상 법정지상권의 존속기간이 만료되었을 때에는 지상권자는 토지소유자에 대하여 매수청구권을 가지며 이는 지료의 지급 여부와 관계없다(대법원 1968. 8. 30. 선고 68아1029).

한다. 부당이득은 법률상 원인 없는 경우에 청구하는 것이고, 지료는 법적 근거가 있는 사용일 경우 청구하는 것으로 법정지상권이 대표적일 것이다. 한편 부당이득청구로 받은 돈에 대해서는 소득세가 없다.
2 따라서 법정지상권 성립시기를 잘 살펴야 한다.

◆ 법정지상권이 성립하지 않아 건물 반쪽이 철거된 건물(서초동 1573-13, 14)

03 법정지상권 성립 토지 매각가격 결정 방법

법정지상권은 부동산을 평가할 당시에는 아직 발생하지 않았고 매각에 의하여 비로소 발생하는 경우에도 매수인이 매각허가로 인하여 토지소유권을 취득할 때에는 그 토지의 부담으로 성립되기 때문에 매수신청가격의 기준을 제시하는 의미를 가지는 최저매각가격의 취지로 미루어 그러한 것도 부동산을 평가할 때 고려하여야 한다(대법원 1991. 12. 27.자 91마608 결정). 법정지상권이 성립하는 경우에 토지의 매수인이 자료를 받게 된다는 점과 지상권의 존속기간을 고려하여 법정지상권에 의한 부담을 평가하여 감가한다[3].

대법원은 "경매물건명세서중 부동산의 표시는 목적물의 동일성을 인식할 정도의 기재이면 되고 그 이상 자세히 기재할 필요는 없으나 등기부상 표시 외에 미등기건물이 있음을 표시한 경우에는 그것이 경매목적물에 포함됨을 전제로 한 것으로 보게 되므로 이 사건에서와 같이 미등기건물을 목적물에서 제외할 경우에는 그 취지를 명확히 하여 매수희망자들로 하여금 그 취지를 알 수 있도록 하여야 할 것이고, <u>그 경우에는 지상권의 개요를 기재하는 난에 경락으로 인하여 미등기건물을 위한 법정지상권이 생길 여지가 있음을 기재하여야 하며</u>, 그 사본의 비치 후에도 오류가 발견된 경우에는 이를 정정하여야 함에도, 기록에 의하면 이 사건 경매법원은 경매물건명세서의 부동산 표시에 등기부상 목적물 외에 미등기건물이 있음을 아무 설명 없이 표시하여 마치 미등기건물이 목적물에 포함되어 있는 것처럼 기재하였고, 지상권의 개요난에도 토지와 건물이 다른 사람에게 매각되면 지상권이 설정되는 것으로 보게 될 여지가 있다고만 기재하였으며 그 사본을 비치한 후에도 이를 정정하지 아니하여 <u>경매물건명세서의 작성에 중대한 하자를 초래하였다</u>

---

3   법원실무제요, 민사집행 II 부동산집행, 법원행정처, 2014, 140

할 것이다."라고 판시하고 있다(대법원 1991. 12. 27. 자 91마608 결정).

즉, 매각에서 제외되어 법정지상권이 성립할 여지가 있는 경우에는 경매법원은 매각물건명세서에 통상 "매각 제외 제시외 건물로 인하여 법정지상권 성립 여지 있음"이라고 기재한다.

통상 법정지상권이 있는 부동산은 없는 부동산에 비해 30% 정도 감가를 하는 것으로 알려져 있다.

제2절

법정지상권 종류

01 건물 전세권과 법정지상권

　대지와 건물이 동일한 소유자에 속한 경우에 건물에 전세권을 설정한 때에는 그 대지소유권의 특별승계인은 전세권설정자에 대하여 지상권을 설정한 것으로 본다. 그러나 지료는 당사자의 청구에 의하여 법원이 이를 정한다(민법 제305조). 이러한 지상권이 설정되어 있는 것으로 보는 대지소유자는 타인에게 그 대지를 임대하거나 이를 목적으로 한 지상권 또는 전세권을 설정하지 못한다.

　이는 건물에 전세권을 설정할 당시 건물과 대지가 동일인 소유였으나 그 후 토지소유자가 변경된 경우에는 건물소유자를 위하여 법정지상권이 성립된다고 보는 것이다. 즉, 법정지상권은 전세권자가 아니라 건물소유자(전세권

설정자)가 취득하게 된다.

> 토지, 건물 모두 甲 소유
> → 甲이 乙에게 건물전세권 설정
> → 토지가 甲에서 丙으로 변경
> 甲은 丙에 대해 법정지상권 가짐

02 저당권과 법정지상권

저당물의 경매로 인하여 토지와 그 지상건물이 다른 소유자에 속한 경우에는 토지소유자는 건물소유자에 대하여 지상권을 설정한 것으로 본다. 그러나 지료는 당사자의 청구에 의하여 법원이 이를 정한다(민법 제366조). 이 규정은 강행규정이므로 저당권 설정당시 당사자의 특약으로 법정지상권 성립을 배제하는 것은 무효이다.

민법 제366조의 법정지상권(法定地上權)은 ① 저당권 설정 당시에 ② 동일인의 소유에 속하는 토지와 건물이 ③ 저당권의 실행에 의한 경매로 인하여 각기 다른 사람의 소유에 속하게 된 경우에 건물의 소유를 위하여 인정되는 것이다.

미등기건물을 매수한 경우에는 그 매수자가 소유자가 되지 않는 점을 유의하기 바란다. 미등기건물을 그 대지와 함께 매수한 사람이 그 대지에 관하여만 소유권이전등기를 넘겨받고 건물에 대하여는 그 등기를 이전 받지 못하고 있다가, 대지에 대하여 저당권을 설정하고 그 저당권의 실행으로 대지가 경매되어 다른 사람의 소유로 된 경우에는, <u>그 저당권의 설정 당시에 이미 대지와 건물이 각각 다른 사람의 소유에 속하고 있었으므로 법정지상권이 성립될 여지가 없다</u>(대법원 2002. 6. 20. 선고 2002다9660).

> 토지, 건물 모두 甲 소유
> → 甲이 乙에게 토지에 저당권설정
> → 을의 저당권 실행으로 토지가 甲에서 丙으로 변경
> 건물소유자 甲은 토지낙찰자 丙에 대해 법정지상권 가짐

> 토지, 건물 모두 甲 소유
> → 甲이 乙에게 건물에 저당권설정
> → 을의 저당권 실행으로 건물이 甲에서 丙으로 변경
> 건물낙찰자 丙은 토지소유자 甲에 대해 법정지상권 가짐

03 가등기담보권과 법정지상권

토지와 그 위의 건물이 동일한 소유자에게 속하는 경우 그 토지나 건물에 대하여 제4조 제2항[1]에 따른 소유권을 취득하거나 담보가등기에 따른 본등

---

1 채권자는 담보목적부동산에 관하여 이미 소유권이전등기를 마친 경우에는 청산기간이 지난 후 청산금

기가 행하여진 경우에는 그 건물의 소유를 목적으로 그 토지 위에 지상권(地上權)이 설정된 것으로 본다. 이 경우 그 존속기간과 지료(地料)는 당사자의 청구에 의하여 법원이 정한다(가등기담보법 제10조).

담보가등기권리자는 그 선택에 따라 담보권을 실행하거나 담보목적부동산의 경매를 청구할 수 있다. 이 경우 경매에 관하여는 담보가등기권리를 저당권으로 본다(가등기담보법 제12조제1항). 이 경우에도 민법 제366조의 법정지상권과 동일한 법리가 적용된다.

> 토지, 건물 모두 甲 소유
> → 甲이 乙에게 토지에 가등기담보권설정
> → 을의 가등기담보권 실행으로 토지가 甲에서 丙으로 변경
> 건물소유자 甲은 토지낙찰자 丙에 대해 법정지상권 가짐

> 토지, 건물 모두 甲 소유
> → 甲이 乙에게 건물에 가등기담보권설정
> → 을의 가등기담보권 실행으로 건물이 甲에서 丙으로 변경
> 건물낙찰자 丙은 토지소유자 甲에 대해 법정지상권 가짐

을 채무자등에게 지급한 때에 담보목적부동산의 소유권을 취득하며, 담보가등기를 마친 경우에는 청산기간이 지나야 그 가등기에 따른 본등기(本登記)를 청구할 수 있다.

04 「입목에 관한 법률」과 법정지상권

입목의 경매나 그 밖의 사유로 토지와 그 입목이 각각 다른 소유자에게 속하게 되는 경우에는 토지소유자는 입목소유자에 대하여 지상권을 설정한 것으로 본다. 지료(地料)에 관하여는 당사자의 약정에 따른다(입목법 제6조 제1항).

여기서 입목이란 토지에 부착된 수목집단으로서 그 소유자가 이 법에 의해 소유권보존등기를 받은 것을 말한다(입목법 제2조1항). 입목은 부동산으로 본다(입목법 제3조 제1항).

따라서 수목이 입목등기 된 경우만 법정지상권이 성립된다.

> 토지, 입목 모두 甲 소유
> → 甲토지에 대해 경매 기타의 사유로 甲에서 丙으로 변경
> 입목소유자 甲은 토지낙찰자 丙에 대해 법정지상권 가짐

05 관습법상의 법정지상권

① 동일인의 소유에 속하였던 토지와 그 지상 건물이 ② 매매, 증여, 강제경매, 국세징수법에 의한 공매 등으로 인하여 양자의 소유자가 다르게 된 때에 ③ 그 건물을 철거한다는 특약이 없는 한, 건물소유자는 토지소유자에 대하

여 그 건물의 소유를 위한 관습상 법정지상권을 취득한다(대법원 2013. 4. 11. 선고 2009다62059 판결).

> 토지, 건물 모두 甲 소유
> → 甲토지에 대해 경매 기타의 사유로 甲에서 丙으로 변경
> 건물소유자 甲은 丙에 대해 법정지상권 가짐

제3절

법정지상권 성립요건

01 민법 제366조 법정지상권

가. 토지에 저당권 설정당시에 '건물'이 존재하여야 한다.

(1) 건물 없는 토지에 관하여 저당권이 설정된 경우(소극)

민법 제366조의 규정은 저당권설정 당시부터 저당권의 목적되는 토지 위에 '건물'이 존재할 경우에 한하여 법정지상권이 성립되며 건물 없는 토지에 대하여 저당권이 설정되었는데 그 후에 설정자가 그 위에 건물을 건축한 경우에는 법정지상권이 생긴다고 할 수 없다는 종전의 대법원판례는 아직 변경할 필요가 없다(대법원 1978. 8. 22. 선고 78다630 판결).

독립된 부동산으로서의 '건물'이라고 함은 최소한의 기둥과 지붕 그리고 주벽이 이루어지면 법률상 건물이라고 할 수 있다(대법원 1996. 6. 14. 선고 94다53006 판결[1]외 다수). 저당권 설정 당시 아직 '건물'이 아닌 경우에는 원칙적으로 법정지상권은 불성립한다.

신축 건물이 경락대금 납부 당시 <u>이미 지하 1층부터 지하 3층까지 기둥, 주벽 및 천장 슬라브 공사가 완료된 상태</u>이었을 뿐만 아니라 지하 1층의 일부 점포가 일반에 분양되기까지 하였다면, 비록 토지가 경락될 당시 신축 건물의 지상층 부분이 골조공사만 이루어진 채 벽이나 지붕 등이 설치된 바가 없다 하더라도, <u>지하층 부분만으로도 구분소유권의 대상이 될 수 있는 구조</u>라는 점에서 신축 건물은 경락 당시 미완성 상태이기는 하지만 독립된 건물로서의 요건을 갖추었다(대법원 2003. 5. 30. 선고 2002다21592 판결).

'건물의 구성부분'에도 법정지상권은 성립한다. 대법원은 정화조를 건물의 구성부분으로 보았다(대법원 1993. 12. 10. 선고 93다42399 판결[2]). 전주지방법원은 "온천탕 건물과 그 인근 건물을 포함한 3동의 건물에서 배출되는 오수 등을 처리하기 위하여 오수정화 관련 배관 및 전기설비, 집수정, 저장조, 침전조 및

---

1 이 사건 <u>가건물</u>들은 시멘트블록조, 철골조 혹은 목조이고, 지붕은 슬레이트, 함석, 천막 등으로 되어 있으며, 주벽이 이루어진 상태로 사무실, 점포, 공장, 창고, 물치장, 주거용 방 등의 용도로 사용되고 있는 사실이 인정되므로, 이 사건 가건물들은 부동산으로서의 건물에 해당된다고 할 것이다.
2 갑이 을로부터 건물을 매수하면서 인접한 을 소유 대지 지하에 매설된 위 건물의 일부인 정화조를 철거하기로 한 특약이 없었다면 그 대지에 위 건물의 소유를 위한 관습상의 법정지상권을 취득하였다 할 것이고, 그 후 병이 위 건물을 경락취득함으로써 특별한 사정이 없는 한 민법 제100조 제2항 의 유추적용에 의하여 건물과 함께 종된 권리인 법정지상권도 양도되었다고 봄이 상당하므로, 갑을 대위하여 을에게 지상권설정등기를 청구할 수 있는 병에게 위 정화조의 철거를 구함은 신의칙상 허용될 수 없다.

펌프 등으로 구성되어 온천탕 건물과 그 인근 건물 사이의 지하에 설치된 오수정화설비는 온천탕 건물 및 인근 건물들의 구성부분이 된다."라고 판시하였다(전주지방법원 2001. 8. 31. 선고 2000가합3711 판결).

(2) 무허가, 미등기 건물(적극)

건물이란 미등기건물이든 무허가건물이든(즉 기둥과 벽, 지붕이 있는 것 등으로 이동이 용이하지 아니한 것으로 등기되었든 미등기이든 무허가 건물이든 불문한다) 모두가 인정된다(대법원 1991. 8. 13. 선고 91다16631 판결).

(3) 토지소유자에 의해서 건물이 신축 중인 경우(적극)

앞에서 저당권 설정 당시 아직 '건물'이 아닌 경우에는 원칙적으로 법정지상권은 불성립한다고 설명하였다.

그러나 대법원은 이 원칙을 고수하지는 않고 있음을 주의하여야 한다.

즉, 토지에 관하여 저당권이 설정될 당시 ① 토지 소유자에 의하여 그 지상에 건물을 건축 중이었던 경우 그것이 사회관념상 독립된 건물로 볼 수 있는 정도에 이르지 않았다 하더라도 ② 건물의 규모·종류가 외형상 예상할 수 있는 정도까지 건축이 진전되어 있었고, 그 후 경매절차에서 ③ 매수인이 매각대금을 다 낼 때까지 <u>최소한의 기둥과 지붕 그리고 주벽이 이루어지는 등 독립된 부동산으로서 건물의 요건을 갖추면</u> 법정지상권이 성립한다(대법원 2004. 6. 11. 선고 2004다13533 판결).

저당권설정 시에 건축 중이었다면 저당권자는 건물이 조만간 완성될 것이고 그렇게 되면 토지에 대한 담보가치가 하락할 것을 알면서도 설정행위를 한 것이므로 건물에 대한 법정지상권이 인정되어 담보가치가 하락할 경우도 예상하였다고 볼 수 있다. 토지에 대한 경매가 진행 중인데 건축주는 오히려 더 열심히 공사를 하는 경우가 그래서 생긴다.

아래 판례를 보면, 최소한 1층 바닥 기초공사는 마쳐야 법정지상권이 인정된다.

▶법정지상권 성립 사례

대법원 2004. 6. 11. 선고 2004다13533 판결

이 사건 각 주택의 공사는 위 근저당권설정일인 1997. 5. 23. 이전인 1997. 4. 초순경에 <u>1층 바닥의 기초공사(콘크리트 타설공사)</u>까지 마쳐진 사실을 인정할 수 있고, 이 사건 각 주택을 시공한 건축업자인 소외 노▽도는 "1층 기초공사가 끝난 후 공사가 중단되지 않은 채 계속 진행되어 <u>1997. 5. 말경에는 이 사건 각 주택의 벽체와 지붕공사가 완성되었다.</u>"는 취지로 진술하고 있고, 소외 성◐석은 "1997년 음력 5. 15.(양력으로는 6. 19.임) 모친상을 당했는데, 그 때 조문객들이 이 사건 각 주택에서 잠을 잤고, 당시 이 사건 주택은 벽체와 지붕공사는 완성되었지만 바닥 장판과 도배공사는 하지 않은 상태였다."고 진술하고 있으므로 이 사건 각 주택은 늦어도 1997. 6.경에는 벽체와 지붕공사가 완성되어 독립된 부동산으로서의 요건을 갖춘 것으로 인정할 수 있는바, 사실이 이와 같다면 위 근저당권이 설정될 당시 이 사건 각 주택은 사회관념상 독립된 건물로 볼 수 있는 정도에 이르지는 않았더라도 <u>1층 바닥의 기초공사(콘크리트 타설공사)가 완성</u>되었으므로 '건물의 규모 · 종류가 외형상 예상할 수 있는 정도까지 건축이 진전되어 있는 경우'에 해당한다고 할 것이고, 그 후 약 2개월만에 벽체와 지붕공사가 완성되어 독립된 건물로서의 요건을 갖추었다고 인정함이 상당하다.

대법원 2011. 1. 13. 선고 2010다67159 판결

피고 1은 이 사건 건물 중 요사채 부분의 지하 1층 슬라브 및 벽면 등 골조공사를 마무리한 후인 2002. 9. 18.이 사건 토지에 관하여 채권최고액 2억 원의 이 사건 근저당권을 설정하여 준 사실, (중략) 이 사건 근저당권이 설정될 당시 이 사건 건물의 규모, 종류가 외형상 예상할 수 있는 정도까지 건축이 진전되어 있었다고 봄이 상당하다.

▶ **법정지상권 불성립 사례**

대법원 2004. 2. 13. 선고 2003다29043 판결

피고 및 소외 유0영, 망 박0영은 이 사건 토지에 골프연습장 및 예식장을 건축하기 위하여 1992. 3. 14.경 공동으로 건축허가를 받아 그 무렵 공사에 착공하였으나 터파기공사를 마친 후 토사붕괴방지를 위하여 에이취빔(h-beam) 철골구조물(이하 '이 사건 구조물'이라고 한다)만을 설치한 상태에서 공사가 중단된 사실을 인정하고, 피고 등 3인이 이 사건 구조물을 균등한 비율로 공유하고 있다고 인정되므로 피고는 원고에게 이 사건 구조물 중 1/3 지분을 철거할 의무가 있다고 판시한 다음, 이 사건 구조물은 건축중의 건물로서 이를 위하여 민법 제366조의 법정지상권을 취득하였다는 피고의 항변에 대하여, 이 사건 구조물은 제1순위 근저당권설정 당시에 이미 그 건물의 규모, 종류가 외형상 예견할 수 있는 정도까지 건축이 진전된 정도에 이르렀다고 인정할 만한 증거가 없다는 이유로 이를 배척하였다.

(4) 저당권 설정 당시 건물이 '개축', '증축'된 경우(적극)

저당권의 설정 당시 저당권의 목적이 되는 토지 위에 건물이 존재하여야 하고, 저당권 설정 당시 건물이 존재한 이상 그 이후 건물을 개축, 증축하는 경우에도 법정지상권이 성립하며, 이 경우의 법정지상권의 내용인 존속기간, 범위 등은 구 건물을 기준으로 하여 그 이용에 일반적으로 필요한 범위 내로 제한된다(대법원 1991. 4. 26. 선고 90다19985 판결).

(5) 공동저당권 설정 후 재축의 경우(한정소극)

동일인의 소유에 속하는 토지 및 그 지상 건물에 관하여 공동저당권이 설정된 후 그 지상 건물이 철거되고 새로 건물이 신축된 경우에는 <u>그 신축건물의 소유자가 토지의 소유자와 동일하고 토지의 저당권자에게 신축건물에 관하여 토지의 저당권과 동일한 순위의 공동저당권을 설정해 주는 등 특별한 사정이 없는 한</u> 저당물의 경매로 인하여 토지와 그 신축건물이 다른 소유자에 속하게 되더라도 그 신축건물을 위한 법정지상권은 성립하지 않는다.

> **대법원 2003. 12. 18. 선고 98다43601 전원합의체 판결**
>
> **판시사항**
>
> [1] 동일인 소유의 토지와 그 지상 건물에 관하여 공동저당권이 설정된 후 그 건물이 철거되고 다른 건물이 신축된 경우, 저당물의 경매로 인하여 토지와 신축건물이 서로 다른 소유자에게 속하게 되면 민법 제366조 소정의 법정지상권이 성립하는지 여부(소극)
>
> **판결요지**
>
> [1] [다수의견] 동일인의 소유에 속하는 토지 및 그 지상 건물에 관하여 공동저당권이 설정된 후 그 지상 건물이 철거되고 새로 건물이 신축된 경우에는 그 신축건물의 소유자가 토지의 소유자와 동일하고 토지의 저당권자에게 신축건물에 관하여 토지의 저당권과 동일한 순위의 공동저당권을 설정해 주는 등 특별한 사정이 없는 한 저당물의 경매로 인하여 토지와 그 신축건물이 다른 소유자에 속하게 되더라도 그 신축건물을 위한 법정지상권은 성립하지 않는다고 해석하여야 하는바, 그 이유는 동일인의 소유에 속하는 토지 및 그 지상 건물에 관하여 공동저당권이 설정된 경우에는, 처음부터 지상 건물

로 인하여 토지의 이용이 제한 받는 것을 용인하고 토지에 대하여만 저당권을 설정하여 법정지상권의 가치만큼 감소된 토지의 교환가치를 담보로 취득한 경우와는 달리, 공동저당권자는 토지 및 건물 각각의 교환가치 전부를 담보로 취득한 것으로서, 저당권의 목적이 된 건물이 그대로 존속하는 이상은 건물을 위한 법정지상권이 성립해도 그로 인하여 토지의 교환가치에서 제외된 법정지상권의 가액 상당 가치는 법정지상권이 성립하는 건물의 교환가치에서 되찾을 수 있어 궁극적으로 토지에 관하여 아무런 제한이 없는 나대지로서의 교환가치 전체를 실현시킬 수 있다고 기대하지만, <u>건물이 철거된 후 신축된 건물에 토지와 동순위의 공동저당권이 설정되지 아니 하였는데도 그 신축건물을 위한 법정지상권이 성립한다고 해석하게 되면, 공동저당권자가 법정지상권이 성립하는 신축건물의 교환가치를 취득할 수 없게 되는 결과 법정지상권의 가액 상당 가치를 되찾을 길이 막혀 위와 같이 당초 나대지로서의 토지의 교환가치 전체를 기대하여 담보를 취득한 공동저당권자에게 불측의 손해를 입게 하기 때문이다.</u>

<u>이와 달리, 동일인의 소유에 속하는 토지와 그 지상건물에 관하여 공동저당권이 설정된 후 그 지상건물이 철거되고 새로 건물이 신축된 경우에도 그 후 저당권의 실행에 의하여 토지가 경락됨으로써 대지와 건물의 소유자가 달라지면 언제나 토지에 관하여 신축건물을 위한 법정지상권이 성립된다는 취지의 대법원 1990. 7. 10. 선고 90다카6399 판결, 1992. 6. 26. 선고 92다9388 판결, 1993. 6. 25. 선고 92다20330 판결, 2000. 12. 12. 선고 2000다19007 판결, 2001. 3. 13. 선고 2000다48517, 48524, 48531 판결의 견해는, 위와 저촉되는 한도 내에서 이를 변경하기로 한다.</u>

[반대의견] 민법 제366조가 법정지상권제도를 규정하는 근본적 취지는 저당물의 경매로 인하여 토지와 그 지상건물이 다른 사람의 소유에 속하게 된 경우에 건물이 철거됨으로써 생길 수 있는 사회경제적 손실을 방지하려는 공익상 이유에 있는 것이지 당사자 어느 한편의 이익을 보호하려는 데 있는 것이 아니고, 법정지상권은 저당권설정 당사자의 의사와 관계없이 객관적 요건만으로써 그 성립이 인정되는 법정물권인바, 저당권자

가 그 설정 당시 가졌던 '기대'가 어떤 것이었느냐에 의하여 법정지상권의 성립 여부를 달리 판단하는 다수의견은 법정지상권 성립요건의 객관성 및 강제성과 조화되기 어렵고, 토지와 건물 양자에 대하여 공동으로 저당권이 설정된 경우, 원칙적으로 그 공동저당권자가 토지에 관하여 파악하는 담보가치는 법정지상권의 가치가 제외된 토지의 가치일 뿐이고, 건물에 관하여 파악하는 담보가치는 건물 자체의 가치 외에 건물의 존속에 필요한 법정지상권의 가치가 포함된 것이며, <u>법정지상권은 그 성질상 건물에 부수하는 권리에 불과하므로 구건물이 멸실되거나 철거됨으로써 건물저당권 자체가 소멸하면, 공동저당권자는 건물 자체의 담보가치는 물론 건물저당권을 통하여 파악하였던 법정지상권의 담보가치도 잃게 되고, 이에 따라 토지 소유자는 건물저당권의 영향에서 벗어나게 된다고 보는 것이 논리적으로 합당하다. 그러므로 토지 소유자는 그 소유권에 기하여 토지 위에 신건물을 재축할 수 있고, 그 후 토지저당권이 실행되면 신건물을 위한 법정지상권이 성립하며, 다만 그 내용이 구건물을 기준으로 그 이용에 일반적으로 필요한 범위로 제한됨으로써 공동저당권자가 원래 토지에 관하여 파악하였던 담보가치, 즉 구건물을 위한 법정지상권 가치를 제외한 토지의 담보가치가 그대로 유지된다고 보아야 하고, 이것이 바로 가치권과 이용권의 적절한 조절의 모습이다.</u>

[다수의견쪽 보충의견] 민법 제366조가 '저당물의 경매로 인하여 토지와 그 지상건물이 다른 소유자에게 속한 경우'라고 규정하여, 마치 경매 당시에 건물이 존재하기만 하면 법정지상권이 성립할 수 있는 것처럼 규정하고 있지만 위 조문의 해석상 법정지상권이 성립하기 위하여 저당권설정 당시 토지상에 건물이 존재하여야 하고, 따라서 나대지에 저당권설정 후 설정자가 그 지상에 건물을 신축 후 경매로 토지와 건물의 소유자가 달라진 경우에는 그 신축건물을 위한 법정지상권의 성립을 부정하는 것이 판례·통설인 바, 이는 이러한 경우에도 건물보호라는 공익적 요청을 고려하여 법정지상권의 성립을 허용하면 당초 건물 없는 토지의 교환가치를 기대한 저당권자의 기대 내지 의사에 반하기 때문에 이러한 당사자의 의사를 고려한 것으로 볼 수 있고, 이를 미루어 보아 법정지상권제도가 당사자의 의사를 전혀 도외시한 채 건물보호라는 공익적 요청에 의한 것이

라고만 할 수는 없으며, 단독저당, 공동저당 어느 경우나 원칙적으로 저당권설정 당시 존재하던 건물이 헐린 후 재축된 신건물에 대하여는 물권법정주의의 원칙상 법정지상권이 성립될 수 없지만 예외적으로 그 성립을 인정하여도 저당권자의 의사 내지 기대에 반하지 아니하는 경우(단독저당이 여기에 해당한다)에 국한하여 건물보호를 위하여 법정지상권의 성립범위를 확장해석하는 것은 법정지상권의 성립요건의 객관성이나 강제성과는 관련이 없다.

대법원 2014. 9. 4. 선고 2011다73038, 73045 판결

동일인의 소유에 속하는 토지 및 그 지상건물에 관하여 공동저당권이 설정된 후 지상건물이 철거되고 새로 건물이 신축된 경우에, 신축건물의 소유자가 토지의 소유자와 동일하고 토지의 저당권자에게 신축건물에 관하여 토지의 저당권과 동일한 순위의 공동저당권을 설정해 주는 등 특별한 사정이 없는 한, 저당물의 경매로 인하여 토지와 신축건물이 다른 소유자에 속하게 되더라도 신축건물을 위한 법정지상권은 성립하지 않는다. 이는 건물이 철거된 후 신축된 건물에 토지와 동순위의 공동저당권이 설정되지 아니하였는데도 신축건물을 위한 법정지상권이 성립한다고 해석하게 되면, 공동저당권자가 법정지상권이 성립하는 신축건물의 교환가치를 취득할 수 없게 되는 결과 법정지상권의 가액 상당 가치를 되찾을 길이 막혀 당초 토지에 관하여 아무런 제한이 없는 나대지로서의 교환가치 전체를 실현시킬 수 있다고 기대하고 담보를 취득한 공동저당권자에게 불측의 손해를 입게 하기 때문으로서, 이러한 법리는 집합건물의 전부 또는 일부 전유부분과 대지 지분에 관하여 공동저당권이 설정된 후 그 지상 집합건물이 철거되고 새로운 집합건물이 신축된 경우에도 마찬가지로 보아야 한다.

(6) 공동근저당 건물이 존재함에도 멸실기재가 이루어지고 토지만 경매(적극)

토지와 함께 공동근저당권이 설정된 건물이 그대로 존속함에도 불구하고 사실과 달리 등기부에 멸실의 기재가 이루어지고 이를 이유로 등기부가 폐쇄된 경우, 저당권자로서는 멸실 등으로 인하여 폐쇄된 등기기록을 부활하는 절차 등을 거쳐 건물에 대한 저당권을 행사하는 것이 불가능한 것이 아닌 이상 저당권자가 건물의 교환가치에 대하여 이를 담보로 취득할 수 없게 되는 불측의 손해가 발생한 것은 아니라고 보아야 하므로, 그 후 토지에 대하여만 경매절차가 진행된 결과 토지와 건물의 소유자가 달라지게 되었다면 그 건물을 위한 법정지상권은 성립한다 할 것이고, 단지 건물에 대한 등기부가 폐쇄되었다는 사정만으로 건물이 멸실된 경우와 동일하게 취급하여 법정지상권이 성립하지 아니한다고 할 수는 없다(대법원 2013. 3. 14. 선고 2012다108634 판결).

(7) 저당권 설정 당시 건물이 합동된 경우(적극)

대법원 2010. 1. 14. 선고 2009다66150 판결

[1]동일인의 소유에 속하는 토지 및 그 지상 건물에 관하여 공동저당권이 설정된 후 그 지상 건물이 철거되고 새로 건물이 신축되어 두 건물 사이의 동일성이 부정되는 결과 공동저당권자가 신축건물의 교환가치를 취득할 수 없게 되었다면, 공동저당권자의 불측의 손해를 방지하기 위하여, 특별한 사정이 없는 한 저당물의 경매로 인하여 토지와 그 신축건물이 다른 소유자에 속하게 되더라도 그 신축건물을 위한 법정지상권은 성립하지 않는다. [2]경매대상 건물이 인접한 다른 건물과 합동(合棟)됨으로 인하여 건물로서의 독립성을 상실하게 되었다면 경매대상 건물만을 독립하여 양도하거나 경매의 대상으로 삼을 수는 없고, 이러한 경우 경매대상 건물에 대한 채권자의 저당권은 위 합동

으로 인하여 생겨난 새로운 건물 중에서 위 경매대상 건물이 차지하는 비율에 상응하는 공유지분 위에 존속하게 된다. [3]동일인 소유 토지와 그 지상 건물에 공동근저당권이 설정된 후 그 건물이 다른 건물과 합동(合棟)되어 신건물이 생겼고 그 후 경매로 토지와 신건물이 다른 소유자에게 속하게 됨에 따라 신건물을 위한 법정지상권이 성립한 사안에서, 그 법정지상권의 내용인 존속기간과 범위 등은 종전 건물을 기준으로 하여 그 이용에 일반적으로 필요한 범위 내로 제한된다고 하여야 함에도 법정지상권이 신건물 전체의 유지·사용을 위해 필요한 범위에서 성립한다고 본 원심판결을 파기한 사례.

(8) 근저당권자가 신축에 동의한 경우(소극)

토지에 관하여 저당권이 설정될 당시 그 지상에 토지소유자에 의한 건물의 건축이 개시되기 이전이었다면, 건물이 없는 토지에 관하여 저당권이 설정될 당시 근저당권자가 토지소유자에 의한 건물의 건축에 동의하였다고 하더라도 그러한 사정은 주관적 사항이고 공시할 수도 없는 것이어서 토지를 낙찰 받는 제3자로서는 알 수 없는 것이므로 그와 같은 사정을 들어 법정지상권의 성립을 인정한다면 토지 소유권을 취득하려는 제3자의 법적 안정성을 해하는 등 법률관계가 매우 불명확하게 되므로 법정지상권이 성립되지 않는다(대법원 2003. 9. 5. 선고 2003다26051 판결).

(9) 건물의 존재시기 : "저당권 설정 당시에 건물이 존재하여야 한다"는 요건 관련

① 나대지에 1번 저당권이 설정된 후 건물이 신축되고(따라서 1번 저당권이 실행되면 법정지상권은 성립하지 않는다), 이어서 토지에 2번 저당권이 설정된 경우(소극)

2번 저당권 실행에 의해서 건물과 토지가 소유자를 달리해도 법정지상권은 불성립한다. 1번 저당권까지 소멸하여 1번 저당권자가 파악하고 있던 담보가치가 소멸하기 때문이다[3].

② 나대지에 저당권 설정 후 건물 신축, 그 건물에 저당권 설정(소극)

건물저당권이 실행되어 토지와 건물 소유자가 다르게 되면 토지저당권이 실행되기 전까지는 건물매수인(낙찰자)는 대지소유자에 대하여 법정지상권을 취득하나, 토지저당권이 실행되면 법정지상권 불성립한다.

(10) 컨테이너

컨테이너는 신고대상인 가설건축물이다(건축법 제20조제2항, 시행령 제15조제5항제8호). 가설 건축물에 대해서는 제9절. 가설건축물과 법정지상권에서 자세히 다루었다.

대법원은 "공터에 설치된 벽과 지붕이 철재로 되고 길이 약 12.2m 폭 약 2.4m 높이 약 2.6m, 건평 29.7m인 "콘테이너 하우스"가 내부는 베니아판으로 되어있고 창문 4개와 출입문이 2개가 있어 이것을 토지에 정착하면 건축물과 같은 형태를 가지고 실제 1년 동안 밧데리 수리상의 사무실 및 창고로 사용되었으며, 이를 보통 사람의 힘만으로는 이동할 수 없고 이를 이동시키기 위하여는 상당한 동력을 가진 장비에 의하여서만 가능하다면, 위 "콘테이

---

[3] '윤경, 손홍수' 공저, 민사집행(부동산경매)의 실무, 632, 육법사, 2013년 간

너 하우스"는 건축법 제2조 제2호 가 규정하는 "건축물"에 해당한다고 보아야 한다. 그러나 토지에 정착하지 아니한 상태로 있는 위 "나"항의 "콘테이너 하우스" 그 자체는 건축물이라고 할 수 없고, 이것을 토지에 정착하기 이전에는 하나의 제조물 또는 공작물이라고 보아야 할 것"이라고 판시하였다(대법원 1991. 6. 11. 선고 91도945 판결).

정착하지 아니한 컨테이너는 이동이 자유로워 건축물이라고 할 수 없으므로 법정지상권이 성립하지 않을 것이다. 정착한 컨테이너가 가설건축물로 허가를 받거나 신고를 하였다면 이는 말 그대로 영구적인 건축물이 아니라 존치기간이 한정되어 있는 임시 건축물이므로, 법정지상권에서 말하는 '건물'은 아니기 때문에 법정지상권은 성립하지 않는다고 본다. 문제는 가설건축물로 허가를 받거나 신고하지 아니한 컨테이너로서 바퀴가 없어서 이동이 자유롭지 않은 경우이다. 이 경우에는 법정지상권이 성립할 여지가 있다.

(11) 비닐하우스

비닐하우스는 법정지상권이 성립하지 않는다. 건물이 아니기 때문이다(광주지방법원 목포지원 2017. 11. 15. 선고 2017가단51427 판결, 2016타경2841).

대법원은 "쇠파이프를 반원모양으로 구부려 양끝을 땅에 박고 이를 지지대로 하여 비닐을 둘러씌운 뒤 다시 그 위에 차양막을 덮어놓은 지렁이양식용 비닐하우스는 토지에 정착하는 구조물이라 보기 어렵고, 구조면에 있어서도 지붕 및 기둥 또는 벽을 구비하고 있다고 보기도 어려워 건축법이 규제대상으로 삼고 있는 건축물에 해당하지 아니한다."라고 판시하였다(대법원 1990. 11. 27. 선고 90도2095 판결).

다만 주거용 비닐하우스로서 허가를 받거나 신고하지 아니하였고 건물의 요건을 갖춘 경우에는 법정지상권이 성립할 여지가 있다.

나. 저당권 설정 당시 토지와 건물의 소유자가 동일인이어야 한다.

(1) 저당권 설정 당시 동일인 소유(적극)

저당권 설정 당시에 동일인 소유였으면 족하고, 그 후 계속하여 동일인 소유자에게 속하여야 하는 것은 아니다. 다만, 저당권의 실행 이전에 소유자 변동으로 관습법상 법정지상권 성립여부가 먼저 문제될 가능성이 있다.

(2) 동일인 소유였다가 매각 전에 어느 하나가 양도된 경우(적극)

토지에 저당권을 설정할 당시 토지의 지상에 건물이 존재하고 있었고 그 양자가 동일 소유자에게 속하였다가 <u>그 후 저당권의 실행으로 토지가 낙찰되기 전에 건물이 제3자에게 양도된 경우,</u> 민법 제366조 소정의 법정지상권을 인정하는 법의 취지가 저당물의 경매로 인하여 토지와 그 지상 건물이 각 다른 사람의 소유에 속하게 된 경우에 건물이 철거되는 것과 같은 사회경제적 손실을 방지하려는 공익상 이유에 근거하는 점, 저당권자로서는 저당권설정 당시에 법정지상권의 부담을 예상하였을 것이고 또 저당권설정자는 저당권설정 당시의 담보가치가 저당권이 실행될 때에도 최소한 그대로 유지되어 있으면 될 것이므로 위와 같은 경우 법정지상권을 인정하더라도 저당권자 또는 저당권설정자에게는 불측의 손해가 생기지 않는 반면, 법정지상권을 인정하지 않는다면 건물을 양수한 제3자는 건물을 철거하여야 하는 손해를 입게 되는 점 등에 비추어 위와 같은 경우 <u>건물을 양수한 제3자는 민법 제366조 소정의 법정지상권을 취득한다</u>(대법원 1999. 11. 23. 선고 99다52602 판결).

경매 당시에 토지와 지상의 건물이 동일인 소유가 아닐 경우에는 이전 기록을 살펴보아 토지에 저당권을 설정할 당시에 동일인 소유였다가 매각 전에 건물이 양도되었는지 살펴보아야 한다.

(3) 명의가 타인에게 신탁된 경우(소극)

토지와 그 지상건물이 각기소유자를 달리하고 있던 중 토지 또는 그 지상건물만이 경매에 의하여 다른 사람에게 소유권이 이전된 경우에는 위 법조 소정의 법정지상권이 발생할 여지가 없으며, 또 건물의 등기부상 <u>소유명의를 타인에게 신탁한 경우에 신탁자는 제3자에게 그 건물이 자기의 소유임을 주장할 수 없고, 따라서 그 건물과 부지인 토지가 동일인의 소유임을 전제로 한 법정지상권을 취득할 수 없다</u>(대법원 1995. 5. 23. 선고 93다47318 판결). <u>신탁법상 신탁된 경우도 마찬가지로 법정지상권을 취득할 수 없다.</u>

(4) 대지 양도담보 제공(소극)

대지를 양도담보한 후에 채무자가 그 대지 상에 건물을 지었을 경우에는 채권자의 승낙을 얻었다 하더라도 채무자는 그 대지 상에 관습에 의한 지상권이나 또는 지상권유사의 물권을 취득한 것이라고는 볼 수 없다(대법원 1966. 5. 17. 선고 66다504 판결). 양도담보의 경우에는 담보권자가 채무자로부터 담보 목적물에 대한 소유권을 취득하되, 다만, 담보의 목적에 의하여 채권적으로 제한을 받는데 불과하다 할 것이므로, 채무자로서는 그 담보 목적물인 대지의 소유권이 자기에게 있다고 주장할 수 없기 때문이다.

(5) 미등기 건물을 대지와 함께 매수한 후, 대지만 경매된 경우(소극)

① 미등기건물을 대지와 함께 매수하였으나 대지에 관하여만 소유권이전등기를 넘겨받고 대지에 대하여 저당권을 설정한 후 저당권이 실행된 경우(소극)

② 미등기건물을 대지와 함께 매도하였으나 대지에 관하여만 매수인 앞으로 소유권이전등기가 경료된 경우(소극)

대법원 2002. 6. 20. 선고 2002다9660 전원합의체 판결

[1] 민법 제366조의 법정지상권은 저당권 설정 당시에 동일인의 소유에 속하는 토지와 건물이 저당권의 실행에 의한 경매로 인하여 각기 다른 사람의 소유에 속하게 된 경우에 건물의 소유를 위하여 인정되는 것이므로, 미등기건물을 그 대지와 함께 매수한 사람이 그 대지에 관하여만 소유권이전등기를 넘겨받고 건물에 대하여는 그 등기를 이전받지 못하고 있다가, 대지에 대하여 저당권을 설정하고 그 저당권의 실행으로 대지가 경매되어 다른 사람의 소유로 된 경우에는, <u>그 저당권의 설정 당시에 이미 대지와 건물이 각각 다른 사람의 소유에 속하고 있었으므로 법정지상권이 성립될 여지가 없다.</u>

[2] 관습상의 법정지상권은 동일인의 소유이던 토지와 그 지상건물이 매매 기타 원인으

로 인하여 각각 소유자를 달리하게 되었으나 그 건물을 철거한다는 등의 특약이 없으면 건물 소유자로 하여금 토지를 계속 사용하게 하려는 것이 당사자의 의사라고 보아 인정되는 것이므로 토지의 점유·사용에 관하여 당사자 사이에 약정이 있는 것으로 볼 수 있거나 토지 소유자가 건물의 처분권까지 함께 취득한 경우에는 관습상의 법정지상권을 인정할 까닭이 없다 할 것이어서, 미등기건물을 그 대지와 함께 매도하였다면 비록 매수인에게 그 대지에 관하여만 소유권이전등기가 경료되고 건물에 관하여는 등기가 경료되지 아니하여 형식적으로 대지와 건물이 그 소유 명의자를 달리하게 되었다 하더라도 매도인에게 관습상의 법정지상권을 인정할 이유가 없다.

이와 달리, 대지와 그 지상의 미등기건물을 양도하여 대지에 관하여만 소유권이전등기를 경료하고 건물에 관하여는 소유권이전등기를 경료하지 못하고 있다가 양수인이 대지에 설정한 저당권의 실행에 의하여 대지의 소유자가 달라지게 된 경우에 그 저당권설정 당시 양도인 및 양수인이 저당권자에게 그 지상건물을 철거하기로 하는 등의 특약을 한 바가 없다면 양도인이 그 지상건물을 위한 관습상의 법정지상권을 취득한다는 견해를 표명한 대법원 1972. 10. 31. 선고 72다1515 판결은 이와 저촉되는 한도 내에서 이를 폐기하기로 한다.

다. '경매'로 인하여 소유자를 달리 할 것

민법 제366조 법정지상권은 '저당물의 경매로 인하여' 토지와 그 지상건물이 다른 소유자에 속한 경우에만 성립한다. 따라서 매매, 증여, 강제경매, 공매 등 기타 원인으로 달라진 경우에는 관습법상 법정지상권만 인정된다.

토지나 건물에 설정된 '저당권 실행으로 인한 임의경매'로 인하여 소유자가 달라져야 한다. 위 '경매'에 '강제경매'가 포함되는지에 대해 학설이 대립하나, 대법원은 강제경매는 포함되지 않는다는 부정설을 취하고 있다. 대법원은 "민법 제366조의 법정지상권은 <u>저당물의 경매로 인하여</u> 토지와 그 지상건물이 다른 소유자에 속한 경우에 성립되는 것이므로, 이 사건 토지가 <u>저당물이 아닌 이상 위 법 소정의 법정지상권은 그 성립여부를 논할 여지가 없다.</u>"라고 판시하고 있다(대법원 1987. 7. 7. 선고 87다카634 판결). 강제경매로 인하여 소유자가 달라진 경우에는 민법 제366조의 법정지상권이 아니라 관습법상 법정지상권이 인정된다.

라. 법정지상권 사전 포기 약정 불가

민법 제366조는 가치권과 이용권의 조절을 위한 공익상의 이유로 지상권의 설정을 강제하는 것이므로 저당권설정 당사자 간의 특약으로 저당목적물인 토지에 대하여 법정지상권을 배제하는 약정을 하더라도 <u>그 특약은 효력이 없다</u>(대법원 1988. 10. 25. 선고 87다카1564 판결).

그러나 법정지상권이 성립한 후에 사후포기는 가능하다고 본다. 대법원은 "건물 소유자가 토지 소유자와 사이에 건물의 소유를 목적으로 하는 토지 임대차계약을 체결한 경우에는 관습상의 법정지상권을 포기한 것으로 봄이 상당하다."라고 판시하여 사후포기를 인정하고 있다(대법원 1992. 10. 27. 선고 92다3984 판결).

마. 등기여부

법정지상권 성립에 등기는 필요 없다. 법정지상권 성립시기는 매각대금을 완납하는 때에 취득한다.

바. 공장재단. 광업재단에 준용

저당권이 설정된 공장재단에 토지나 건물이 속하는 경우에는 제3조, 제4조, 「민법」제359조, 제365조 및 제366조를 준용한다(공장 및 광업재단 저당법 제24조, 제54조).

02 관습법상의 법정지상권 성립요건

민법 제366조 법정지상권	관습법상 법정지상권
- 저당권 설정 당시 - 건물이 존재하고 - 동일인 소유여야 하고 - 임의경매로 소유자가 달라질 것	- 토지와 건물이 처분 당시에 동일인 소유일 것 - 강제경매, 매매 기타의 원인으로 소유자가 달라질 것 - 철거 특약이 없을 것
- 건물에 한하여 성립하고, 기둥, 주벽, 천장이 갖추어져야 하고, 무허가미등기건물에도 성립하고, 공유관계, 양도담보, 명의신탁 등의 동일성 여부도 같다. 성립에 등기가 요구되지 않는 점, 소유권 취득 시 성립한다는 점도 같다.	

가. 토지와 건물이 동일인의 소유에 속하였을 것

(1) 무허가, 미등기 건물(적극)

동일인의 소유에 속하였던 토지와 건물이 매매, 증여, 강제경매, 국세징수

---

4   따라서 공유관계 등 민법 제366조 법정지상권과 같은 내용은 관습법상 법정지상권에서 별도로 설명하지 않는다.

법에 의한 공매 등으로 그 소유권자를 달리하게 된 경우에 그 건물을 철거한다는 특약이 없는 한 건물소유자는 그 건물의 소유를 위하여 그 부지에 관하여 관습상의 법정지상권을 취득하는 것이고, 그 건물은 건물로서의 요건을 갖추고 있는 이상 무허가건물이거나 미등기건물이거나를 가리지 않는다(대법원 1988. 4. 12. 선고 87다카2404 판결).

(2) 명의신탁의 경우(소극)

대지를 매수하였으나 그 명의로 소유권이전등기를 적법하게 마치지 아니하고 이를 타인 명의로 신탁한 경우에는 신탁자는 수탁자 이외의 제3자에게 자기의 소유임을 주장하여 대지와 그 지상 건물이 동일인의 소유임을 전제로 한 법정지상권을 취득할 수 없다(대법원 1991. 5. 28. 선고 91다7200 판결).

(3) 토지에 대한 사실상의 처분권자가 그 지상에 건물을 신축한 경우(소극)

① 2가 1로부터 대지를 매수하여 이전등기를 마치지 아니한 채 그 지상에 건물을 건축한 후에, 건물에 관하여 강제경매가 진행되어 소유자가 다르게 되어도 관습법상 법정지상권은 성립하지 않는다.[5]

한편 위 사안에서 건물에 대한 강제경매개시결정이 있은 후에 2가 대지에 관한 소유권이전등기를 마친 후 3이 낙찰을 받았다면, 3도 관습법상 법정지상권을 취득하지 못한다. 그 이유는 강제경매개시결정 당시에 동일인의 소

---

5 윤경, 손홍수 공저, 634.

유가 아니었기 때문이다(대법원 2012. 10. 18. 선고 2010다52140 전원합의체 판결).

② 대지소유자가 그 지상의 미등기건물에 대하여 처분권은 있으나 소유권은 없는 경우 그 대지가 경매로 인하여 타인의 소유에 속하게 된 때에는 법정지상권이 발생하지 않는다. 마찬가지로 갑의 소유인 대지와 그 지상에 신축된 미등기건물을 을이 함께 양수한 후 건물에 대하여는 미등기상태로 두고 있다가 이중 대지에 대하여 강제경매가 실시된 결과 병이 이를 경락받아 그 소유권을 취득한 경우에는 을은 미등기인 건물을 처분할 수 있는 권리는 있을지언정 소유권은 가지고 있지 아니하므로 대지와 건물이 동일인의 소유에 속한 것이라고 볼 수 없어 법정지상권이 발생할 여지가 없다(대법원 1989. 2. 14. 선고 88다카2592 판결).

(4) 토지사용승낙을 받고 건물 건축 후 토지 매매계약이 해제(소극)

토지의 매매에 수반하여 토지소유자가 매수인으로부터 토지대금을 다 받기 전에 그 토지위에 건물을 신축할 수 있도록 토지사용을 승낙하였다 하더라도 특별한 사정이 없는 한 매매당사자 사이에 그 토지에 관한 지상권 설정의 합의까지도 있었던 것이라고 할 수 없다 할 것이므로 그 매매계약이 적법하게 해제된 경우에는 토지매수인은 비록 당초에 토지사용 승락을 받아 그 토지 위에 건물을 신축 중이었다 하더라도 그 토지를 신축건물의 부지로 점유할 권원을 상실하게 되는 것이고 또 당초에 건물과 그 대지가 동일인의 소유였다가 경매 등의 사유로 소유자를 달리하게 되는 경우가 아닌 이상 관습에 의한 법정지상권도 성립되지 아니한다(대법원 1988. 6. 28. 선고 87다카2895 판결).

(5) 대지와 건물을 모두 타에 매도한 후 대지에 관하여만 소유권이전등기를 경료해준 경우(소극)

원소유자로부터 대지와 지상건물을 모두 매수하고 대지에 관하여만 소유권이전등기를 경료함으로써 건물의 소유명의가 매도인에게 남아있게 된 경우라면 형식적으로는 대지와 건물의 소유명의자를 달리하게 된 것이라 하더라도 이는 대지와 건물중 어느 하나만이 매도된 것이 아니어서 관습에 의한 법정지상권은 인정될 수 없고 이 경우 대지와 건물의 점유사용문제는 매매계약 당사자 사이의 계약에 따라 해결할 것이다(대법원 1983. 7. 26. 선고 83다카419 판결).

(6) 아파트 시공회사가 수위실을 건축하고 그 부지를 타인에게 매도한 경우(적극)

아파트 시공회사가 토지를 매수하여 소유권이전등기를 경료한 후 아파트 수위실을 축조하여 ○○아파트 소유자들에게 미등기상태로 양도함과 동시에 그 토지부분에 대한 영구사용권을 부여한 다음 토지를 제3자에게 처분하였다면 토지와 수위실은 시공회사의 소유에 속하였다가 토지가 제3자에게 매도됨으로써 대지와 건물이 각기 소유자를 달리하게 된 경우에 해당하므로 시공회사는 수위실의 소유를 목적으로 한 관습법상의 법정지상권을 취득하였다고할 것이다. 이 경우 관습법상의 법정지상권은 지상구조물인 자전거보관소와 철봉이 있는 토지에는 미치지 아니하고 수위실의 대지에만 미친다(대법원 1993. 2. 23. 선고 92다49218 판결).

(7) 건물일부에 관하여 공사대금채권의 담보를 위한 가등기를 경료하였다가 그 대물변제조로 위 건물부분의 소유권을 양도받은 경우(적극)

원래 갑이 대지와 그 지상건물을 함께 소유하고 있었는데 을이 위 건물일부에 관하여 공사대금채권의 담보를 위한 가등기를 경료하였다가 그 대물변제조로 위 건물부분의 소유권을 양도받은 경우 달리 특별한 사정이 없는 한 을은 위 건물부분의 점유사용에 필요한 범위 내에서 갑 소유의 위 대지에 관하여 관습상의 법정지상권을 취득한다(대법원 1992. 4. 10. 선고 91다45356 판결).

(8) 나대지상에 환매특약의 등기가 마쳐진 상태에서 대지 소유자가 그 지상에 건물을 신축하고 환매권의 행사에 따라 토지와 건물의 소유자가 달라진 경우(소극)

나대지상에 환매특약의 등기가 마쳐진 상태에서 대지소유자가 그 지상에 건물을 신축하였다면, 대지소유자는 그 신축 당시부터 환매권 행사에 따라 환매권자에게 환매특약 등기 당시의 권리관계 그대로의 토지 소유권을 이전하여 줄 잠재적 의무를 부담한다고 볼 수 있으므로, 통상의 대지소유자로서는 그 건물이 장차 철거되어야 하는 운명에 처하게 될 것임을 예상하면서도 그 건물을 건축하였다고 볼 수 있고, 환매권자가 환매기간 내에 적법하게 환매권을 행사하면 환매특약의 등기 후에 마쳐진 제3자의 근저당권 등 이미 유효하게 성립한 제한물권조차 소멸하므로, 특별한 사정이 없는 한 환매권의 행사에 따라 토지와 건물의 소유자가 달라진 경우 그 건물을 위한 관습상의 법정지상권은 애초부터 생기지 않는다(대법원 2010. 11. 25. 선고 2010두16431 판결).

나. 동일인 소유에 속하는 시기

(1) 원칙 : 처분당시

관습상 법정지상권이 성립하려면 토지와 그 지상 건물이 애초부터 원시적으로 동일인의 소유에 속하였을 필요는 없고, 그 소유권이 유효하게 변동될 당시에 동일인이 토지와 그 지상 건물을 소유하였던 것으로 족하다(대법원 2012. 10. 18. 선고 2010다52140 전원합의체 판결).

(2) 예외

그런데 판례에 의해서 강제경매에 있어서는 동일성 요구 시점이 앞당겨지게 되었다.

즉, 가압류가 있기 이전에 저당권이 설정되어 있다가 그 후 강제경매로 인해 그 저당권이 소멸하는 경우에는 저당권 설정 당시를 기준으로 가려야 한다. 강제경매개시결정으로 압류의 효력이 발생하는 때는 매수인의 매각대금을 완납시가 아니라 강제경매개시결정으로 압류의 효력이 발생하는 때를 기준으로 가려야 하며, 선행가압류의 집행이 본압류로 이행되어 경매절차가 진행되었다면 선행가압류의 효력이 발생한 때를 기준으로 가려야 한다. 부동산에 대한 가압류가 집행된 후 그 가압류가 강제경매 개시결정으로 인하여 본압류로 이행된 경우에는 가압류집행이 본집행에 포섭됨으로써 당초부터 본집행이 행하여진 것과 같은 효력이 있으므로(대법원 2010. 11. 30.자 2008마950 결정 등), 선행가압류 시를 기준으로 하는 것이다.

① 가압류가 있기 이전에 저당권이 설정되어 있다가 그 후 강제경매로 인해 그 저당권이 소멸하는 경우에는 저당권 설정 당시

강제경매의 목적이 된 토지 또는 그 지상 건물에 관하여 강제경매를 위한 압류나 그 압류에 선행한 가압류가 있기 이전에 저당권이 설정되어 있다가 그 후 강제경매로 인해 그 저당권이 소멸하는 경우에는, 그 저당권설정 이후의 특정 시점을 기준으로 토지와 그 지상 건물이 동일인의 소유에 속하였는지 여부에 따라 관습상 법정지상권의 성립 여부를 판단하게 되면, 저당권자로서는 저당권 설정 당시를 기준으로 그 토지나 지상 건물의 담보가치를 평가하였음에도 저당권 설정 이후에 토지나 그 지상 건물의 소유자가 변경되었다는 외부의 우연한 사정으로 인하여 자신이 당초에 파악하고 있던 것보다 부당하게 높아지거나 떨어진 가치를 가진 담보를 취득하게 되는 예상하지 못한 이익을 얻거나 손해를 입게 되므로, 그 저당권 설정 당시를 기준으로 토지와 그 지상 건물이 동일인에게 속하였는지 여부에 따라 관습상 법정지상권의 성립여부를 판단하여야 할 것이다(대법원 2013. 4. 11. 선고 2009다62059 판결).

② 강제경매개시결정으로 압류의 효력이 발생하는 때

토지 또는 그 지상 건물의 소유권이 강제경매로 인하여 그 절차상의 매수인에게 이전되는 경우에는 그 매수인이 소유권을 취득하는 매각대금의 완납시가 아니라 강제경매개시결정으로 압류의 효력이 발생하는 때를 기준으로 토지와 지상 건물이 동일인에게 속하였는지 여부에 따라 관습상 법정지상권의 성립 여부를 가려야 한다(대법원 2013. 4. 11. 선고 2009다62059 판결).

③ 가압류가 강제경매개시결정으로 인하여 본압류로 이행되어 경매절차가 진행된 경우에는 애초 가압류의 효력이 발생한 때

강제경매의 목적이 된 토지 또는 그 지상 건물에 대하여 강제경매개시결정 이전에 가압류가 되어 있다가 그 <u>가압류가 강제경매개시결정으로 인하여 본압류로 이행되어 경매절차가 진행된 경우에는 애초 가압류의 효력이 발생한 때를 기준으로</u> 토지와 그 지상 건물이 동일인에 속하였는지 여부에 따라 관습상 법정지상권의 성립여부를 판단하여야 한다(대법원 2013. 4. 11. 선고 2009다62059 판결).

부동산에 대한 가압류가 집행된 후 그 가압류가 강제경매 개시결정으로 인하여 본압류로 이행된 경우에는 가압류집행이 본집행에 포섭됨으로써 당초부터 본집행이 행하여진 것과 같은 효력이 있으므로(대법원 2010. 11. 30.자 2008마950 결정 등), 가압류 시를 기준으로 하는 것이다.

다. 매매 기타의 적법한 원인(증여, 공유물 분할, 강제경매, 체납처분에 의한 공매 등)으로 소유자가 달라질 것

(1) 원인무효임이 밝혀져 건물과 토지의 소유자가 달라진 경우(소극)

관습상의 법정지상권의 성립 요건인 해당 토지와 건물의 소유권의 동일인에의 귀속과 그 후의 각기 다른 사람에의 귀속은 법의 보호를 받을 수 있는 권리변동으로 인한 것이어야 하므로, 원래 동일인에게의 소유권 귀속이 원인무효로 이루어졌다가 그 뒤 그 원인무효임이 밝혀져 그 등기가 말소됨으로써 그 건물과 토지의 소유자가 달라지게 된 경우에는 관습상의 법정지상권

을 허용할 수 없다(대법원 1999. 3. 26. 선고 98다64189 판결).

(2) 가등기 후 본등기

① 나대지상에 담보가등기가 경료 되고 나서 대지소유자가 그 지상에 건물을 신축한 후 본등기가 경료 되어 대지와 건물의 소유자가 달라진 경우, 건물을 위한 관습상 법정지상권이 성립하는지 여부(소극)

원래 채권을 담보하기 위하여 나대지상에 가등기가 경료 되었고, 그 뒤 대지소유자가 그 지상에 건물을 신축하였는데, 그 후 그 가등기에 기한 본등기가 경료 되어 대지와 건물의 소유자가 달라진 경우에 관습상 법정지상권을 인정하면 애초에 대지에 채권담보를 위하여 가등기를 경료한 사람의 이익을 크게 해하게 되기 때문에 특별한 사정이 없는 한 건물을 위한 관습상 법정지상권이 성립한다고 할 수 없다(대법원 1994. 11. 22. 선고 94다5458 판결).

② 건물의 강제경매절차 진행 중에 대지에 대한 본등기가 경료 되었다면 건물경락인이 관습상 법정지상권을 취득하는지 여부(소극)

위 ①항의 건물에 강제경매가 개시되어 압류등기가 경료 되었고, 강제경절차가 진행 중에 그 이전에 각 대지에 관하여 설정된 채권담보를 위한 가등기에 기하여 그 본등기가 경료 되었으므로 건물경락인은 각 대지에 관하여 건물을 위한 관습상 법정지상권을 취득한다고 볼 수 없다(대법원 1994. 11. 22. 선고 94다5458 판결).

(3) 환지처분으로 인하여 토지와 그 지상건물의 소유자가 달라진 경우, 관습법상 법정지상권의 성립 여부(소극)

환지로 인하여 새로운 분할지적선이 그어진 결과 환지 전에는 동일인에게 속하였던 토지와 그 지상건물의 소유자가 달라졌다 하더라도 환지의 성질상 건물의 부지에 관하여 소유권을 상실한 건물 소유자가 환지된 토지(건물부지)에 대하여 건물을 위한 관습상의 법정지상권을 취득한다거나 그 환지된 토지의 소유자가 그 건물을 위한 관습상의 법정지상권의 부담을 안게 된다고는 할 수 없다(대법원 2001. 5. 8. 선고 2001다4101 판결).

(4) 자기의 의사에 의하여 건물만 취득한 경우(적극)

토지 또는 건물이 동일한 소유자에게 속하였다가 그 건물 또는 토지가 매매 기타의 원인으로 인하여 양자의 소유자가 다르게 된 때에 그 건물을 철거한다는 조건이 없는 이상 건물소유자는 토지소유자에 대하여 그 건물을 위한 관습상의 법정지상권을 취득하는 것이고, 자기의 의사에 의하여 건물만의 소유권을 취득하였다고 하여 관습상의 법정지상권을 취득할 수 없는 것은 아니다(대법원 1997. 1. 21. 선고 96다40080 판결).

라. 당사자 사이에 건물을 철거한다는 특약이 없을 것

(1) 건물 철거 특약의 의미

토지 또는 건물이 동일한 소유자에게 속하였다가 건물 또는 토지가 매매 기타의 원인으로 인하여 양자의 소유자가 다르게 된 때에 <u>그 건물을 철거한다는 조건이 없는 이상 건물 소유자는 토지 소유자에 대하여 그 건물을 위한 관습상의 법정지상권을 취득한다</u>(대법원 1984. 9. 11. 선고 83다카2245 판결).

건물 철거의 합의가 관습상의 법정지상권 발생의 소극적 요건이 되는 이유는 그러한 합의가 없을 때라야 토지와 건물의 소유자가 달라진 후에도 건물 소유자로 하여금 그 건물의 소유를 위하여 토지를 계속 사용케 하려는 묵시적 합의가 있는 것으로 볼 수 있다는 데 있고, 한편 관습상의 법정지상권은 타인의 토지 위에 건물을 소유하는 것을 본질적 내용으로 하는 권리가 아니라, 건물의 소유를 위하여 타인의 토지를 사용하는 것을 본질적 내용으로 하는 권리여서, 위에서 말하는 '묵시적 합의'라는 당사자의 추정 의사는 <u>건물의 소유를 위하여 '토지를 계속 사용한다.'</u>는 데 중점이 있는 의사라 할 것이므로, 건물 철거의 합의에 위와 같은 묵시적 합의를 깨뜨리는 효력, 즉 관습상의 법정지상권의 발생을 배제하는 효력을 인정할 수 있기 위하여서는, <u>단지 형식적으로 건물을 철거한다는 내용만이 아니라 건물을 철거함으로써 토지의 계속 사용을 그만두고자 하는 당사자의 의사가 그 합의에 의하여 인정될 수 있어야 한다</u>(대법원 1999. 12. 10. 선고 98다58467 판결).

<u>토지와 건물의 소유자가 토지만을 타인에게 증여한 후 구 건물을 철거하되 그 지상에 자신의 이름으로 건물을 다시 신축하기로 합의한 경우</u>, 그 건물 철거의 합의는 건물 소유자가 토지의 계속 사용을 그만두고자 하는 내용의 합의로 볼 수 없어 관습상의 법정지상권의 발생을 배제하는 효력이 인정되지 않는다(대법원 1999. 12. 10. 선고 98다58467 판결).

(2) 건물소유를 위한 토지임대차계약을 체결한 경우(소극)

대지에 관한 관습상의 법정지상권을 취득한 자가 동 대지소유자와 사이에 위 대지에 관하여 임대차계약을 체결한 경우에는 특별한 사정이 없는 한 위 관습상의 법정지상권을 포기하였다고 볼 것이다(대법원 1981. 7. 7. 선고 80다2243 판결).

여기서 임대차계약 체결은 명시적이어야 하고, 관습법상 법정지상권의 성립을 배제하는 특약은 가능한 한 제한적으로 해석하여야 할 것인바, 토지사용에 대한 대가를 지급하지 않았다는 점만으로는 묵시적인 사용대차계약을 체결하였다고 인정하기 부족하고, 달리 원고가 관습법상의 법정지상권을 포기하였다고 인정할 증거가 없다(서울고등법원 2006. 7. 12. 선고 2004나87604 판결[6]).

동일인 소유의 토지와 그 토지상에 건립되어 있는 건물 중 어느 하나만이 타에 처분되어 토지와 건물의 소유자를 각 달리하게 된 경우에는 관습상의 법정지상권이 성립한다고 할 것이나, 건물 소유자가 토지 소유자와 사이에 건물의 소유를 목적으로 하는 토지 임대차계약을 체결한 경우에는 <u>관습상의 법정지상권을 포기한 것으로 봄이 상당하다</u>(대법원 1992. 10. 27. 선고 92다3984 판결).

그러나 창고를 불하받은 소유권이전등기를 경료한 자는 그 부지에 대한 관습상의 법정지상권을 취득하였다고 할 것이니, 그가 관습상의 법정지상권을 포기한다는 명백한 의사표시가 없는 이상, 다만 창고부지의 사용에 관한 법적인 절차를 알지 못하기 때문에 위 부지의 사용허가를 얻어 사용료를 납부

---

[6] 주문 : 피고들은 원고에게 서울 서초구 00동 891 대 1,336㎡에 관하여, 1980. 3. 15.자 법정지상권 성립을 원인으로 하여 목적을 별지 기재 건물의 소유로, 범위를 위 토지 중 116.5/620.86 지분으로, 존속기간을 1980. 3. 15.부터 만 30년으로 하는 내용의 지상권설정등기절차를 이행하라.

한 사실이 있다는 사유만으로 관습상의 법정지상권을 포기하였다고 단정할 수 없다(대법원 1975. 11. 25. 선고 75다170 판결).

(3) 동일인이 소유하던 토지와 그 지상건물이 매매 기타 원인으로 각각 소유자를 달리하게 되었으나 그 토지의 점유·사용에 관하여 당사자 사이에 약정이 있는 것으로 볼 수 있는 경우(소극)

甲이 건물을 제외한 채 그 대지와 부근의 토지들을 함께 乙에게 매도하여 건물과 대지가 소유자를 달리하게 되었더라도 甲이 위 대지 부분을 다시 매수하고 그 대신 乙에게 위 토지와 인접한 다른 토지를 넘겨주기로 하는 특약을 맺었다면, <u>당사자 사이에 매수인으로 하여금 아무런 제한 없는 토지를 사용하게 하려는 의사가 있었다고</u> 보아야 하므로, 위 특약이 매도인측의 귀책사유로 이행불능된 이상 매도인은 위 건물을 위한 관습상의 법정지상권을 주장하지 못하고 건물을 철거하여 매수인에게 아무런 제한 없는 토지를 인도할 의무가 있다(대법원 2008. 2. 15. 선고 2005다41771 판결).

(4) 건물이 장차 철거될 것을 예상하고 건물이 서 있는 부지까지 매도한 경우(소극)

종전 토지에 관하여 제자리 환지가 되지 아니하였기 때문에 자기소유 건물이 장차 철거될 것을 예상하고 그 건물이 서 있는 부지까지 포함하여 매도하였던 것이므로 이 건물을 위한 관습상의 법정지상권이 생기게 된다고 볼 수 없다(대법원 1974. 6. 11. 선고 73다1766 판결).

(5) 건물이 장차 철거될 것임을 예상하면서 건축한 경우(소극)

토지의 소유자가 건물을 건축할 당시 이미 토지를 타에 매도하여 소유권을 이전하여 줄 의무를 부담하고 있었다면 토지의 매수인이 그 건축행위를 승낙하지 않는 이상 그 건물은 장차 철거되어야 하는 운명에 처하게 될 것이고 토지소유자가 이를 예상하면서도 건물을 건축하였다면 그 건물을 위한 관습상의 법정지상권은 생기지 않는다고 보아야 할 것이다(대법원 1994. 12. 22. 선고 94다41072 판결).

(6) 철거 특약 입증책임(주장하는 자, 즉 토지소유자)

토지 또는 건물이 동일한 소유자에게 속하였다가 건물 또는 토지가 매매 기타 원인으로 인하여 양자의 소유자가 다르게 된 때에 그 건물을 철거하기로 하는 합의가 있었다는 등 특별한 사정이 없는 한 건물소유자는 토지소유자에 대하여 그 건물을 위한 관습상의 지상권을 취득하게 되고, <u>건물을 철거하기로 하는 합의가 있었다는 등의 특별한 사정의 존재에 관한 주장입증책임은 그러한 사정의 존재를 주장하는 쪽에 있다</u>(대법원 1988. 9. 27. 선고 87다카279 판결).

03 토지 또는 건물에 공유관계가 존재하는 경우

가. A, B 공유토지, 건물 A 단독소유(소극) : A 토지 공유지분에 저당권이 설정되고, 그 저당권의 실행으로 A의 토지지분이 C에게 넘어간 경우, 또는 A 단독소유 건물에 저당권이 설정되고 그 저당권의 실행으로

A의 건물소유권이 C에게 넘어간 경우(소극)

토지공유자의 한 사람이 다른 공유자의 지분 과반수의 동의를 얻어 건물을 건축한 후 토지와 건물의 소유자가 달라진 경우 토지에 관하여 관습법상의 법정지상권이 성립되는 것으로 보게 되면 이는 토지공유자의 1인으로 하여금 자신의 지분을 제외한 다른 공유자의 지분에 대하여서까지 지상권설정의 처분행위를 허용하는 셈이 되어 부당하다.

대법원 1988. 9. 27. 선고 87다카140 판결
토지공유자 중의 1인이 공유토지 위에 건물을 소유하고 있다가 토지지분만을 전매함으로써 단순히 토지공유자의 1인에 대하여 관습상의 법정지상권이 성립된 것으로 볼 사유가 발생한 경우에 있어서는 당해 토지에 관하여 건물의 소유를 위한 관습상의 법정지상권이 성립될 수 없다(당원 1987. 6. 23. 선고 86다카2188 판결).

대법원 2001. 10. 12. 선고 2001다48002 판결
신○○이 이 사건 건물을 매수할 무렵, 이 사건 건물은 원고의 단독소유이었으나 이 사건 토지는 원고와 신○○ 및 장○○, 장○○, 장○○의 공유이었는바, 이와 같이 토지의 공유자 중 1인이 공유 토지 위의 단독소유인 건물을 매도한 경우에 당해 토지 전부에 관하여 건물의 소유를 위한 관습상의 법정지상권이 성립된 것으로 보게 된다면, 이는 마치 토지공유자의 1인으로 하여금 다른 공유자의 의사에 기하지 아니한 채 다른 공유자의 지분에 대하여서까지 지상권설정의 처분행위를 허용하는 셈이 되어 부당하므로, 이와 같은 경우에는 당해 토지에 관하여 건물의 소유를 위한 관습상의 법정지상권이 성립될 수 없다.

대법원 2014. 9. 4. 선고 2011다73038,73045 판결
판시사항

[1] 토지공유자 한 사람이 다른 공유자 지분 과반수의 동의를 얻어 건물을 건축한 후 토지와 건물의 소유자가 달라진 경우, 관습법상의 법정지상권이 성립하는지 여부(소극) / 이러한 법리는 민법 제366조의 법정지상권의 경우 및 토지와 건물 모두가 각각 공유에 속한 때 토지에 관한 공유자 일부의 지분만을 목적으로 하는 근저당권이 설정되었다가 경매로 그 지분을 제3자가 취득하게 된 경우에도 마찬가지인지 여부(적극)

판결요지

[1] 토지공유자의 한 사람이 다른 공유자의 지분 과반수의 동의를 얻어 건물을 건축한 후 토지와 건물의 소유자가 달라진 경우 토지에 관하여 관습법상의 법정지상권이 성립되는 것으로 보게 되면 이는 토지공유자의 1인으로 하여금 자신의 지분을 제외한 다른 공유자의 지분에 대하여서까지 지상권설정의 처분행위를 허용하는 셈이 되어 부당하다. 그리고 이러한 법리는 민법 제366조의 법정지상권의 경우에도 마찬가지로 적용되고, 나아가 토지와 건물 모두가 각각 공유에 속한 경우에 토지에 관한 공유자 일부의 지분만을 목적으로 하는 근저당권이 설정되었다가 경매로 인하여 그 지분을 제3자가 취득하게 된 경우에도 마찬가지로 적용된다.

대법원 1993. 4. 13. 선고 92다55756 판결

토지공유자의 한 사람이 다른 공유자의 지분 과반수의 동의를 얻어 건물을 건축한 후 토지와 건물의 소유자가 달라진 경우 토지에 관하여 관습법상의 법정지상권이 성립되는 것으로 보게 되면 이는 토지공유자의 1인으로 하여금 자신의 지분을 제외한 다른 공유자의 지분에 대하여서까지 지상권설정의 처분행위를 허용하는 셈이 되어 부당하다.

나. 토지 A, B 공동소유, 건물 A, C 공동소유(소극)

토지공유자의 1인으로 하여금 자신의 지분을 제외한 다른 공유자의 지분에 대하여서까지 지상권설정의 처분행위를 허용하는 셈이 되어 법정지상권은 불성립한다.

다. 토지 A, B 공동소유, 건물 A 단독소유이나, 분할로 인하여 B 토지 위에 A 건물 일부 위치(적극)

라. 토지 A 단독소유, 건물 A, B 공동소유(적극)

토지소유자는 자기뿐만 아니라 다른 건물 공유자를 위해서도 토지의 이용을 인정하고 있으므로, 법정지상권이 성립한다.

> **대법원 2011. 1. 13. 선고 2010다67159 판결**
> 건물공유자의 1인이 그 건물의 부지인 토지를 단독으로 소유하면서 그 토지에 관하여만 저당권을 설정하였다가 위 저당권에 의한 경매로 토지 소유자가 달라진 경우에도 민법 제366조의 법정지상권이 성립하는지 여부(적극)
>
> **대법원 2003. 6. 13. 선고 2003다17651 판결**
> 갑이 근저당권 설정 당시 토지를 단독소유하고 있었고, 건물을 을, 병과 공유하고 있다가, 건물에 대한 갑의 지분이 근저당권을 실행으로 정에게 이전된 사안에서, 법정지상권 성립 인정
>
> **대법원 1977. 7. 26. 선고 76다388 판결**
> 대지소유자가 그 지상건물을 타인과 함께 공유하면서 그 단독소유의 대지만을 건물철거의 조건 없이 타에 매도한 경우에는 건물공유자들은 각기 건물을 위하여 대지 전부에 대하여 관습에 의한 법정지상권을 취득한다.

마. 토지 A, B, C 공동소유, 건물 A, B, C 공동소유(한정적극)

(1) 토지 전체에 저당권이 설정되고 그 저당권의 실행으로 토지소유권이 D에게 넘어간 경우, 건물 전체에 저당권이 설정되고 그 저당권의 실행으로 건물소유권이 D에게 넘어간 경우에 저당권설정 당시 토지공유자들이 법정지상권을 용인하였다고 추론할만한 객관적인 사정이 존재한다면, 예를 들어, 토지공유자들이 그 지상의 건물도 공유하고 있는 경우에 공유자 전원이 공동으로 부담하는 채무를 담보하기 위하여 동일한 채권자에 대하여 공동으로 각자의 지분 전부에 저당권을 설정한 때, 법정지상권을 인정할 수 있다.[7]

> 토지 A, B, C 공유
> 건물 A, B, C 공유
> A, B, C 토지 지분 모두에 근저당 →D가 낙찰
> 법정지상권이 성립하여 D는 건물철거 불가능

(2) 그러나 위에서 일부 지분만 낙찰 받거나 매수하면 법정지상권은 성립하지 않는다.

토지공유자의 한 사람이 다른 공유자의 지분 과반수의 동의를 얻어 건물을 건축한 후 토지와 건물의 소유자가 달라진 경우 토지에 관하여 관습법상의 법정지상권이 성립되는 것으로 보게 되면, 이는 토지공유자의 1인으로 하여금 자신의 지분을 제외한 다른 공유자의 지분에 대하여서까지 지상권설정의 처분행위를 허용하는 셈이 되어 부당하다(대법원 1993. 4. 13. 선고 92다55756 판결).

---

7   윤경, 송홍수 공저, 643.

> 토지 A, B, C 공유
> 건물 A, B, C 공유
> A 토지 지분에만 근저당 →A 지분을 D가 낙찰
> 법정지상권이 불성립하여 D는 건물철거 가능

위 판결에 따르면, 소수대지지분의 공유자가 대지 지상에 존재하는 건물을 소유하였다가 소수대지지분만이 경매되어 그 소수대지지분을 낙찰 받은 자는 법정지상권이 성립하지 않는 지상의 건물을 철거시킬 수 있어야 한다. 그러나 실무에서 소수 공유자의 철거청구는 받아들여지지 않을 가능성이 크다. 설령 건물에 대한 법정지상권이 성립하지 않는다고 하더라도 공유물의 관리에 관한 사항은 지분의 과반수로써 결정하기 때문에 건물을 지을 때 동의하였던 대지지분에 대한 나머지 과반수의 소유자들이 낙찰자의 건물철거청구에 동의하지 않는 경우가 많기 때문이다.

대법원 2014. 9. 4. 선고 2011다73038, 73045 판결

토지공유자의 한 사람이 다른 공유자의 지분 과반수의 동의를 얻어 건물을 건축한 후 토지와 건물의 소유자가 달라진 경우 토지에 관하여 관습법상의 법정지상권이 성립되는 것으로 보게 되면 이는 <u>토지공유자의 1인으로 하여금 자신의 지분을 제외한 다른 공유자의 지분에 대하여서까지 지상권설정의 처분행위를 허용하는 셈이 되어 부당하다.</u> 그리고 이러한 법리는 민법 제366조의 법정지상권의 경우에도 마찬가지로 적용되고, 나아가 토지와 건물 모두가 각각 공유에 속한 경우에 토지에 관한 공유자 일부의 지분만을 목적으로 하는 근저당권이 설정되었다가 경매로 인하여 그 지분을 제3자가 취득하게 된 경우에도 마찬가지로 적용된다.

토지	건물

- 20명 연립주택소유자들은 서울 중랑구 1411,9㎡ 중 1411,9분의 70,595 지분씩 소유
- 피고 51은 제2토지 및 지상건물 소유
- 피고 46은 제3토지 및 지상건물
- 피고 75는 주소 2 대447,9㎡ 소유
- 피고 46은 주소 3 대99,2㎡ 및 그 지상건물 소유

- 연립소유자들 및 피고 51, 피고 46, 피고 75, 피고 46등 24명은 위 5필지 지상에 주상복합 형태의 집합건물을 재건축하기로 하고, 2003. 1. 28. ○○연립소유자들은 각 그 소유의 ○○연립전유부분 및 ○○연립부지 지분에 관하여, 피고 51, 피고 46, 피고 75, 피고 46은 각 해당 소유 토지 및 그 지상 건물에 관하여 각 채권최고액 7,200만 원의 공동근저당권을 설정하고 주식회사 우리은행(이하 '우리은행'이라 한다)으로부터 대출을 받았다.
- ○○연립을 포함하여 위 각 지상 건물이 철거됨에 따라 2003. 7. 31. 그에 관한 각 공동근저당권설정등기가 말소되었다.
- 24명은 2003. 8. 경 ○○연립재건축조합을 설립하고 위 조합에 위 5필지 토지에 관한 소유권을 신탁하였다.

- 2004. 7. 29. : 원심 공동피고 36, 피고 35, 피고 45등 3명을 제외한 나머지 17명의 공유 지분과 이 사건 제2,제3토지(이하 이를 합하여 지칭할 때에는 '이 사건 각 토지'라고 한다)에 관하여 채권최고액 27억 3,000만 원, 채무자 피고 아람종합건설, 주식회사 영풍상호저축은행(이하 '영풍상호저축은행'이라 한다)으로 된 근저당권설정등기가 마쳐졌는데, 그 직전에 이 사건 건축주들 앞으로 신탁재산의 귀속을 원인으로 한 소유권이전등기가 마쳐졌다가 위 근저당권설정등기 후 다시 ○○연립재건축조합 앞으로 신탁등기가 마쳐졌다.
- 근저당권설정 당시 지하 4층, 지상 11층 규모의 건물이 평가시점인 2004. 7. 7.을 기준으로 공정률 45% 정도로 건축 중

- 2006. 7. 31.이 사건 건물 내 각 전유부분(아파트 및 상가이다)에 관하여 ○○연립소유자들 및 원심 공동피고 51, 원심 공동피고 46, 피고 75, 피고 46(이하 이들을 합하여 '이 사건 건축주들'이라 한다)앞으로 각 24분의 1지분씩 소유권보존등기가 마쳐졌다.

- 영풍상호저축은행의 신청, 토지에 대한 임의경매절차가 개시, 원고는 그 경매절차에서 2008. 7. 17. 매각대금을 완납함으로써 이 사건 각 토지를 취득

- ○○연립부지는 20명이 공유하고 있었는데 그중 피고 35, 피고 45와 원심 공동피고 36등 3명을 제외한 나머지 17명의 공유 지분에 관하여만 영풍상호저축은행의 근저당권이 설정되었다가 그 경매절차에서 원고가 ○○연립부지 전부가 아닌 그중 위 17명의 공유 지분만을 취득한 사실, 한편 위 17명 등 ○○연립소유자들은 위 근저당권 설정 전에 각 그 소유의 ○○연립 전유부분 및 ○○연립부지 지분에 관하여 우리은행에 각 공동근저당권을 설정해 주었는데, 그 후 ○○연립은 철거된 사실 등은 앞에서 살펴본 바와 같고, 나아가 앞에서 살펴본 바에 의하면 위 17명 중 피고 41, 아람종합건설과 원심 공동피고 40, 원심 공동피고 42, 원심 공동피고 54 및 소외 1의 경우에는 원심 공동피고 51, 원심 공동피고 46등 13명과 달리 원고가 경매절차에서 매각대금을 완납할 당시까지도 우리은행에 대한 대출금채무를 변제하지 못했다고 보아야 할 것인바, 이러한 사실관계를 위에서 본 법리에 비추어 살펴보면, ○○연립부지에 관하여는 ○○연립이 철거되고 신축된 이 사건 건물의 존속을 위한 민법 제366조의 법정지상권이 성립할 수 없다고 할 것이다.

바. 구분소유적 공유관계

(1) 구분소유적 공유관계에 있는 대지의 일부를 취득한 경우(적극)

구분소유적 공유관계는 어떤 토지에 관하여 그 위치와 면적을 특정하여 여러 사람이 구분소유하기로 하는 약정이 있어야만 적법하게 성립할 수 있고, 공유자들 사이에 그 공유물을 분할하기로 약정하고 그 때부터 각자의 소유로 분할된 부분을 특정하여 각자 점유·사용하여 온 경우에도 구분소유적 공유관계가 성립할 수 있지만, 공유자들 사이에서 특정부분을 각각의 공유자들에게 배타적으로 귀속시키려는 의사의 합치가 이루어지지 아니한 경우에는 이러한 관계가 성립할 여지가 없다(대법원 2009. 3. 26. 선고 2008다44313 판결).

원고와 피고가 1필지의 대지를 구분소유적으로 공유하고 피고가 자기 몫의 대지위에 건물을 신축하여 점유하던 중 위 대지의 피고지분만을 원고가 경락 취득한 경우 피고는 관습상의 법정지상권을 취득한다.

> **대법원 1990. 6. 26. 선고 89다카24094 판결**
> 원고와 피고가 1필지의 대지를 공동으로 매수하여 같은 평수로 사실상 분할한 다음 각자 자기의 돈으로 자기 몫의 대지 위에 건물을 신축하여 점유하여 왔다면 비록 위 대지가 등기부상으로는 원. 피고 사이의 공유로 되어 있다 하더라도 그 대지의 소유관계는 처음부터 구분소유적 공유관계에 있다 할 것이고, 따라서 피고 소유의 건물과 그 대지는 원고와의 내부관계에 있어서 피고의 단독소유로 되었다 할 것이므로 피고는 그후 이 사건 대지의 피고지분만을 경락 취득한 원고에 대하여 그 소유의 위 건물을 위한 관습상의 법정지상권을 취득하였다고 할 것이다(이 사건 대지에 관하여 이미 위 경락 전에 소외 갑 앞으로 소유권이전등기가 되어 있었다 하더라도 위 경락은 가압류에 의한 강제경매

에 의하여 이루어 졌고 위 갑 명의의 등기는 위 가압류 후에 이루어진 것이 분명하므로 위 경락에 의하여 말소될 운명에 있는 갑의 등기를 들어 피고의 소유권을 부정할 수 없으므로 경락 당시에 대지와 그 지상건물의 소유자가 동일인이 아니라고 할 수 없다).

(2) 구분소유적 공유관계에 있는 자가 자신의 특정소유가 아닌 부분에 건물을 신축한 경우(소극)

대법원 1994. 1. 28. 선고 93다49871 판결

갑과 을이 대지를 각자 특정하여 매수하여 배타적으로 점유하여 왔으나 분필이 되어 있지 아니한 탓으로 그 특정부분에 상응하는 지분소유권이전등기만을 경료하였다면 그 대지의 소유관계는 처음부터 구분소유적 공유관계에 있다 할 것이고, 또한 구분소유적 공유관계에 있어서는 통상적인 공유관계와는 달리 당사자 내부에 있어서는 각자가 특정매수한 부분은 각자의 단독 소유로 되었다 할 것이므로, 을은 위 대지 중 그가 매수하지 아니한 부분에 관하여는 갑에게 그 소유권을 주장할 수 없어 위 대지 중 을이 매수하지 아니한 부분지상에 있는 <u>을 소유의 건물부분은 당초부터 건물과 토지의 소유자가 서로 다른 경우에 해당되어 그에 관하여는 관습상의 법정지상권이 성립될 여지가 없다.</u>

(3) 구분소유적 공유관계에 있는 토지의 공유자들이 그 토지 위에 각자 독자적으로 별개의 건물을 소유하면서 그 토지 전체에 대하여 저당권을 설정하였다가 그 저당권의 실행으로 토지와 건물의 소유자가 다르게 된 경우, 법정지상권의 성립 여부(적극)

> **대법원 2004. 6. 11. 선고 2004다13533 판결**
> 구분소유적 공유관계에 있는 토지의 공유자들이 그 토지 위에 각자 독자적으로 별개의 건물을 소유하면서 그 토지 전체에 대하여 저당권을 설정하였다가 그 저당권의 실행으로 토지와 건물의 소유자가 달라지게 된 경우에도 마찬가지라 할 것이다.

(4) 구분소유적 공유관계가 경매에 의하여 제3자에게 승계되기 위한 요건

1필지의 토지의 위치와 면적을 특정하여 2인 이상이 구분소유하기로 하는 약정을 하고 그 구분소유자의 공유로 등기하는 이른바 구분소유적 공유관계에 있어서, 각 구분소유적 공유자가 자신의 권리를 타인에게 처분하는 경우 중에는 구분소유의 목적인 특정 부분을 처분하면서 등기부상의 공유지분을 그 특정 부분에 대한 표상으로서 이전하는 경우와 등기부의 기재대로 1필지 전체에 대한 진정한 공유지분으로서 처분하는 경우가 있을 수 있고, 이 중 전자의 경우에는 그 제3자에 대하여 구분소유적 공유관계가 승계되나, 후자의 경우에는 제3자가 그 부동산 전체에 대한 공유지분을 취득하고 구분소유적 공유관계는 소멸한다. 이는 경매에서도 마찬가지이므로, 전자에 해당하기 위하여는 집행법원이 공유지분이 아닌 특정 구분소유 목적물에 대한 평가를 하게 하고 그에 따라 최저경매가격을 정한 후 경매를 실시하여야 하며, 그러한 사정이 없는 경우에는 1필지에 관한 공유자의 지분에 대한 경매목적물은 원칙적으로 1필지 전체에 대한 공유지분이라고 봄이 상당하다. 구분소유적 공유관계에 있는 토지지분에 대한 강제경매절차에서 이를 매수한 사람이 1필지 전체에 대한 공유지분을 취득하였다고 주장하는 사안에서, <u>그 공유지분이 토지의 특정 부분에 대한 구분소유적 공유관계를 표상하는 것으로</u>

취급되어 감정평가와 최저경매가격 결정이 이루어지고 경매가 실시되었다는 점이 입증되지 않은 이상, 위 매수인은 1필지 전체에 대한 공유지분을 적법하게 취득하고 기존의 상호명의신탁관계는 소멸한다고 보아야 하며, 이는 매수인의 구분소유적 공유관계에 대한 인식 유무에 따라 달라지지 않는다(대법원 2008. 2. 15. 선고 2006다68810 판결).

구분소유적 공유관계가 승계되지 않으면 다른 지분 토지소유자의 권리를 침해하는 것이므로 법정지상권도 성립하지 않는다.

제4절

법정지상권의 등기, 이전

01 법정지상권의 등기

법정지상권은 법률에 의한 물권변동이므로 등기 없이 취득한다. 다만 등기하지 아니하면 처분할 수 없다(민법 제187조 단서).

관습상의 법정지상권은 법률행위로 인한 물권의 취득이 아니고 관습법에 의한 부동산물권의 취득이므로 등기를 필요로 하지 아니하고, 이 관습상의 법정지상권은 물권으로서의 효력에 의하여 이를 취득할 당시의 토지소유자나 이로부터 소유권을 전득한 제3자에게 대하여도 등기없이 위 지상권을 주장할 수 있다(대법원 1988. 9. 27. 선고 87다카279 판결).

02 법정지상권 이전 문제

가. 법정지상권을 취득한 자로부터 경매에 의하여 건물의 소유권을 이전 받은 경락인이 그 법정지상권을 취득하는지 여부(적극)

건물소유를 위하여 법정지상권을 취득한 자로부터 경매에 의하여 그 건물의 소유권을 이전받은 경락인은 경락 후 건물을 철거한다는 등의 매각조건 하에서 경매되는 경우 등 특별한 사정이 없는 한 건물의 경락취득과 함께 위 지상권도 당연히 취득한다(대법원 1985. 2. 26. 선고 84다카1578 판결).

토지	건물
– 갑은 1978. 7.경 이 사건 대지 및 건물을 매수하여 건물에 대하여는 같은 해 8. 1 그 명의의 소유권이전등기를 마쳤으나, 대지는 당시 미등기로서 체비지였던 까닭에 토지구획정리가 완료된 후인 1981. 11. 6. 그 명의로 소유권이전 – 1981. 11. 12. 원고에게 이전	– 1978. 8. 1. 건물이전등기 : 갑 – 1978. 11. 22. 제일은행 건물근저당 – 건물근저당실행으로 1982. 12. 23. 피고 낙찰

갑은 1981. 11. 12. 이사건 대지를 원고에게 양도함으로써 위 대지에 관하여 위 건물을 위한 관습상 법정지상권을 취득하였고, 한편 피고는 1982. 12. 23. 이 사건 건물의 경락취득과 함께 위 관습상법정지상권을 전득하게 되었다 할 것이므로, 피고가 이 사건 대지에 대하여 법정지상권을 취득하였다.

저당권의 효력이 저당부동산에 부합된 물건과 종물에 미친다는 민법 제358조 본문을 유추하여 보면 건물에 대한 저당권의 효력은 그 건물에 종된 권리인 건물의 소유를 목적으로 하는 지상권에도 미치게 되므로, 건물에 대한 저당권이 실행되어 경락인이 그 건물의 소유권을 취득하였다면 경락 후 건물을 철거한다는 등의 매각조건에서 경매되었다는 등 특별한 사정이 없는 한, 경락인은 건물 소유를 위한 지상권도 민법 제187조의 규정에 따라 등기

없이 당연히 취득하게 되고, 한편 이 경우에 경락인이 건물을 제3자에게 양도한 때에는, 특별한 사정이 없는 한 민법 제100조 제2항의 유추적용에 의하여 건물과 함께 종된 권리인 지상권도 양도하기로 한 것으로 봄이 상당하다 (대법원 1996. 4. 26. 선고 95다52864 판결).

이러한 법리는 압류, 가압류나 체납처분압류 등 처분제한의 등기가 된 건물에 관하여 그에 저촉되는 소유권이전등기를 마친 사람이 건물의 소유자로서 관습상의 법정지상권을 취득한 후 경매 또는 공매절차에서 건물이 매각되는 경우에도 마찬가지로 적용된다(대법원 2014. 9. 5. 선고 2011다13463 판결).

토지	건물
– 화성시 (주소 생략)대 804㎡와 그 지상의 이 사건 건물은 모두 소외 1의 소유 – 토지에 대해 선행처분금지가처분, 이 사건 건물에 관한 과세관청의 선행 압류등기 – 1998. 3. 5. 위 토지에 관하여, 1998. 4. 2. 위 건물에 관하여 각 소외 2명의의 소유권이전등기가 경료	
– 선행처분금지가처분등기에 반하여 이루어진 소외 2명의의 위 소유권이전등기가 2002. 1. 28. 말소되고, 그 가처분권자의 대위에 의한 소외 3명의의 소유권이전등기가 경료(이 때 건물소유자와 분리)	
	과세관청의 선행 압류등기에 기한 공매절차가 개시되어 그 절차에서 피고가 이를 매수하여 2007. 11. 8. 소외 2명의의 이 사건 건물에 관한 소유권이전등기가 말소된 사실

이 사건에서 소외 2는 소외 1로부터 위 토지의 소유권과 이 사건 건물의 소유권을 차례로 이전받았다가, 이후 선행 처분금지가처분에 기한 본등기가 경료 되어 위 토지에 관한 소외 2의 소유권이전등기가 말소됨으로써 소외 2는 토지에 관한 소유권취득을 가처분권자에게 대항할 수 없게 되었고, 이와 같은 경우 적어도 관습상 법정지상권 성립 여부와 관련하여서는 위 토지와 이 사건 건물은 모두 소외 1소유였다가 그중 이 사건 건물만 소외 2에게 소유권이 이전된 것과 마찬가지로 봄이 상당하므로, 결국 소외 2는 이 사건 건물에 관하여 소유권을 취득함으로써 관습상의 법정지상권을 취득하였다고 할 것이고, 그 후 위 건물에 관하여 진행된 공매절차에서 피고가 이 사건 건물에 관한 소유권을 취득함으로써 피고는 위 건물의 소유권과 함께 위 지상권도 취득하였다고 할 것이다.

나. 법정지상권이 성립된 건물이 양도된 경우(소극, 등기해야 이전, 그러나 지상권설정등기청구 가능하여, 인도청구에 대항 가능)

토지와 건물을 소유한 갑이 대지에 관하여 저당권을 설정하고 그 저당권에 기한 경매절차에서 대지가 을에게 낙찰되었다. 그 후 갑이 건물을 병에게 처분하고 그 이전등기를 마친 경우 병은 대지소유자인 을에게 법정지상권을 주장할 수 없고, 법정지상권은 갑에게 유보되어 있다. 그러나 병은 건물을 양도한 경우에는 특별한 사정이 없는 한 건물과 함께 장차 취득하게 될 법정지상권도 함께 양도하기로 하였다고 보지 못할 바 아니므로 병(양수인)은 채권자대위의 법리에 따라 갑(양도인) 및 그로부터 이 사건 토지를 매수한 을(대지소유자)에 대하여 차례로 지상권설정등기 및 그 이전등기절차의 이행을 구할 수 있다(대법원 1991. 5. 28. 선고 91다6658 판결).

또한 법정지상권을 가진 건물소유자로부터 건물을 양수하면서 법정지상권까지 양도받기로 한 자는 채권자 대위의 법리에 따라 전 건물소유자 및 대지소유자에 대하여 차례로 지상권의 설정등기 및 이전등기절차 이행을 구할 수 있다 할 것이므로 <u>이러한 법정지상권을 취득할 지위에 있는 자에 대하여 대지소유자가 소유권에 기하여 건물철거를 구함은 지상권의 부담을 용인하고 그 설정등기 절차를 이행할 의무 있는 자가 그 권리자를 상대로 한 청구라 할 것이어서 신의성실의 원칙상 허용될 수 없다</u>(대법원 1985. 4. 9. 선고 84다카1131 전원합의체 판결[1]).

---

1 위의 견해에 저촉되는 당원 1982. 10. 12. 선고 80다2667 판결 등 종전의 견해는 이를 변경하기로 한다.

동일인 소유에 있던 대지와 그 지상건물 중 건물만을 양수한 사람은 다른 특별한 사정이 없는 한 대지소유자에 대하여 이른바 관습에 의한 법정지상권을 취득하고 그에 관한 등기가 없더라도 이를 주장할 수 있으나, <u>그 건물의 전득자는 지상권에 관한 등기가 되어 있지 않는 한 이를 주장할 수 없다</u>(대법원 1970. 7. 24. 선고 70다729 판결). 관습상 법정지상권이 붙은 건물의 소유자가 건물을 제3자에게 처분한 경우에는 법정지상권에 관한 등기를 경료하지 아니한 자로서는 건물의 소유권을 취득한 사실만 가지고는 법정지상권을 취득하였다고 할 수 없어 대지소유자에게 지상권을 주장할 수 없고 그 법정지상권은 여전히 당초의 법정지상권자에게 유보되어 있다고 보아야 한다(대법원 1995. 4. 11. 선고 94다39925 판결).

다. 미등기건물 이전 문제

(1) 상속(적극)

홍길동 소유의 미등기건물과 부지를 갑이 단독 상속받았다. 토지에 설정된 저당권에 의해 병이 토지를 낙찰 받으면 건물주 갑은 법정지상권을 취득한다. 민법 제187조에 의해 상속에 의한 물권의 취득은 등기를 요하지 아니하기 때문이다.

(2) 매매(소극)

상속이 아니고 미등기건물을 <u>양수</u>하면 달라진다. 법정지상권은 성립하지 않는다. 매매는 등기를 하여야 하므로, 홍길동 소유의 미등기건물과 토지를 갑이 매수를 하고, 토지에 설정된 저당권으로 병이 낙찰을 받으면 갑은 법정지상권을 취득하지 못한다. 미등기건물의 소유자는 여전히 홍길동이기 때문이다.

> **대법원 1989. 2. 14. 선고 88다카2592 판결**
>
> **판시사항**
>
> 대지소유자가 그 지상의 미등기건물에 대하여 처분권은 있으나 소유권은 없는 경우 그 대지가 경매로 인하여 타인의 소유에 속하게 된 때 법정지상권이 발생하는지 여부
>
> **판결요지**
>
> 갑의 소유인 대지와 그 지상에 신축된 미등기건물을 을이 함께 양수한 후 건물에 대하여는 미등기상태로 두고 있다가 이중 대지에 대하여 강제경매가 실시된 결과 병이 이를 경락받아 그 소유권을 취득한 경우에는 을은 미등기인 건물을 처분할 수 있는 권리는 있을지언정 소유권은 가지고 있지 아니하므로 대지와 건물이 동일인의 소유에 속한 것이라고 볼 수 없어 법정지상권이 발생할 여지가 없다.

제5절

법정지상권의 성립시기 및 존속기간

01 법정지상권의 성립시기

민사집행법 제135조는 낙찰대금을 완납과 동시에 경매에 의한 소유권을 취득한다. 그리고 국세징수법 제77조는 매수인은 매수대금을 납부한 때에 매각재산을 취득한다.

따라서 법정지상권은 대금 완납과 동시에 발생하고, 이 날이 지료 청구기준일이 된다. 법정지상권은 법률의 규정에 의해 당연히 취득하는 것으로 등기를 요하지 않는다(민법 제187조).

관습법상 법정지상권은 토지와 건물의 소유자가 매매 등으로 달라질 때이다.

02 법정지상권의 존속기간

가. 존속기간을 정한 경우

계약으로 지상권의 존속기간을 정하는 경우에는 계약기간이 될 것이나, 그 최단기간은 다음과 같다.

> **민법**
>
> **제280조(존속기간을 약정한 지상권)** ①계약으로 지상권의 존속기간을 정하는 경우에는 그 기간은 다음 연한보다 단축하지 못한다.
>
> 1. 석조, 석회조, 연와조 또는 이와 유사한 견고한 건물이나 수목의 소유를 목적으로 하는 때에는 30년
>
> 2. 전호이외의 건물의 소유를 목적으로 하는 때에는 15년
>
> 3. 건물이외의 공작물의 소유를 목적으로 하는 때에는 5년
>
> ②전항의 기간보다 단축한 기간을 정한 때에는 전항의 기간까지 연장한다.
>
> **제281조(존속기간을 약정하지 아니한 지상권)** ①계약으로 지상권의 존속기간을 정하지 아니한 때에는 그 기간은 전조의 최단존속기간으로 한다.
>
> ②지상권설정당시에 공작물의 종류와 구조를 정하지 아니한 때에는 지상권은 전조 제2호의 건물의 소유를 목적으로 한 것으로 본다.

민법 제280조 제1항 제1호가 정하는 견고한 건물인지의 여부는 그 건물이 갖고 있는 물리적, 화학적 외력, 화재에 대한 저항력 및 건물해체의 난이도 등을 종합하여 판단하여야 한다(대법원 1997. 1. 21. 선고 96다40080 판결).

나. 존속기간을 정하지 않은 경우

계약으로 지상권의 존속기간을 정하지 아니한 때에는 그 기간은 최단존속기간으로 한다.

다. 법정지상권의 존속기간 종료

법정지상권의 존속기간 경과 시 법정지상권자는 계약갱신청구권이 있다. 지상권설정자가 계약의 갱신을 원하지 아니하는 때에는 지상권자는 지상물매수청구권을 행사할 수 있다.

> **제283조(지상권자의 갱신청구권, 매수청구권)** ①지상권이 소멸한 경우에 건물 기타 공작물이나 수목이 현존한 때에는 지상권자는 계약의 갱신을 청구할 수 있다.
> ②지상권설정자가 계약의 갱신을 원하지 아니하는 때에는 지상권자는 상당한 가액으로 전항의 공작물이나 수목의 매수를 청구할 수 있다.
> **제284조(갱신과 존속기간)** 당사자가 계약을 갱신하는 경우에는 지상권의 존속기간은 갱신한 날로부터 제280조의 최단존속기간보다 단축하지 못한다. 그러나 당사자는 이보다 장기의 기간을 정할 수 있다.

민법 제283조 제2항 소정의 지상물매수청구권은 지상권이 존속기간의 만료로 인하여 소멸하는 때에 지상권자에게 갱신청구권이 있어 그 갱신청구를 하였으나 지상권설정자가 계약갱신을 원하지 아니할 경우 행사할 수 있는 권리이므로, 지상권자의 지료연체를 이유로 토지소유자가 그 지상권소멸청구를 하여 이에 터 잡아 지상권이 소멸된 경우에는 매수청구권이 인정되지 않는다(대법원 1993. 6. 29. 선고 93다10781 판결).

제6절

법정지상권이 인정되는 범위

01 일반적인 지상권 범위

　법정지상권자의 토지사용권의 범위는 건물의 대지에 한정되지 않고 건물의 유지와 사용에 필요한 범위 내에서 건물의 대지 이외의 주변토지까지 영향을 미친다.

　법정지상권자는 토지를 사용할 권리를 가지는 결과 소유물반환청구권, 소유물방해제거청구권, 민법의 상린관계 규정(민법 제216조 내지 제244조)은 지상권자와 지상권자 사이, 지상권자와 인접 토지 소유자와의 사이에 준용된다(민법 제290조 제1항).

02 판정기준

법정지상권은 특별한 사정이 없는 한, 그 건물의 구조와 평수, 그 건물의 본래의 사용목적 그 건물이 서있는 곳의 객관적인 여러가지의 사정들을 종합하여 그 건물을 사용하는데 일반적으로 필요한 범위라고 인정할 수 있는 범위내의 대지에 대하여서만 인정된다(대법원 1966. 12. 20. 선고 66다1844 판결).

대법원은 "저당권 설정 당시 건물이 존재한 이상 그 이후 건물을 개축, 증축하는 경우는 물론이고 건물이 멸실되거나 철거된 후 재축, 신축하는 경우에도 법정지상권이 성립한다 할 것이고, 이 경우 법정지상권의 내용인 존속기간, 범위 등은 구 건물을 기준으로 하여 그 이용에 일반적으로 필요한 범위 내로 제한된다(대법원 1991. 4. 26. 선고 90다19985판결 등 참조). 다만, 동일인의 소유에 속하는 토지 및 그 지상건물에 관하여 공동저당권이 설정된 후 그 지상 건물이 철거되고 새로 건물이 신축되어 두건물 사이의 동일성이 부정되는 결과 공동저당권자가 신축건물의 교환가치를 취득할 수 없게 되었다면, 공동저당권자의 불측의 손해를 방지하기 위하여, 특별한 사정이 없는 한 저당물의 경매로 인하여 토지와 그 신축건물이 다른 소유자에 속하게 되더라도 그 신축건물을 위한 법정지상권은 성립하지 않는다고 볼 것이다(대법원2003. 12. 18. 선고 98다43601 전원합의체 판결 참조). 동일인 소유 토지와 그 지상 건물에 공동근저당권이 설정된 후 그 건물이 다른 건물과 합동(合棟)되어 신건물이 생겼고 그 후 경매로 토지와 신건물이 다른 소유자에게 속하게 됨에 따라 신건물을 위한 법정지상권이 성립한 사안에서, 그 법정지상권의 내용인 존속기간과 범위 등은 종전 건물을 기준으로 하여 그 이용에 일반적으로 필요한 범위 내로 제한된다."라고 판시하고 있다(대법원 2010. 1. 14. 선고 2009다66150 판결).

민법 제366조 소정의 법정지상권이나 관습상의 법정지상권이 성립한 후에 건물을 개축 또는 증축하는 경우는 물론 건물이 멸실되거나 철거된 후에 신축하는 경우에도 법정지상권은 성립하나, 다만 그 법정지상권의 범위는 <u>구 건물을 기준</u>으로 하여 그 유지 또는 사용을 위하여 일반적으로 필요한 범위 내의 대지 부분에 한정된다(대법원 1997. 1. 21. 선고 96다40080 판결).

관습법상의 법정지상권이 성립된 토지에 대하여는 법정지상권자가 건물의 유지 및 사용에 필요한 범위를 벗어나지 않은 한 그 토지를 자유로이 사용할 수 있는 것이므로, 지상건물이 법정지상권이 성립한 이후에 증축되었다 하더라도 그 건물이 관습법상의 법정지상권이 성립하여 법정지상권자에게 점유·사용할 권한이 있는 토지 위에 있는 이상 이를 철거할 의무는 없다(대법원 1995. 7. 28. 선고 95다9075 판결).

제7절

지료 및 법정지상권 소멸

01 지료를 정하는 소송의 성격

지료는 협의로 결정하나, 협의가 안 되면 당사자의 청구로 법원이 정한다(민법 제366조단서). 지료에 관하여 협의가 이루어진 경우 그 약정은 <u>등기하여야 제3자에 대하여 대항할 수 있다</u>(대법원 1996. 4. 26. 선고 95다52864 판결).

법원에 대하여 법정지상권의 지료를 정하여 달라고 하는 지료 결정 청구의 소는 그 <u>성질상 형식적 형성소송이다</u>. 따라서 일단 법정지상권이 성립한 것이 인정되면, 법원은 그 지료의 액수를 정하여 달라는 취지의 청구를 기각할 수는 없고, 반드시 그 지료의 액수를 결정하여야 하되, 권리자가 청구하는 금액이나 채무자가 인정하는 금액과 관계없이 지료를 결정할 수 있다.

그러나 판례는 지료결정소송이전에 토지소유자가 법원에서 상당한 지료를 결정할 것을 전제로 하여 바로 그 급부를 청구할 수 있다고 함으로써, 지료관계소송은 반드시 형성의 소에 의할 필요가 없고 직접 이행의 소인 지료지급청구의 형태로 소구하여도 상관없다는 태도를 취하고 있다. 관습에 의한 법정지상권의 경우에도 마찬가지이다[1](대법원 1964. 9. 30. 선고 64다528 판결, 대법원 1996. 2. 13. 선고 95누11023 판결 등 참조).

지료 결정 청구와 당해 지료의 지급을 구하는 급부청구로서의 금전지급청구를 병합하여 제기할 수 있는데, 대법원은 법정지상권이 발생하였을 경우에 토지의 소유자가 지료를 청구함에 있어서 지료를 결정하는 재판이 있기 전에는 지료의 지급을 청구할 수 없는 것은 아니고 법원에서 상당한 지료를 결정할 것을 전제로 바로 그 급부를 구하는 청구를 할 수 있다고 할 것이며, 법원은 이 때 판결의 이유에서 지료를 얼마로 정한다는 판단을 하면 족하고 당사자가 급부판결만 구하여 왔음에도 불구하고 주문에 지료를 얼마로 정한다는 재판까지 할 필요는 없다고 하였다(대법원 1964. 9. 30. 선고 64다528 판결). 이와 같은 토지 소유자와 관습에 의한 지상권자 사이의 <u>지료급부이행소송의 판결의 이유에서 정해진 지료에 관한 결정은 그 소송의 당사자인 토지 소유자와 관습에 의한 지상권자 사이에서는 지료결정으로서의 효력이 있다</u>(대법원 2003. 12. 26. 선고 2002다61934 판결).

---

1 차이점은 지료결정판결에 의하면 형성판결이므로 제3자에게도 효력이 있고, 지료급부판결로서 이유에서 지료가 결정되면 당사자간에만 효력이 있다는 것이다.

02 지료결정청구권자

권리자는 당연히 청구할 수 있는 것이고, 민법 제366조 단서는 "당사자의 청구에 의하여 법원이 결정한다."라고 규정하고 있으므로, 의무자도 청구할 수 있다.

03 지료 산정의 기준

가. 나대지 상태

지료청구의 산정기준은 나대지 상태에서 판단하게 된다. 법정지상권자가 지급할 지료를 정함에 있어서 법정지상권 설정 당시의 제반 사정을 참작하여야 하나, 법정지상권이 설정된 건물이 건립되어 있음으로 인하여 토지의 소유권이 제한을 받는 사정은 참작·평가하여서는 안 된다(대법원 1995. 9. 15. 선고 94다61144 판결).

감정평가실무기준은 다음과 같다.

> **감정평가 실무기준**
> [시행 2016.12.14.] [국토교통부고시 제2016-895호, 2016.12.14., 일부개정]
> 3.2.2 적산법
> 3.2.2.3 기대이율
> ① 기대이율이란 기초가액에 대하여 기대되는 임대수익의 비율을 말한다.

> ② 기대이율은 시장추출법, 요소구성법, 투자결합법, CAPM을 활용한 방법, 그 밖의 대체경쟁 자산의 수익률 등을 고려한 방법 등으로 산정한다.
> ③ 기초가액을 시장가치로 감정평가한 경우에는 해당 지역 및 대상물건의 특성을 반영하는 이율로 정하되, 한국감정평가사협회에서 발표한 '기대이율 적용기준율표', 「국유재산법 시행령」,「공유재산 및 물품관리법 시행령」에 따른 국공유재산의 사용료율(대부료율) 등을 참고하여 실현가능한 율로 정할 수 있다.

나. 지연이자

지료결정 청구소송을 제기하면서 그 지연이자를 15%로 청구한 사안에서, 법원은 먼저 지료결정이 있은 후에 연체여부가 결정되는데, 법원에 의해 지료결정이 된 후에 장래에 법정지상권자가 연체할 지 여부가 불투명하므로 지연이자는 5%만 인정하였다(서울북부지방법원 2017. 11. 10. 선고 2016가단33346 판결).

다. 지료증감청구

지료가 토지에 관한 조세 기타 부담의 증감이나 지가의 변동으로 인하여 상당하지 아니하게 된 때에는 당사자는 그 증감을 청구할 수 있다(민법 제286조).

지료증감청구권에 관한 민법 제286조의 규정에 비추어 볼 때, 특정 기간에 대한 지료가 법원에 의하여 결정되었다면 당해 당사자 사이에서는 그 후 위 민법규정에 의한 지료증감의 효과가 새로 발생하는 등의 특별한 사정이 없는 한 그 후의 기간에 대한 지료 역시 종전 기간에 대한 지료와 같은 액수로

결정된 것이라고 보아야 한다(대법원 2003. 12. 26. 선고 2002다61934 판결).

그러나 민사소송법 제252조는 "정기금(定期金)의 지급을 명한 판결이 확정된 뒤에 그 액수산정의 기초가 된 사정이 현저하게 바뀜으로써 당사자 사이의 형평을 크게 침해할 특별한 사정이 생긴 때에는 그 판결의 당사자는 장차 지급할 정기금 액수를 바꾸어 달라는 소를 제기할 수 있다."라고 규정하고 있으므로, 특별한 사정변화가 생기면 지료증감을 청구할 수 있다.

04 지급의무자

가. 건물소유자

지료는 건물소유자에게 청구한다. 소유자가 여러 명인 경우 불가분채무이다. 여러 사람이 공동으로 법률상 원인 없이 타인의 재산을 사용한 경우의 부당이득 반환채무는 특별한 사정이 없는 한 불가분적 이득의 반환으로서 불가분채무이고, 불가분채무는 각 채무자가 채무 전부를 이행할 의무가 있으며, 1인의 채무이행으로 다른 채무자도 그 의무를 면하게 된다(대법원 2001. 12. 11. 선고 2000다13948 판결).

나. 건물이전등기는 경료 하였으나, 지상권 미등기

법정지상권자로부터 건물의 소유권만을 이전받았을 뿐 아직 지상권에 관한 등기를 마치지 아니한 자에게 지료청구를 할 수 있는지가 문제된다. 토지와 그 지상건물의 소유자가 다르게 될 때에 건물소유자에게 발생하는 법정지상권은 법률에 의한 물권의 취득이므로 건물소유자는 등기 없이도 법정지상권을 누구에게나 주장할 수 있으나, 법정지상권의 처분은 법률행위에 의한 물권변동으로서 등기를 갖추어야만 그 효력이 발생하는 것이므로 법정지상권을 가진 전 건물소유자로부터 건물을 양수한 자는 법정지상권의 이전등기를 하지 않는 한 법정지상권을 취득할 수 없다. 다시 말하면 법정지상권은 건물의 존립을 위하여 토지를 이용하는 권리이긴 하나 건물의 소유권과는 독립한 별개의 물권이며 건물소유권에 부종하여 건물소유권의 이전에 따라 같이 이전되는 것이 아니므로 건물소유권이 이전되었다고 하여도 법정지상권에 관하여 별도로 공시방법을 갖춘 유효한 처분행위가 없는 한 그 권리는 당초의 건물소유자에게 남아 있는 것이다. 따라서 법정지상권의 설정 및 이전등기가 없는 이상 건물양수인이 법정지상권을 아직 승계취득하지 못하여 토지소유자에게 이를 주장할 수 없는 것이 원칙이다. 그러나 법정지상권자가 건물을 제3자에게 양도하는 경우에는 특별한 사정이 없는 한 건물과 함께 법정지상권도 양도하기로 하는 채권적 계약이 있었다고 할 것이며, 양수인이 양도인을 순차 대위하여 토지의 소유자 및 건물의 전 소유자에 대하여 법정지상권의 설정등기 및 이전등기절차의 이행을 청구할 수 있는 지위에 있음을 이유로 건물의 철거 및 인도 청구를 거부하였다면, 법정지상권에 관한 등기를 마치지 아니한 채 건물만을 양수한 제3자라도 관습법상 법정지상권의 성립을 이유로 지료를 청구할 수 있는 상대방에 해당한다고 보아야 한다(서울고등법원 2008. 1. 9. 선고 2007나31855 판결).

05 지료결정 시점

지료는 법정지상권이 성립하는 시점에 발생한다. 따라서 매각대금 납부 시이다.

지료가 토지에 관한 조세 기타 부담의 증감이나 지가의 변동으로 인하여 상당하지 아니하게 된 때에는 당사자는 그 증감을 청구할 수 있다(민법 제286조).

06 지료결정판결의 효력

지료 결정 판결도 형성판결이므로 지료 결정 판결의 효력에 대하여는 형성판결에 관한 이론이 그대로 적용된다. 형성판결은 그것이 형식적으로 확정되면 형성요건의 존재에 대한 기판력이 발생하는 동시에 법률관계를 발생, 변경, 소멸시키는 형성력이 생기며, 이 형성력은 제3자에 대하여 미친다.

즉, 법원에 의한 지료의 결정은 당사자의 지료결정청구에 의하여 형식적 형성소송인 지료결정판결로 이루어지면 제3자에게도 그 효력이 미치므로(대법원 2001. 3. 13. 선고 99다17142 판결), 변론이 종결된 뒤에 소송물인 권리관계에 대한 지위를 당사자로부터 승계한 제3자는 전 소유자의 상대방 당사자와의 사이에서 당사자 간에 내린 판결의 기판력을 받는다.

대법원 2001. 3. 13. 선고 99다17142 판결

원심판결 이유에 의하면, 원심은 이 사건 대지에 관한 1년분의 지료는 소외 주식회사 민국상호신용금고(이하 '민국금고'라고 한다)와 피고 이×웅, 박0년 사이의 서울지방법원 95가합66264 사건의 판결에서 1995. 4. 10.부터 1996. 3. 13.까지는 금 27,695,710원, 1996. 3. 14. 이후는 연 금 26,655,270원으로 결정되었다고 할 것이고, 민국금고가 위 판결 확정 후 이 사건 대지를 원고들에게 매도하는 한편, 그 매도에 따른 원고들의 소유권취득일 이전에 이미 발생한 민국금고의 피고 박0년에 대한 지료청구채권도 원고들에게 양도하고 그 통지까지 마쳤으므로, 위 피고는 이 사건 대지에 관한 지상권을 취득한 1995. 4. 19.부터 위 지료를 원고들에게 지급할 의무가 있다고 할 것인데, 위 피고가 원고들에게 위 지료를 전혀 지급한 바가 없다는 점은 자인하고 있고, 위 지상권 성립일로부터 2년 이상의 지료를 지급하지 아니하였음을 이유로 하는 원고들의 지상권소멸청구의 의사표시가 담긴 이 사건 1997. 12. 29.자 준비서면이 위 피고에게 1998. 1. 17. 도달하였음이 기록상 명백하므로, 위 피고의 이 사건 대지에 관한 지상권은 1998. 1. 17.경 소멸하였다고 판단하고 있다.

그러나 기록에 의하면, 위 판결은 그 주문에서 피고 이×웅, 박0년에 대하여 민국금고에게 금 29,742,710원을 지급할 것을 명하면서 그 이유에서 1995. 4. 20.부터 1996. 5. 19.까지의 기간 동안의 지료를 산정하기 위한 선결 문제로 1995. 4. 10.부터 1996. 3. 13.까지는 연 금 27,695,710원, 1996. 3. 14. 이후는 연 금 26,655,270원으로 지료를 결정한 사실이 인정되므로, 앞에서 본 법리에 비추어 볼 때, 위 판결 이유에서 정한 지료에 관한 결정은 원고들과 피고 박학년 사이에는 그 효력이 없다고 할 것이어서, 법원에 의하여 제3자에게도 효력이 미치는 지료가 결정되었다고 할 수도 없 달리 원·피고 사이에 지료에 관한 협의가 있었다는 주장·입증이 없으므로, 원고들은 위 박학년의 지료연체를 이유로 지상권소멸청구를 할 수 없다고 할 것이다.[2]

---

2 즉 지료결정판결이 아니라 지료급부판결에서 지료를 이유에서 정한 것이므로, 이 지료는 당사자간에만

지료액 또는 그 지급시기 등 지료에 관한 약정은 이를 등기하여야만 제3자에게 대항할 수 있으므로, 지료의 등기를 하지 않은 이상 토지 소유자는 <u>구 지상권자의 지료연체 사실을 들어 지상권을 이전받은 자에게 대항하지 못한다</u>(대법원 1996. 4. 26. 선고 95다52864 판결).

지료증감청구권에 관한 민법 제286조의 규정에 비추어 볼 때, 특정 기간에 대한 지료가 법원에 의하여 결정되었다면 당해 당사자 사이에서는 그 후 위 민법규정에 의한 지료증감의 효과가 새로 발생하는 등의 특별한 사정이 없는 한 그 후의 기간에 대한 지료 역시 종전 기간에 대한 지료와 같은 액수로 결정된 것이라고 보아야 한다(대법원 2003. 12. 26. 선고 2002다61934 판결).

07 예비적 지료청구

매수인(낙찰자)은 법정지상권이 성립하지 않는 것으로 보고 건물소유자를 상대로 건물철거 및 부당이득을 청구하는 경우에라도, 예비적으로 법정지상권이 성립할 경우에 대비하여 지료결정도 청구해야 한다. 지료를 청구하지 않고 부당이득금을 만을 청구하였을 때는 청구가 기각될 수도 있다.

효력이 있고, 제3자인 매수인에게는 효력이 없는 것이다.

> **부산고등법원 2007. 2. 9. 선고 2006나6157**
>
> 피고는 이 사건 건물에 관한 법정지상권에 기하여 이 사건 토지를 점유사용하고 있다고 할 것이므로, 이와 다른 전제에 서서 위 법정지상권이 존재하지 않는다는 이유로 이 사건 건물의 철거와 부당이득의 반환을 구하는 원고의 이 사건 청구는 받아들일 수 없다{피고가 원고에게 위 법정지상권에 따른 지료를 지급할 의무는 있다고 하더라도 원고의 위 부당이득반환청구를 지료청구로 선해하여 판단할 수 없으므로(대법원 2004. 5. 14. 선고 2004다13410 판결 참조) 부당이득반환청구 부분도 역시 받아들일 수 없다}.

08 지료 연체 시 소멸청구

가. 2년 이상 연체

지상권자가 2년 이상의 지료를 지급하지 아니한 때에는 지상권설정자는 지상권의 소멸을 청구할 수 있다(민법 제287조).

법정지상권의 경우 당사자 사이에 지료에 관한 협의가 있었다거나 법원에 의하여 지료가 결정되었다는 아무런 입증이 없다면, 법정지상권자가 지료를 지급하지 않았다고 하더라도 지료 지급을 지체한 것으로는 볼 수 없으므로 법정지상권자가 2년 이상의 지료를 지급하지 아니하였음을 이유로 하는 토지소유자의 지상권소멸청구는 이유가 없다(대법원 2001. 3. 13. 선고 99다17142 판결).

관습상의 법정지상권에 대하여는 다른 특별한 사정이 없는 한 민법의 지상권에 관한 규정을 준용하여야 할 것이므로 지상권자가 2년분 이상의 지료를 지급하지 아니하였다면 관습상의 법정지상권도 민법 제287조에 따른 지상권소멸청구의 의사표시에 의하여 소멸한다.

나. 토지 또는 건물의 이전과 소멸청구

(1) 건물소유권이 이전되면 지료연체 효과 승계 여부

지료액 또는 그 지급시기 등 지료에 관한 약정은 이를 등기하여야만 제3자에게 대항할 수 있으므로, 지료의 등기를 하지 않은 이상 토지 소유자는 구 지상권자의 지료연체 사실을 들어 지상권을 이전받은 자에게 대항하지 못한다(대법원 1996. 4. 26. 선고 95다52864 판결). 만일 당사자간 약정이 아니라 지료결정 판결로 지료가 결정되었다면 형성판결의 효력에 의해 지상권을 이전받은 자에게 대항이 가능할 것이다.

저당권의 효력이 저당부동산에 부합된 물건과 종물에 미친다는 민법 제358조 본문을 유추하여 보면 건물에 대한 저당권의 효력은 그 건물에 종된 권리인 건물의 소유를 목적으로 하는 지상권에도 미치게 되므로, 건물에 대한 저당권이 실행되어 경락인이 그 건물의 소유권을 취득하였다면 경락 후 건물을 철거한다는 등의 매각조건에서 경매되었다는 등 특별한 사정이 없는 한, 경락인은 건물 소유를 위한 지상권도 민법 제187조의 규정에 따라 등기 없이 당연히 취득하게 되고, 한편 이 경우에 경락인이 건물을 제3자에게 양도한 때에는, 특별한 사정이 없는 한 민법 제100조 제2항의 유추적용에 의하여 건물과 함께 종된 권리인 지상권도 양도하기로 한 것으로 봄이 상당하다 (대법원 1996. 4. 26. 선고 95다52864 판결).

지료확정소송은 장기간 소요될 수도 있으므로, 만일 그 변론종결 전에 건물을 제3자에게 이전하면, 토지소유자는 제3자를 상대로 인수참가를 시키거나 새로이 지료확정소송을 제기할 수밖에 없다.

위와 같은 상황을 막기 위해 지료확정소송을 하는 도중에 1년 6개월 정도가 경과하고 있다면 토지소유자로서는 장래의 지상권소멸청구권행사에 기한 건물철거청구권으로 건물처분금지가처분을 제기할 것을 검토하여야 한다.[3]

(2) 토지소유권 이전

민법 제287조가 토지소유자에게 지상권소멸청구권을 부여하고 있는 이유는 지상권은 성질상 그 존속기간 동안은 당연히 존속하는 것을 원칙으로 하는 것이나, 지상권자가 2년 이상의 지료를 연체하는 때에는 토지소유자로 하여금 지상권의 소멸을 청구할 수 있도록 함으로써 토지소유자의 이익을 보호하려는 취지에서 나온 것이라고 할 것이므로, 지상권자가 그 권리의 목적이 된 토지의 특정한 소유자에 대하여 2년분 이상의 지료를 지불하지 아니한

---

[3] 건물주는 보통 2년 이상 지료를 안내면 낙찰자에게 법정지상권에 대한 소멸청구권이 생기는 것을 잘 모르고 있다가 소송이 끝나고 나서 토지소유자가 소멸청구를 하면 그때 알게 된다. 그런데 미리 토지인도청구권으로 건물처분금지가처분을 하면 건물주가 소멸청구권을 알고 대비를 하는 부작용은 있으므로, 상황에 맞게 선택을 하여야 할 것이다.

경우에 그 특정의 소유자는 선택에 따라 지상권의 소멸을 청구할 수 있으나, 지상권자의 지료 지급 연체가 토지소유권의 양도 전후에 걸쳐 이루어진 경우 토지양수인에 대한 연체기간이 2년이 되지 않는다면 양수인은 지상권소멸청구를 할 수 없다(대법원 2001. 3. 13. 선고 99다17142 판결).

결론적으로 토지소유권이 이전된 경우 새로운 토지소유자가 이전 소유자의 지료결정의 효력을 승계받으려면 지료를 등기하거나 형식적 형성소송인 지료결정판결을 받아야 할 것이다(이때 지료지급청구도 병행하여 두는 것이 집행에 유리하다).

다. 판결에 의한 지료결정

법정지상권이 성립되고 지료액수가 판결에 의하여 정해진 경우 지상권자가 판결확정 후 지료의 청구를 받고도 책임 있는 사유로 상당한 기간 동안(4개월 정도) 지료의 지급을 지체한 때에는 지체된 지료가 판결확정의 전후에 걸쳐 2년분 이상일 경우에도 토지소유자는 민법 제287조에 의하여 지상권의 소멸을 청구할 수 있다(대법원 1993. 3. 12. 선고 92다44749 판결[4]).

---

4 1991. 6. 27. 서울지방법원 의정부지원 90가합4232호로 원고에게 위 법정지상권성립후인 1987. 5. 19.이후의 지료를 지급하라는 판결을 받아 그 판결이 1991. 7. 26. 확정된 사실, 그 후 원고는 여러 차례 같은 피고에게 구두로 위 지료의 지급을 청구하였으나 같은 피고가 이를 지급하지 아니하자, 같은 해 9. 11. 같은 피고에게 위 판결에 의하여 확정된 지료의 지급을 청구하면서 2년이상의 지료의 미지급을 이유로 위 법정지상권소멸청구의 의사표시를 한다는 서면통고를 하여 같은 피고가 그 다음날 이를 수령하고서도 이를 지급하지 아니하므로 원고는 이사건 소로써 위 법정지상권의 소멸을 청구하였고 그 소장은 같은 해 11. 7. 같은 피고에게 송달된 사실, 같은 피고는 위 판결확정일로부터 약 4개월이 지난 같은 해 11.28.에 이르러서야 위 판결에서 명한 지료 상당의 금원을 원고에게 지급한 사실을 각 인정한 다음, 지료액수가 재판상 확정된 경우에 재판확정과 동시에 연체된 지료의 전액을 지급하지 아니하면 바로 토지소유자의

라. 지료연체 기준인 2년의 의미

계속하여 2년분 지료가 연체된 것이 아니라 통틀어서 2년분의 지료가 연체된 것을 말한다.

지상권설정자가 지상권의 소멸을 청구하지 않고 있는 동안 지상권자로부터 연체된 지료의 일부를 지급받고 이를 이의 없이 수령하여 연체된 지료가 2년 미만으로 된 경우에는 지상권설정자는 종전에 지상권자가 2년분의 지료를 연체하였다는 사유를 들어 지상권자에게 지상권의 소멸을 청구할 수 없으며, 이러한 법리는 토지소유자와 법정지상권자 사이에서도 마찬가지이다(대법원 2014. 8. 28. 선고 2012다102384 판결).

09 법정지상권 소멸

가. 일반적 소멸사유

목적물의 멸실, 존속기간의 만료, 혼동, 수용으로 소멸한다.

존속기간만료로 소멸하면 건물 기타 공작물이나 수목이 현존한 때에는 지

소멸청구권의 행사로 법정지상권이 소멸한다는 결과는 부당하므로 신의칙상 상당기간 동안은 소멸청구권의 행사가 유예되어야 한다 할 것이나, 같은 피고가 원고의 지료청구에 따른 판결확정일로부터 약1개월 반 이상이 지난 1991. 9. 12. 원고로부터 위 지료의 지급을 다시 청구받고도 다시 약2개월에 걸쳐 지료를 지급하지 아니하던 중 원고의 위 지상권소멸청구의 의사표시가 기재된 이사건 소장이 같은 피고에게 송달된 위 1991. 11. 7.에는 신의칙상 판결확정일부터 지료지체책임이 유예되는 상당한 기간이 이미 경과하여 위 의사표시로써 그 지상권소멸청구의 효력이 발생하였다고 판단하였다.

상권자는 계약의 갱신을 청구할 수 있다. 지상권설정자가 계약의 갱신을 원하지 아니하는 때에는 지상권자는 상당한 가액으로 전항의 공작물이나 수목의 매수를 청구할 수 있다(민법 제283조). 단 2년분의 지료연체를 이유로 소멸청구를 하는 경우에는 민법 제283조는 적용되지 않는다.

나. 소멸청구

지상권자가 2년 이상의 지료를 지급하지 아니한 때에는 지상권설정자는 지상권의 소멸을 청구할 수 있다(민법 제287조).

나아가 토지에 영구적인 손해를 일으킬 경우에는 민법 제544조에 의해서 변경의 정지 및 원상회복을 청구하고 이에 응하지 않으면 소멸청구가 가능하다.

대구지방법원은 "동일한 소유에 속하던 대지와 구건물에 관하여 근저당권이 설정된 다음에 소유자가 구건물을 철거하고 신건물을 건축한 후 저당권의 실행으로 대지와 신건물의 소유자가 다르게 된 경우, 신건물소유자는 대지에 관하여 건물소유를 위한 법정지상권을 취득하나 그 존속기간이나 범위는 구건물을 기준으로하여 그 이용에 필요한 범위 내로 제한되는 것인데, 구건물은 목조초즙 단층건물로 견고하지 아니한 건물이었을 뿐만 아니라 건물 넓이도 20.36㎡ 로서 좁은 것이었음에 반하여, 신건물은 시멘트벽돌조 슬래브지붕으로서 견고한 건물이고 건물 넓이도 1층 38.3㎡, 2층 32.4㎡ 이므로, 구건물을 기준으로하여 신건물을 위한 법정지상권의 범위를 정할 때 신건물의 1층 건평만 해도 구건물의 것보다 거의 두배나 되고 또 구건물이 단층인데 비해 신건물은 2층도 있으므로 명백히 구건물을 위해 인정된 법정지상권의 용법을 크게 위반한 것이 되고, 이런 경우에 위 법정지상권을 그 원래의 용법에 따라 사용하는 방법은 결국 신건물 중 구건물을 초과하는 부분을 철거하는 도리밖에 없으므로, 신건물소유자가 신건물을 철거하고 원래의 용법에 따라 사용을 하지 아니한다면 대지소유자는 민법 제544조에 의하여 그 용법위반을 사유로 하여 위 법정지상권의 소멸을 청구할 수 있다."라고 판시하였다(대구지방법원 1991. 7. 24. 선고 90나5472 판결).

    대법원은 "관습상의 법정지상권은 그 지상권자인 서ㅁ순이 법원에 의하여 결정된 2년 이상의 지료를 지급하지 않았음을 이유로 한 이ㅇ임의 지상권소멸청구의 의사표시에 의하여 이미 소멸하였다"라고 판시하여, 소멸청구의사표시로 지상권은 소멸한다고 본다(대법원 2003. 12. 26. 선고 2002다61934 판결).

다. 포기

    동일인 소유의 토지와 그 토지상에 건립되어 있는 건물 중 어느 하나만이 타에 처분되어 토지와 건물의 소유자를 각 달리하게 된 경우에는 관습상의 법정지상권이 성립한다고 할 것이나, 건물 소유자가 토지 소유자와 사이에 건물의 소유를 목적으로 하는 토지 임대차계약을 체결한 경우에는 관습상의 법정지상권을 포기한 것으로 봄이 상당하다(대법원 1992. 10. 27. 선고 92다3984 판결).

⑩ 지상권 점유 취득시효의 인정 요건 및 그 판단 기준

타인의 토지에 관하여 공작물의 소유를 위한 지상권의 점유취득시효가 인정되려면 그 토지의 점유사실 외에도 그것이 <u>임대차나 사용대차관계에 기한 것이 아니라 지상권자로서의 점유에 해당함이 객관적으로 표시되어 계속되어야 하고</u>, 그 입증책임은 시효취득을 주장하는 자에게 있으며, 그와 같은 요건이 존재하는가의 여부는 개별사건에서 문제된 점유개시와 공작물의 설치경위, 대가관계, 공작물의 종류와 구조, 그 후의 당사자 간의 관계, 토지의 이용 상태 등을 종합하여 그 점유가 지상권자로서의 점유에 해당한다고 볼 만한 실질이 있는지의 여부에 의하여 판단하여야 한다(대법원 1993. 9. 28. 선고 92다50904 판결).

제8절

판단 방법 및 타 권리와의 경합

01 개설

  법정지상권 성립여부는 등기부등본(폐쇄등기부 포함), 토지대장, 건축물대장, 무허가건축물대장, 멸실건축물관리대장, 재산세부과대장, 건축허가서, 경매법원의 감정평가서 등을 검토하여 판단한다.

  착공일자, 사용승인일자, 건축주(변경 포함)를 확인한다.
  착공신고 이후 저당권 설정 시는 감리회사를 통해 최하층 천정 타설 시점과 저당권 설정일을 비교한다. 건축 당시 시멘트를 발주한 레미콘 회사에 확인하는 것이 가장 정확하다.

  무허가나 미준공건물의 경우 전기나 수도가 개통되었다면, 한국전력이나 상

수도사업본부에 인입 내지 개통일자를 조회하여 확인하는 것도 도움이 된다.

민법 제366조 법정지상권은 ① 토지에 저당권 설정 당시 건물이 존재하여야 하고, ② 저당권 설정 당시 토지와 건물이 동일 소유자이어야 하고, ③ 토지와 건물 중 어느 하나에 적어도 저당권이 설정되어야 하고, ④ 경매로 토지와 건물이 분리되어야 한다. 관습법상 법정지상권은 ① 토지와 건물이 처분 당시에 동일인 소유여야 하고, ② 매매 등으로 분리되어야 하고, ③ 철거 특약이 없어야 한다.

따라서 경매참여자는 다음과 같은 경우에는 법정지상권이 성립하지 않으므로, 위에 예시한 자료를 근거로 판단한다.

- 토지에 저당권 설정 당시 건물이 없는 경우
- 건물이 아닌 경우
- 등기부 상 토지와 건물의 소유자가 한 번도 일치한 적이 없는 경우
- 철거특약이 있는 경우
- 소멸사유가 있는 경우

02 건물소유를 위한 토지임차권과 법정지상권의 함정

가. 개설

경매 참여자들이 법정지상권에 대해서 분석을 할 때 주의하여야 할 함정이 있다. 바로 건물소유를 위한 토지임대차이다.

민법 제622조 제1항은 "건물의 소유를 목적으로 한 토지임대차는 이를 등기하지 아니한 경우에도 임차인이 그 지상건물을 등기한 때에는 제삼자에 대하여 임대차의 효력이 생긴다." 동조 제2항은 "건물이 임대차기간만료전에 멸실 또는 후폐한 때에는 전항의 효력을 잃는다."고 규정하고 있다.

즉, 토지낙찰자가 토지에 대해 인도청구를 하여 오면, 건물소유자는 당해 건물에 대해 건물소유를 위한 토지임대차가 체결되었다는 사실을 입증하여, 아직 임대차기간이 남아 있음을 주장하거나, 그 존속기간이 만료되었을 때에는 임차인은 1차로 임대인을 상대로 계약갱신청구권을 행사하고(민법 제643조, 제283조제1항), 임대인이 이를 거절하면 2차로 지상물매수청구권을 행사한다(민법 제643조, 제283조제2항).

나. 갱신청구권

건물 기타 공작물의 소유 또는 식목, 채염, 목축을 목적으로 한 토지임대차의 기간이 만료한 경우에 건물, 수목 기타 지상시설이 현존한 때에는 지상권자는 계약의 갱신을 청구할 수 있다(민법 제643조, 제283조). 당사자가 계약을 갱신하는 경우에는 지상권의 존속기간은 갱신한 날로부터 제280조의 최단

존속기간[1]보다 단축하지 못한다. 그러나 당사자는 이보다 장기의 기간을 정할 수 있다(민법 제284조).

지상권설정자가 계약의 갱신을 원하지 아니하는 때에는 지상권자는 상당한 가액으로 전항의 공작물이나 수목의 매수를 청구할 수 있다(민법 제283조 제2항).

다. 지상물매수청구권

지상물매수청구권은 이른바 형성권으로서 그 행사로 임대인·임차인 사이에 지상물에 관한 매매가 성립하게 되며, 임차인이 지상물의 매수청구권을 행사한 경우에는 임대인은 그 매수를 거절하지 못하고, 이 규정은 강행규정이므로 이에 위반하는 것으로서 임차인에게 불리한 약정은 그 효력이 없다. 즉, 토지임대인이 그 임차인에 대하여 지상물철거 및 그 부지의 인도를 청구한 데 대하여 임차인이 적법한 지상물매수청구권을 행사하게 되면 임대인과 임차인 사이에는 그 지상물에 관한 매매가 성립하게 되므로 임대인의 청구는 이를 그대로 받아들일 수 없게 된다. 이 경우에 법원으로서는 임대인이 종전의 청구를 계속 유지할 것인지, 아니면 대금지급과 상환으로 지상물의 명도를 청구할 의사가 있는 것인지(예비적으로라도)를 석명하고 임대인이 그 석

---

1 민법 제280조 ①계약으로 지상권의 존속기간을 정하는 경우에는 그 기간은 다음 연한보다 단축하지 못한다.
　1. 석조, 석회조, 연와조 또는 이와 유사한 견고한 건물이나 수목의 소유를 목적으로 하는 때에는 30년
　2. 전호이외의 건물의 소유를 목적으로 하는 때에는 15년
　3. 건물이외의 공작물의 소유를 목적으로 하는 때에는 5년

명에 응하여 소를 변경한 때에는 지상물명도의 판결을 함으로써 분쟁의 1회적 해결을 꾀하여야 한다고 봄이 상당하다(대법원 1995. 7. 11. 선고 94다34265 전원합의체판결).

지상물매수청구권이 발생하려면, ① 건물 기타 공작물의 소유 또는 식목, 채염, 목축을 목적으로 한 토지임대차이어야 하고, ② 임대차의 기간이 만료한 경우에 건물, 수목 기타 지상시설이 현존하여야 하고, ③ 임대인이 임차인의 갱신청구를 거절한 경우이다. 매수청구권을 행사한 경우에 그 건물의 매수가격은 건물 자체의 가격 외에 건물의 위치, 주변토지의 여러 사정 등을 종합적으로 고려하여 매수청구권 행사 당시 건물이 현재하는 대로의 상태에서 평가된 시가를 말한다(대법원 2002. 11. 13. 선고 2002다46003 판결). <u>토지 소유자가 아닌 제3자가 토지 임대행위를 한 후에 토지 소유권이 이전된 경우, 임차인은 특별한 사정이 없는 한 새로운 토지 소유자를 상대로 지상물의 매수를 청구할 수 없다</u>(대법원 2017. 4. 26. 선고 2014다72449, 72456)

라. 결론

토지만 경매에 나오고 그 지상에 등기 건물이 있는 경우에는 법정지상권의 성립여부뿐만 아니라 민법 제622조 건물의 소유를 목적으로 한 토지임대차에 해당하는지에 대해서도 면밀히 분석하여야 한다.

토지 낙찰자는 건물소유자에게 토지인도, 건물철거, 토지사용료 청구를 하고, 이에 대해 건물소유자가 항변으로서, 위 3가지 사안을 입증하지 못하면 낙찰자가 승소한다. 특히 건물주가 건물소유를 위한 토지임대차를 주장하는 경우에는 낙찰자는 예비적으로 지상물매수청구권이 인정될 경우 지상물에 대한 대금지급과 상환으로 지상물의 명도를 청구하여 두는 것이 좋다.

03 유치권 등과의 경합

가. 유치권과 법정지상권

법정지상권이 성립해야 유치권 행사도 가능하다. 그 반대로 법정지상권이 성립하지 않으면 유치권도 행사가 불가하다.

건물점유자가 건물의 원시취득자에게 그 건물에 관한 유치권이 있다고 하더라도 그 건물의 존재와 점유가 토지소유자에게 불법행위가 되고 있다면 그 유치권으로 토지소유자에게 대항할 수 없다(대법원 1989. 2. 14. 선고 87다카3073 판결). 공사가 중단된 건물이 있는 토지만 경매에 나온 경우 그 건물소유자에게 법정지상권이 없다면 토지 매수인(낙찰자)은 유치권에 구애받지 않는다는 것이다. 즉 건물이 경매가 가능할 정도로 골조가 완성되어 있다면 토지 낙찰자는 철거판결을 받은 후에 굳이 철거를 하지 않고 건물소유자를 상대로 토지를 점유함에 따른 임료상당의 손해배상판결을 받아 대위등기에 의해 경매를 진행하면 이미 철거판결이 난 건물이라 입찰자가 없을 것이므로 단독 입찰을 하여 큰 수익을 실현할 수도 있는 것이다.

나. 전세권, 임차권 대항력과 법정지상권

법정지상권 없는 건물의 전세권자나 대항력이 있는 임차권도 토지소유자에 대항이 불가하다.

건물이 그 존립을 위한 토지사용권을 갖추지 못하여 토지의 소유자가 건물의 소유자에 대하여 당해 건물의 철거 및 그 대지의 인도를 청구할 수 있는 경우에라도 건물소유자가 아닌 사람이 건물을 점유하고 있다면 토지소유자는 그 건물 점유를 제거하지 아니하는 한 위의 건물 철거 등을 실행할 수 없다. 따라서 그때 토지소유권은 위 와 같은 점유에 의하여 그 원만한 실현을 방해당하고 있다고 할 것이므로, 토지소유자는 자신의 소유권에 기한 방해배제로서 건물점유자에 대하여 건물로부터의 퇴출을 청구할 수 있다. 그리고 이는 건물점유자가 건물소유자로부터의 임차인으로서 그 건물임차권이 이른바 대항력을 가진다고 해서 달라지지 아니한다. 건물임차권의 대항력은 기본적으로 건물에 관한 것이고 토지를 목적으로 하는 것이 아니므로 이로써 토지소유권을 제한할 수 없고, 토지에 있는 건물에 대하여 대항력 있는 임차권이 존재한다고 하여도 이를 토지소유자에 대하여 대항할 수 있는 토지사용권이라고 할 수는 없다. 바꾸어 말하면, 건물에 관한 임차권이 대항력을 갖춘 후에 그 대지의 소유권을 취득한 사람은 민법 제622조 제1항이나 주택임대차보호법 제3조 제1항 등에서 그 임차권의 대항을 받는 것으로 정하여진 '제3자'에 해당한다고 할 수 없다(대법원 2010. 8. 19. 선고 2010다43801 판결).

그러나 토지와 건물을 함께 소유하던 토지·건물의 소유자가 건물에 대하여 전세권을 설정하여 주었는데 그 후 토지가 타인에게 경락되어 민법 제305조 제1항에 의한 법정지상권을 취득한 상태에서 다시 건물을 타인에게 양도한 경우, 그 건물을 양수하여 소유권을 취득한 자는 특별한 사정이 없는 한 법정지상권을 취득할 지위를 가지게 되고, 다른 한편으로는 전세권 관계도 이전받게 되는바, 민법 제304조 등에 비추어 건물 양수인이 토지 소유자와의 관계에서 전세권자의 동의 없이 법정지상권을 취득할 지위를 소멸시켰다고 하더라도, 그 건물 양수인은 물론 토지 소유자도 그 사유를 들어 전세권자에게 대항할 수 없다(대법원 2007. 8. 24. 선고 2006다14684 판결).

제9절

가설건축물과 법정지상권

01 문제의 제기

가설건축물에 대하여 법정지상권이 인정되는지 여부가 문제된다.

02 가설건축물이란

가. 정의

가설건축물은 ① 건축법 제20조 제1항이 정하는 도시·군계획시설 및 도시·군계획시설예정지에서 건축한 가설건축물과 ② 건축법 제20조 제3항이 정하는 "제1항에도 불구하고 재해복구, 흥행, 전람회, 공사용 가설건축물 등 대통령령으로 정하는 용도의 가설건축물"로 나뉜다.

나. 건축법 제20조 제1항에 의한 허가 대상 가설건축물

「국토의 계획 및 이용에 관한 법률」 제64조 제1항은 도시·군계획시설의 설치 장소로 결정된 지상·수상·공중·수중 또는 지하는 그 도시·군계획시설이 아닌 건축물의 건축이나 공작물의 설치를 허가하여서는 아니 된다고 규정하고. 동조 제2항은 도시·군계획시설결정의 고시일부터 2년이 지날 때까지 그 시설의 설치에 관한 사업이 시행되지 아니한 도시·군계획시설 중 단계별 집행계획이 수립되지 아니하거나 단계별 집행계획에서 제1단계 집행계획(단계별 집행계획을 변경한 경우에는 최초의 단계별 집행계획을 말한다)에 포함되지 아니한 도시·군계획시설의 부지에 대하여는 가설건축물의 건축과 이에 필요한 범위에서의 토지의 형질 변경을 허가할 수 있다고 규정하고 있다.

건축법 제20조 제1항은 "도시·군계획시설 및 도시·군계획시설예정지에서 가설건축물을 건축하려는 자는 특별자치시장·특별자치도지사 또는 시장·군수·구청장의 허가를 받아야 한다." 동조 제2항은 "특별자치시장·특별자치도지사 또는 시장·군수·구청장은 해당 가설건축물의 건축이 '1. 「국토의 계획 및 이용에 관한 법률」 제64조에 위배되는 경우, 2. 4층 이상인 경우, 3. 구조, 존치기간, 설치목적 및 다른 시설 설치 필요성 등에 관하여 대통령령으로 정하는 기준의 범위에서 조례로 정하는 바에 따르지 아니한 경우, 4. 그 밖에 이 법 또는 다른 법령에 따른 제한규정을 위반하는 경우'에 해당하는 경우가 아니면 제1항에 따른 허가를 하여야 한다."라고 규정하고 있다.

다. 건축법 제20조 제3항에 의한 신고 대상 가설건축물

건축법 제20조 제3항은 "제1항에도 불구하고 재해복구, 흥행, 전람회, 공사용 가설건축물 등 대통령령으로 정하는 용도의 가설건축물을 축조하려는 자는 대통령령으로 정하는 존치 기간, 설치 기준 및 절차에 따라 특별자치시장·특별자치도지사 또는 시장·군수·구청장에게 신고한 후 착공하여야 한다."라고 규정하고 있다.

건축법 시행령 제15조제7항은 "법 제20조 제3항에 따라 신고하여야 하는 가설건축물의 존치기간은 <u>3년 이내</u>로 한다. 다만, 제5항 제3호의 공사용 가설건축물 및 공작물의 경우에는 해당 공사의 완료일까지의 기간을 말한다."라고 규정하고 있다.

03 법정지상권 성립여부

가. 개설

토지를 낙찰 받을 때 그 지상에 가설건축물이 존재한다면 해당 건축물의 존치기간, 민법 제366조에 의한 법정지상권 여부, 관습법상 법정지상권 여부를 각 살펴보아야 한다.

문제는 토지에 저당권이 설정되기 전 토지소유자가 <u>가설건축물에 대해 허가를 받거나 혹은 무허가로 설치한 후에</u> 토지소유자가 다른 사람으로 바뀌어 있을 경우에 가설건축물에 의하여 법정지상권이 성립하는지 여부이다.

나. 견해의 대립 : 허가를 받거나 신고를 하고 설치한 가설건축물은 존치기간이 정해져 있다.

1설은 존치기간 내에서 법정지상권 성립요건을 갖추었다면 법정지상권이 성립한다고 본다[1]. 이 견해도 존치기간이 지난 경우는 법정지상권은 성립하지 않는다고 본다.

2설은 가설건축물은 건축물이 아니므로, 법정지상권이 성립하지 않는다고 한다[2].

3설은 관습법상 법정지상권은 철거 특약이 없어야 하는데, 가설건축물은 태생적으로 철거특약(최소한 묵시적이라도 철거특약은 있다고 보아야 한다)이 있는 것이므로, 관습법상 법정지상권은 무조건 성립하지 않는 것이다.

다. 사견 : 허가를 받거나 신고를 하고 설치한 가설건축물에 대하여

(1) 가설건축물이 법정지상권에서 말하는 건물인지

그러나 사견은 비록 대법원이 미등기건물이든 무허가건물이든 불문하고 법정지상권을 인정하고 있지만(대법원 1991. 8. 13. 선고 91다16631 판결), 존치기간이 있는 가설건축물은 다르게 보아야 한다고 본다. 즉, 무허가건물은 어차

---

[1] 강은현, 특수경매야 놀자, 서원북스, 2017년, 496
[2] 이주왕, 100억 부자되는 비법, 매일경제신문사, 2017년, 157

피 토지소유자가 토지 지상에 견고한 건축물 건축을 인용한 것이라고 보아야 하는데, 가설건축물은 말 그대로 존치기간 내에서만 임시건축물의 제한을 받겠다는 취지라고 보아야 한다. 법정지상권 제도는 건물과 토지를 별개의 부동산으로 구성하고 있는 우리 민법에 있어서, 타인 소유의 토지 위에 있는 건물 등을 소유하고자 하는 자의 입장을 고려하여 만든 제도이다.

<u>가설건축물의 경우는 말 그대로 영구적인 건축물이 아니라 존치기간이 한정되어 있는 임시 건축물이므로, 법정지상권에서 말하는 '건물'은 아니기 때문에 법정지상권은 성립하지 않는다고 본다.</u> 특히 법정지상권은 근저당권자를 보호하기 위해서 저당권 설정 당시 '건물'이 존재할 것을 요구하고 있는데, 저당권 설정당시 존치기간이 있는 가설건축물이 있는 경우에 근저당권자는 존치기간이 지나면 철거될 것으로 알고 저당권을 설정하는 것이므로, 존치기간이 지난경우에도 법정지상권을 인정한다면 이는 근저당권을 보호하려는 법정지상권 제도의 취지를 몰각하는 해석이다.

대법원은 "토지와 건물이 동일인의 소유이었다가 매매 기타의 원인으로 그 소유자가 달라지게된 경우에는 특히 그 건물을 철거한다는 특약이 없는 이상 건물소유자는 토지소유자에 대하여 관습상의 법정지상권을 취득하게 되는 것이나, 토지의 소유자가 건물을 건축할 당시 이미 토지를 타에 매도하여 소유권을 이전하여 줄 의무를 부담하고 있었다면 토지의 매수인이 그 건축행위를 승낙하지 않는 이상 그 건물은 장차 철거되어야 하는 운명에 처하게 될 것이고 토지소유자가 이를 예상하면서도 건물을 건축하였다면 그 건물을 위한 관습상의 법정지상권은 생기지 않는다고 보아야 할 것이다."라고

판시하고 있다(대법원 1994. 12. 22. 선고 94다41072 판결, 대법원 1974. 6. 11. 선고 73다1766 판결).

대법원은 "건축법 제20조 제2항은 대통령령으로 정하는 용도의 가설건축물을 축조하기 위해서는 시장 등에게 그 신고를 하도록 정하고 있고, 건축법 시행령(2009. 6. 30. 대통령령 제21590호로 개정되기 전의 것. 이하 같다) 제15조제5항은 그 각 호에서 신고의 대상이 되는 가설건축물을 열거하고 있다. 이는 가설건축물은 건축법상의 건축물이 아니므로 건축허가나 건축신고 없이 설치할 수 있는 것이 원칙이지만 일정한 가설건축물에 대하여는 건축물에 준하여 위험을 통제하여야 할 필요가 있으므로 신고의 대상으로 규율하는 취지라고 할 것이다. 한편 건축법 시행령 제15조 제7항, 제10항, 건축법 시행규칙 제13조 제5항, 제6항은 가설건축물 신고에 있어서 정하여진 존치기간이 만료된 가설건축물에 관하여 존치기간을 연장하려는 건축주는 시장 등에게 존치기간 연장신고서를 제출하여야 하고, 시장 등은 그 기재내용을 확인한 후 신고필증을 교부하여야 한다고 정하고 있어 그 존치기간 연장에 특별한 제한을 두고 있지 아니하다. 그러나 이와 같이 신고 된 가설건축물의 존치기간 연장이 별다른 제한 없이 허용된다고 하더라도 이는 존치기간이 만료된 가설건축물이 당초 신고 된 용도대로 사용될 것을 전제로 하는 것임은 위에서 본 가설 건축물 신고제도의 취지에 비추어 명백하다고 할 것이다. 따라서 존치기간이 만료된 가설건축물의 존치기간이 연장될 경우 당초 신고 된 용도대로 사용되지 아니한다는 사정이 인정되는 때에는 시장 등은 그 존치기간 연장신고를 수리하지 아니할 수 있다고 봄이 상당하다."라고 판시하고 있다(대법원 2010. 9. 9. 선고 2010두9334 판결).

즉, 대법원도 '<u>가설건축물은 건축법상의 건축물이 아니므로</u>'라고 판시하고 <u>있어, 사견을 뒷받침하고 있다</u>.

행정심판사례를 살펴보면 "가설건축물의 경우에는 임시로 사용하고 그 존치기간이 종료되면 자진 철거하는 시설로 건축물관리대장에 등재되지 않으며, 존치기간 동안 한시적으로 사용권리가 부여되는 임시건축물이다. 청구인의 주장과 같이 가설건축물에도 관습법상 법정지상권이 인정된다면 토지소유자의 의사에 반하여 영구적인 토지점용이 가능하다고 할 것으로 이는 일반건축물과 다를 바가 없다 할 것이다. 이는 청구인의 부산고등법원 항고이유서에도 나타나듯이, <u>법원도 이 사건 가설건축물을 건물에 해당하지 않아 관습법상의 법정지상권을 인정되지 않는다고 판단하고 있음을 알 수 있다</u>."라고 판시한 바 있다(행심 제2013-091호). 위 행정심판사례에서의 가설건축물은 견본주택으로, 사용목적이나 용도 등에 비추어 존치기간 동안 한시적으로 사용권리가 부여된 임시건축물이므로 가설건축물 자체를 '건물'로 인정하지 않아 법정지상권을 인정하지 않은 것으로 보인다.

<u>수원지방법원은 "건물이 장차 철거되어야 할 운명이고 토지소유자가 이를 예상하면서도 건물을 건축하였다면 그 건물을 위한 관습법상 법정지상권은 생기지 않는다고 보아야 한다</u>(대법원 1974. 6. 11. 선고 73다1766 판결, 대법원 1994. 12. 22. 선고 94다41072 판결). 따라서 건축당시부터 존치기간이 도과되는 경우 철거될 것이 예정된 건물로서, 그 존치기간이 이미 도과하였는바, 토지와 건물의 소유권이 달라지는 경우 건물철거라는 사회경제상의 불이익을 방지하고 그 건물로 하여금 건물로서의 가치를 유지하도록 하려는 법정지상권의

인정취지가 그 존치기간이 도과된 가설건축물의 경우까지 그대로 통용된다고 보기는 어려우므로, 존치기간이 경과한 가설건축물 소유자로서는 법정지상권을 주장할 수 없다고 할 것이다."라고 명확히 판시하고 있다(수원지방법원 2017. 10. 11. 선고 2017가단509375 판결).

(2) 신의칙상 문제

「건축법」 시행령 제15조 제7항에서는 가설건축물의 존치기간은 3년으로 한다고 규정하고 있으며, 제15조의2 제2항에서 존치기간을 연장하려는 가설건축물의 건축주는 존치기간 만료일 7일전까지 신고(허가 대상은 14일 전까지 허가 신청)하여야 한다고 규정하고 있다. 또한 「건축법 시행규칙」 제13조 제1항에 법 제20조 제3항에 따라 가설건축물을 축조 신고하려는 자는 별지 제8호 서식의 가설건축물축조신고서와 배치도·평면도 및 <u>대지사용승낙서(다른 사람이 소유한 대지인 경우에 해당한다)</u>를 첨부하여 구청장에게 제출하여야 한다고 규정하고 있다. 건축법 시행규칙 제13조 제5항은 "영 제15조 제7항의 규정에 의하여 가설건축물의 존치기간을 연장하고자 하는 자는 별지 제11호서식의 가설건축물존치기간연장신고서(전자문서로 된 신고서를 포함한다)를 특별자치시장·특별자치도지사 또는 시장·군수·구청장에게 제출하여야 한다."라고만 규정하여, 명시적으로 다른 사람이 소유한 대지일 경우 대지사용승낙서를 첨부할 것은 요구하지 아니하나, 「건축법 시행규칙」 제13조 제1항에 다른 사람이 소유한 대지에 가설건축물을 축조하려는 자는 대지사용승낙서를 제출토록 하고 있으므로, <u>연장신고시에는 당연히 대지사용동의를 받아 연장신고를 하여야 할 것으로 본다.</u>

또한 「국토의 계획 및 이용에 관한 법률」 제64조 제3항은 "가설건축물의 건축이나 공작물의 설치를 허가한 토지에서 도시·군계획시설사업이 시행되는 경우에는 그 시행예정일 3개월 전까지 가설건축물이나 공작물 소유자의 부담으로 그 가설건축물이나 공작물의 철거 등 원상회복에 필요한 조치를 명하여야 한다. 다만, 원상회복이 필요하지 아니하다고 인정되는 경우에는 그러하지 아니하다."라고 규정하고 있다.

사견은 이처럼 존치기간을 정해서 존치기간이 지나면 철거를 하기로 하고 가설건축물을 건축한 자가 뒤늦게 법정지상권을 주장하는 것은 신의칙상 허용될 수 없다고 본다.

라. 사견 : 무허가 가설건축물에 대하여

허가를 받거나 신고를 하지 않고 설치하였으니 존치기간이 정해져 있다고 주장할 수 없다.

(1) 법정지상권 성립요건

민법 제366조 법정지상권은 그 요건 즉, ① 토지에 저당권 설정 당시 건물이 존재하여야 하고, ② 저당권 설정 당시 토지와 건물이 동일 소유자이어야 하고, ③ 토지와 건물 중 어느 하나에 적어도 저당권이 설정되어야 하고, ④ 경매로 토지와 건물이 분리되어야 한다는 요건을 갖추어야 한다. 관습법상 법정지상권은 그 요건이 ① 토지와 건물이 처분 당시에 동일인 소유여야 하고, ② 매매 등으로 분리되어야 하고, ③ 철거 특약이 없어야 한다는 것이다.

즉, '건물'이어야 법정지상권이 성립한다는 것이다. 미등기건물이든 무허가건물이든 불문한다(대법원 1991. 8. 13. 선고 91다16631 판결).

(2) 건물의 요건

토지에 관하여 저당권이 설정될 당시 토지 소유자에 의하여 그 지상에 건물을 건축 중이었던 경우, 그것이 사회관념상 독립된 건물로 볼 수 있는 정도에 이르지 않았다 하더라도 ① 건물의 규모·종류가 외형상 예상할 수 있는 정도까지 건축이 진전되어 있었고, 그 후 경매절차에서, ② 매수인이 매각대금을 다 낸 때까지 최소한의 기둥과 지붕 그리고 주벽이 이루어지는 등 독립된 부동산으로서 건물의 요건을 갖추면 법정지상권이 성립하며, 그 건물이 미등기라 하더라도 법정지상권의 성립에는 아무런 지장이 없는 것이다(대법원 2004. 6. 11. 선고 2004다13533 판결). 독립된 부동산으로서의 건물이라고 하기 위하여는 최소한의 기둥과 지붕 그리고 주벽이 이루어지면 된다. 신축 건물이 경락대금 납부 당시 이미 지하 1층부터 지하 3층까지 기둥, 주벽 및 천장 슬라브 공사가 완료된 상태이었을 뿐만 아니라 지하 1층의 일부 점포가 일반에 분양되기까지 하였다면, 비록 토지가 경락될 당시 신축 건물의 지상층 부분이 골조공사만 이루어진 채 벽이나 지붕 등이 설치된 바가 없다 하더라도, 지하층 부분만으로도 구분소유권의 대상이 될 수 있는 구조라는 점에서 신축 건물은 경락 당시 미완성 상태이기는 하지만 독립된 건물로서의 요건을 갖추었다(대법원 2003. 5. 30. 선고 2002다21592 판결).

> **광주지방법원 순천지원 2016. 5. 10. 선고 2015가단5822 판결**
> 이 사건 구조물은 벽면이 전혀 없이 단지 철파이프 구조의 기둥 위에 강판 지붕이 얹혀 있는 철골구조물에 불과할 뿐 건물로 보기 어려우므로 건물로서의 요건을 갖추지 못한 이상 법정지상권이 성립할 여지가 없다(동지 판결 : 제주지방법원 2015. 11. 10. 선고 2015가단50063 판결, 제주지방법원 2016. 7. 5. 선고 2015가단14074 판결).

마. 소결론

사견은 첫째, 허가를 받거나 신고를 하고 설치한 가설건축물은 존치기간 후에 철거하기로 약속하였으므로 민법 제366조 법정지상권이나 관습법상 법정지상권 모두 인정되지 않는다고 본다. 둘째, 무허가 가설건축물은 존치기간 여부를 떠나서 대부분 법정지상권을 인정하면서 보호할 만한 효용가치가 있는 '건물'이 아니라는 것이다.

설령 무허가 가설건축물의 '건물' 여부에 대해서는 논란이 있다고 하더라도 최소한 허가를 받거나 신고를 하고 설치한 가설건축물에 대해서는 관습법상 법정지상권은 무조건 성립하지 않을 것이다. 관습법적 법정지상권이 성립하려면 철거 특약이 없어야 하는데, 허가를 받거나 신고를 하고 설치한 가설건축물은 존치기간이 지나면 철거를 하기로 예정하고 있기 때문이다.

04 기타 대응 방법

건물의 요건을 갖춘 것으로 보이는 무허가 가설건축물 또는 허가나 신고를 하고 설치하였으나 존치기간이 지난 가설건축물에 대해서는 아래의 방법으로 대응할 수 있다.

가. 이행강제금

대법원은 "이행강제금 부과 근거 규정인 건축법 제80조제1항 제1호는 "건축물이 제55조와 제56조에 따른 건폐율이나 용적률을 초과하여 건축된 경우 또는 허가를 받지 아니하거나 신고를 하지 아니하고 건축된 경우에는 지방세법에 따라 해당 건축물에 적용되는 1㎡의 시가표준액의 100분의 50에 해당하는 금액에 위반면적을 곱한 금액 이하"의 이행강제금을 부과하도록 규정하고 있는바, 건축법이 이와 같이 건축물이 신고하지 않고 건축된 경우에도 이행강제금을 부과할 수 있도록 규정하고 있는 점에 비추어 보면, 건축법상의 이행강제금은 허가 대상 건축물뿐만 아니라 신고 대상 건축물에 대해서도 부과할 수 있고, 한편 신고를 하지 않고 가설건축물을 축조한 경우에는 건축법 제80조 제1항 제1호에 따라 '지방세법에 따라 해당 건축물에 적용되는 1㎡의 시가표준액의 100분의 50에 해당하는 금액에 위반면적을 곱한 금액 이하'의 이행강제금을 부과하여야 할 것이지 같은 항 제2호에 따라 이행강제금을 부과할 것이 아니다."라고 판시하고 있다(대법원 2013. 1. 24. 선고 2011두10164 판결).

나. 원상회복처분(철거처분)

건축법 제79조 제1항은 "허가권자는 대지나 건축물이 이 법 또는 이 법에 따른 명령이나 처분에 위반되면 이 법에 따른 허가 또는 승인을 취소하거나 그 건축물의 건축주·공사시공자·현장관리인·소유자·관리자 또는 점유자(이하 "건축주등"이라 한다)에게 공사의 중지를 명하거나 상당한 기간을 정하여 그 건축물의 철거·개축·증축·수선·용도변경·사용금지·사용제한, 그 밖에 필요한 조치를 명할 수 있다."라고 규정하여, 경우에 따라서는 가설건축물의 철거를 명할 수 있도록 하고 있다. 즉, 경매로 인하여 토지소유자가 달라지면, 가설건축물 소유자가 존치기간 연장에 토지소유자의 동의를 얻지 못하는 한, 허가권자는 철거를 명할 수도 있다.

가설건축물의 소유자는 그 가설건축물 부지의 소유자에 대한 원상회복처분으로 인하여 가설건축물을 사용할 법률상의 지위에 직접적인 영향을 받게 되므로 위 처분의 취소를 구할 법률상 이익이 있고, 가설건축물의 용도를 버섯재배사로 신고하고서도 그와 달리 콩나물재배사 및 주택으로 사용하여 온 경우, 그에 대한 원상회복명령 및 철거명령처분이 재량권 남용에 해당하지 않는다(청주지방법원 2004. 3. 26. 선고 2002구합1668 판결).

대법원은 "가설건축물의 존치기간도 다 지난 것이라면, 피고가 그 존치기간이 지난 후 원고의 착공계를 수리하고 시정명령을 한 점 등을 참작하더라도 이 사건 건축물을 그대로 방치한다면 불법건축물을 단속하는 당국의 권능이 무력화되어 건축행정의 원활한 수행이 위태롭게 되고 법에 의한 건축허가 및 준공검사시에 건축법 소정의 여러 제한규정의 준수여부를 확인하여 그 회피를 사전에 예방한다는 더 큰 공익을 해칠 우려가 있으므로 <u>피고의 이</u>

사건 계고처분은 적법하다."라고 판시하고 있다(대법원 1990. 12. 11. 선고 90누5672 판결, 건축물철거계고처분취소).

스스로 철거를 하지 않으면, 허가권자는 제11조, 제14조, 제41조와 제79조 제1항에 따라 필요한 조치를 할 때 재해가 발생할 위험이 절박한 경우 등에 해당하는 경우로서 「행정대집행법」 제3조 제1항과 제2항에 따른 절차에 의하면 그 목적을 달성하기 곤란한 때에는 해당 절차를 거치지 아니하고 대집행할 수 있다(건축법 제85조). 허가권자는 제79조에 따라 허가나 승인을 취소하려면 청문을 실시하여야 한다(건축법 제86조).

다. 형사처벌

건축법 제20조 제1항에 따른 허가를 받지 아니하고 가설건축물을 건축하거나 공작물을 축조한 건축주 및 공사시공자는 2년 이하의 징역 또는 1억원 이하의 벌금에 처한다(건축법 제110조 제3호).

건축법 제20조 제3항에 따른 신고 또는 신청을 하지 아니하거나 거짓으로 신고하거나 신청한 자는 5천만 원 이하의 벌금에 처한다(건축법 제111조 제1호).

05 결론

가설건축물에 대하여는 허가를 받거나 신고를 하고 건축한 것인지를 먼저 살펴야 할 것이다. 가설건축물이 건축법 제20조에 의해 허가를 받거나 신고를 하고 지어진 것이라면 법정지상권은 성립할 수 없다. 가설건축물에 대하여 허가나 신고를 할 때는 존치기간을 정하도록 되어 있다. 철거가 예정되어 있는 건축물은 법정지상권을 인정하면서 보호할 만한 효용가치가 있는 '건물'에 해당되지 않는다.

　역설적으로 가설건축물에 대해 허가 또는 신고가 없다면 법정지상권이 성립할 수 있다. 대법원 판례가 무허가나 미등기 건축물도 법정지상권이 성립한다고 보기 때문이다. 즉 존치기간을 정하지 않은 가설건축물이 앞에서 본 건물요건과 법정지상권 성립요건을 모두 갖추고 있다면 이를 무허가 건축물로 볼 수 있으므로 법정지상권이 성립할 수 있을 것이다.

　허가 또는 신고가 없는 가설건축물에 대하여 법정지상권이 성립한다고 보더라도 철거할 수 있는 길이 있다. 허가나 신고를 하지 않고 지은 건물은 불법건물이므로 설령 법정지상권이 성립한다고 하더라도 이행강제금이나 철거명령, 형사처벌을 피하기는 어려울 것이다.

제10절

분묘기지권

01 장사법 시행 후

「장사 등에 관한 법률」이 2001. 1. 13.부터 시행되었다. 개정이유를 보면 "토지 소유자 또는 묘지 연고자의 승낙 없이 타인의 토지 또는 묘지에 설치된 분묘의 연고자는 그 분묘의 보존을 위한 권리를 주장할 수 없도록 함(법 제23조 제3항)"이라고 명시하고 있다.

따라서 이 법 시행일 후에 설치되는 분묘는 이 법과 상충되지 않는 범위 내에서만 분묘기지권이 인정된다. 즉, 이제는 20년간 평온 공연한 점유로 인한 시효 취득은 인정되지 아니하고, 토지소유자의 승낙을 받아 설치한 경우에만 인정될 것이다.

제27조 (타인의 토지 등에 설치된 분묘 등의 처리 등) ① 토지 소유자(점유자나 그 밖의 관리인을 포함한다. 이하 이 조에서 같다), 묘지 설치자 또는 연고자는 다음 각 호의 어느 하나에 해당하는 분묘에 대하여 보건복지부령으로 정하는 바에 따라 그 분묘를 관할하는 시장등의 허가를 받아 분묘에 매장된 시신 또는 유골을 개장할 수 있다. <개정 2015.1.28.>

1. 토지 소유자의 승낙 없이 해당 토지에 설치한 분묘
2. 묘지 설치자 또는 연고자의 승낙 없이 해당 묘지에 설치한 분묘

② 토지 소유자, 묘지 설치자 또는 연고자는 제1항에 따른 개장을 하려면 미리 3개월 이상의 기간을 정하여 그 뜻을 해당 분묘의 설치자 또는 연고자에게 알려야 한다. 다만, 해당 분묘의 연고자를 알 수 없으면 그 뜻을 공고하여야 하며, 공고기간 종료 후에도 분묘의 연고자를 알 수 없는 경우에는 화장한 후에 유골을 일정 기간 봉안하였다가 처리하여야 하고, 이 사실을 관할 시장등에게 신고하여야 한다. <개정 2015.1.28.>

③ 제1항 각 호의 어느 하나에 해당하는 분묘의 연고자는 해당 토지 소유자, 묘지 설치자 또는 연고자에게 토지 사용권이나 그 밖에 분묘의 보존을 위한 권리를 주장할 수 없다.

④ 토지 소유자 또는 자연장지 조성자의 승낙 없이 다른 사람 소유의 토지 또는 자연장지에 자연장을 한 자 또는 그 연고자는 당해 토지 소유자 또는 자연장지 조성자에 대하여 토지사용권이나 그 밖에 자연장의 보존을 위한 권리를 주장할 수 없다.

⑤ 제2항에 따른 봉안기간과 처리방법에 관한 사항은 대통령령으로 정하고, 통지·공고 및 신고에 관한 사항은 보건복지부령으로 정한다. <개정 2015.1.28.>

02 장사법 시행 전

가. 토지소유자의 승낙을 얻어 설치한 경우

토지소유자의 승낙을 얻어 분묘가 설치된 경우 분묘소유자는 분묘기지권을 취득하고, 분묘기지권의 존속기간에 관하여는 당사자 사이에 약정이 있는 등 특별한 사정이 있으면 그에 따를 것이나, 그러한 사정이 없는 경우에는 권리자가 분묘의 수호와 봉사를 계속하며 그 분묘가 존속하고 있는 동안 존속한다고 해석함이 타당하다. 또, 분묘가 멸실된 경우라고 하더라도 유골이 존재하여 분묘의 원상회복이 가능하여 일시적인 멸실에 불과하다면 분묘기지권은 소멸하지 않고 존속하고 있다고 해석함이 상당하다(대법원 2007. 6. 28. 선고 2005다44114 판결).

타인의 토지에 합법적으로 분묘를 설치한 자는 관습상 그 토지 위에 지상권에 유사한 일종의 물권인 분묘기지권을 취득하나(대법원 1962. 4. 26. 선고 4294민상1451 판결, 2000. 9. 26. 선고 99다14006 판결 등 참조), 분묘기지권에는 그 효력이 미치는 범위 안에서 새로운 분묘를 설치하거나 원래의 분묘를 다른 곳으로 이장할 권능은 포함되지 않는다(대법원 2007. 6. 28. 선고 2007다16885 판결). 분묘기지권에는 그 효력이 미치는 지역의 범위 내라고 할지라도 기존의 분묘 외에 새로운 분묘를 신설할 권능은 포함되지 아니하는 것이므로, 부부 중 일방이 먼저 사망하여 이미 그 분묘가 설치되고 그 분묘기지권이 미치는 범위 내에서 그 후에 사망한 다른 일방의 합장을 위하여 쌍분(雙墳) 형태의 분묘를 설치하는 것도 허용되지 않는다(대법원 1997. 5. 23. 선고 95다29086 판결).

자기 소유의 토지 위에 분묘를 설치한 후 토지의 소유권이 경매 등으로 타인에게 이전되면서 분묘기지권을 취득한 자가, 판결에 따라 분묘기지권에 관한 지료의 액수가 정해졌음에도 판결확정 후 책임 있는 사유로 상당한 기간 동안 지료의 지급을 지체하여 <u>지체된 지료가 판결확정 전후에 걸쳐 2년분 이상이 되는 경우에는 민법 제287조를 유추적용하여 새로운 토지소유자는 분묘기지권자에 대하여 분묘기지권의 소멸을 청구할 수 있다.</u> 분묘기지권자가 판결확정 후 지료지급 청구를 받았음에도 책임 있는 사유로 상당한 기간 지료의 지급을 지체한 경우에만 분묘기지권의 소멸을 청구할 수 있는 것은 아니다(대법원 2015. 7. 23. 선고 2015다206850 판결).

나. 토지에 소유자의 승낙 없이 분묘를 설치한 경우

타인 소유의 <u>토지에 소유자의 승낙 없이 분묘를 설치한 경우에는 20년간 평온, 공연하게 그 분묘의 기지를 점유함으로써 분묘기지권을 시효로 취득</u>한다. 「장사 등에 관한 법률」 시행일인 2001. 1. 13. 이전에 설치된 분묘에 관하여 위 법률 시행일 당시까지 20년의 시효기간이 경과하지 아니한 경우, 분묘기지권의 시효취득에 관한 관습법에 의하여 그 시효취득이 허용된다(대법원 2017. 1. 19. 선고 2013다17292 분묘철거등 전원합의체판결).

<u>분묘기지권을 시효 취득하는 경우에도 지료를 지급할 필요가 없다고 해석</u>함이 상당하다(대법원 1995. 2. 28. 선고 94다37912 판결).

20년이 넘었다는 주장은 주장자가 입증해야 한다. 통상 사망시기로 입증

한다[1].

다. 성립요건 및 성립범위

분묘기지권이 성립하기 위해서는 봉분 등 외부에서 분묘의 존재를 인식할 수 있는 형태를 갖추고 있어야 하고, 평장되어 있거나 암장되어 있어 객관적으로 인식할 수 있는 외형을 갖추고 있지 아니한 경우에는 분묘기지권이 인정되지 아니한다(대법원 1991. 10. 25. 선고 91다18040 판결).

분묘기지권은 분묘의 기지 자체뿐만 아니라 그 분묘의 설치목적인 분묘의 수호 및 제사에 필요한 범위 내에서 분묘의 기지 주위의 공지를 포함한 지역에까지 미치는 것이고, 그 확실한 범위는 각 구체적인 경우에 개별적으로 정하여야 한다(대법원 1994. 8. 26. 선고 94다28970 판결).

분묘기지부분에 대하여 소유권자로부터 분묘설치승락을 얻어 분묘를 설치하였다면 그 분묘기지부분에 대하여 분묘기지권을 취득하였다 할 것이고, 이러한 분묘기지권은 등기 없이도 제3취득자에게 대항할 수 있다(광주지법 1988. 6. 24. 선고 88나1260(본소),1277(반소) 판결).

---

1 그런데 최근 토지소유자가 꼼수를 부려 분묘굴이 소송을 제기하면서, 소장을 공시송달로 하는 경우가 있고, 이 경우는 분묘소유자는 아예 입증기회가 없으므로, 패소를 하는 경우가 있다. 이 경우 토지소유자는 형사처벌을 감수하여야 할 것이다.

라. 존속기간 등

분묘기지권의 존속기간에 관하여는 민법의 지상권에 관한 규정에 따를 것이 아니라 당사자 사이에 약정이 있는 등 특별한 사정이 있으면 그에 따를 것이며, <u>그러한 사정이 없는 경우에는 권리자가 분묘의 수호와 봉사를 계속하며 그 분묘가 존속하고 있는 동안은 분묘기지권은 존속한다고 해석함이 타당하므로 민법 제281조에 따라 5년간이라고 보아야 할 것은 아니다</u>(대법원 1994. 8. 26. 선고 94다28970 판결).

마. 침해 시 대응방법

<u>이를 침해 받는 분묘수호자는 분묘에 대하여 가지는 지상권 유사의 물권에 기한 방해배제청구권을 행사할 수 있다</u>(대법원 1986. 3. 25. 선고 85다카2496 판결).

공사를 시행하는 자가 분묘의 축대 가까지 흙을 파냄으로 그 분묘의 축대가 무너질 위험이 있게 되었다면 분묘소유자에게는 그 자체로서 이미 그 위험방지에 필요한 축대설치 등에 소요되는 비용상당의 손해가 발생한 것이다(대법원 1979. 2. 13. 선고 78다2338 판결).

제 5 장

인도·철거 소송 관련가처분

1 가처분을 하여야 하는 이유
2 점유이전금지가처분
3 인도·철거·수거단행가처분
4 처분금지가처분
5 출입금지가처분

01 가처분을 하여야 하는 이유

낙찰을 받고 대금을 납부한 후에 인도를 받아야 한다. 그런데 인도를 받기 위해서는 합의에 의하거나 인도명령이나 인도소송을 통한 강제방법을 통하여야 한다. 강제방법으로 인도를 하여야 할 경우 낙찰 받은 부동산의 점유자가 변경되면, 다시 신청이나 소송을 하여야 하는 번거로움이 있다.

부동산의 점유자는 인도를 거부하거나 지연하기 위하여 고의로 점유를 변경하므로 점유자를 고정시키기 위해서 점유이전금지가처분을 실시하여야 한다. 그럼에도 불구하고 채무자가 점유를 이전한 경우에 가처분채권자는 본안 판결의 집행단계에서 승계집행문을 부여 받아 그 제3자의 점유를 배제할 수 있다.

부연설명하면, 점유이전금지가처분은 그 목적물의 점유이전을 금지하는 것으로서, 그럼에도 불구하고 점유가 이전되었을 때에는 가처분채무자는 가처분채권자에 대한 관계에 있어서 여전히 그 점유자의 지위에 있는 것일 뿐 목적물의 처분을 금지 또는 제한하는 것은 아니다(대법원 1987. 11. 24. 선고 87다카257 판결). 또한 <u>점유가 이전되었을 때에는</u> 가처분채무자는 가처분채권자에 대한 관계에 있어서 여전히 그 점유자의 지위에 있다는 의미로서의 당사자 항정의 효력이 인정될 뿐이므로, 가처분 이후에 매매나 임대차 등에 기하여 가처분채무자로부터 점유를 이전받은 제3자에 대하여 가처분채권자가 가처분 자체의 효력으로 <u>직접 퇴거를 강제할 수는 없고, 가처분채권자로서는 본안판결의 집행단계에서 승계집행문을 부여받아서 그 제3자의 점유를 배제할 수 있을 뿐이다</u>(대법원 1999. 3. 23. 선고 98다59118 판결).

인도소송은 시간이 많이 소요되므로 <u>인도단행가처분</u>을 제기하는 경우도 있다. 그러나 실무적으로 인도단행가처분은 왠만해선 인용해 주지 않는 경향이다. 인도단행가처분이란 가처분으로서 인도목적을 최종적으로 달성할 수 있는 가처분이므로, 법원에서 엄격하게 판단하기 때문이다.

경우에 따라서는 <u>출입금지가처분</u>을 하기도 한다.

가처분은 비용이 적게 들며, 기간은 통상 10일 내지 20일 정도 소요된다.

02 점유이전금지가처분

가. 피 보전권리

부동산에 대한 인도청구권을 보전하기 위한 다툼의 대상에 관한 가처분의 일종으로서, 목적물의 주관적(인적), 객관적(물적) 현상변경을 금지하고자 함을 목적으로 한다.

민사소송법은 당사자 승계주의를 취하고 있어 변론종결 전의 승계인에게는 판결의 효력이 미치지 아니하므로 인도청구의 본안소송 중 목적물의 점유가 이전되면 그대로 본안소송에서 패소할 수밖에 없고, 따라서 새로이 그 제3자를 상대로 하여 소송을 제기하든가 아니면 민사소송법 제82조 등에 의하여 위 제3자에게 소송을 인수시켜 소송을 유지할 수밖에 없다. 그러나 점유이전금지가처분을 받아 두면 그 이후에 점유를 이전받은 자는 가처분채권자에 대항할 수 없고, 당사자가 항정 되므로, 위와 같은 불측의 손해를 예방할 수 있다.

또한 이 가처분은 가처분 집행당시의 목적물의 현상을 본 집행 시까지 그대로 유지함을 목적으로 한다. 즉, 목적물에 관하여 객관적 현상변경(물리적 변경)이 이루어지면 채권자가 승소의 확정판결을 얻어도 변경 후의 목적물의 현상이 판결에서 표시된 물건과 동일성을 잃을 정도의 것이면 그 판결에 기한 강제집행은 불능이 되고 동일성을 잃을 정도까지는 되지 않는다 하더라도 집행에 더 많은 비용이 필요하게 되는 등 강제집행이 곤란하게 될 염려가 있다. 채무자가 본안소송에서 토지, 건물 등의 목적물에 변경을 가하고는 이를 이유로 비용상환청구권(민법 제203조) 등의 행사에 의한 유치권의 항변을 할지도 모르므로 이를 방지하기 위하여서도 이 가처분은 필요하게 된다.

피 보전권리는 건물퇴거, 토지인도청구권이다. 타인의 토지 위에 무단으로 건축된 건물의 철거의무를 지는 자는 그 건물의 소유권자 또는 그 건물이 미등기건물인 때에는 이를 매수하여 법률상·사실상 처분할 수 있는 지위에 있는 사람이 되므로 건물철거, 토지인도청구권의 경우에는 건물과 토지에 대한 점유이전금지가처분만으로는 그 목적을 달성할 수 없고, 건물에 대하여 처분금지가처분을 하여야 한다(대법원 1987. 11. 24. 87다카257, 258 참조).

나. 보전의 필요성

보전의 필요성이란 채무자가 목적물에 대한 물적 현상을 변경하거나 점유를 이전할 우려가 있어 미리 가처분을 해두지 않으면 현상변경으로 채권자가 인도청구권을 실행하지 못하거나 이를 실행하는 것이 매우 곤란할 염려가 있는 것을 말한다.

다. 신청

가처분신청을 할 때는 목적부동산을 특정하여야 한다. 가처분의 집행방법으로서 등기를 요하지 아니하므로 미등기부동산이라도 그 목적물이 될 수 있다. 부동산의 일부를 목적물로 삼을 때에는 도면, 사진 등으로 그 계쟁부분을 특정하여야 한다. 그러나 그 특정의 정도는 가처분의 범위를 정할 수 있는 정도면 족하므로 정확한 측량도면을 첨부할 필요는 없다. 간혹 채무자가 점유하는 부분을 정확히 알 수 없다고 주장하면서 건물 전체에 관한 점유이전금지가처분을 구하는 경우가 있으나, 공동점유에 있어서 점유 부분을 구체적으로 구분하기 어려운 경우와 같이 예외적인 경우가 아닌 한 허용하지 아니하는 것이 실무이다.

점유이전금지가처분의 담보공탁금은 통상 목적물 가액의 1/20로 정하는 것이 실무이므로 목적물 가액을 계산할 수 있는 자료를 첨부하여야 한다.

부동산점유이전금지 가처분신청

채 권 자
채 무 자

목적물의 가액

금 000원,

피 보전권리의 요지

대금납부에 의하여 취득된 소유권에 기한 목적물인도청구권

가처분할 목적물의 표시

별지 부동산 목록 기재와 같음

신 청 취 지

1. 채무자는 별지 목록 기재 부동산에 대한 점유를 풀고 채권자가 위임하는 집행관에게 그 보관을 명한다.
2. 채무자는 그 점유를 타인에게 이전하거나 또는 점유명의를 변경하여서는 아니된다.
3. 집행관은 위 명령의 취지를 적당한 방법으로 공시하여야 한다.
라는 재판을 구합니다.

신 청 이 유

1. 채권자는 별지 목록 기재 부동산을 ㅇㅇ지방법원 20ㅇㅇ타경 1234호 부동산임의경매신청사건에 관한 매수인으로 20ㅇㅇ. 5. 15. ㅇㅇ지방법원 매각허가결정을 원인으로 같은 해 7. 1. 매각대금을 완납하여 소유권이전등기를 마친 소유자입니다.

2. 그런데 채무자는 채권자에게 위 부동산을 명도하여야 할 의무가 있음에도 불구하고 채권자의 인도요구에 계속 불응하고 있어 본안의 소를 제기하려고 준비 중에 있으나 채무자는 언제 또 다시 점유를 제3자에게 이전할지 모르는 형편이며, 만약 점유를 제3자에게 이전되는 경우 채권자가 후일 위 소송에서 승소한다고 할지라도 현저히 집행이 곤란하거나 집행이 불가능하게 될 염려가 농후하므로 본 신청에 이른 것입니다.

3. 담보제공에 관하여는 서울보증보험 주식회사와 지급보증위탁계약을 체결한 문서로서 제출하는 방법에 의할 수 있도록 허가하여 주시기 바랍니다.

첨 부 서 류

 1. 낙찰허가결정 사본   1통
 1. 부동산인도명령결정 사본   1통
 1. 부동산인도집행불능조서(집행관)   1통
 1. 부동산등기부등본   1통
 1. 주민등록초본   2통
 1. 목록   5통
 1. 위임장   1통

       20ㅇㅇ. ㅇ. .
       위 채권자

ㅇㅇ지방법원 귀중

라. 주문 례

1. 채무자는 별지 목록 기재 부동산에 대한 점유를 풀고 이를 채권자가 위임하는 집행관에게 인도하여야 한다.
2. 집행관은 현상을 변경하지 아니할 것을 조건으로 하여 채무자에게 이를 사용하게 하여야 한다.
3. 채무자는 그 점유를 타인에게 이전하거나 또는 점유명의를 변경하여서는 아니 된다.
4. 집행관은 위 명령의 취지를 적당한 방법으로 공시하여야 한다.

◉ 서울중앙지방법원 2017. 8. 25.자 2017카단810797 결정 례

주 문

채무자는 별지목록기재 부동산에 대한 점유를 풀고 채권자가 위임하는 집행관에게 인도하여야 한다.

집행관은 현상을 변경하지 아니할 것을 조건으로 하여 채무자에게 이를 사용하게 하여야 한다.

채무자는 그 점유를 타인에게 이전하거나 또는 점유명의를 변경하여서는 아니된다.

집행관은 위 명령의 취지를 적당한 방법으로 공시하여야 한다.

마. 집행과 그 효력

채권자가 가처분재판의 정본을 가지고 집행관에게 집행을 위임함으로써 집행한다. 집행관은 채권자, 채무자 또는 그 대리인의 참여하에 목적물이 집행관의 보관 하에 있음을 밝히는 공시를 목적물의 적당한 곳에 붙이고 채무자에게 가처분의 취지를 고지함으로써 집행을 실시한다. 이 공시는 집행관

보관의 효력의 발생, 존속요건이 아니고 또한 대항요건도 아니며, 단지 제3자의 개입에 의하여 집행상태의 침해라든가 효과의 감소를 방지하고, 나아가 본안판결의 집행에 의하여 불이익을 입을지도 모른다는 취지를 제3자에 경고하는 효과를 가지는데 지나지 아니한다. 다만 <u>이 공시를 손괴하면 형법 제140조 등이 적용된다. 집행관이 그 집행을 하면 집행조서를 작성한다.</u>

통상의 점유이전금지가처분은, 가처분집행 당시의 목적물의 현상을 본 집행 시까지 그대로 유지함을 목적으로 하여 그 목적물의 점유이전과 현상의 변경을 금지하는 것에 불과하여, 이러한 가처분결정에도 불구하고 점유가 이전되었을 때에는 가처분채무자는 가처분채권자에 대한 관계에서 여전히 그 점유자의 지위에 있는 것으로 취급되는 것일 뿐 가처분집행만으로 소유자에 의한 목적물의 처분을 금지 또는 제한하는 것은 아니다.

건물의 점유이전금지가처분 채무자가 그 가처분의 집행 취지가 기재된 고시문이 그 가처분 목적물에 부착된 이후 제3자로 하여금 그 건물 중 일부에서 영업을 할 수 있도록 한 경우, 공무상표시무효죄가 성립한다(대법원 2004. 10. 28. 선고 2003도8238 판결).

	강 제 집 행 신 청 서 ○○지방법원 집행관사무소 집행관 귀하					
채권자	성명	○○○	주민등록번호 (사업자등록번호)	○○○-○○○	전화번호	
					우편번호	
	주소	경기도 ○○시 ○○구 ○○○, ○층(○○○동)				
	대리인	성명(법무법인 강산 담당변호사 ○○○) 주민등록번호(○○○○○○-○○○○○○○)			전화번호	02-592-6390 010-○○○-○○○
채무자	성명	1. 공○○ 2. 김○○	법인등록번호 (사업자등록번호)	1.450517-2820414 2.	우편번호	
	주소	1. 창원시 ○○구 ○○○로 ○○-○(○○동 ○○-○) 2. 안양시 ○○○구 ○○○로 ○○○, ○층 ○○○호(○○동 ○○-○○)				
집행목적물 소재지	별지1. 기재 참조					
집행권원	2017카단 ○○○○○호 부동산점유이전금지가처분					
집행의 목적물 및 집행방법	동산압류, 동산가압류, 동산가처분, 부동산점유이전금지가처분, 건물명도, 철거, 부동산인도등, 자동차인도, 기타( )					
청구금액	원(내역은 뒷면과 같음)					

위 집행권원에 기한 집행을 하여 주시기 바랍니다.
※ 첨부서류
1. 집행권원　　　1통　　　　　　2017. ○. .
　　　　　　　　　　　　채권자 ○○○
　　　　　　　　대리인 법무법인 강산(담당변호사 ○○○)(인)/담당직원 ○○○

※특약사항 1. 본인이 수령할 예납금잔액을 본인의 비용부담하에 오른쪽에 표시한 예금계좌에 입금하여 주실 것을 신청합니다. 　　　　　채권자 대리인 법무법인 강산 　　　　　　담당변호사 ○○○ (인)	예금계좌	개설은행	○○은행
		예금주	○○○
		계좌번호	○○○-○○-○○○

2. 집행관이 계산한 수수료 기타 비용의 예납통지 또는 강제집행 속행의사 유무 확인 촉구를 2회 이상 받고도 채권자가 상당한 기간 내에 그 예납 또는 속행의 의사표시를 하지 아니한 때에는 본건 강제집행 위임을 취하한 것으로 보고 종결 처분하여도 이의 없습니다.
　　　　　　　　　　　　　　　채권자 대리인 법무법인 강산(담당 변호사 ○○○) (인)
　　　　　　　　　　　　　　　서울 서초구 서초중앙로 119, 3층(서초동 세연타워)

바. 현상변경시의 조치

(1) 객관적 현상변경의 경우
(가) 의의

점유이전금지가처분이 있으면 채무자는 목적물의 객관적 현상변경을 할 수 없다. 어느 정도까지의 현상변경이 객관적 현상변경으로 허용되지 않는 것인가는 가처분의 목적과 관련하여 구체적으로 결정할 수밖에 없는바, ① 목적물인 건물을 증·개축하여 동일성을 상실하게 하는 것, 동일성은 상실하지 않더라도 과다한 유익비의 상환의무를 부담시키는 것, 본래의 용도에 맞지 않게 개조하는 것 등과 나대지(裸垈地) 상에 건물을 축조하는 것, 임야를 개간하여 대지화 시키는 것 등은 현상변경에 해당하나, ② 단순히 목적물의 현상을 보존하기 위하여 수선을 한다거나 점포 등의 내부 장식을 바꾸는 정도 등은 현상변경에 해당하지 않는다.

가장 문제가 되는 것은, 예를 들어 컨테이너의 경우, 측량감정까지 하여 점유이전금지가처분을 집행한 이후에 채무자가 목적물을 주변으로 옮기는 경우이다.

(나) 원상회복의 가부(可否)와 방법

채무자가 가처분에 위반하여 목적물의 현상을 객관적으로 변경한 경우 집행관이 채무자에 대하여 원상회복을 경고하는 것은 가능할 것이다. 문제는 채무자가 이러한 집행관의 경고에 따르지 아니할 경우 집행관이 그 변경을 제거하여 원상회복할 수 있느냐 하는 것이다. 이에 관하여는 ① 언제든지 자력으로 할 수 있다는 견해(집행관 제거설) ② 이 가처분의 취지를 채무자에 대하여 현상변경의 부작위의무를 과한 것으로 보고 부작위의무에 관한 강제집행방법(법 제260조)을 준용하여 민법 제389조 제3항[1]에 기한 수권결정[2]을 얻어 원상회복의 강제집행을 할 수 있다는 견해(집행명령설), ③ 새로운 가처분에 의하여야 한다는 견해(신가처분명령설), ④ 현상이 변경중이거나 변경 직후인 때에는 자력구제가 가능하나 이미 기정사실화 되었을 때에는 위 집행명령이 필요하다는 견해(절충설) 등이 있으나, ②의 견해가 타당하다고 할 것이다.

다만 수권결정을 받는데 너무 시간이 걸려 보전의 필요성이 있는 경우에는 제2차 가처분의 신청도 허용된다고 할 것이다.

(다) 채무자 퇴거의 가부(可否)와 방법

채무자가 목적물의 객관적 현상을 변경한 경우(주관적 현상을 변경한 경우, 특히 그 점유의 일부를 제3자에게 이전한 경우에도 같은 문제이다), 이를 사용허가조건 위반이라고 하여 채무자의 사용을 금하고 집행관이 직접 보관할 수 있는가가 문제이다.

이에 관하여는 적극설과 소극설이 있고, 소극설에는 ① 민사집행법 제260

---

1 민법 제393조 제3항 : 그 채무가 부작위를 목적으로 한 경우에 채무자가 이에 위반한 때에는 채무자의 비용으로써 그 위반한 것을 제각하고 장래에 대한 적당한 처분을 법원에 청구할 수 있다.
2 민사집행법 제260조(대체집행) ①민법 제389조제2항 후단과 제3항의 경우에는 제1심 법원은 채권자의 신청에 따라 민법의 규정에 의한 결정을 하여야 한다. ②채권자는 제1항의 행위에 필요한 비용을 미리 지급할 것을 채무자에게 명하는 결정을 신청할 수 있다. 다만, 뒷날 그 초과비용을 청구할 권리는 영향을 받지 아니한다. ③제1항과 제2항의 신청에 관한 재판에 대하여는 즉시항고를 할 수 있다.

조, 민법 제389조 제3항의 집행명령을 얻어야 한다는 집행명령설과 ② 집행관보관의 새로운 가처분이 있어야 한다는 신가처분명령설이 있다. 신가처분명령설은 근거로서 점유이전금지가처분은 목적물에 대한 현상유지를 목적으로 하는데 그치고, 그 변경결과를 제거하는 것만으로 충분하며, 위 가처분명령에는 채무자를 퇴거시키는 주관적 변경까지 할 수 있다는 취지는 포함되어 있지 아니하고, 또한 민법 제389조 제3항의 '장래에 대한 적당한 처분'에 해당된다고 보기도 어려워 집행명령설을 취함은 부당하다는 것을 들고 있다. 소극설 중에서도 이 신가처분명령설이 타당하다고 할 것이다.

(라) 본안소송에 미치는 효과

목적물의 객관적 현상변경을 금지하고자 하는 목적을 가진 이 가처분의 효력은 채무자의 그 후의 위반행위를 채권자와의 관계에서 무효로 하고 또한 금지하는 것이므로 이는 본안소송에서도 당연히 고려되어야 한다. 예를 들어, 피고(채무자)가 가처분명령에 위반하여 목적물에 관하여 객관적 현상을 변경하여 필요비, 유익비 등의 상환청구권에 기한 유치권항변을 하거나 매수청구권 행사에 의한 명도거절의 항변을 하는 경우, 피고는 가처분집행 후의 현상변경을 원고에게 유효하게 주장할 수 없으므로 현상변경에 해당하는 한도에서 이러한 항변을 주장할 수 없게 된다.

현상 변경의 결과 목적물이 동일성이 상실된 경우 본안소송에서 청구취지 등을 변경할 필요가 있는가. 가처분 후의 현상변경은 채권자에게 대항할 수 없는 것이기는 하나 집행법상 구(舊)목적물을 표시한 본안판결을 집행권원으로 하여 신(新)목적물에 대하여 집행할 수 없고, 또한 본안판결이나 가처분명령에 관하여 주관적 변경에 있어서의 승계집행문과 같은 방법도 취할 수 없으며, 일단 발령된 가처분명령을 변경하는 방법도 마땅치 않으므로 결국 본안소송에서 청구취지를 신목적물로 변경할 수밖에 없고 이를 게을리 하면 본 집행은 불능으로 된다.

즉, 가처분 후 현상변경이 있으면 즉시 청구취지를 변경하여야 한다. 대신에 현상을 변경한 채무자는 공무상표시무효죄 등으로 처벌을 받아야 할 것이다. 앞에서 든 예처럼 컨테이너 적치장소를 임의로 변경시켰다면 다시 측량을 실시하여 가처분을 받고, 이때는 채무자에게 사용을 허가하지 않고 집행관 보관만을 명하는 가처분을 받아야 한다.

(2) 주관적 현상변경의 경우
(가) 의의
집행관 보관 채무자 사용형의 가처분이 집행된 뒤에 채무자가 임대·전대·임차권양도· 사용대차·매도·증여 등으로 제3자에게 목적물의 전부 또는 일부의 점유를 이전하거나 제3자가 채무자의 의사와는 상관없이 점유하게 된 것을 말한다.

(나) 제3자에 대한 퇴거의 강제
주관적 현상변경의 경우 본 집행 전 가처분단계에서 점유취득자인 제3자의 퇴거를 강제할 수 있는가, 있다면 어떠한 방법에 의하여야 할 것인가.

점유이전금지가처분은 그 목적물의 점유이전을 금지하는 것으로서 그럼에도 불구하고 점유가 이전되었을 때에는 가처분채무자는 가처분채권자에 대한 관계에 있어서 여전히 그 점유자의 지위에 있다는 의미로서의 당사자 항정의 효력이 인정될 뿐, 가처분 이후에 매매나 임대차등에 기하여 가처분채무자로부터 점유를 이전받은 제3자에 대하여 가처분채권자가 가처분 자체의 효력으로 직접 퇴거를 강제할 수는 없고, <u>가처분채권자로서는 본안판결의 집행단계에서 승계집행문을 부여받아서 그 제3자의 점유를 배제할 수 있다</u>(대법원 1999. 3. 23. 선고 98다59118).

(다) 본안소송에 미치는 효과

점유이전금지가처분이 있었음에도 점유가 이전되었을 때에는 가처분채무자는 가처분채권자에 대한 관계에서 여전히 점유자의 지위에 있고, 따라서 가처분채권자는 가처분채무자의 점유상실을 고려하지 아니하고 가처분채무자를 피고로 한 채로 본안소송을 계속할 수 있다(대법원 1987. 11. 24. 87다카257, 대법원 1966. 7. 26. 선고 66다1060). 그러나 가처분채무자가 가처분채권자가 아닌 제3자에 대한 관계에서도 점유자의 지위에 있다고 볼 수는 없다(대법원 1996. 6. 7.자 96마27 결정).

사. 점유이전금지가처분 집행 노하우

(1) 강제집행신청 전 검토사항

(가) 집행대상 목적물과 현황 재확인

- 신청 시, 법원결정문 작성 시 각 오기, 오타가 발생하기 쉬움.
- 동, 층, 향, 건물 일부에 대한 공부상(건축물대장, 등기부등본) 표시와 실제 사

람들의 표시방법이 다른 경우가 있을 수 있음.
- 이런 경우 집행이 불가능함. 집행과정에서 비로소 확인될 경우 가처분집행기간(14일) 내 보정하는 것이 사실상 불가능하게 되므로, 결정문 수령 시 경정대상이 있는지 꼭 확인하여야 함.

(나) 특정의 정도
- 물건(건물)의 일부가 집행대상인 경우 도면을 제출해야 하고, 이때의 도면은 측량, 설계도면을 제출할 필요는 없고, 비율과 위치가 특정되면 족하므로 수기로 작성해도 됨(엄격한 잣대 기준 : 철거집행 > 명도집행 > 가처분집행).

◈ 〈예시문〉

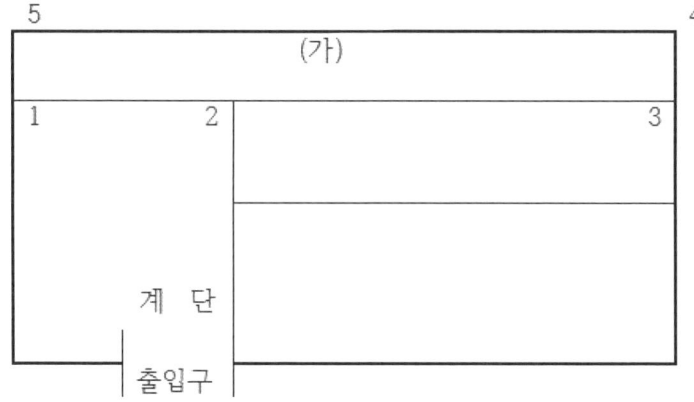

(2) 강제집행 준비

(가) 서류접수
- 기본서류 : 강제집행신청서, 집행권원(판결문 등).

- 추가서류 : 법원에 따라서는 채무자별 주소지와 집행대상 소재지를 구분해서 추가 제출하도록 요구하는 경우가 있음(미제출시 기본 서류 불수리). 이 경우 접수증, 납부영수증을 발급해 주지 않아 집행이 늦어지게 됨.

◆ 〈예시문〉

순번	채무자	채무자 주소지	집행물건 소재지
1	공○○ (소유자)	창원시 ○○구 ○○로 ○○○-○(○○동 ○○-○)	안양시 ○○구 ○○동 ○○-○ 위 지상 건물 2층 203호
2	김○○ (세입자)	안양시 ○○구 ○○로 ○○○, ○층 ○호 (○○동 ○○-○○)	안양시 ○○구 ○○동 ○○-○ 위 지상 건물 2층 203호 중 일부 [별지 3. 도면 표시 1, 2, 3, 4, 5, 1.의 각 점을 순로 연결한 선내 (가)부분 약 35㎡] (별지 2. 부동산목록 및 별지 3. 도면 참조)

(나) 집행비용 납부

- 강제집행 신청서 수리 시 당일 집행관실 접수창구에서 접수증, 납부영수증을 발급해 줌, 납부영수증을 이용해 은행에 강제집행비용 납부.

(다) 집행준비

① 집행관사무실과 집행일정 협의.

② 열쇠공

- 채무자 부재중 개문(開門)해야 하므로, 열쇠공을 부를지 미리 결정해야 함
- 통상 집행관실과 연계된 열쇠공 사무실이 있고, 미리 열쇠공에게 법원 집행부, 일시를 고지해야 함.
- 출장시 개문여부와 상관없이 채무자당 3만원, 개문시 열쇠종류에 따라 추

가비용 발생(출장비 + 비도어락의 경우 5만원, 도어락의 경우 10만원 추가)[3]
- 비용절감 위해 미리 채무자에게 집행일시와 참석을 요구하는 것도 한 방법임. 단, 이 경우 기존 채무자가 채무자를 변경하거나 제3자를 내세우는 등 집행불능에 악용할 우려도 있는 만큼 상황에 맞게 선택하는 것이 좋음.

③ 증인 - 채무자 부재 시
- 채무자 부재 시 개문 및 가처분집행을 위해 증인 2인 대동해야 함.
- 채권자 측에서 참석이 어려울 경우 열쇠공에게 증인(아르바이트)을 섭외해 달라고 부탁하여 처리하는 경우가 있음. 1인당 4만원.

(3) 강제집행 불능 시 활용방법
- 강제집행이 불능(사유 : 인적, 물적 대상이 불특정 되거나 불일치) 되더라도 당황하지 말고 불능사유를 집행조서에 상세히 기재하도록 요구하는 것이 바람직 함.
- 집행관은 집행목적물에 출입하여 조사할 권한이 있으므로 집행현장에서 증거(각종 고지서, 신분증 등)를 수집하고, 이를 집행조서에 남기도록 요구함으로써 다음 강제집행을 준비할 수 있음.

---

3 금액은 법원에 따라, 집행관에 따라, 다소 다르므로, 여기에 기재된 금액은 참고자료 정도로 생각하여야 한다.

03 인도·철거·수거단행 가처분

가. 총 설

(1) 부동산의 인도청구권을 보전하기 위하여 또는 다툼이 있는 부동산의 권리관계에 대하여 임시의 지위를 정하기 위하여 부동산의 점유를 채권자에게 이전할 것을 명하는 만족적 가처분이다. 건물명도청구권의 보전을 위하여 집행관보관·채권자사용형의 가처분을 하는 것이 권리보전의 범위를 일탈하는 것으로 볼 수 없다(대법원 1964. 7. 16. 선고 64다69). 철거 또는 수거단행가처분은 그 이행을 명하는 의무의 성질이 대체적작위채무로서 그 집행방법은 민법 제389조 제2항 후단, 민사집행법 제260조에 의하여야 한다.

(2) 실무상 인도단행가처분은 본안소송의 제기 없이 가처분만을 신청하기도 하나 본안소송의 제기와 동시에 가처분을 신청하는 경우도 상당수에 이른다. 그러나 인도단행가처분이 집행되면 가처분채권자는 사실상 본안소송에 의하여 실현하려는 목적을 달성하는 반면, 가처분채무자는 본안소송에서 다투어 볼 기회조차 없이 부동산에 대한 현재의 이용 상태를 박탈당하여 생활이나 영업에 막대한 지장을 받을 위험이 있으므로 <u>실무상 이를 인용하는 예는 그리 많지 않고</u>, 일단 강제집행이 마쳐진 건물에 채무자가 침입하여 점유를 하거나 불법적인 점유침탈이 이루어진 직후와 같은 경우에 예외적으로 허용되고, 인도청구권의 실현은 본안판결에 기한 강제집행에 의하는 것이 원칙이다. 또한 건물철거단행가처분이 집행되면 원상회복이 불가능하게 되는 점 때문에 실무상 이를 인용하는 경우가 많지 않다.

나. 심리

(1) 피 보전권리와 보전의 필요성에 대한 심사

단행가처분이므로, 피 보전권리는 물론 보전의 필요성에 대한 고도의 소명이 있어야 한다, 채무자의 항변이 인정되지 않는 무조건의 인도청구권의 존재가 명백하여 단행가처분의 집행으로 인하여 채무자의 정당한 권리가 침해될 가능성을 상정하기 어렵고, 본안판결을 기다려 이에 기한 인도집행을 하도록 할 경우 채권자에게 회복하기 어려운 손해가 발생할 위험이 있거나 채권자에게 가혹한 부담을 지우는 결과에 이르게 된다는 사정이 존재하여야 한다.

인도단행가처분의 보전의 필요성이 인정되는 예로는 <u>인도집행 후 재침입한 경우, 한 두 세대의 인도거부로 말미암아 재건축사업이 지연되는 경우, 인도를 둘러싼 분쟁 중에 합의가 이루어져 합의금이 지급된 후에도 인도를 거부하고 있는 경우, 채권자가 장래의 건물이용계획을 세워 두고 채무자에게 한시적으로 건물의 사용을 허락하였는데 채무자가 당초의 건물 이용계획에 따른 인도요구에 불응하는 경우</u> 등을 들 수 있다.

(2) 심리 방법

가처분의 목적을 달성할 수 없는 사정이 있는 때를 제외하고는 <u>원칙적으로 변론기일이나 채무자가 참석할 수 있는 심문기일을 연다</u>(법 제304조).

인도단행가처분 등의 심리가 장기화되면 보전의 필요성에 대한 판단이 어려워지므로 신속히 심문기일을 지정하여 줄 것을 법원에 요구하여야 한다.

(3) 보증액

건물인도(또는 퇴거)단행가처분은 채무자의 생활이나 영업을 위협하는 바가 크므로 보증액을 정함에 있어서는 채무자가 건물로부터 퇴거당함으로 인하여 입는 손해(예컨대, 다른 건물에 거주하기 위하여 필요한 비용, 상인의 경우는 그 건물에서 퇴거당함으로 인하여 입는 영업상의 손해)를 표준으로 보증액이 정해진다. 즉, 건물의 가액을 표준으로 하지 않는다. 철거단행가처분에 있어서는 방해물건의 가액 및 채무자의 계쟁토지에 대한 권리의 가액을 표준으로 하여 보증액이 정해진다.

다. 주문

집행관보관방식에 의한 경우와 <u>본안 판결 주문 방식</u>에 의한 경우가 있다. 종래에는 전자의 방식을 많이 사용하였으나 최근에는 대부분 후자의 방식을 사용하고 있다.

(1) 집행관보관방식에 의한 경우 중 채권자 사용형

> 1. 채무자는 별지목록 기재 부동산에 대한 점유를 풀고 이를 채권자가 위임하는 집행관에게 인도하여야 한다.
> 2. 집행관은 현상을 변경하지 아니할 것을 조건으로 하여 채권자에게 이를 사용하게 하여야 한다.
> 3. 채권자는 그 점유를 타인에게 이전하거나 점유명의를 변경하여서는 아니 된다.
> 4. 집행관은 위 취지를 공시하기 위하여 적당한 방법을 취하여야 한다.

(2) 본안판결 주문방식에 의한 경우

(가) 인도형

> 채무자는 채권자에게 별지목록기재 부동산을 인도하라.

> 채무자는 채권자에게 20 . . .까지 별지목록기재 부동산을 (임시로) 인도하라.

◉ 수원지방법원 평택지원 2017. 5. 1.자 2017카합1008 결정

주 문

1. 채무자는 별지 목록 기재 건물에서 퇴거하라.
2. 제1항은 채권자가 채무자를 위한 담보로 100,000,000원을 공탁하거나 위 금액을 보험금액으로 하는 지급보증보험증권을 제출하는 것을 조건으로 한다.
3. 소송비용은 채무자가 부담한다.

(나) 철거와 대지인도의 결합형

1. 채무자는 채권자에게 별지목록기재 토지 위에 건립된 별지목록기재 가건물을 철거하고 위 토지를 (임시로) 인도하라.
2. 채무자가 이 명령 송달 일부터 ㅇ일 내에 위 가건물을 철거하지 않을 때에는 채권자는 집행관에게 위임하여 채무자의 비용으로 이를 철거하게 할 수 있다.

라. 집행

(1) 개요

직접 인도를 명하는 가처분은 부동산의 인도청구권의 강제집행방법에 의한다. 철거를 명하는 가처분에 대체집행의 수권이 포함되어 있으면 따로 수권을 받을 필요가 없으나 대체집행의 수권이 없으면 대체집행의 신청을 하여 집행한다.

집행관보관·채권자사용형은 일반 점유이전금지가처분의 방법에 의하지만 채무자의 점유를 현실로 해제하고 인도받아야 하므로 인도청구권의 강제집행방법과 같이 집행한다.

(2) 가처분의 집행과 본안소송의 관계

단행가처분의 집행에 의하여 피 보전권리가 실현된 것과 마찬가지의 상태가 사실상 달성되었다 하더라도 그것은 어디까지나 임시적인 것에 지나지 않고, 가처분이 집행됨으로써 그 목적물이 채권자에게 인도되었다 하더라도 본안소송에서는 그와 같은 잠정적인 상태를 고려함이 없이 그 목적물의 점유는 채무자에게 있는 것으로 보고 재판한다(대판 1996. 12. 23. 선고 95다25770).

(3) 가처분의 집행정지 등

건물인도, 토지인도, 건물철거 등 이행소송을 본안으로 하는 단행가처분에 대하여 이의신청 또는 상소가 있는 경우에, 이의신청 또는 상소의 이유로 주장한 사유가 법률상 정당한 이유가 있다고 인정되고 사실에 대한 소명이 있으며, 그 집행에 의하여 회복할 수 없는 손해가 생길 위험이 있다는 사정에 대한 소명이 있는 때에는, 법원은 당사자의 신청에 따라 담보를 제공하게 하거나 담보를 제공하게 하지 아니하고 가처분의 집행을 정지하도록 명할 수 있고, 담보를 제공하게 하고 집행한 처분을 취소하도록 명할 수 있다(법 제309조).

그 외 일반적인 집행취소사유가 있을 경우 그 집행취소가 가능함은 물론이다.

(4) 가처분의 취소와 원상회복

단행가처분의 집행이 완료된 뒤라고 하더라도 가처분집행에 의하여 인도된 물건의 반환이 가능한 경우가 있고 위법한 가처분결정에 기한 부당한 결과는 간이하고도 신속하게 원상으로 복귀시킬 필요가 있기 때문에 이 가처분에 있어서도 가처분취소재판을 할 수 있음은 물론, 가처분을 취소하는 재판에서 채무자의 신청에 따라 채권자에 대하여 가처분에 기초하여 인도받은 물건의 반환을 명하는 원상회복재판을 할 수 있다(법 제308조).

마. 인도단행가처분신청서

(1) 주택인도단행가처분신청서

주택인도단행가처분신청

채권자 ○○○

채무자 ◇◇◇

목적물의 표시

별지목록 기재와 같습니다.

목적물의 가격

금 00원

피보전권리의 요지

소유권에 기한 인도청구권

신 청 취 지

1. 채무자는 채권자소유의 별지목록 기재 부동산에 대한 점유를 풀고 이를 채권자가 위임하는 귀원 소속 집행관에게 인도하여야 한다.
2. 집행관은 현상을 변경하지 아니할 것을 조건으로 하여 채권자에게 이를 사용하게 하여야 한다.
3. 채권자는 그 점유를 타인에 이전하거나 점유명의를 변경하여서는 아니 된다.
4. 집행관은 위 취지를 공시하기 위하여 적당한 방법을 취하여야 한다.
5. 소송비용은 채무자의 부담으로 한다.

라는 재판을 구합니다.

신 청 원 인

1. 채권자는 별지 목록 기재 부동산을 ○○지방법원 20○○타경 1234호 부동산임의경매신청사건에 관한 매수인으로 20○○. 5. 15. ○○지방법원 매각허가결정을 원인으로 같은 해 7. 1. 매각대금을 완납하여 소유권이전등기를 마친 소유자입니다.

2. 그런데 채무자는 채권자에게 위 부동산을 인도하여야 할 의무가 있음에도 불구하고 채권자의 인도요구에 계속 불응하고 있어 채권자는 막대한 피해가 발생하는 것을 막기 위하여 부득이 이 사건 신청에 이른 것입니다.(실제 실무에서는 인도지연으로 인한 피해를 상세히 서술하여야 할 것이다)

3. 한편, 이 사건 건물명도단행가처분명령의 손해담보에 대한 담보제공은 민사집행법 제19조 제3항, 민사소송법 제122조에 의하여 보증보험주식회사와 지급보증위탁계약을 맺은 문서를 제출하는 방법으로 담보제공을 할 수 있도록 허가하여 주시기 바랍니다.

소 명 방 법

1. 소갑 제1호증   낙찰허가결정 사본
1. 소갑 제2호증   부동산등기부등본

첨 부 서 류

1. 위 소명방법   각 1통
1. 송달료납부서   1통

20○○. ○. ○.

위 채권자 ○○○ (서명 또는 날인)

○○지방법원 귀중

(2) 부동산명도단행가처분 인용 결정 사례

전 주 지 방 법 원

제 5 민 사 부

결 정

사 건   2017카합1018 부동산명도단행가처분

채 권 자   A

채 무 자   1. B

2. C

3. D

4. E

주 문

1. 채권자에게,

    가. 채무자 B은 전북 A F 잡종지 5,578㎡ 지상 별지 도면 기재 (가) 부분 건물 52.5㎡를,

    나. 채무자 C은 같은 도면 기재 (나) 부분 건물 16.8㎡, (다) 부분 건물 4.95㎡, (라) 부분 건물 29.7㎡, (마) 부분 건물 35.1㎡, (바) 부분 건물 24.75㎡를,

    다. 채무자 D, E는 같은 도면 기재 (사) 부분 건물 42㎡를 각 인도하라.

2. 채무자들은 그 점유를 타에 이전하거나 점유 명의를 변경하여서는 아니 된다.
3. 집행관은 위 취지를 적당한 방법으로 공시한다.
4. 신청비용은 채무자들의 부담으로 한다.

신 청 취 지

주문과 같다.

이 유

1. 기초사실

아래와 같은 사실은 기록 및 심문 전체의 취지에 의하여 소명되거나 채권자와 채무자 D, E 사이에 다툼이 없다.

가. 채권자는 전북 A F에 있는 공설전통시장인 '○○시장'을 개설한 지방자치단체로서, 1962. 6. 22. ○○시장이 위치한 A F 잡종지 5,578㎡(이하 '이 사건 토지'라고 한다)를 취득하였고, 그 지상에 전통시장 용도의 점포용 건물(장옥) 수십 개 동을 신축하여 1964. 12. 30. 전라북도지사로부터 '○○시장'의 개설허가를 받았고, 각 점포용 건물(이하 '이 사건 건물'이라고 한다)을 상인들에게 임대하여 왔다.

나. 채권자는 이 사건 토지상에 있는 '구 재래시장'을 철거하고 그 자리에 총 5,278㎡ 규모의 '신 재래시장'을 신축하기로 하고, 그 사업기간을 2015. 4.부터 2016. 12.까지로 하는 내용의 '○○시장 현대화 사업'(이하 '이 사건 사업'이라고 한다)을 계획하고, 2013. 2. 28. 전라북도지사에게 '2014년 전통시장 및 상점가 시설현대화사업' 신청을 하여 사업자로 선정되었으며, 2015. 4. 24. 이 사건 사업 보상계획을 공고하고, 그 이후 이 사건 건물의 점포 점유자들을 상대로 협의매수 및 수용 절차를 진행하였다.

다. 채무자 B은 이 사건 건물 중 별지 도면 기재 (가) 부분 52.5㎡(이하 '(가) 부분 건물'이라고 한다)를 점유하면서 '○○닭집'이라는 상호로 점포를 운영하고 있고, 채무자 C은 같은 도면 기재 (나) 부분 건물 16.8㎡, (다) 부분 건물 4.95㎡, (라) 부분 건물 29.7㎡, (마) 부분 건물 35.1㎡, (바) 부분 건물 24.75㎡(이하 '(나) 내지 (바) 부분 건물'이라고 한다)를 점유하면서 '○○고무'라는 상호로 점포를 운영하고 있으며, 신청외 G, 채무자 D 및 E는 같은 도면 기재 (사) 부분 건물 42㎡(이하 '(사) 부분 건물'이라고 한다)를 공동점유하고 있고, G 명의로 'H'라는 상호로 점포를 운영하고 있다.

라. 채무자 B은 (가) 부분 건물의 점포에 관하여, 채무자 C은 (나) 내지 (바) 부분 건물의 점포에 관하여 채권자의 보상협의에 불응하였고, 이에 채권자는 전라북도지방토지수용위원회로부터 '사업시행자는 이 사건 사업을 위하여 채무자 B과 C이 운영하는

점포 및 그 지장물을 이전하게 하며 손실보상금은 62,107,500원(= 채무자 B에 대하여 38,677,500원 + 채무자 C에 대하여 23,430,000원)으로 하고, 수용 개시일을 2017. 2. 22. 로 한다'는 취지의 수용재결(이하 '이 사건 수용재결'이라고 한다)을 받았다. 채권자는 이에 따라 2017. 2. 16. 채무자 B에 대하여 손실보상금 38,677,500원을, 채무자 C에 대하여 손실보상금 23,430,000원을 각 공탁하였다.

마. 채권자는 (사) 부분 건물의 점포에 대하여 2015. 5. 28. G에게 영업보상금 20,250,000원을 지급하고 G로부터 지장물이전승낙서를 교부받았고, 2015. 7. 28. G의 장남으로 (사) 부분 건물에서 거주하고 있는 채무자 D에게 이사비 및 주거이전비 합계 14,797,800원을 지급하고 채무자 D으로부터 지장물이전승낙서를 교부받았으며, 2016. 1. 27. G에게 불법 증개축 부분(점포, 주택, 화장실, 까대기 등)에 대한 지장물보상금으로 26,812,200원을 지급하고 G로부터 지장물이전승낙서를 교부받고, G와 사이에 위 지장물에 대한 매매, 이전 및 철거 약정서를 작성하였다.

2. 채무자 B, C에 대한 신청에 관한 판단

가. 피보전권리에 관한 판단

1) 공익사업을 위한 토지 등의 취득 및 보상에 관한 법률(이하 '토지보상법'이라고 한다) 제43조에 의하면, 토지소유자 및 관계인과 그 밖에 토지소유자나 관계인에 포함되지 아니하는 자로서 수용하거나 사용할 토지나 그 토지에 있는 물건에 관한 권리를 가진 자는 수용 또는 사용의 개시일까지 그 토지나 물건을 사업시행자에게 인도하거나 이전하여야 한다.

위 법리에 비추어 살피건대, 앞서 본 바와 같이 채권자는 수용개시일을 2017. 2. 22.로 하는 이 사건 수용재결을 받고, 채무자들에 대하여 이 사건 수용재결에 따른 손실보상금을 공탁하였으므로, 특별한 사정이 없는 이상 채무자 B은 (가) 부분 건물을, 채무자 C은 (나) 내지 (바) 부분 건물을, 타인에게 점유를 이전하여서는 아니 되고, 채권자에게 각 인도하여야 한다.

2) 이에 대하여 채무자들은 (가) 부분 건물 및 (나) 내지 (바) 부분 건물에 관한 이 사건 수용재결에 관하여 중앙토지수용위원회에 이의신청을 하여 현재 분쟁이 계속 중이므로 인도의무가 없다는 취지로 주장한다.

살피건대, 토지보상법 제88조에 의하면 지방토지수용위원회의 재결에 이의가 있어 중앙토지수용위원회에 이의를 신청하였더라도 이는 사업의 진행 및 토지의 수용 또는 사용을 정지시키지 아니하는바, 이러한 규정에 비추어 보면, 채권자가 이 사건 수용재결에 따라 채무자들에 대하여 보상금을 공탁한 이상 수용의 효력은 발생한 것이고, 채무자들이 이의신청으로 그 손실보상금의 액수를 다툰다 하더라도 그 수용의 효력은 정지되지 아니하므로, 채무자들의 이의신청에도 불구하고 채무자들은 채권자에 대하여 각 (가) 부분 건물, (나) 내지 (바) 부분 건물에 대한 인도의무를 부담한다고 봄이 상당하다. 따라서 채무자들의 주장은 이유 없다.

나. 보전의 필요성에 관한 판단

기록 및 심문 전체의 취지에 의하여 인정되는 제반사정들, 즉 ① 이 사건 사업은 채권자가 2013. 2. 28.경 전라북도지사에게 '2014년 전통시장 및 상점가 시설현대화사업' 신청을 하여 선정된 사업으로 약 7,737,000,000원의 사업비가 소요되는 대규모 공익사업인바, 2017년 안으로 이 사건 사업을 완료하지 못하면, 이 사업과 관련하여 전라북도로부터 수령한 보조금 약 77억 원 중 이월예산 약 24억 원은 반납하여야 할 처지에 있는 점, ② 채권자는 2017. 1. 23. I 주식회사 ○○에 대하여 이 사건 건물 중 채무자들이 점유하는 부분을 인도받지 못하는 등의 이유로 공사를 일시정지할 것을 요청하였는데, 주식회사 ○○은 2017. 3. 23. 채권자에게 이 사건 사업과 관련하여 공사를 진행하지 못하는 상황에서 간접비 등의 비용이 계속 누적되어 회사 경영에 막대한 지장을 받고 있다며 조속한 해결을 요청한 점, ③ 이 사건 건물에 입점하여 상점을 운영하다가 먼저 이주한 다른 상인들은 이 사건 사업이 지연됨에 따라 손실을 입고 있고, 이에 ○○시장 상인회장을 포함하여 20명의 상인들이 채권자에게 '○○시장 현대화 사업의 신속한 추진을 원한다'는 취지의 탄원서를 제출하기까지 한 점, ④ 채무자들은 중앙토지수용위원회의 재결

이후 추후 진행될 예정인 본안소송에서 이 사건 건물 중 해당 부분에 대한 재감정을 신청할 것이라는 점을 인도불응사유로 내세우나, 현재로서는 재감정이 언제 진행될지조차 예상할 수 없고, 그럼에도 채권자로 하여금 본안소송에서 재감정이 진행되기까지를 기다려 해당 부분을 인도받도록 한다면 위에서 본 바와 같이 채권자가 전라북도에 보조금을 반환하게 되어 사업비가 부족한 상황이 발생하거나 시공사나 다른 상인들의 손실이 막대할 것으로 보이는 점, ⑤ 채무자 B이 점유하는 (나) 내지 (바) 부분 건물에는 향후 광장이 조성될 예정이기는 하나, 이 부분을 철거하지 않은 채로 신시장 부지조성 또는 신축공사를 진행할 경우 추가 공사비가 소요되거나 공사과정에서 안전사고가 발생할 우려가 있는 점 등을 종합하면, 가처분의 보전의 필요성도 소명된다.

3. 채무자 D, E에 대한 신청에 관한 판단

민사집행법 제23조 제1항, 민사소송법 제150조 제3항, 제1항에 의하여 채무자들은 (사) 부분 건물에 관하여 타인에게 점유를 이전하여서는 아니 되고, 채권자에게 인도하여야 한다.

또한, 채권자가 채무자들에게 여러 차례 (사) 부분 건물의 인도를 요청하였음에도 채무자들이 협조하지 아니하였던 점, 앞서 본 바와 같이 채권자로 하여금 본안소송을 통하여 해당 부분을 인도받도록 할 경우 채권자나 시공사, 다른 상인들이 막대한 손실을 입을 것으로 보이는 점 등 기록에 나타난 제반 사정에 비추어 가처분의 보전의 필요성도 소명된다.

4. 결론

그렇다면 이 사건 신청은 모두 이유 있으므로 이를 인용하기로 하여 주문과 같이 결정한다.

2017. 5. 12.

04 처분금지가처분

가. 철거청구권 보전

본안소송에 앞서서 건물소유자를 상대로 철거청구권을 보전하기 위해서는 처분금지가처분이, 금전청구권을 보전하기 위해서는 가압류신청이, 퇴거청구권을 보전하기 위해서는 점유자를 상대로 점유이전금지가처분이 필요하다.

특히 미등기건물의 경우에는 처분금지가처분 등기가 불가하여, 처분금지가처분을 받은 후에 대위등기의 방법으로 가처분권자가 건물등기를 하는 경우가 있으나, 이는 등기가 가능할 정도로 허가 받은 대로 건물 건축이 진척되어 있어야 하는 문제가 있고, 또한 취득세 납부 등 비용문제도 따른다. 따라서 불안정하기는 하지만 토지인도청구권을 피 보전권리로 하여 토지에 대한 점유이전금지가처분을 하기도 한다. 이를 통해 건물주 변동에 따른 토지 점유자의 변동을 어느 정도는 막을 수 있다.

나. 피 보전권리

(1) 목적물에 대한 채무자의 소유권이전, 저당권·전세권·임차권의 설정 그 밖에 일체의 처분행위를 금지하고자 하는 가처분이다. 목적물의 처분을 가처분으로 금지하여 두면 그 이후 채무자로부터 목적물을 양수한 자는 가처분채권자에게 대항할 수 없게 되어 피 보전권리의 실현을 위한 소송과 집행절차에서 당사자를 항정 시킬 수 있게 된다.

(2) 피 보전권리는 토지인도청구권이나 방해배제청구권이다.

다. 가처분 목적물

(1) 등기된 부동산

부동산 처분금지가처분은 등기된 부동산에 한하여 허용되므로, 미등기 부동산이나 채무자에 관한 권리가 등기되지 아니한 경우라면, 그 등기를 병행하거나 선행할 수 있는 경우에 한하여 처분금지가처분을 허용한다.

(2) 미등기부동산

미등기부동산이라도 보존등기가 가능한 경우에는 가처분이 가능하다. 이 경우에는 가처분 발령법원에서 보존등기와 동시에 가처분의 기입촉탁을 하는 방법으로 집행하므로 심리단계에서 보존등기가 가능한지 여부를 주장·입증하여야 한다.

(3) 상속등기를 하지 않은 부동산

상속등기를 하지 않은 채무자 소유의 부동산에 대한 가처분은 가처분채권자가 가처분결정을 부동산등기법 제52조 소정의 대위원인을 증명하는 서면으로 하여 대위상속등기신청을 하고, 이어서 가처분기입등기를 하는 방법에 의한다.

(4) 부동산의 일부

1필지의 부동산 중 특정 부분에 대한 소유권이전등기청구권을 보전하기 위하여 그 전부에 대한 처분금지가처분을 할 수 있는가가 문제이다. <u>토지의 분할등기가 이루어지지 않는 한 등기부상 1필지 토지의 특정된 일부분에 대한 처분금지가처분등기는 할 수 없으므로, 바로 분할등기가 될 수 있다는 등 특별한 사정이 없으면 그 1필지 토지 전부에 대한 처분금지가처분결정에 기한 등기촉탁에 의하여 그 1필지 토지 전부에 대한 처분금지가처분등기를 할 수밖에 없다</u>(대법원 1975. 5. 27. 선고 75다190, 등기예규 881호). 다만, 이 경우의 담보액은 1필지의 일부분이 아닌 처분제한이 되는 가처분 목적물 전체의 가액을 기준으로 정해진다.

라. 신청

처분금지가처분의 신청서는 아래를 참고하면 된다. 처분금지가처분에서의 담보액은 목적물의 가액을 기준으로 하여 결정하므로 목적물의 가액을 산출할 수 있는 자료를 첨부하여야 한다.

부동산처분금지가처분신청

채권자 ○○○
　　○○시 ○○구 ○○동 ○○(우편번호 ○○○-○○○)
채무자 ◇◇◇
　　○○시 ○○구 ○○동 ○○(우편번호 ○○○-○○○)
　　등기부상 주소 ○○시 ○○구 ○○동 ○○○

목적물의 표시
별지목록 기재와 같습니다.

목적물의 가격

금○○○원정

피보전권리의 요지

소유권에 기한 방해배제청구권(건물철거청구권) 및 대지 인도청구권

신 청 취 지

채무자는 별지 목록 기재 건물에 대하여 매매, 증여, 저당권설정 그밖에 일체의 처분행위를 하여서는 아니 된다.

라는 재판을 구합니다.

신 청 이 유

1. 채권자는 00시 00구 00동 00번지 00평방미터 기재 토지(이하 '이 사건 토지'라고만 함)를 ○○지방법원 20○○타경 1234호 부동산임의경매신청사건에 관한 매수인으로 20○○. 5. 15. ○○지방법원 매각허가결정을 원인으로 같은 해 7. 1. 매각대금을 완납하여 소유권이전등기를 마친 소유자입니다.

2. 그런데 채무자는 아무런 권원 없이 이 사건 토지 지상에 별지목록 기재 건물을 소유하고 있습니다. 따라서 채권자는 채무자에게 별지목록 기재 건물을 철거하고, 이 사건 토지를 인도하여 줄 것을 요구할 권리가 있습니다. 이에 채권자는 채무자에게 별지목록 기재 부동산을 철거하고 이 시간 토지를 인도하여 줄 것을 요청하였음에도 불구하고, 채권자의 인도요구에 계속 불응하고 있어 채권자는 막대한 피해가 발생하는 것을 막기 위하여 부득이 이 사건 신청에 이른 것입니다.(실제 실무에서는 인도지연으로 인한 피해를 상세히 서술하여야 할 것이다, 나아가 왜 법정지상권이 성립하지 않는지를 설술하여야 할 것이다.)

3. 따라서 채권자는 채무자를 상대로 건물철거 및 토지인도청구의 소를 준비 중에 있으나, 채무자는 별지목록 기재의 건물을 다른 사람에게 처분할 염려가 짙으므로 장차

채권자의 승소판결의 집행보전을 위하여 이 사건 가처분신청에 이르렀습니다.

4. 한편, 이 사건 건물명도단행가처분명령의 손해담보에 대한 담보제공은 민사집행법 제19조 제3항, 민사소송법 제122조에 의하여 보증보험주식회사와 지급보증위탁계약을 맺은 문서를 제출하는 방법으로 담보제공을 할 수 있도록 허가하여 주시기 바랍니다.

소 명 방 법

1. 소갑 제1호증   낙찰허가결정 사본
1. 소갑 제2호증   부동산등기부등본

첨 부 서 류

1. 위 소명방법   각 1통
1. 송달료납부서   1통

20○○. ○. ○.

위 채권자 ○ ○ ○ (서명 또는 날인)

○○지방법원 귀중

마. 재판과 그 집행

(1) 재판

처분금지가처분의 공시방법은 가처분을 등기부에 기재하는 것이므로 등기가 가능하도록 가처분 채무자의 실제 주소와 등기부상 주소가 다른 경우에는 반드시 신청서에 등기부상 주소를 함께 기재하여야 하며, 가처분의 목적물 역시 등기부상의 표시와 일치되도록 하여야 한다.

통상적인 주문 례는 다음과 같다.

> 채무자는 별지 목록 기재 부동산에 대하여 매매, 증여, 저당권설정 그 밖에 일체의 처분행위를 하여서는 아니 된다.

(2) 집행

가처분법원이 집행법원이 되어 등기부에 그 금지되는 사실을 기입하는 방법으로 집행한다. 다만, 가처분등기의 촉탁은 집행법원의 법원사무관등이 한다(법 제305조 제3항, 제293조). 이때에는 가처분 신청 시에 집행신청이 함께 있는 것으로 보므로, 따로 집행신청을 하지 않아도 된다.

바. 집행의 효력

(1) 등기와의 관계

처분금지가처분은 그 집행인 등기에 의하여 가처분채무자 및 제3자에 대하여 그 내용에 따른 구속력을 갖게 된다. 따라서 처분금지가처분의 효력이라고 하는 것은 그 가처분결정 자체의 효력이 아니고 그 집행의 효력이다. 처분금지가처분은 위와 같이 그 집행인 등기에 의하여 채무자 및 제3자에 대하여 구속력을 갖게 되므로 가처분명령이 발하여졌다고 하더라도 아직 등기되기 전에 가처분채무자가 그 가처분의 내용에 위반하여 처분행위를 하고 그에 기하여 제3자 명의로 소유권이전등기 등이 마쳐졌다면 그 등기는 완전히 유효하고, 단지 위 명령이 집행 불능이 될 따름이다(대법원 1997. 7. 11. 선고 97다15012).

반면에, 처분금지가처분 이전에 가처분채무자로부터 제3자에의 양도나 그 밖의 처분행위가 있었으나 그 등기만이 가처분등기 이후에 마쳐진 경우에는 가처분채권자에게 대항할 수 없다.

(2) 처분금지가처분 등기 후의 처분행위의 효력 및 그 범위

처분금지가처분이 등기되면 채무자 및 제3자에 대하여 구속력을 갖는다고 하는 것은 그 등기 후에 채무자가 가처분의 내용에 위배하여 제3자에게 목적부동산에 관하여 양도, 담보권설정 등의 처분행위를 한 경우에 채권자가 <u>그 처분행위의 효력을 부정할 수 있는 것, 즉 무효로 할 수 있다는 것을 의미한다.</u>

가처분채권자가 가처분 위반행위의 효력을 부정할 수 있는 시기는 본안소송에서 승소확정판결을 받거나 이와 동일시할 수 있는 사정이 발생한 때(예컨대 화해, 조정, 청구의 인낙 등에 의하여 가처분채권자의 권리의 존재가 확정된 때)이며, 단순히 가처분채권자인 지위만으로는 가처분채무자로부터 목적부동산의 소유권이전등기를 경료 받은 제3자에 대하여 말소등기를 청구하는 등 위법한 처분행위의 효력을 부인할 수 없다(대법원 1992. 2. 14. 선고 91다12349, 대법원 1996. 3. 22. 선고 95다53768).

(가) 주관적 범위

처분금지가처분에 위반한 처분행위는 가처분채무자와 그 상대방 및 제3자 사이에서는 완전히 유효하고, 단지 가처분채권자에게만 대항할 수 없음에 그친다(대법원 1968. 9. 30. 선고 68다1117 등 다수).

(나) 객관적 범위

가처분에 의한 처분금지의 효력은 가처분채권자의 권리를 침해하는 한도에서만 생기는 것이므로 가처분채권자는 피 보전권리의 한도에서 가처분위반의 효력을 부정할 수 있다고 할 것이다(실체적효력설).

건물철거, 토지인도청구권보전을 위한 건물에 대한 처분금지가처분 후에 건물의 소유권이전등기를 한 제3취득자는 건물의 소유권을 취득하지만 건물철거와 토지인도청구권의 실현을 감수하여야 할 것이다.

(3) 체납처분과의 경합

가처분과 체납처분과의 관계에 관하여는 체납처분우위설과 가처분우위설이 대립되어 있는데, 후자가 통설·판례이다. 판례에 의하면, "부동산에 관하여 처분금지가처분의 등기가 된 후에 그 가처분권자가 본안소송에서 승소판결을 받아 확정이 되면 그 피 보전권리의 범위 내에서 가처분 위반행위의 효력을 부정할 수 있고, 이와 같은 가처분의 우선적 효력은 그 위반행위가 체납처분에 기한 것이라 하여 달리 볼 수 없는 것이다."라고 한다(대법원 1993. 2. 19.자 92마903 전원합의체 결정).

05 출입금지가처분

출입금지가처분은 낙찰된 토지에 비닐하우스 등을 설치하여 토지를 점유하면서 토지를 인도하여 주지 않을 경우에 매우 유용한 가처분이다.

타인의 토지를 그 소유자의 의사에 반하여 계속 점유·경작하고 있는 이상 출입금지가처분의 필요성이 인정된다(대법원 1965. 5. 25. 선고 65다404, 대법원 1968. 5. 14. 선고 67다2777).

토지출입금지가처분신청

채권자 ○○○

채무자 ◇◇◇

목적물의 표시

별지목록 기재와 같습니다.

목적물의 가격

금 00원

피보전권리

토지인도청구권

신 청 취 지

채무자는 별지목록 기재 토지에 출입하여서는 아니 된다.
라는 재판을 구합니다.

신 청 이 유

1. 채권자는 별지 목록 기재 부동산을 ○○지방법원 20○○타경 1234호 부동산임의경매신청사건에 관한 매수인으로 20○○. 5. 15. ○○지방법원 매각허가결정을 원인으로 같은 해 7. 1. 매각대금을 완납하여 소유권이전등기를 마친 소유자입니다.

2. 그런데, 신청외 000는 20○○. ○.경 별지목록 기재 토지를 채무자에게 임차하여 채무자가 별지목록 기재 토지 위에 비닐하우스 1동을 설치하고 있어 그 소유권자인 채권자의 권리행사를 불가능하게 하고 있으므로, 만일 지금에 있어서 채무자의 출입을

방치하고 비닐하우스의 설치를 방지하지 아니하면 채권자가 나중에 승소판결을 받아 확정된다고 하더라도 토지사용권이 침해당하게 되어 결국 판결의 집행을 보전하지 못하게 될 것이므로, 채무자에 대하여 별지목록 기재 토지의 출입금지가처분명령을 구하기 위하여 이 사건 신청에 이르렀습니다.

4. 한편, 이 사건 출입금지가처분명령의 손해담보에 대한 담보제공은 민사집행법 제19조 제3항, 민사소송법 제122조에 의하여 보증보험주식회사와 지급보증위탁계약을 맺은 문서를 제출하는 방법으로 담보제공을 할 수 있도록 허가하여 주시기 바랍니다.

소 명 방 법

1. 소갑 제1호증　　　낙찰허가결정 사본
1. 소갑 제2호증　　　토지등기부등본

첨 부 서 류

1. 위 소명방법　　　　각 1통
1. 송달료납부서　　　　1통

20○○. ○. ○.

위 신청인 ○○○ (서명 또는 날인)

○○지방법원 ○○지원 귀중

제 6 장

인도 명령신청

1. 의의 및 인도소송과의 차이점
2. 인도명령의 당사자
3. 인도명령의 신청
4. 인도명령의 재판
5. 인도명령 집행
6. 인도명령에 대한 불복방법등

01 의의 및 인도소송과의 차이점

가. 의의

법원은 매수인이 대금을 낸 뒤 6월 이내에 신청하면 <u>채무자·소유자 또는 부동산 점유자</u>에 대하여 부동산을 매수인에게 인도하도록 명할 수 있다. 다만, 점유자가 매수인에게 대항할 수 있는 권원에 의하여 점유하고 있는 것으로 인정되는 경우에는 그러하지 아니하다(법 제136조 제1항).

주택의 경우에는 특수한 경우가 아닌 한 인도명령신청에 의해 인도문제를 해결한다.

나. 인도명령대상 확대

 구민사소송법은 인도명령의 상대방 중 채무자, 소유자 이외의 자를 압류의 효력이 발생한 후에 점유를 시작한 부동산 점유자로 한정하였다. 그 결과 가장 인도명령이 필요한 압류효력 발생 전 점유자에 대해 인도명령이 불가하여, 인도명령이 활성화 되지는 않았다. 그러나 민사집행법이 제정 시행되면서(2002. 7. 1. 시행), 인도명령의 상대방을 단순히 부동산 점유자로 규정함으로써 압류의 효력이 발생하기 전에 점유를 시작한 점유자에 대하여도 인도명령을 발령할 수 있도록 하여, 낙찰자를 보호하고 있다.

 인도명령은 송달만으로 즉시 효력(집행력)이 생긴다. 민사집행법 제136조에 규정된 부동산인도명령에 대한 즉시항고는 항고법원이 그 재판 전에 강제집행 일시정지의 가처분을 하지 않는 한 집행정지의 효력이 없으므로, 이미 강제집행이 종료된 후에는 부동산인도명령에 대하여 즉시항고를 할 수 없을 뿐 아니라, 즉시항고사건 계속 중에 강제집행이 종료된 경우에도 그 즉시항고는 불복의 대상을 잃게 되어 부적법하게 된다(대법원 2010. 10. 28.자 2010마1120 결정, 대법원 2005. 11. 14.자 2005마950 결정, 대법원 2008. 2. 5.자 2007마1614 결정 등 참조).

 따라서 인도명령은 낙찰 후 인도를 받음에 있어서 매우 아주 효율적인 수단이다.

다. 소송과의 차이점

 인도소송과 인도명령의 차이는 소요시간과 비용측면에 있다. 우선 인도명령의 경우 인도명령 신청 시 심문이 없는 경우 2주 후에 인도명령을 받을 수 있고, 명령이 점유자에게 송달이 되면 바로 송달증명서를 교부받아 강제집행을 할 수 있게 되며, 심문을 한다 하더라도 통상 2~3주 정도 지체될 뿐이다. 그러나 인도소송은 상당한 기간(통상 6개월 이상)이 소요된다. 인도명령의 경우에는 송달료 1회 3,550원 × 당사자 수(신청인 + 피신청인), 인지대 1,000원밖에 소요되지 않지만, 인도소송의 경우는 인지대도 소가에 따라 다르고 소송비용으로 몇 백만 원이 소요될 수 있으며 경우에 따라 변호사 비용도 추가되므로 금액으로는 많은 차이가 있다

인도명령은 즉시항고로서만 불복할 수 있는 재판(법 제136조 제5항)으로 민사집행법 제56조 제1호에 해당하는 집행권원이다.

02 인도명령의 당사자

가. 신청인

인도명령을 신청할 수 있는 자는 매수인과 매수인의 상속인 등 일반승계인에 한한다. 특정승계인(낙찰자로부터 매수한 자)은 불가하다. 매수인이나 그 승계인이 매각대금을 지급 완료하여야 하며, 매수인 명의로 소유권이전등기가 완료되었음을 요하지는 않는다.

인도명령신청권은 매각대금을 모두 지급한 매수인에게 부여된 <u>집행법상의 권리</u>이므로 매수인이 매각부동산을 제3자에게 양도하였다 하더라도 매

수인이 인도명령을 구할 수 있는 권리를 상실하지 아니한다(대법원 1970. 9. 30.자 70마539 결정). 즉, 매수인으로부터 매각부동산을 양수한 양수인(특정승계인)은 매수인의 집행법상의 권리까지 승계하는 것은 아니기 때문에 그 양수인은 인도명령을 신청할 권리를 가지지 아니하며(대법원 1966. 9. 10.자 66마713 결정), 매수인을 대위하여 인도명령을 신청하는 것도 허용되지 아니한다. 양수인 앞으로 소유권이전등기를 마친 경우에도 마찬가지이다. 따라서 매수인으로부터 부동산을 양수할 때에 양수인은 매수인이 날인한 인도명령신청서를 미리 받아 두고, 인도명령과 그 집행과정에 매수인이 협조한다는 특약을 명시하여야 한다.

그러나 상속 또는 회사의 합병 등에 의하여 매수인의 지위를 승계한 일반승계인은 매수인과 동일한 집행법상의 권리를 가지므로 그 일반승계사실을 증명하여 인도명령을 신청할 수 있다.

인도명령이 내려진 후의 일반승계인은 승계집행문의 부여를 받아 인도명령의 집행을 할 수 있다.

수인이 공동으로 매수인이 되었거나 사망한 매수인을 수인이 상속한 경우 공동매수인 또는 상속인 전원이 공동하여 인도명령을 신청할 수 있음은 물론이고, 불가분채권에 관한 규정(민법 제409조) 또는 공유물의 보존행위에 관한 규정(민법 제265조 단서)에 의하여 각자가 단독으로도 인도명령을 신청할 수 있다.

나. 상대방

(1) 인도명령의 상대방은 <u>채무자, 소유자 또는 부동산 점유자</u>이다(법 제136조 제1항). 채무자나 소유자의 일반승계인도 인도명령의 상대방이 될 수 있음은 물론이다(대법원 1973. 11. 30.자 73마734 결정).

(2) 채무자

채무자는 경매개시결정에 표시된 채무자를 말하고, 그 일반승계인이 포함되며, 상속인이 수인인 경우에는 각 공동상속인마다 개별적으로 인도명령의 상대방이 된다. 부동산의 인도명령의 상대방이 채무자인 경우에 그 인도명령의 집행력은 당해 채무자는 물론 채무자와 한 세대를 구성하며 독립된 생계를 영위하지 아니하는 가족과 같이 그 채무자와 동일시되는 자에게도 미친다(대법원 1998. 4. 24. 선고 96다30786 판결). 이러한 법리는 채무자뿐만 아니라 소유자 또는 점유자도 마찬가지이다.

채무자의 점유는 직접점유는 물론 간접점유도 요건은 아니다. 경매에 의한 취득은 승계취득이므로(대법원 2007. 12. 27. 선고 2007다67227 판결). 채무자는 매각의 법률적 효과로 부동산을 매수인에게 인도하여야 할 의무가 있기 때문이다[1].

---

1   통상적으로 인도청구는 ① 불법점유를 이유로 한 인도청구와, ② 그 밖의 인도청구(예를 들면 인도약정)로 구별되는데, 불법점유에 대한 인도청구는 현실적으로 불법점유를 하고 있는 자만을 상대로 하여야 하고(대법원 1999. 7. 9. 선고 98다9045 판결), 그밖에 인도약정에 따른 이행청구의 경우에는 간접점유자에 대해서도 가능하다(대법원 1983. 5. 10. 선고 81다187 판결). 예를 들어 소유권에 기한 물권적 청구권을 청구원인으로 한 목적물반환청구의 요건사실은 원고의 소유, 피고의 점유이다. 반면에 임대차계약의 종료를 원인으로 할 경우에는 임대차계약의 체결, 임차목적물의 인도, 임대차의 종료이고, 임대인 소유라거

그러나 채무자 소유의 건물이 존재하는 토지가 매각되어 건물을 위한 법정지상권이 발생한 경우와 같이 채무자가 매수인에게 대항할 수 있는 권원(예컨대 법정지상권)을 가지는 경우에는 단순 점유자와 마찬가지로 인도명령의 대상이 되지 아니한다. 채무자가 임차인의 지위를 겸하고 있는 경우에는 단순한 채무자로 취급할 것이 아니라 점유자로서 매수인에게 대항할 수 있는지 여부를 따져 인도명령을 발하여야 한다.

(3) 소유자

소유자는 경매개시결정 당시의 소유명의자이고(경매개시결정 후의 제3취득자도 포함시켜야 한다는 견해도 있다), 이렇게 볼 때 가압류에서 본압류로 이전된 경우에 본압류 당시의 소유명의자는 당연히 본조 소정의 소유자에 해당한다.

소유자의 점유도 인도명령의 요건이 아님은 채무자의 경우와 같다.

(4) 부동산 점유자

점유를 시작한 때가 압류의 효력발생 전인지 여부와 관계없이, 심지어는 매각으로 인하여 소멸하는 최선순위의 담보권이나 가압류보다 먼저 점유를 시작한 점유자라도 매수인에게 대항할 수 있는 권원에 의하여 점유하고 있는 것으로 인정되는 경우가 아니면 인도명령의 상대방이 된다.

나 임차인이 점유한다는 것 등은 요건사실이 아니다. 승계취득에 따른 경매절차의 매수인은 임대차 종료로 인한 목적물 반환청구권자의 경우와 같은 지위에 있는 것이다.

여기서의 점유자란 직접점유자만을 가리키는지 아니면 간접점유자도 포함되는지에 관하여 이론이 있을 수 있으나, 직접점유자만이 상대방이 된다고 보아야 할 것이다.

점유자가 매수인에게 대항할 수 있는 권원에 의하여 점유하고 있는 것으로 인정되는 경우에는 상대방이 될 수 없다(법 제136조 제1항 단서). 즉, ① 매수인에게 인수되는 권리와 ② 매각 후 매수인과의 사이에 새로이 성립한 점유권원이다. ①에는 매각으로 인하여 소멸하는 저당권·압류·가압류 등에 우선하는 대항력 있는 용익권(임차권, 지상권), 유치권이 포함되고, ②에는 법정지상권, 매수인과 점유자의 합의에 의하여 새로 성립한 용익권 등이 포함된다.

주택임대차보호법(또는 상가건물임대차보호법)상의 대항력과 우선변제권을 겸유하고 있는 임차인이 우선변제권을 선택하여 임차주택(또는 상가건물)에 대하여 진행되고 있는 경매절차에서 보증금에 관하여 배당요구를 한 경우에, 대항력 있는 보증금 전액을 배당받을 수 있는 때에는 매수인에게 대항하여 보증금을 반환받을 때까지 임대차관계의 존속을 주장할 수는 없다고 하더라도 다른 특별한 사정이 없는 한 임차인이 경매절차에서 보증금 상당의 배당금을 지급받을 수 있는 때, 즉 임차인에 대한 배당표가 확정될 때까지는 매수인에 대하여 임차 주택(또는 상가 건물)의 명도를 거절할 수 있으므로(대법원 1997. 8. 29. 선고 97다11195), 대항력과 우선변제권을 겸유하고 있는 임차인이 경매절차에서 배당요구를 하였고 보증금의 액수나 확정일자의 순위로 미루어 전액 배당을 받을 수 있을 것으로 예상되거나 심지어 배당표에 전액 배당 받는 것으로 배당표가 작성되었다고 하더라도 배당이의가 없거나 또는 배당이의가 있더라도 그 이의가 완결되어 배당표가 확정될 때까지는 매수인에게 대항할 수 있는 권원에 의하여 점유하고 있는 것이다.

따라서 이러한 경우 매수인은 배당표가 확정될 때까지 인도를 받을 수 없는 상황에 빠지므로 매우 억울하다. 이 경우 매수인은 부당하게 배당이의를 한 채권자에게 손해배상청구소송을 통하여 구제받을 수 있다. 대법원은 "주택임대차보호법 제3조의5의 입법 취지와 규정 내용에 비추어 보면, 주택임대차보호법상의 대항력과 우선변제권의 두 권리를 겸유하고 있는 임차인이 우선변제권을 선택하여 임차주택에 대하여 진행되고 있는 경매절차에서 보증금에 대한 배당요구를 하여 보증금 전액을 배당받을 수 있는 경우에는, 특별한 사정이 없는 한 임차인이 그 배당금을 지급받을 수 있는 때, 즉 임차인에 대한 배당표가 확정될 때까지는 임차권이 소멸하지 않는다고 해석함이 상당하다 할 것이므로, 경락인이 낙찰대금을 납부하여 임차주택에 대한 소유권을 취득한 이후에 임차인이 임차주택을 계속 점유하여 사용·수익하였다고 하더라도 임차인에 대한 배당표가 확정될 때까지의 사용·수익은 소멸하지 아니한 임차권에 기한 것이어서 경락인에 대한 관계에서 부당이득이 성립되지 아니한다."고 판시하고 있다(대법원 2004. 8. 30. 선고 2003다23885 판결).

한편 주택임대차보호법상 임차인에게 우선변제권이 인정되기 위하여 계약 당시 임차보증금이 전액 지급되어 있을 것을 요하지는 않는다. 즉 대법원은 "주택임대차보호법은 임차인에게 우선변제권이 인정되기 위하여 대항요건과 임대차계약증서상의 확정일자를 갖추는 것 외에 계약 당시 임차보증금이 전액 지급되어 있을 것을 요구하지는 않는다. 따라서 임차인이 임대인에게 임차보증금의 일부만을 지급하고 주택임대차보호법 제3조 제1항에서 정한 대항요건과 임대차계약증서상의 확정일자를 갖춘 다음 나머지 보증금을 나중에 지급하였다고 하더라도 특별한 사정이 없는 한 대항요건과 확정일자를 갖춘 때를 기준으로 임차보증금 전액에 대해서 후순위권리자나 그 밖의 채권자보다 우선하여 변제를 받을 권리를 갖는다고 보아야 한다."라고 판시하고 있다(대법원 2017. 8. 29. 선고 2017다212194 판결).

임의인도이든 인도명령집행에 의한 인도이든 매수인이 일단 부동산을 <u>인도(점유개정 또는 반환청구권의 양도에 의한 점유 이전의 경우도 포함한다)</u> 받은 후에는 제3자가 불법으로 이를 점유하여도 그 자를 상대방으로 하여 더 이상 인도명령을 신청할 수 없다. 이때는 뒤에서 보는 주거침입죄, 부동산강제집행효용침해 등 형사문제로 해결하는 것이 빠르다.

다만 인도명령을 신청한 바 없이 점유자에 대하여 잠시 인도를 유예해 준 것에 불과한 경우에는 인도명령신청권을 상실하지 아니하고, 단지 유예기간이 지난 뒤에야 행사할 수 있을 뿐이다.

03 인도명령의 신청

가. 신청 방법

인도명령의 신청은 집행법원에 서면 또는 말로 할 수 있다(법 제23조 제1항, 민사소송법 제161조 제1항). 집행절차의 부수적인 신청이므로 민사집행법 제4

조의 적용은 없으나, <u>통상 서면으로 한다.</u>

부동산 인도명령신청서

신청인(매수인)

피신청인(점유자)

신 청 취 지

ㅇㅇ지방법원 20ㅇㅇ타경 ㅇㅇㅇ호 부동산 임의경매사건에 관하여 피신청인은 신청인에게 별지 목록 기재 부동산을 인도하라.

라는 재판을 구합니다.

신 청 이 유

1. 신청인이 ㅇㅇ지방법원 20ㅇㅇ타경 ㅇㅇㅇ호 부동산 임의경매사건에 관하여 별지 목록 기재 부동산에 대하여 귀원으로부터 2017. 6. 1. 매각허가결정을 받고 2017. 7. 15. 매각대금을 완납한 후 2017. 8. 2. ㅇㅇ지방법원 ㅇㅇ등기소 접수번호 제ㅇㅇㅇ로 임의경매로 인한 매각을 원인으로 하는 소유권이전등기를 경료하였습니다.

2. 그런데 피신청인은 위 부동산을 계속하여 현재까지 거주한 직접점유자로서, 신청인은 피신청인에게 위 부동산을 인도하여 줄 것을 촉구하였으나, 피신청인은 위 부동산의 인도요구에 불응하고 있고 위 매각부동산에 대한 소유권행사에 방해를 받고 있으므로, 부득이 민사집행법 제136조 제1항에 의거 이건 신청에 이르렀습니다.

첨 부 서 류

1. 부동산목록　　　　　　　　　1통
1. 매각허가결정 사본　　　　　　1통

```
1. 법원보관금(매각대금)영수증서 사본      1통
1. 부동산등기사항증명서                2통
1. 법인등기사항일부증명서              1통
1. 주민등록초본                     1통
1. 위임장                         1통

                    20○○. ○. .
                  위 신청인(매수인)

○○지방법원 귀중
```

　채무자, 소유자 또는 현황조사보고서 등 기록상 명백한 점유자를 상대방으로 하여 신청하는 경우에는 특별한 증빙서류의 제출을 요하지 아니하나, 가령 채무자의 일반승계인을 상대방으로 하는 경우에는 호적등본 또는 상업등기부등본을 제출하여야 한다.

　경매기록상 드러나지 않는 점유자를 상대방으로 하는 경우에는 채무자에 대한 인도명령에 기하여 인도의 집행을 실시하였으나 제3자의 점유로 집행불능이 되었다는 집행관이 작성한 집행조서(집행불능조서)등본 또는 주민등록표등본 등 그 점유사실과 점유개시한 자인 사실을 증명할 수 있는 서면을 제출하여야 할 것이다.

　신청서에는 신청서 1부, 1000원의 인지(인지법 제9조 제4항 제4호), 송달료(당사자수 × 2회분) 12,760원, 목록 3부, 채무자의 일반승계인을 상대로 하는 경우

에는 가족관계등록서 1통을 첨부한다.

신청을 하면 독립사건번호가 부여되고('타기') 경매기록에 합철된다.

<u>보통은 간단한 형식으로 인도명령을 신청하나, 가장임차인, 허위유치권자 등을 상대로 인도명령을 신청하는 경우에는 신청이유를 상세히 기재하고, 나아가 증거서류도 첨부하여야 한다. 바로 인도명령이 인용되지 않은 경우에는 심문이나 변론기일이 지정된다. 가장임차인이나 허위유치권자라면 심문에 응하지 않는 경우가 많다.</u> 다만 실무상 심문이 이루어지고 상대방이 참석하여 항변한다면 인도명령은 거의 기각된다. 그러나 점유자가 심문기일에 참석하였다고 하더라도 자신의 권리를 입증할만한 서류를 지참하지 않았다면 바로 인도명령이 인용되어 골치 아픈 인도문제를 해결할 수 있다.

나. 신청의 시기

인도명령은 매각대금을 낸 뒤 <u>6개월 이내</u>에 신청해야 한다. 인도명령결정문이 6개월이 지난 뒤에 송달되어도 유효하다. 6개월이 지난 뒤에는 점유자를 상대방으로 하여 소유권에 기한 인도소송을 제기할 수밖에 없다.

다. 관할 법원

당해 부동산에 대한 경매사건이 현재 계속되어 있거나 또는 과거에 계속되어 있었던 집행법원이다(법 제136조 제1항). 이는 전속관할이다.

04 인도명령의 재판

가. 심리

인도명령의 신청이 있는 경우에 한하여 집행법원은 그 적부를 판단할 수 있으며 인도명령을 발할 수 있는 요건의 구비가 기록상 명백하다 하더라도 그 신청이 없으면 집행법원이 직권으로 인도명령을 발할 수는 없다.

법원은 서면심리만으로 인도명령의 허부를 결정할 수도 있고, 또 필요하다고 인정되면 상대방을 심문하거나 변론을 열 수도 있다(법 제23조 제1항, 민사소송법 제134조).

그러나 법원이 채무자 및 소유자 외의 <u>점유자에 대하여 인도명령을 하려면 그 점유자를 심문하여야 한다</u>. 다만, 그 점유자가 매수인에게 대항할 수 있는 권원에 의하여 점유하고 있지 아니함이 명백한 때 또는 이미 그 점유자를 심문한 때에는 그러하지 아니하다(법 제136조 제4항).

일단 심문기일을 정하여 진술할 기회를 주었음에도 그 점유자가 심문에 응하지 아니한 때에는 그의 진술을 듣지 않고서도 인도명령을 발할 수 있다. 그러나 심문기일통지서가 송달불능이 된 경우에는 바로 인도명령을 발할 수 없고 주소보정을 명하거나 공시송달 등 적법한 통지절차를 거쳐야 할 것이다.

채무자 또는 소유자의 일반승계인에 대하여 인도명령을 발하는 경우에는 심문을 하지 않고 인도명령을 할 수 있다.

또 인도명령의 신청을 기각 또는 각하하는 경우에까지 심문을 요하는 것은 아니다.

나. 재판

법원은 신청인이 제출한 주민등록표등·초본, 전에 발한 인도명령의 집행조서등본, 호적등본, 등기부등본 등의 자료와 집행기록(예컨대 현황조사보고서, 평가서 등) 및 상대방 심문결과 등에 의하여 인도명령의 사유가 소명(단 증명이 필요하다는 설도 있다) 되면 인도명령을 발한다. 즉 일반승계인을 상대방으로 하는 경우에는 그 승계사실이 소명되면 족하고, 제3자를 상대방으로 하는 경우에는 그 자가 점유하고 있는 사실만 소명되면 인도명령을 할 수 있다. 다만 상대방이 매수인에게 대항할 수 있는 권원(예컨대 유치권)에 의하여 점유하고 있음이 기록에 의하여 명백하거나, 상대방이 이 사실을 주장하고 소명한 때에는 신청을 기각하여야 할 것이다. 이 경우에 반대급여와 상환으로 인도를 명하는 이른바 조건부명령을 할 것이 아니다.

재판의 형식은 결정이지 소송법상 의미의 명령이 아니다(법 제136조 제5항 참조).

인도명령의 신청을 대금을 낸 뒤 6월이 지난 뒤에 하는 등 부적법하면 신청을 각하 할 것이고, 신청이 이유 없다고 인정되면 이를 기각할 것이지만 인도명령의 신청에 관한 재판에는 실체적으로 확정력이 없으므로(대법원 1981. 12. 8. 선고 80다 2821 참조), 각하와 기각을 엄격히 구별할 필요는 없다(대법원 1960. 7. 21.자 4293 민항 137 참조).

○ ○ 지 방 법 원
결 정

사 건   20 타기   부동산인도명령
신 청 인(매수인) ○○○(-)
　　　　서울○○구 ○○동 100
피신청인(채무자) ○○○(-)
　　　　서울○○구○○동 200

주 문
피신청인은 신청인에게 별지목록에 적은 부동산을 인도하라.

이 유
이 법원 20 타경 부동산강제경매 사건에 관하여 신청인의 인도 명령신청이 이유있다고 인정되므로 주문과 같이 결정한다.

20 .　 .　 .

판 사　　○○○

그리고 경매부동산 인도명령에 대한 이의는 경매절차상의 형식적 하자를 사유로 하여야 하고, 이에 대한 재판은 그 이의가 비록 실체법상의 이유에 기한 경우라도 단지 경매법에 의하여 당해 부동산의 인도명령을 청구할 수 있는 가의 여부를 판단함에 그치고 <u>실체법상의 법률관계를 확정하는 것이 아니므로</u> 이의의 이유가 된, 소유권에 기한 인도청구권의 존부는 이의재판에

의하여 확정되지 아니한다(대법원 1981. 12. 8. 선고 80다2821).

매수인이 대금을 낸 뒤에 채무자로부터 민사집행법 제49조의 집행정지서면이 제출되더라도 매수인의 권리에 영향을 주지 못하므로 인도명령을 발하는 데 아무런 지장이 없다.

한편 상대방이 부동산의 <u>특정부분만을 점유하고 있는 때에는 점유부분을 특정하여 인도명령</u>을 하는 것이 실무인데, 이 경우 점유부분을 특정하기 위하여 정확한 실측도면을 요하는 것은 아니므로 감정인의 감정서나 집행관의 현황조사보고서에 첨부된 도면을 이용하여 특정하여도 된다.

05 인도명령 집행

가. 집행 순서

① **인도명령결정문 송달**
- 인도명령결정에 대한 송달은 원칙적으로 1차 우편송달, 2차 주소보정송달, 3차 집행관을 통한 특별송달, 4차 공시송달의 과정을 거쳐 결정문에 대한 송달을 완료한다. 법원이 4차 송달까지 의무적으로 해야 한다면 점유자는 이러한 상황을 악용하여 점유기간을 최소 2달은 연장시킬 수 있다. 그러나 모든 법원이 인도명령에 대해 결정하기 전에 송달을 4차까지 하지는 않는다.
- 송달문제에 대해서는 인도소송 편 참고

② 송달증명원 및 집행문 신청(송달여부는 '나의 사건검색'에서 확인 가능)

- 신청서 서식은 법원에 비치되어 있다. 신분증, 도장, 인도명령결정문을 지참
- 인지 500원 짜리 2개(송달증명원 500원, 집행문 부여 500원)
- 신청서를 접수하면 약20분 이내로 송달증명원 및 집행문을 내어 준다.

③ 강제집행신청

- 집행관실로 가서 송달증명원, 집행문, 강제집행신청서(법원에 양식 비치)를 제출
- 은행납부용 영수증과 접수증을 받고, 은행에서 납부

④ 인도명령집행계고

- 신청일로부터 2일정도 지나면, 집행관 사무실에 계고집행기일 통지
- 집행관 2명, 보조인 1명, 신청인과 증인 2명 참석
- 점유자가 없으면 강제 개문
- 집행예고장을 집행관이 점유자에게 주거나 점유자가 없으면 현관에 붙임

⑤ 인도집행

- 집행관과 노무인원이 현장에 출동하여 강제집행을 실시
- 집행 당일에 점유자가 현장에 없거나 짐을 옮길 곳이 없는 경우 낙찰자는 차량비와 보관창고비용(1월분)을 추가로 납부해야 한다.
- 강제개문과 열쇠를 교체할 경우 그 비용도 추가로 소요된다.

⑥ 최고서 발송

- 강제집행후 보관창고로 옮겨진 짐을 점유자가 찾아가지 않는 경우 낙찰자는 계속해서 보관창고비용을 부담해야 된다.
- 강제집행후 점유자를 상대로 짐을 찾아가라는 최고서를 발송해야 한다

(최고서가 없으면 유체동산경매절차를 밟을 수 없다). 특히, 보관된 짐이 거의 폐기물 수준인 경우 점유자들이 찾아가지 않는 경우가 빈번하므로 이 절차를 반드시 거쳐야 한다.

⑦ 유체동산 매각신청
- 최고서 발송 후 1주일이 지나면 보관창고에 있는 짐을 유체동산 매각신청
- 양식은 법원에 비치되어 있다.

⑧ 집행비용 예납 및 공탁
- 유체동산 경매를 실시하기 위한 집행비용을 예납하고 공탁금액이 나오면 법원내 은행에 납부해야 한다.

⑨ 유체동산감정
- 법원에서 지정한 감정사무실을 통하여 보관된 유체동산의 가격을 산정
- 유체동산의 감정가격이 2,000만 원이 넘으면 추가로 감정료를 납부해야 한다.

⑩ 집행비용확정결정신청
- 낙찰자가 점유자를 상대로 부동산인도집행에 소요된 제반비용을 청구

⑪ 유체동산경매실시
- 감정된 유체동산을 입찰자들끼리 호가 경매하여 낙찰이 되면 그 금액은 집행관이 법원에 공탁

나. 송달증명원

인도명령은 즉시항고로만 불복할 수 있는 재판으로서 집행권원이 되는 것이고, 집행을 받을 자에게 집행권원을 송달하는 것이 집행개시요건이므로(법 제39조 제1항), 신청인 및 상대방에게 인도명령정본을 <u>송달하여야 한다</u>. 다만,

상대방에게 송달할 정본을 신청인에게 교부하여 집행관으로 하여금 집행 시에 상대방에게 송달하게 하여도 무방하다. 인도명령은 이른바 확정되어야 효력이 생기는 재판으로는 규정되어 있지 아니하므로 <u>송달만으로 즉시 효력(집행력)이 생기며, 즉시항고가 제기되더라도 집행정지의 효력이 생기지 않는다</u>(법 제15조 제6항).

다. 집행문

상대방이 인도명령에 따르지 아니할 때에는 신청인은 집행관에게 그 집행을 위임하여 집행관으로 하여금 민사집행법 제258조에 의하여 인도집행을 하도록 한다(법 제136조 제6항).

인도명령에 대하여는 집행문이 필요 없다고 하는 규정이 없으므로 <u>집행문이 필요하다</u>고 할 것이다.

한편 인도명령이 발하여진 뒤에 승계관계가 발생하였을 경우(예컨대 인도명령의 발령 후에 신청인 또는 상대방에 관하여 일반승계사유가 생긴 경우라든가 상대방의 점유가 다른 사람에게 승계된 경우)에는 승계집행문을 부여 받아 집행할 수 있다.

한편 인도명령의 상대방이 채무자인 경우에 그 <u>인도명령의 집행력은 당해 채무자는 물론 채무자와 한 세대를 구성하며 독립된 생계를 영위하지 아니하는 가족과 같이 그 채무자와 동일시되는 자에게도 미친다</u>(대법원 1998. 4. 24. 선고 96다30786).

06 인도명령에 대한 불복방법 등

가. 즉시항고

인도 명령의 신청에 관한 재판에 대하여는 즉시항고할 수 있다(법 제136조 제5항).

상대방은 재판을 고지 받은 날부터 1주의 불변기간 이내에 항고장을 원심법원에 제출하여야 하고(법 제15조 제2항), 항고장에 항고이유를 적지 아니한 때에는 항고장을 제출한 날부터 10일 내에 항고이유서를 원심법원에 제출하여야 한다(같은 조 제3항). 항고이유는 대법원규칙이 정하는 바에 따라 적어야 한다(같은 조 제4항). 항고인이 제3항의 규정에 따른 항고이유서를 제출하지 아니하거나 항고이유가 제4항의 규정에 위반한 때 또는 항고가 부적법하고 이를 보정할 수 없음이 분명한 때에는 원심법원은 결정으로 그 즉시항고를 각하하여야 한다(같은 조 제5항).

인도명령에 대한 불복사유는 ① 인도명령의 발령 시에 판단하여야 할 절차적, 실체적 사항(예컨대 신청인의 자격, 상대방의 범위 및 신청기한 등), ② 인도명령 심리절차의 하자, ③ 인도명령 자체의 형식적 하자(예컨대 인도목적물의 불특정, 상대방의 불특정 등), ④ 인도명령의 상대방이 매수인에 대하여 부동산의 인도를 거부할 수 있는 점유권원의 존재(예컨대 매수인이 상대방에게 부동산을 양도하였거나 임대한 경우 등)에 한정된다.

따라서 매각절차 자체에 존재하는 하자는 매각허가결정에 대한 이의, 매각허가결정에 대한 즉시항고 등 대금지급 전에 허용되는 불복신청방법에 의할 것이며 이러한 하자로써 인도명령에 대하여 불복할 수 없다.

확정된 인도명령에 대하여는 인도명령의 상대방은 청구에 관한 이의의 소(법 제44조)를, 인도명령의 상대방이 아닌 제3자가 인도집행을 받게 되는 때에는 제3자 이의의 소(법 제48조)를 제기할 수 있다.

항고장에는 2,000원의 인지를 붙여야 한다(인지법 제11조).

나. 인도명령의 집행에 대한 불복

인도명령의 집행자체에 존재하는 위법에 대하여는 집행에 관한 이의(법 제16조)에 의하여 다툴 수 있다.

다. 집행정지

인도명령에 대하여 즉시항고를 제기한 경우에, 즉시항고는 집행정지의 효력을 가지지 아니하므로(법 제15조 제6항), 민사집행법 제15조 제6항의 집행정지명령을 받아 이를 집행관에게 제출하여 그 집행을 정지할 수 있고(대구고등법원 2017. 10. 13.자 2017라35 결정), 청구에 관한 이의의 소를 제기한 경우에는 민사집행법 제46조의 잠정처분을 받아 이를 집행관에게 제출하여 그 집행을 정지할 수 있다(법 제46조, 제48조).

제 7 장

인도 소송

1 어떤 소송을 할 것인가?
2 누구를 상대로 소송을 하는가?
3 소장 송달 방법
4 제시외 건물
5 오픈상가와 경매
6 지분경매와 인도
7 인도청구 청구취지(주문) 기재 례

01 어떤 소송을 할 것인가?

가. 인도 및 퇴거 청구소송

점유이전금지가처분을 하고(필요 시), 인도명령신청이 가능한 경우에는 인도명령신청으로 인도를 받으면 된다.

그러나 대금을 낸 뒤 6월이 지나서 인도명령신청이 불가하거나, 인도명령신청대상이 아닌 경우에는 인도청구소송을 제기하여 인도를 받아야 한다. 즉 주택이나 토지를 낙찰 받았다면 당해 주택이나 토지를 점유하고 있는 자에게 인도를 구하는 소송이다.

이때 소유자가 아닌 세입자에게는 퇴거청구를 함께 하여야 한다.

낙찰자가 제기하는 인도청구소송의 요건사실은 ① 원고의 소유, ② 피고의 점유이다. 이 2가지만 입증하면 그만이다. 그리고 피고는 불법점유를 이유로 하는 것이므로 현실로 불법점유를 하는 자를 상대로 하면 된다. 따라서 인도청구소송은 피고를 제대로 특정하였고, 청구취지를 제대로 기재하였다면 소장 송달 외에 달리 어려운 점이 없다.

나. 철거 등(수거, 취거, 굴이) 청구소송

토지만 낙찰 받았는데, 그 지상에 건물이나 수목, 컨테이너 등이 있는 경우, 인도청구와 별개로 철거(수거)소송을 하여야 한다. 즉 토지의 인도를 명한 집행권원의 효력은 그 지상에 건립된 건물이나 식재된 수목의 인도에까지 미치는 것이 아니고, 또한 위와 같은 건물이나 수목을 그대로 둔 채 토지에 대한 점유만을 풀어 채권자에게 인도할 수도 없는 것이니, 집행관으로서는 지상에 건물이 건축되어 있거나 수목이 식재되어 있는 토지에 대하여는 그 지상물의 인도, 철거 등을 명하는 집행권원이 따로 없는 이상 토지를 인도하라는 집행권원만으로는 그 인도집행을 실시할 수 없다(대법원 1986. 11. 18.자 86마902 결정).

토지 위에 있는 정착물의 구분에 따라, 건물에 대하여는 "철거(撤去)", 수목·입목 등에 대하여는 "수거(收去)", 분묘에 대하여는 "굴이(掘移)", 정착되어 있지 않은 물건의 철거를 요하는 때에는 "취거(取去)"라는 용어를 사용하는 것이 관례이다[1].

---

1   사법연수원, 민사실무 2, 2017년, 86

다. 부당이득금반환청구소송

토지를 낙찰 받았는데 그 지상에 건물이나 수목, 분묘 등으로 토지를 점유하고 있는 경우에, 토지 임대료 상당 금액을 부당이득금으로 청구하는 소송이다.

라. 결론

인도청구나 철거청구, 부당이득금반환청구는 별개로 할 수도 있고, 한 소송에서 한꺼번에 제기할 수도 있다. 통상은 한 소송에서 한다.

02 누구를 상대로 소송을 하는가?

가. 점유자

피고는 불법점유를 이유로 하는 것이므로 현실로 불법점유를 하는 자만을 상대로 하면 된다(대법원 1999. 7. 9. 선고 98다9045 판결).

즉, 인도청구는 부동산을 점유하는 자를 상대로 소송을 제기하여야 한다. 민법 제192조 제1항은 "물건을 사실상 지배하는 자는 점유권이 있다.", 동조 제2항은 "점유자가 물건에 대한 사실상의 지배를 상실한 때에는 점유권이 소멸한다. 그러나 제204조의 규정에 의하여 점유를 회수한 때에는 그러하지 아니하다."라고 규정하고 있다. 한편 점유권은 상속인에 이전한다(민법 제193조). 그리고 지상권, 전세권, 질권, 사용대차, 임대차, 임치 기타의 관계로 타인으로 하여금 물건을 점유하게 한 자는 간접으로 점유권이 있다(민법 제194조).

그런데 이러한 점유라고 함은 물건이 사회통념상 그 사람의 사실적 지배에 속한다고 보여지는 객관적 관계에 있는 것을 말하고 사실상의 지배가 있다고 하기 위해서는 반드시 물건을 물리적, 현실적으로 지배하는 것만을 의미하는 것이 아니고 물건과 사람과의 시간적, 공간적 관계와 본권관계, 타인지배의 배제가능성 등을 고려하여 사회관념에 따라 합목적적으로 판단하여야 한다(대법원 1996. 8. 23. 선고 95다8713 판결).

그리고 점유회수의 소의 점유에는 직접점유뿐만 아니라 간접점유도 포함되나, 간접점유를 인정하기 위해서는 간접점유자와 직접점유를 하는 자 사이에 일정한 법률관계, 즉 점유매개관계가 필요하다. 이러한 점유매개관계는 직접점유자가 자신의 점유를 간접점유자의 반환청구권을 승인하면서 행사하는 경우에 인정된다(대법원 2012. 2. 23. 선고 2011다61424 판결). 점유회수의 소에 있어서는 점유를 침탈당하였다고 주장하는 당시에 점유하고 있었는지의 여부만을 심리하면 되는 것이다(대법원 1996. 8. 23. 선고 95다8713 판결 참조).

사회통념상 건물은 그 부지를 떠나서는 존재할 수 없으므로 <u>건물의 부지가 된 토지는 건물의 소유자가 점유</u>하는 것이고, 이 경우 건물의 소유자가 현실적으로 건물이나 그 부지를 점거하고 있지 않다 하더라도 건물의 소유를 위하여 그 부지를 점유한다고 보아야 한다. 한편 미등기건물을 양수하여 건물에 관한 사실상의 처분권을 보유하게 됨으로써 건물부지 역시 아울러 점유하고 있다고 볼 수 있는 등의 특별한 사정이 없는 한 건물의 소유명의자가 아닌 자는 실제 건물을 점유하고 있다 하더라도 그 부지를 점유하는 자로 볼 수 없다(대법원 2009. 9. 10. 선고 2009다28462 판결, 대법원 2003. 11. 13. 선고 2002다57935

판결, 대법원 2008. 7. 10. 선고 2006다39157 판결 등 참조). 건물의 소유명의자가 아닌 자가 실제로 그 건물을 점유하고 있다면 그 건물의 부지를 점유하는 자로 볼 수 없다(대법원 2008. 7. 10. 선고 2006다39157 판). 건물의 종전의 소유자가 그 건물에 계속 거주하고 있고 건물의 새로운 소유자는 현실적으로 건물이나 그 부지를 점거하고 있지 아니하고 있더라도 결론은 마찬가지이다(대법원 1993. 10. 26. 선고 93다2483 판결).

대법원 1996. 8. 23. 선고 95다8713 판결

공장 신축공사 공사잔대금채권에 기한 공장 건물의 유치권자가 공장 건물의 소유 회사가 부도가 난 다음에 그 공장에 직원을 보내 그 정문 등에 유치권자가 공장을 유치·점유한다는 안내문을 게시하고 경비용역회사와 경비용역계약을 체결하여 용역경비원으로 하여금 주야 교대로 2인씩 그 공장에 대한 경비·수호를 하도록 하는 한편 공장의 건물 등에 자물쇠를 채우고 공장 출입구 정면에 대형 컨테이너로 가로막아 차량은 물론 사람들의 공장 출입을 통제하기 시작하고 그 공장이 경락된 다음에도 유치권자의 직원 10여 명을 보내 그 공장 주변을 경비·수호하게 하고 있었다면, 유치권자가 그 공장을 점유하고 있는 것이다.

대법원 2012. 2. 23. 선고 2011다61424 판결

甲 등이 乙 주식회사가 소유하는 건물 정문과 후분 입구 등에 '甲 등이 점유, 유치 중인 건물임. 관계자 외 출입을 금함'이라는 내용의 경고문을 부착하였는데, 그 중 건물 2층 일부는 직접점유하고 나머지 부분은 乙 회사와 임대차계약을 체결한 임차인 丙 등이 직접 점유하였던 사안에서, 제반 사정에 비추어 임차 부분의 직접점유자인 丙 등에게 반환청구권을 갖는 자는 丙 등과 임대차계약을 체결하였던 乙 회사뿐이므로 위 임대차계약은 甲 등과 丙 등 사이의 점유매개관계를 인정할 기초가 될 수 없는데도, 甲 등이 乙 회사와 함께 건물 관리에 관여하였다는 사정 등을 들어 점유매개관계를 인정하면서 임차 부분에 관하여도 甲 등의 점유회수청구를 인용한 원심판결에 간접점유의 성립요건인 점유매개관계에 관한 법리오해 등의 위법이 있다고 한 사례.

나. 점유보조자

가사상, 영업상 기타 유사한 관계에 의하여 타인의 지시를 받아 물건에 대한 사실상의 지배를 하는 때에는 그 타인만을 점유자로 한다(민법 제195조).

인도 청구는 이를 직접 또는 간접으로 점유하는 자를 상대로 할 것이고, 점유보조자를 상대로 하여서는 아니 된다(기각 사유이다).

처가 남편과 공동으로 거주하거나 가구, 자동차 등 생활용품을 함께 사용하고 있는 경우에 남편과의 관계에서 점유보조자인지가 문제되는데, 판례는 예전에는 처를 점유보조자로 해석하였으나(대법원 1960. 7. 28. 선고 4292민상647 판결, 1980. 7. 8. 선고 79다1928 판결), 근래에는 처를 공동점유자로 해석하는 것이 많다(대법원 1991. 5. 14. 선고 91다1356 판결[2], 대법원 1998. 6. 26. 선고 98다16456 판결). 그러나 남편의 특유재산이나 남편이 운영하는 점포에서 아내가 남편의 지시를 받는 경우에는 점유보조자가 될 수 있다[3].

처가 아무런 권원 없이 토지와 건물을 주택 및 축사 등으로 계속 점유·사용하여 오고 있으면서 소유자의 명도요구를 거부하고 있다면 비록 그 시부모 및 부(夫)와 함께 이를 점유하고 있다고 하더라도 처는 소유자에 대한 관계에서 단순한 점유보조자에 불과한 것이 아니라 공동점유자로서 이를 불법점유

---

[2] 피고가 아무런 권원 없이 계쟁건물을 점유하고 있는 이상 전소유자이고 거주자인 남편은 그대로 둔 채 그의 처인 피고만을 상대로 한 명도청구를 그대로 인용하였다고 하여 잘못이라 할 수 없다고 한 사례
[3] 민사실무 2, 사법연수원, 2017년, 91.

하고 있다고 봄이 상당하다(대법원 1998. 6. 26. 선고 98다16456 판결).

남편이 무허가로 건물을 축조함에 있어 도와 준 처가 무허가건축물을 단속하는 공무원에 대하여 자신이 불법건축물을 축조하였다는 내용의 자인서를 작성하고 자신의 앞으로 부과된 과태료를 이의 없이 납부한 사정만으로 건물의 점유보조자에 불과한 처를 위 건축공사의 현장관리인 또는 점유자라고 볼 수 없으므로 처에 대하여 한 철거계고처분은 그 하자가 중대하고도 명백하여 당연 무효이다(대법원 1991. 10. 11. 선고 91누896 판결).

건물을 원시취득한 소외인의 동거가족들은 그 점유보조자에 불과하지만 소외인이 건물을 매도하고 퇴거하였음에도 불구하고 그 동거가족인 피고들이 그 건물이 소외인의 소유가 아니라고 주장하면서 소외인의 의사에 반하여 건물부분을 점유하고 있다면 피고들은 소외인에 대한 관계에서 불법점유자이다(대법원 1980. 7. 8. 선고 79다1928 판결).

다. 도로점유자

도로를 낙찰 받은 경우 부당이득금반환청구는 <u>1988. 5. 1.부터는 기초자치단체를 상대로 소송을 제기하면 된다.</u>

대법원은 국가 또는 지방자치단체가 도로를 점유하는 형태에는 도로법 등 관계 법령에 의한 도로관리청으로서 점유하는 경우와 도로를 사실상의 지배주체로서 점유하는 경우로 나누어 볼 수 있는 바, 도로를 사실상 지배하는 주체로서 이를 점유하는 경우에 있어서는 도로의 노폭에 관한 특별시와 자치구의 사무분장 등 그 유지·관리에 관한 서울특별시조례의 규정을 따져 볼 것도 없이, 지방자치법 제5조 제1항의 규정에 따라 지방자치법이 시행되기 전인 1988. 4. 30. 까지는 서울특별시가 그 점유 주체가 될 것이나, 지방자치법이 시행된 1988. 5. 1. 부터는 그 점유 주체가 서울특별시로부터 자치구에 당연히 이전된 것으로 보아야 한다고 판시하고 있다(대법원 1995. 6. 29. 선고 94다58216 판결).

다만, 일부 판례에 의하면 광역시·도에 대해서도 청구가 가능한 것처럼 판시한 사례가 있으나, 굳이 같이 청구할지는 사안에 따라 검토할 필요가 있다.

즉, 간접점유자와 직접점유자의 각 부당이득반환의무의 상호관계가 문제되는데, **數人**이 공동으로 법률상 원인 없이 타인의 물건을 사용한 경우에 각각의 부당이득반환의무는 불가분채무의 관계에 있다는 것이 확립된 판례의 입장이지만(대법원 1981. 8. 20. 선고 80다2587 판결, 대법원 1991. 10. 8. 선고 91다3901 판결 등 참조), 위 법리가 간접점유-직접점유의 관계에도 적용되는지에 관하여 판시하고 있는 판례는 존재하지 않는 것으로 보이고, 이 사건에서는 1심법원이 '**연대채무**'로 보았으나 대법원에서 이에 관해 직접적으로 판단하지는 않았다.[4]

---

4 강지웅, "공물관리와 부당이득", 재판실무연구(2010년 II), 서울남부지방법원

대법원 2010. 3. 25. 선고 2007다22897 판결

1. 구 도시공원법(1997. 12. 13. 법률 제5453호로 개정되기 전의 것) 제5조 제1항, 제6조 제1항, 제2항에 의하면, 시장 또는 군수가 직접 도시공원을 설치한 경우뿐만 아니라 시장 또는 군수 외의 자가 도시공원을 설치하거나 위탁받아 관리하는 경우에도 당해 공원의 관리청은 원칙적으로 그 공원이 위치한 행정구역을 관할하는 시장 또는 군수이다. 그러나 공원 관리에 관한 상위 지방자치단체장의 행정권한이 행정권한 위임조례에 의하여 하위 지방자치단체장 등에게 위임되었다면 권한을 위임받은 하위 지방자치단체장 등이 그 공원의 관리청이 된다.

2. 국가 또는 상위 지방자치단체 등 위임관청이 위임조례 등에 의하여 그 권한의 일부를 하위 지방자치단체의 장 등 수임관청에게 기관위임을 하여 수임관청이 그 사무처리를 위하여 공원 등의 부지가 된 토지를 점유하는 경우, 간접점유의 요건이 되는 점유매개관계는 법률행위뿐만 아니라 법률의 규정, 국가행위 등에도 설정될 수 있으므로 이러한 위임조례 등을 점유매개관계로 볼 수 있는 점, 사무귀속의 주체인 위임관청은 위임조례의 개정 등에 의한 기관위임의 종결로 법령상의 관리청으로 복귀하며 수임관청에게 그 점유의 반환을 요구할 수 있는 지위에 있는 점 등에 비추어 보면, 위임관청은 위임조례 등을 점유매개관계로 하여 법령상 관리청인 수임관청 또는 그가 속하는 지방자치단체가 직접 점유하는 공원 등의 부지가 된 토지를 간접점유한다고 보아야 하므로, 위임관청은 공원 부지의 소유자에게 그 점유·사용으로 인한 부당이득을 반환할 의무가 있다.

대법원 1998. 2. 24. 선고 96다8888 판결
1987. 7. 1.부터 국립공원관리공단 또는 시·도지사

이 사건 임야에 대한 국립공원 지정이 있은 때 시행되던 구 자연공원법 제17조는 국립공원은 건설부 장관이 관리하되 다만 공원의 보호 및 공원시설의 유지 관리에 관한 공원관리청의 직무는 도지사(서울특별시장 포함, 이하 같다)로 하여금 행하게 할 수 있고 이 경우 도지사를 당해 국립공원의 공원관리청으로 본다고 규정하였으나, 1987. 7. 1.부터 시행된 개정 법률은 건설부 장관의 위탁을 받아 국립공원 구역 안의 산림 기타 자연자원을 보호하고 국립공원시설을 유지 관리하기 위하여 독립한 법인체인 국립공원관리공단을 설립하고(개정법률 제49조의2), 종전에 국립공원을 관리하던 지방자치단체는 국립공원의 관리업무를 건설부 장관에게 인계하며(개정법률 부칙 제2조), 건설부 장관은 국립공원을 관리함에 있어서 공원의 보호 및 공원시설의 유지 관리에 관한 공원관리청의 직무를 국립공원관리공단으로 하여금 행하게 할 수 있고 이 경우 국립공원관리공단을 당해 공원의 공원관리청으로 본다(개정법률 제17조)고 규정하였다.

즉, 위 개정 법률에 따라 이 사건 임야가 포함된 북한산국립공원에 대한 보호 및 시설의 유지 관리에 관한 직무가 1987. 7. 1.부터 서울특별시장에서 국립공원관리공단으로 옮겨가게 되고 국립공원관리공단이 북한산 국립공원의 공원관리청으로 간주되게 되었다. 피고 서울특별시는 이 사건 임야에 관하여 국립공원관리공단에게 반환을 청구할 수 있는 지위에 있다고 할 것이고 따라서 1987. 7. 1. 이후에는 이 사건 임야에 대하여 간접점유를 취득하였다고 할 것이다."라고 판단하였다.

대법원 1999. 4. 23. 선고 98다61562 판결

[1] 도로의 유지·관리에 관한 상위 지방자치단체장의 행정권한이 행정권한위임조례에 의하여 하위 지방자치단체장에게 위임되었다면 사무귀속의 주체는 상위 지방자치단체장이라 하더라도 권한을 위임받은 하위 지방자치단체장이 도로의 관리청이 되고 위임관청은 사무처리의 권한을 잃는 것이므로, 권한을 위임받은 도로의 관리청이 속하는 지방자치단체가 그 도로의 관리·유지를 위하여 하는 점유가 점유보조자의 지위에서 하는 점유라고 할 수 없다.

[2] 도로의 유지·관리에 관한 상위 지방자치단체장의 행정권한이 행정권한위임조례에 의하여 하위 지방자치단체장에게 위임되어 하위 지방자치단체장이 도로의 관리청이 된 경우 도로관리청이 속하는 하위 지방자치단체도 그 도로의 사용·유지·보수 등 관리 과정에서 당연히 그 부지가 된 토지를 점유·사용하게 되고, 따라서 이로 인하여

> 이득을 얻고 있다고 보아야 하므로, 지방자치법 제132조가 위임사무의 경비를 상위 지방자치단체가 부담하여야 한다는 규정을 두고 있다고 하여, 도로관리청이 속하는 하위 지방자치단체가 그 도로 부지 소유자에게 이를 점유·사용함으로써 얻은 부당이득의 반환을 거부할 수 있는 것은 아니다.

라. 공유자 간 인도청구

물건을 공유자 양인이 각 1/2 지분씩 균분하여 공유하고 있는 경우 1/2 지분권자로서는 다른 1/2 지분권자와의 협의 없이는 이를 배타적으로 독점 사용할 수 없고, 나머지 지분권자는 공유물보존행위로서 그 배타적 사용의 배제, 즉 그 지상 건물의 철거와 토지의 인도 등 점유배제를 구할 권리가 있다(대법원 2003. 11. 13. 선고 2002다57935 판결).

그러나 공유자 사이에 공유물을 사용·수익할 구체적인 방법을 정하는 것은 공유물의 관리에 관한 사항으로서 공유자의 지분의 과반수로써 결정하여야 할 것이고, 과반수 지분의 공유자는 다른 공유자와 사이에 미리 공유물의 관리방법에 관한 협의가 없었다 하더라도 공유물의 관리에 관한 사항을 단독으로 결정할 수 있으므로, 과반수 지분의 공유자가 그 공유물의 특정 부분을 배타적으로 사용·수익하기로 정하는 것은 공유물의 관리방법으로서 적법하다고 할 것이므로, 과반수 지분의 공유자로부터 사용·수익을 허락받은 점유자에 대하여 소수 지분의 공유자는 그 점유자가 사용·수익하는 건물의 철거나 퇴거 등 점유배제를 구할 수 없다(대법원 2002. 5. 14. 선고 2002다9738 판결).

03 소장 송달 방법

가. 개설

인도소송은 시간이 생명이다. 따라서 소장을 빠르게 송달하여야 한다. 그러나 점유자(피고) 중에는 시간을 끌기 위해 일부러 집배원이 와도 문을 열어주지 않거나(폐문), 문을 열어도 자신은 잠깐 놀러온 사람이라면서 소장을 받지 않는 경우가 있다. 그러면 집배원은 폐문부재, 또는 수취인 부재라고 기재하여 법원에 보고한다. 이는 인도명령결정문도 마찬가지이다.

그러면 낙찰자(원고)는 즉시 아래 양식과 같은 주소보정서를 제출하여 재송달이나 특별송달을 신청하여야 한다.

집행관에 의한 특별송달 방법으로는 주간, 야간, 휴일송달이 있다. 집행관에 의한 특별송달을 신청하면서 주간, 야간, 휴일 송달 중 1개만 선택할 수 있다. 예를 들어 주간 특별송달을 신청한 경우 낮 시간대 3회까지 방문해보고 송달물 교부에 실패하면 송달불능으로 처리된다. 이에 따라 송달을 받아야 할 사람이 주로 밤에 주거지에 있는 경우 송달물을 받지 못할 가능성이 있고, 어느 한 가지 방식의 송달이 실패한 후 다른 방식의 송달을 다시 시도해야 한다.

<u>따라서 낙찰자는 야간이나 휴일에 인도대상물을 직접 방문하여 점유자가 있는지를 확인한 후 위 송달방법 중 가장 타당한 방법으로 특별송달을 신청하여야 한다.</u>

나. 주소보정서

주 소 보 정 서

사건번호 20 가 (차) [담당재판부 : 제 (단독)부]
원고(채권자)
피고(채무자)
위 사건에 관하여 아래와 같이 피고(채무자)   의 주소를 보정합니다.

주소변동 유무	□ 주소변동 없음	종전에 적어낸 주소로 그대로 거주하고 있음
	□ 주소변동 있음	새로운 주소 : (우편번호 -)
송달 신청	□ 재송달신청	종전에 적어낸 주소로 다시 송달
	□ 특별송달신청	□ 주간송달 □ 야간송달 □ 휴일송달 □ 종전에 적어낸 주소로 송달 □ 새로운 주소로 송달
	□ 공시송달신청	주소를 알 수 없으므로 공시송달을 신청함 (첨부서류 :)

20 . . . 원고(채권자)   (서명 또는 날인)

법원 귀중

[주소보정요령]
1. 상대방의 주소가 변동되지 않은 경우에는 주소변동 없음란의 □에 "✓" 표시를 하고, 송달이 가능한 새로운 주소가 확인되는 경우에는 주소변동 있음란의 □에 "✓" 표시와 함께 새로운 주소를 적은 후 이 서면을 주민등록등본 등 소명자료와 함께 법원에 제출하시기 바랍니다.
2. 상대방이 종전에 적어 낸 주소에 그대로 거주하고 있으면 재송달신청란의 □에 "✓" 표시를 하여 이 서면을 주민등록등본 등 소명자료와 함께 법원에 제출하시기 바랍니다.
3. 수취인부재, 폐문부재 등으로 송달되지 않는 경우에 특별송달(집행관송달 또는 법원경위송달)을 희망하는 때에는 특별송달신청란의 □에 "✓" 표시를 하고, 주간송달·야간송달·휴일송달 중 희망하는 란의 □에도 "✓" 표시를 한 후, 이 서면을 주민등록등본 등의 소명자료와 함께 법원에 제출하시기 바랍니다(특별송달료는 지역에 따라 차이가 있을 수 있으므로 재판부 또는 접수계에 문의바랍니다).
4. 공시송달을 신청하는 때에는 공시송달신청란의 □에 "✓" 표시를 한 후 주민등록말소자등본 기타 공시송달요건을 소명하는 자료를 첨부하여 제출하시기 바랍니다.
5. 지급명령신청사건의 경우에는 사건번호의 '(차)', '채권자', '채무자' 표시에 ○표를 하시기 바랍니다.
6. 소송목적의 수행을 위해서는 읍·면사무소 또는 동주민센터 등에 주소보정명령서 또는 주소보정권고 등 상대방의 주소를 알기 위해 법원에서 발행한 문서를 제출하여 상대방의 주민등록표 초본 등의 교부를 신청할 수 있습니다(주민등록법 제29조 제2항 제2호, 동법 시행령 제47조 제5항 참조).

다. 특별송달신청 : 야간

특별송달 신청(야간)

사 건   2012가소 15063**호 부당이득금반환
원 고   이 ０ ０
피 고   박 ０ ０

위 사건에 있어서 피고 박00은 인천광역시 서구 원당동 +++에 주민등록을 두고 있으나, 폐문부재의 사유로 송달되지 않았으므로, 귀원 집행관으로 하여금 위 주소로 야간에 송달할 수 있기를 바라와 이건 신청을 하오니 허가하여 주시길 바랍니다.

※ 첨부 : 주민등록 초본   1통

2012. 11. .

원고의 소송대리인 법무법인 강산

담당변호사   임 승 택

인천지방법원   민사 53단독   귀 중

라. 특별송달신청 : 휴일

특별송달 신청(휴일)

사 건   2016아 38**호 소송비용액확정
신 청 인   ++도시공사 외 1명
피신청인   ++산업개발 주식회사

위 사건에 있어서 피신청인 **산업개발 주식회사는 화성시 서신면 장외리 산 ++-11에 주소를 두고 있으나, 2016. 11. 25. 수취인불명의 사유로 송달되지 않았으며 지금까지 주소 변동이 없습니다.

그리하여 2016. 12. 5. 대표이사 주소 ++완의 주소로 재송달 신청하였으나 수취인 불명의 사유로 송달되지 않았으므로, 귀원 집행관으로 하여금 대표이사 ++완의 주소 경기도 <u>**화성시 남양읍 남양성지로 +++**</u>로 휴일에 송달할 수 있기를 바라와 이건 신청을 하오니 허가하여 주시길 바랍니다.

※ 첨부 : 법인등기부등본   1통

2017.   2.   .

신청인들의 소송대리인 법무법인 강산

담당변호사 김 태 원

수 원 지 방 법 원   제8사법보좌관   귀 중

마. 피고(채무자)가 도주한 경우

(1) 공시송달신청

공시송달을 신청하는 경우에는 그 요건이 되는 당사자의 주소지 또는 근무장소를 알 수 없다는 것을 소명하여야 한다(민사소송법 제194조 제2항).

공시송달신청을 함에 있어 그 요건을 구비하고 있음을 소명하는 방법으로 통상 1) 무단전출 등의 사유로 주민등록이 직권 말소된 자의 경우에는 그 취지가 기재된 주민등록초본을 첨부하는 방법, 2) 주민등록이 말소되지는 않았으나 주민등록상 주소지에 거주하지 아니하고 있는 경우에는 그 소명자료로 주민등록초본 및 믿을만한 제3자가 피고가 그 주민등록상 주소지에 거주하지 아니하고 있음을 확인한 불거주확인서를 첨부하는 방법이 사용되고, 그 밖에 주민등록지 거주자의 확인서, 특별송달에 의한 송달불능보고서, 법원의 사실조회 결과 등을 소명자료로 할 수도 있다.

위 불거주확인서를 작성해주는 사람은 통상 통·반장(그 위촉장사본 첨부), 임대인(임대인의 주민등록등·초본 첨부), 주민등록지 건물 소유자(건물 등기부등본 첨부), 피고의 친·인척(신분관계 소명자료<가족관계증명서 등> 첨부) 등이다.

그리고 주민등록의 직권말소를 신청하여 그 말소된 주민등록초본을 첨부하여 공시송달을 신청하고자 하는 경우에는 그 말소에 상당한 기간이 걸리므로, 소정의 보정기간 내에 공시송달신청서를 제출하면서 주민등록을 직권 말소 중이므로 추후 직권 말소된 주민등록등본을 제출하겠다는 취지를 기재하여야 한다. 상당한 기일이 지나도 주소보정명령에 따르지 않으면 소장이 각하될 수도 있기 때문이다.

상대방의 주민등록의 열람 또는 초본 발급신청은 법원으로부터 받은 보정명령등본, 소송계속증명, 기일통지서 등과 신분증을 지참하고 읍·면·동사무소에 상대방의 성명, 주민등록번호 및 주소를 기재한 신청서를 제출하는 방법으로 한다(근거법조 : 민법 제113조, 민사소송법 제194조, 주민등록법시행령 제43조).

(2) 공시송달신청서 및 불거주확인서

공시송달신청서

[담당재판부 : 제   민사부(단독)]

사　　건　　　　　　20ㅇㅇ가단(합, 소)ㅇㅇㅇㅇ

원　　고　　　　　　　　ㅇㅇㅇ

피　　고　　　　　　　　ㅇㅇㅇ

이 사건에 관하여 피고 ㅇㅇㅇ의 주소 등을 알 수 없으므로, 공시송달을 명하여 주시기 바랍니다.

소명자료

1. 주민등록표등·초본　　　　　　　　　　　1통
2. 가족관계등록사항증명서　　　　　　　　　1통
3. 근친자 작성의 불거주확인서　　　　　　　1통

20ㅇㅇ. ㅇㅇ. ㅇㅇ.

원고 ㅇㅇㅇ (날인 또는 서명)

연락처 : 000-0000-0000

ㅇㅇ지방법원 (ㅇㅇ지원) 제 ㅇ민사부(단독) 귀중

◇ 유의사항 ◇

1. 소송목적의 수행을 위해서 동사무소 등에 주소보정명령 등본 또는 소제기증명 등의 자료를 제출하여 상대방의 주민등록표등·초본의 교부를 신청할 수 있습니다(주민등록법 제29조제2항제2호, 제6호).
2. '주민등록법 시행령' 제27조제1항, 제30조에 따라 직권말소, 직권거주불명등록 등의 조치사항이 기록된 주민등록표등·초본을 제출하시기 바랍니다.
3. 주민등록지를 알 수 없는 경우에는 가족관계등록사항증명서를 제출하시기 바랍니다.
4. 그 밖에 확인할 수 있는 다른 자료가 없는 경우에는 송달받을 사람의 최후 주소지에 대한 근친자 작성의 불거주확인서를 제출하시기 바랍니다.

불 거 주 확 인 서

주   소 : ○○○시 ○○○구 ○○○동 ○○○번지
성   명 :
주민등록번호 :

위 사람은 위 주소지에 주민등록은 되어 있으나 현재 거주하지 아니 하고 있음을 확인하고, 그 행방을 알 수가 없음을 확인합니다.

년   월   일

위 확인자 :
통장 : . .

04 제시 외 건물

　법원에서 감정평가사에게 경매신청채권자가 첨부한 부동산목록의 감정평가를 의뢰하게 되는데, <u>감정평가사가 현장에 갔는데 첨부한 부동산목록 외에 건물 등이 있을 때 그것을 제시 외 건물이라 한다.</u> 경매신청채권자가 첨부한 부동산 목록은 공적장부에 등재된 내역으로 작성이 되어 있으므로 제시 외 건물은 낙찰자가 취득할 수도 있고 취득을 못할 수도 있다.

　화성에 있는 공장물건이다. 법원 경매 사건페이지를 보니 창고, 적치장 등이 제시 외 건물로 잡혀 있다. 공적장부에는(건축물대장 등) 없는 건물이다.

(18516) [목록4] 경기 화성시 정남면 보통리 398 [지도] [등기] [토지이용] [건물] · 일반철골구조 기타지붕(조립식판넬) 단층건으로서 외,내벽 : 판넬마감, 창호 : 하이샷시 창호임. · 근린생활시설(창고 및 사무실)로 이용중임. · 위생설비, 급배수설비 등 구비되어 있음.	건물 · 창고,사무실 　378㎡ (114.34평) 제시외 · 창고 　200㎡ (60.5평) · 창고 　72㎡ (21.78평) · 근린시설 　98㎡ (29.64평) · 중층(적치장) 　168㎡ (50.82평) · 중층(적치장) 　100㎡ (30.25평) · 중층(사무실,창고) 　70㎡ (21.18평) 총 1층 보존등기 2012.03.23 건물감정　　167,076,000 평당가격　　　　1,461,230 제시외　　　136,960,000 평당가격　　　　　639,500		열람일 2017.05.01 토지등기부확인 [GO]

감정평가서를 보면 토지와 건물 외에 제시외 건물이 표시되어 있고 감정가격에 포함되어 있음을 알 수 있다. 그런데 중요한 것은 제시 외 건물 중에서 "3동 평가 외"도 있다. 이는 매각으로 낙찰자가 소유권을 취득할 수 없는 물건이므로 주의하여야 할 것이다. 감정평가서를 검토해 보게 되면 3동은 컨테이너박스임을 알 수 있다. 부합물이나 종물이 아닌 별개의 독립된 건물이라면 압류나 저당권의 효력이 미치지 못하게 되어 이를 경매에 부칠 수 없는데, 경매법원이 이를 잘못 판단하여 가격평가까지 하여 경매에 부쳤다고 하더라도 낙찰자가 유효하게 소유권을 취득할 수 없다. 이 점에서 <u>제시 외 건물로 나온 부분이 경매의 주된 대상과의 관계에서 부합물 내지 종물인지 아니면 독립된 별개의 건물인지를 면밀히 살펴보아야 한다.</u> 경매법원이 이를 일차적으로 판단한다고 하더라도, 법원에서 직접 현장을 보고 판단한 것이 아니라 감정평가서 등 서류를 위주로 한다는 점에서 경매법원의 판단이 정확하다고 기대하기는 어렵다.

기호	소재지	지번	지목 및 용도	용도지역 및 구조	면 적 (㎡)		감 정 평 가 액		비 고
					공 부	사 경	단 가	금 액	
1-4	동소	양지상 398, 399-3 양지상	창고	컨테이너	1동	1동	-	평가외	
4-1	동소	398, 399-3 양지상	제2종 근린생활 시설	일반철골구조 기타지붕 단층	(98)	98	400,000	39,200,000	
4-2	동소	398, 399-3	사무실	컨테이너	1동	1동	-	평가외	

감정평가서에 제시 외 건물들은 점선으로 표시가 되어 있으므로 감정평가서를 세심히 살펴볼 필요가 있으며 현장 조사 시에도 감정평가서상의 도면으로 확인을 할 필요가 있다.

독립된 건물이나 물건이면 낙찰을 받았다고 하더라도 소유권을 취득하지 못한 것이므로, 대상물에 따라서 철거나 수거, 취거 소송을 하여야 할 것이다.

05 오픈상가와 경매

가. 정의
1동의 건물 중 구조상 구분된 여러 개의 부분이 독립한 건물로서 사용될 수 있을 때에는 그 각 부분은 이 법에서 정하는 바에 따라 각각 소유권의 목적으로 할 수 있다(집합건물법 제1조)

나. 차단성과 경계의 명확성
주거용은 차단성을 강하게 요구하나, 상업용은 다소 완화한다.
격리시설은 벽이나 창 또는 문을 말하고, 재료는 콘크리트나 벽돌, 유리 등을 말한다. 격리시설을 쉽게 이동·제거할 수 없어야 한다.

건물의 일부분이 구분소유권의 객체가 될 수 있으려면 그 부분이 구조상으로나 이용상으로 다른 부분과 구분되는 독립성이 있어야 하고, 건물의 주택, 점포, 차고 등으로의 이용상황 내지 이용형태에 따라 구조상의 독립성 판단의 엄격성에 차이가 있을 수 있으나 구조상의 독립성은 주로 소유권의 목적이 되는 객체에 대한 물적 지배의 범위를 명확히 할 필요성 때문에 요구된다고 할 것이므로 구조상의 구분에 의하여 구분소유권의 객체범위를 확정할 수 없는 경우에는 구조상의 독립성이 있다고 할 수 없다. 지하 1층, 지상 5층 건물의 지하실 837.65㎡ 중 면적이 19.83㎡로 등기되어 있는 109호 부분은 등기신청 시에 다른 부분과 구분, 격리시킬 수 있는 시설이 존재하지 아니하여 독립한 건물로서의 용도에 제공될 수 있는 상태에 있지 아니하므로 그에 관한 구분소유의 등기는 무효이다(대법원 1993. 3. 9. 선고 92다41214 판결).

대법원은 **소위 인천어시장 사건**에서 "건물의 구조가 철근콘크리트 외벽에 반달형의 패널 지붕이 덮여 있고 내부는 바닥만이 콘크리트로 포장되어 있을 뿐 각 점포의 경계나 특정을 위한 칸막이나 차단시설 등이 설치되어 있지 않고 다만 바닥에 페인트로 선을 그어 장방형으로 된 500개의 점포와 통로로 구획되어 있다면, 이 건물이 **어시장**으로 사용되고 있다는 이용상의 특성을 감안하여도 각 점포가 구조상의 독립성을 갖추었다고 볼 수 없고, 그밖에 각 점포주들이 그 경계선상에 드럼통을 쌓는 등으로 경계를 확실히 하여 이를 각 배타적으로 사용하고 있다거나 각점포가 등기부상으로도 구분된 개개의 소유권의 객체로 등재되어 있으며 시장부지의 공유지분권과는 별개로 독립하여 거래되어 왔다는 사정이 있다 하더라도 각 점포를 독립한 소유권의 객체로 인정할 수 없다."라고 하여, 구분소유를 인정한 원심판결을 파기한 바 있다(대법원 1995. 6. 9. 선고 94다40239 판결).

다. 구분점포에 대한 차단성과 경계성의 완화

(1) 구분점포 인정

집합건물법은 2003. 7. 18.부터 구분점포(1동의 건물이 다음 각 호에 해당하는 방식으로 여러 개의 건물부분으로 이용상 구분된 경우에 그 건물부분)에 대해서는 차단성을 완화하였다.

즉, 경계를 명확하게 알아볼 수 있는 표지를 바닥에 견고하게 설치하고, 구분점포별로 부여된 건물번호표지를 견고하게 붙이면 구분점포로서 구분소유권을 인정받을 수 있는 것이다.

한편 이러한 경계표지 또는 건물번호표지를 파손, 이동 또는 제거하거나 그 밖의 방법으로 경계를 알아볼 수 없게 한 사람은 3년 이하의 징역 또는 1천만 원 이하의 벌금에 처한다(법 제65조제1항)

> **제1조의2(상가건물의 구분소유)** ① 1동의 건물이 다음 각 호에 해당하는 방식으로 여러 개의 건물부분으로 이용상 구분된 경우에 그 건물부분(이하 "구분점포"라 한다)은 이 법에서 정하는 바에 따라 각각 소유권의 목적으로 할 수 있다.
> 1. 구분점포의 용도가 「건축법」 제2조제2항제7호의 판매시설 및 같은 항 제8호의 운수시설(집배송시설은 제외한다)일 것
> 2. 1동의 건물 중 구분점포를 포함하여 제1호의 판매시설 및 운수시설(이하 "판매시설 등"이라 한다)의 용도에 해당하는 바닥면적의 합계가 1천제곱미터 이상일 것
> 3. 경계를 명확하게 알아볼 수 있는 표지를 바닥에 견고하게 설치할 것
> 4. 구분점포별로 부여된 건물번호표지를 견고하게 붙일 것
>
> 부칙 〈법률 제6925호, 2003.7.18〉

①(시행일) 이 법은 공포 후 6월이 경과한 날부터 시행한다.

②(경과조치) 이 법 시행 당시 구분건물로 등기된 건물이 제1조의 규정에 부합하지 아니하여도 이 법 시행 후 2년 이내에 제1조의2제1항에서 정한 구분점포로서의 요건을 갖추고 제56조제2항의 평면도를 첨부하여 제54조제1항제3호와 동조제6항에 관한 건축물대장 변경등록을 마친 경우에는 구분건물로 등기된 때에 구분점포별로 소유권의 목적이 된 것으로 본다.

건축법 시행령 별표 1 용도별 건축물의 종류

7. 판매시설

가. 도매시장(「농수산물유통 및 가격안정에 관한 법률」에 따른 농수산물도매시장, 농수산물공판장, 그 밖에 이와 비슷한 것을 말하며, 그 안에 있는 근린생활시설을 포함한다)

나. 소매시장(「유통산업발전법」 제2조제3호에 따른 대규모 점포, 그 밖에 이와 비슷한 것을 말하며, 그 안에 있는 근린생활시설을 포함한다)

다. 상점(그 안에 있는 근린생활시설을 포함한다)으로서 다음의 요건 중 어느 하나에 해당하는 것

  1) 제3호가목에 해당하는 용도(서점은 제외한다)로서 제1종 근린생활시설에 해당하지 아니하는 것

  2) 「게임산업진흥에 관한 법률」 제2조제6호의2가목에 따른 청소년게임제공업의 시설, 같은 호 나목에 따른 일반게임제공업의 시설, 같은 조 제7호에 따른 인터넷컴퓨터게임시설제공업의 시설 및 같은 조 제8호에 따른 복합유통게임제공업의 시설로서 제2종 근린생활시설에 해당하지 아니하는 것

8. 운수시설

가. 여객자동차터미널

나. 철도시설

다. 공항시설

라. 항만시설

마. 삭제 <2009.7.16>

구분소유권의 객체로서 적합한 물리적 요건을 갖추지 못한 건물의 일부는 그에 관한 구분소유권이 성립할 수 없는 것이어서, 건축물관리대장상 독립한 별개의 구분건물로 등재되고 등기부상에도 구분소유권의 목적으로 등기되어 있어 이러한 등기에 기초하여 경매절차가 진행되어 매각허가를 받고 매수대금을 납부하였다 하더라도, 그 등기는 그 자체로 무효이므로 매수인은 소유권을 취득할 수 없다(대법원 2010. 1. 14.자 2009마1449 결정, 대법원 2008. 9. 11.자 2008마696결정 등 참조).

(2) 용도변경 시

다만 구분점포는 제1조의2제1항제1호의 용도 외의 다른 용도로 변경할 수 없다(법 제57조제4항). 대법원은 구조상 독립성을 갖추지 못한 것에 더하여 용도가 판매시설에서 무도장으로 변경된 사안에서 점포들에 대해 구분소유권의 객체가 될 수 없다고 판단하였다(대법원 2011. 9. 29.자 2011마1420 결정) [5]

라. 실무상 오픈상가 경매에서 문제되는 유형

(1) 원칙적 변칙점포

> **대법원 2008. 9. 11. 자 2008마696 결정【경매개시결정에대한이의】**
> 이 사건 점포들에 관한 각 소유권보존등기 당시에 이 사건 점포들을 포함한 이 사건 건물 내의 모든 점포들 사이에는 각 점포를 구분할 수 있는 벽체 등이 설치되지 아니한

---

5 송재일, '집합건물법상 상가의 구분소유권 문제', 민사판례연구(2015년), 박영사

채 다만 도면상으로만 각 점포가 구분될 수 있을 뿐이었고, 다만 이 사건 건물의 지하 1층 내의 점포들 사이에는 각 점포 호수를 구별할 수 있도록 바닥의 타일색깔을 달리하는 방법으로 구획선만 그어져 있었던 사실, 그 후 이 사건 건물의 지하1층 내의 점포들은 바닥으로부터 1m 30~40cm 정도 높이로 설치된 칸막이 또는 '파티션'이라 불리는 분리와 이동이 용이한 경량칸막이 등으로 구분되어 있었고 일부 점포는 주방기구나 식탁 등으로 이웃 점포와 경계를 삼기도 하였으나, 상가가 활성화되지 않자 상가활성화를 위하여 위 파티션 등을 철거하고 지하1층 중 일부를 ○○마트 용도로 제3자에게 임대하기도 한 사실, 그 후 이 사건 점포들이 포함되어 있는 이 사건 건물의 각 층을 층별로 일체로서(다만 1층의 경우 일부씩 구획하여) 하나의 용도로 사용하려는 시도에 의하여 각 층을 사우나(지하1층), 식당 및 사무실(1층), 웨딩홀(2층), 뷔페식당(3층), 성인콜라텍(4층), 찜질방(6층) 등으로 임대, 사용하기도 한 사실, 이 사건 경매 신청 무렵에는 이 사건 건물의 지하1층은 사우나(휴업), 1층은 슈퍼, 식당, 부동산사무소 등, 2층은 웨딩홀(공사중), 3층은 뷔페식당(공사중), 4층은 성인콜라텍, 6층은 공실로 사용되거나 비어 있는 상태였고, 각 층 모두 인접 호수와 벽체구분 없이 도면상의 각 점포의 구분과는 상관없이 일체로 또는 구획하여 사용 중인 사실 등을 알 수 있다.

앞서 본 바와 같은 법리 및 위와 같은 사실들에 비추어 살펴볼 때, 이 사건 점포들은 구분소유권의 객체가 될 수 있는 구조상 및 이용상의 독립성을 갖추지 못하여 이 사건 건물의 일부에 불과할 뿐 구분소유권의 객체가 될 수 없다고 봄이 상당하고, 따라서 비록 이 사건 점포들에 관하여 건축물관리대장상 독립한 별개의 구분건물로 등재되고 등기부상에도 구분소유권의 목적으로 등기되어 있다고 하더라도 그러한 등기는 그 자체로 무효이고 그러한 등기에 기한 이 사건 근저당권설정등기 역시 무효라고 할 것이므로, 이러한 무효인 근저당권에 기한 경매개시결정은 위법하다.

그리고 설사 이 사건 점포들에 대하여 구분소유등기를 마친 등기명의자들 사이에서 이 사건 건물을 그 구분소유등기에 맞추어 구분소유의 형태로 사용·수익하기로 하는 특약의 존재가 인정된다고 하더라도, 그러한 사정만으로 이 사건 점포들에 대한 구분소유등기나 그에 기한 이 사건 근저당권이 유효하게 된다고 볼 수는 없으므로, 위와 같은 경우에도 여전히 이 사건 근저당권은 무효이고 이러한 무효인 근저당권에 기한 경매개시결정은 위법하며, 그러한 결과가 지나치게 형평에 어긋난다고 볼 수 없다.

또한, 채무자가 그 소유의 이 사건 점포들에 관하여 근저당권을 설정하여 이를 담보로 제공하였는데 그 근저당권설정등기가 무효로 되어 결과적으로 담보권 실행에 장애를 가져오게 된 경우, 그에 관하여 채무자가 귀책사유의 존부에 따라 손해배상책임을 부담하는지 여부는 별론으로 하고, 채무자가 그 근저당권이 무효임을 이유로 이러한 무효인 근저당권에 기한 경매개시결정이 위법하다고 주장하는 것이 신의칙상 용인될 수 없다고 볼 수는 없다.

(2) 원상회복가능점포

대법원 1999. 6. 2.자 98마1438 결정[부동산경매신청기각]

인접한 구분건물 사이에 설치된 경계벽이 일정한 사유로 제거됨으로써 각 구분건물이 구분건물로서의 구조상 및 이용상의 독립성을 상실하게 되었다고 하더라도, 각 구분건물의 위치와 면적 등을 특정할 수 있고 사회통념상 그것이 구분건물로서의 복원을 전제로 한 일시적인 것일 뿐만 아니라 그 복원이 용이한 것이라면, 각 구분건물은 구분건물로서의 실체를 상실한다고 쉽게 단정할 수는 없고, 아직도 그 등기는 구분건물을 표상하는 등기로서 유효하다고 해석해야 한다.

기록에 의하면, 이 사건 각 점포는 1994. 12.경 건축되었는데 당시에는 각 점포의 경계상에 경계벽이 설치되어 있었던 사실, 소외 황0수는 1994. 12.경 위 각 점포를 분양받아 이를 타에 임대하였는데 그 임차인들이 위 각 점포 부분을 슈퍼마켓으로 사용하면서 일자불상경부터 그 용도에 맞추어 경계벽을 철거하여 현재에 이른 사실을 엿볼 수 있고, 한편, 이 사건 각 점포가 건축될 무렵 시행된 건축물대장의기재및관리등에관한규칙(1996. 1. 18. 건설교통부령 제46호로 개정되기 전의 것) 제5조는, 건축주로 하여금 건축공사가 완료된 후 사용검사를 신청함에 있어 관할 관청에 건축물현황도면을 제출하도록 규정하고 있는바, 당초 설치되어 있던 이 사건 각 점포의 경계벽이 철거된 것은 위 각 점포를 슈퍼마켓으로 사용하기 위한 일시적인 방편에 불과할 뿐 임대차계약기간이 종료될 경우 언제든지 원상태로 복원될 가능성이 있을 뿐만 아니라, 이를 복원함에 있어 그다지 과다한 비용이 소요될 것으로도 보여지지 아니하고, 또한 구분건물에 대한 소유권보존등기 신청 시에는 부동산등기법 제132조 제3항에 따라서 소정 평면도 등을 제출하여야 하고, 등기소는 이를 도면편철장에 편철하여 영구히 보존하므로 이에 의하여도 위 각 점포의 위치와 면적이 특정될 수 있을 것이다.

그렇다면, 원심으로서는, 당사자 등을 심문하거나 기타 상당한 방법으로 이 사건 각 점포의 경계벽이 철거된 것이 영구적인 것인지 아니면 영업의 편의를 위한 일시적인 조치에 불과한 것인지, 또 현재 위 각 점포의 위치와 면적을 특정할 수 있는지를 밝혀 본 다음 경매법원의 경매신청기각결정의 당부를 판단하였어야 할 것이다.

(3) 격벽이 제거되어 합체된 경우

대법원 2016. 3. 15.자 2014마343 결정
1. 경매대상 건물이 인접한 다른 건물과 합동됨으로 인하여 독립성을 상실하게 되었다면 경매대상 건물만을 독립하여 양도하거나 경매의 대상으로 삼을 수는 없다. 이러한 경우 경매대상 건물에 대한 채권자의 저당권은 위 합동으로 인하여 생겨난 새로운 건물 중에서 위 경매대상 건물이 차지하는 합동 당시의 가액 비율에 상응하는 공유지분 위에 존속하게 되므로 저당권자인 채권자는 경매대상 건물 대신 위 공유지분에 대하여 경매를 신청할 수밖에 없다. 그리고 이러한 법리는 1동의 건물 중 구조상 구분된 여러 개의 부분이 독립한 건물로 사용될 수 있어 그 각 부분이 소유권의 목적이 된 경우로서, 그 구분건물들 사이의 격벽이 제거되는 등의 방법으로 합체하여 각 구분건물이 독립성을 상실하여 일체화되고 이러한 일체화 후의 구획을 전유부분으로 하는 1개의 건물이 되는

경우에도 마찬가지이다(대법원 2010. 3. 22.자 2009마1385 결정 등 참조).

이에 따라 위의 경우에 종전의 구분건물에 대한 저당권자로서는 그 저당권을 구분건물들의 합체로 생긴 새로운 건물 중에서 위 경매대상 구분건물이 차지하는 <u>합체 당시의 가액 비율에 상응하는 공유지분에 관한 것으로 등기기록의 기재를 고쳐 이에 대하여 경매를 신청하는 것이 원칙이다</u>(대법원 2011. 9. 5.자 2011마605 결정 등 참조).

그렇지만 합체되기 전의 구분건물들 전부와 합체로 생긴 새로운 건물 사이에는 특별한 사정이 없는 한 사회통념상 동일성이 있으므로, <u>합체되기 전의 구분건물들 전부에 대한 저당권자가 그 전부를 경매의 대상으로 삼아 경매를 신청한 경우라면 이는 합체로 생긴 새로운 건물에 대하여 경매를 신청한 것이라고 볼 수 있다. 또한 합체되기 전의 구분건물들에 관하여 설정된 저당권설정등기 등이 일괄매각 경매절차를 통하여 말소되어 위 구분건물들에 대한 합병제한사유가 해소된다면, 그 경매절차에 의하여 합체로 생긴 새로운 건물 전부를 매수한 매수인은 합병등기 등을 통하여 그 현황과 등기를 일치시킴으로써 완전한 소유권을 행사할 수 있다.</u>

따라서 위와 같은 경우에는, 비록 합체되기 전의 각 구분건물에 관한 저당권을 합체로 생긴 새로운 건물의 공유지분에 관한 것으로 등기기록의 기재를 고치기 전이라고 하더라도, 합체되기 전의 구분건물들 전부를 경매의 대상으로 삼은 경매신청을 합체로 생긴 새로운 건물에 대한 경매신청으로 보아 일괄매각을 허용하고, 위와 같은 사정을 매각물건명세서에 기재하여 매각절차를 진행하여야 할 것이다.

(4) 해설

종래에는 경계벽의 의미를 엄격히 보았으나, 대법원 98마1438 판결 선고 이후에는 경계벽에 의해 주위가 전부 차단되어 있지 않다고 하더라도 ① 건물의 다른 구성부분인 기둥, 천정, 바닥 등 구조에 의하여 그 범위를 명확히 식별할 수 있거나, ② 등기기록, 건축물관리대장 및 건물도면에 구분된 것으로 나타나 있는 때에는 독립성을 인정한다. 따라서 이러한 점을 인정할 만한 자료가 제출되면 경매절차를 속행한다.[6]

06 지분경매와 인도

가. 지분의 의의 및 성질

지분은 각 공유자가 공유물에 대해서 가지는 소유의 비율이다. 지분은 목적물에 대해 공유자가 가지는 추상적인 소유의 비율이며, 공유물의 특정부분을 지칭하는 개념이 아니다. 따라서 지분은 성질상 공유물 전부에 미치게 된다.

물건이 지분에 의하여 수인의 소유로 된 때에는 공유로 한다. 공유자의 지분은 균등한 것으로 추정한다(민법 제262조). 한편 공유자사이에 맺은 지분처분금지특약은 유효하지만, 당사자 사이에서 채권적 효력을 가질 뿐이다. 지분이 양도되면 종전 공유자의 지위는 양수인에게 승계된다. 공유자가 그 지분을 포기하거나 상속인 없이 사망한 때에는 그 지분은 다른 공유자에게 각 지분의 비율로 귀속한다(민법 제267조).

통상 경매참가자들은 지분경매를 꺼린다. 환금성에 문제가 있고, 재산권

---

[6] 염호준, 민사집행특별연수, 제224기, 211, 변호사연수원

행사에 제약이 있으며, 과반수 지분을 매수하지 않으면 임차인으로부터 명도를 받기가 어렵기 때문이다.

나. 공유지분의 처분과 이용관계

공유자는 그 지분을 처분할 수 있고, 공유물 전부를 지분의 비율로 사용, 수익할 수 있다(민법 제263조).

토지의 공유자는 각자의 지분 비율에 따라 토지 전체를 사용·수익할 수 있지만, 그 구체적인 사용·수익 방법에 관하여 공유자들 사이에 지분 과반수의 합의가 없는 이상, 1인이 특정 부분을 배타적으로 점유·사용할 수 없는 것이므로, 공유자 중의 일부가 특정 부분을 배타적으로 점유·사용하고 있다면, 그들은 비록 그 특정 부분의 면적이 자신들의 지분 비율에 상당하는 면적 범위 내라고 할지라도, 다른 공유자들 중 지분은 있으나 사용·수익은 전혀 하지 않고 있는 자에 대하여는 그 자의 지분에 상응하는 부당이득을 하고 있다고 보아야 할 것인바, 이는 모든 공유자는 공유물 전부를 지분의 비율로 사용·수익할 권리가 있기 때문이다(대법원 2001. 12. 11. 선고 2000다13948 판결).

다. 공유물의 처분·변경

공유자는 다른 공유자의 동의 없이 공유물을 처분하거나 변경하지 못한다(민법 제264조). 다만, 공유자 중 1인이 다른 공유자의 동의 없이 그 공유 토지의 특정부분을 매도하여 타인 명의로 소유권이전등기가 마쳐졌다면, 그 매도 부분 토지에 관한 소유권이전등기는 처분공유자의 공유지분 범위 내에서는 실체관계에 부합하는 유효한 등기라고 보아야 한다(대법원 1994. 12. 2. 선고

93다1596 판결).

라. 공유물의 관리 · 보존
(1) 관리

공유물의 관리에 관한 사항은 공유자의 지분의 과반수로써 결정한다. 그러나 보존행위는 각자가 할 수 있다(민법 제265조).

관리행위란 공유물의 처분이나 변경에 이르지 않을 정도의 이용이나 개량행위를 말한다.

공유자가 공유물을 <u>타인에게 임대하는 행위 및 그 임대차계약을 해지하는 행위</u>는 공유물의 관리행위에 해당하므로 민법 제265조 본문에 의하여 공유자의 지분의 과반수로써 결정하여야 한다. 상가건물 임대차보호법이 적용되는 상가건물의 공유자인 임대인이 같은 법 제10조 제4항에 의하여 임차인에게 갱신 거절의 통지를 하는 행위는 실질적으로 임대차계약의 해지와 같이 공유물의 임대차를 종료시키는 것이므로 공유물의 관리행위에 해당하여 공유자의 지분의 과반수로써 결정하여야 한다(대법원 2010. 9. 9. 선고 2010다37905 판결).

부동산에 관하여 과반수 공유지분을 가진 자는 공유자 사이에 공유물의 관리방법에 관하여 협의가 미리 없었다 하더라도 공유물의 관리에 관한 사항을 단독으로 결정할 수 있으므로 공유토지에 관하여 과반수 지분권을 가진 자가 그 공유토지의 특정된 한 부분을 배타적으로 사용수익할 것을 정하는 것은 공유물의 관리방법으로서 적법하다(대법원 1991. 9. 24. 선고 88다카33855 판결). 따라서 과반수 지분의 공유자로부터 사용·수익을 허락받은 점유자에 대하여 소수 지분의 공유자는 점유자가 사용·수익하는 건물의 철거나 퇴거 등 그 점유의 배제를 구할 수 없다(대법원 2002. 5. 14. 선고 2002다9738 판결 등 참조).

본조는 임의규정이므로, 특약이 있으면 그에 따른다. 예를 들어 토지의 공유자인 A, B, C간에 C가 그 토지위에 건물을 건축하고 그 소유 및 사용을 위해 그 건물의 부지 부분을 점유사용하기로 하는 내용의 특약을 맺었는데, 그 후 경매를 통해 C의 토지지분과 건물을 갑이 취득하였고, A는 B의 지분을 취득하여 과반수 지분권자가 된 후에, 갑을 상대로 건물의 철거를 구하자, 대법원은 "공유자 간의 공유물에 대한 사용수익·관리에 관한 특약은 공유자의 특정승계인에 대하여도 당연히 승계된다고 할 것이나, 민법 제265조는 "공유물의 관리에 관한 사항은 공유자의 지분의 과반수로써 결정한다."라고 규정하고 있으므로, 위와 같은 특약 후에 공유자에 변경이 있고 특약을 변경할 만한 사정이 있는 경우에는 공유자의 지분의 과반수의 결정으로 기존 특약을 변경할 수 있다."고 판시하면서도, 위 사안에서 원고 A는 C가 이 사건 건물의 소유 및 사용을 위하여 이 사건 토지 중 위 건물의 부지 부분을 점유·사용할 수 있도록 하는 내용의 특약을 함으로써 스스로 상당 기간 그 부지 부분에 대한 사용수익의 제한을 용인하였던 점, 원고는 위 특약의 당사자로서 위와 같은 특약의 내용을 잘 알고 있음에도 특약 후 위 C를 제외한 B로부터 공유지분을 증여받아 과반수 지분권자가 된 점, 공유자 사이에 공유물의 사용수익·관리에 관한 다툼이 있어 공유관계의 지속을 원하지 아니하는 경우에는 언제든지 공유물을 분할할 수 있는 점, 피고는 공유물 분할을 원하여 원고의 예비적 청구에 따른 원심의 공유물분할 판결을 받아들이고 있는데, 이와 같은 상태에서 공유물 분할에 앞서 과반수 지분권자인 원고의 요구에 따라 위 특약의 변경을 받아들여 그 부지에 대한 점유 · 사용권이 있었던 이 사건 건물을 철거하는 것은 사회 · 경제적으로 바람직하지 않다고 보이는 점 등에 비추어 보면, <u>이 사건에서 위 특약을 변경할 만한 사정이 있다고 보기는 어렵다고 판시하였다</u>(대법원 2005. 5. 12. 선고 2005다1827 판결[7]). 그리고 공유물의 사용·수익·관리에 관한 공유자 사이의 특약은 유효하며 그 특정승계인에 대하여도 승계되지만, 그 특약이 지분권자로서의 사용·수익권을 사실상 포기하는 등으로 공유지분권의 본질적 부분을 침해하는 경우에는 특정승계인이 그러한 사실을 알고도 공유지분권을 취득하였다는 등의 특별한 사정이 없다면 특정승계인에게 당연히 승계된다고 볼 수 없다. 그리고 위와 같은 특약의 존재 및 그 특약을 알면서 공유지분권을 취득하였다는 등의 특별한 사정이 있는지에 관하여는 구체적인 공유물의 사용·수익·관리의 현황, 이에 이르게 된 경위 및 공유자들의 의사, 현황대로 사용·수익된 기간, 공유지분권의 취득 경위 및 그 과정에서 특약 등의 존재가 드러나 있었거나 이를 쉽게 알 수 있었는지 여부 등 여러 사정을 종합하여 판단하여야 한다(대법원 2013. 3. 14. 선고 2011다58701 판결).

한편 공유자 사이에 공유물을 사용·수익할 구체적인 방법을 정하는 것은

---

[7] 이 판결의 의미는 공유자끼리 특약 후에 부동산에 관하여 과반수 공유지분을 취득한 자는 기존 특약을 변경할 수가 있는 것이 원칙이지만, 특별한 사정이 있는 경우 기존 특약의 변경을 인정하지 않는 점에 의미가 있다.

공유물의 관리에 관한 사항으로서 공유자의 지분의 과반수로써 결정하여야 할 것이고, 과반수의 지분을 가진 공유자는 다른 공유자와 사이에 미리 공유물의 관리방법에 관한 협의가 없었다 하더라도 공유물의 관리에 관한 사항을 단독으로 결정할 수 있으므로, 과반수의 지분을 가진 공유자가 그 공유물을 배타적으로 사용·수익하기로 정하는 것은 공유물의 관리방법으로서 적법하다(대법원 2015. 11. 26. 선고 2015다206584 판결, 대법원 2001. 11. 27. 선고 2000다33638, 33645 판결, 대법원 2002. 5. 14. 선고 2002다9738 판결 등 참조).

(2) 보존

공유물의 보존행위는 <u>공유물의 멸실·훼손을 방지하고 그 현상을 유지</u>하기 위하여 하는 사실적 법률적 행위로서 이러한 공유물의 보존행위를 각 공유자가 단독으로 할 수 있도록 한 취지는 그 보존행위가 긴급을 요하는 경우가 많고 다른 공유자에게도 이익이 되는 것이 보통이기 때문이므로, 어느 <u>공유자가 보존권을 행사하는 때에 그 행사의 결과가 다른 공유자의 이해와 충돌될 때에는 그 행사는 보존행위로 될 수 없다고 보아야 한다</u>(대법원 2015. 1. 29. 선고 2014다49425 판결, 대법원 1995. 4. 7. 선고 93다54736 판결, 대법원 2008. 12. 11. 선고 2006다83932 판결 참조).

① 반환청구

제3자가 공유물의 점유를 침탈한 경우에는 공유자 각자가 단독으로 공유물 전부를 반환 청구할 수 있다. 대법원은 "공유물을 제3자가 불법점유하고 있는 경우에 소수지분권자라고 하더라도 공유물의 보존행위로서 명도청구를 할 수 있다는 당원의 확립된 판례(당원 1962. 4. 12. 선고 4292민상1242 판결,

1966. 4. 19. 선고 66다283 판결, 1969. 3. 4. 선고 68다21 판결 각 참조)의 입장과도 일관되는 것이라 할 것이다."라고 판시하고 있다(대법원 1994. 3. 22. 선고 93다9392 전원합의체 판결).

② 방해제거청구

부동산의 공유자의 1인은 당해 부동산에 관하여 제3자 명의로 원인무효의 소유권이전등기가 경료되어 있는 경우 공유물에 관한 보존행위로서 제3자에 대하여 그 등기 전부의 말소를 구할 수 있다(대법원 1993. 5. 11. 선고 92다52870 판결).

③ 공유자의 다른 공유자에 대한 반환청구

갑은 1/4, 을은 1/2, 병은 1/4의 지분을 가지고 있는데, 병이 협의 없이 단독으로 사용수익하는 경우 과반수지분권자가 아닌 갑이 단독으로 병을 상대로 보존행위로서 공유부동산을 인도할 것을 청구할 수 있는지에 대해 다수의견은 "지분을 소유하고 있는 공유자나 그 지분에 관한 소유권이전등기청구권을 가지고 있는 자라고 할지라도 다른 공유자와의 협의 없이는 공유물을 배타적으로 점유하여 사용 수익할 수 없는 것이므로, 다른 공유권자는 자신이 소유하고 있는 지분이 과반수에 미달되더라도 공유물을 점유하고 있는 자에 대하여 공유물의 보존행위로서 공유물의 인도나 명도를 청구할 수 있다."라고 판시하고 있다(대법원 1994. 3. 22. 선고 93다9392 전원합의체 판결).

그러나 위 판결에서는 다음과 같은 반대의견이 있다.

[반대의견 1]소수지분권자가 다른 공유자와의 협의 없이 공유물의 전부 또는 일부를 배타적으로 점유하여 사용 수익하고 있더라도, 아무런 권한도 없이 불법으로 점유하는 경우와는 달리, 적어도 그 자신이 소유하고 있는 지분의 범위 내에서는, 공유물 전부를 사용 수익할 권한이 있어서 그 권한에 기하여 공유물을 점유하고 있는 것으로 인정되기 때문에 적법한 것이고, 다만 그 지분의 비율을 초과하는 한도 내에서만 위법하게 점유(사용 수익)하고 있는 것으로 보아야 할 것이므로 일부 소수지분권자가 공유물을 독점적 배타적으로 점유하고 있는 위법한 상태를 시정한다는 명목으로 다른 소수지분권자로 하여금 공유물을 점유하고 있는 소수지분권자에 대하여 공유물 전부를 자기에게 명도할 것을 청구할 수 있도록 허용하는 것은, 결국 그 소수지분권자가 가지고 있는 "지분의 비율에 따른 사용 수익권"까지 근거 없이 박탈하고 역시 자신이 소유하고 있는 지분의 범위 내에서만 공유물을 점유할 권한밖에 없는 다른 소수지분권자로 하여금 공유물을 전부 점유하게 하는 부당한 결과를 가져오게 되는 것이므로, 공유물인 건물 등을 점유하고 있는 소수지분권자에 대하여 다른 소수지분권자가 그 건물 등의 명도를 청구하는 것이 공유물의 보존행위에 속한다고 볼 수 없다.

소수지분을 소유하고 있는 공유자나 그 소수지분에 관한 소유권이전등기 청구권을 가지고 있는 사람이라 할지라도 다른 공유자와의 협의 없이는 공유물을 배타적으로 점유하여 사용·수익할 수 없으므로, 다른 공유자는 자신이 소유하고 있는 지분이 과반수에 미달되더라도 협의 없이 공유물을 점유하고 있는 소수지분 공유자에 대하여 공유물의 보존행위로서 공유물의 인도를 청구할 수 있다.

마. 공유물의 부담

공유자는 그 지분의 비율로 공유물의 관리비용 기타 의무를 부담한다. 공유자가 1년 이상 전항의 의무이행을 지체한 때에는 다른 공유자는 상당한 가액으로 지분을 매수할 수 있다(민법 제266조).

민법 제266조 제2항의 규정에 의하여 공유자가 다른 공유자의 의무이행지체를 이유로 그 지분의 매수청구권을 행사함에 있어서는 매수대상이 되는 지분 전부의 매매대금을 제공한 다음 매수청구권을 행사하여야 한다(대법원 1992. 10. 9. 선고 92다25656 판결).

바. 제3자의 공유물에 대한 권리행사

제3자가 공유물에 대한 인도청구 또는 철거청구를 할 경우 공유자 전원이 피고가 될 필요는 없고, 공유자 각자에 대해 그 지분의 한도내에서 인도 또는 철거를 구하면 된다(대법원 1966. 3. 15. 선고 65다2455 판결). 그러나 공동점유자 각자는 그 점유물의 일부분씩만을 반환 할 수는 없고, 특정되지도 않았으므로, 지분범위내의 인도나 철거 청구는 집행이 불가능하다. 결국 공유자 모두를 상대로 인도나 철거 청구를 하여야 그 목적을 달성할 수 있다.

건물의 공유자가 공동으로 건물을 임대하고 보증금을 수령한 경우, 특별한 사정이 없는 한 그 임대는 각자 공유지분을 임대한 것이 아니고 임대목적물을 다수의 당사자로서 공동으로 임대한 것이고 그 보증금 반환채무는 성질상 불가분채무에 해당된다고 보아야 할 것이다(대법원 1998. 12. 8. 선고 98다43137 판결).

사. 인도 사례 연구

지분매수 후 인도 문제는 누가 점유를 하고 있는지, 얼마의 지분을 매수하였는지에 따라 다르다.

(1) 다른 공유자가 점유할 경우

매수인은 우선 다른 공유자를 상대로 자기 지분 만큼에 대해 부당이득금반환청구를 할 수 있다.

① 과반수 이상 매수인

이 경우 매수인은 보존행위여부와 관계없이 <u>관리행위로서 소수지분권자에게 공유물 인도청구를 할 수 있다.</u>

② 1/2 매수인

이 경우 매수인은 다른 1/2 지분권자 겸 점유자에게 보존행위로서 인도청구를 할 수 있다.

대법원은 "물건을 공유자 양인이 각 1/2 지분씩 균분하여 공유하고 있는 경우 1/2 지분권자로서는 다른 1/2 지분권자와의 협의 없이는 이를 배타적으로 독점사용할 수 없고, 나머지 지분권자는 공유물보존행위로서 그 배타적 사용의 배제, 즉 그 지상 건물의 철거와 토지의 인도 등 점유배제를 구할 권리가 있다."라고 판시하였다(대법원 2003. 11. 13. 선고 2002다57935 판결). 지분을 소유하고 있는 공유자나 그 지분에 관한 소유권이전등기청구권을 가지고 있는 자라고 할지라도 다른 공유자와의 협의 없이는 공유물을 배타적으로 점유하여 사용 수익할 수 없는 것이므로, 다른 공유권자는 자신이 소유하고 있는 지분이 과반수에 미달되더라도 공유물을 점유하고 있는 자에 대하여 <u>공유물의 보존행위로서 공유물의 인도나 명도를 청구할 수 있다</u>(대법원 1994. 3. 22. 선고 93다9392 전원합의체 판결).

③ 1/2 이하 소수지분권 매수인이 과반수 지분권자에게

이 경우 매수인은 과반수지분권자 겸 공유물 점유자에 대해 <u>인도청구를 할 수 없다</u>. 다수지분권자의 관리행위에 배치되기 때문이다.

④ 1/2 이하 소수지분권 매수인이 다른 소수지분권자에게

지분을 소유하고 있는 공유자나 그 지분에 관한 소유권이전등기청구권을 가지고 있는 자라고 할지라도 다른 공유자와의 협의 없이는 공유물을 배타적으로 점유하여 사용 수익할 수 없는 것이므로, 다른 공유권자는 자신이 소유하고 있는 지분이 과반수에 미달되더라도 공유물을 점유하고 있는 자에 대하여 <u>공유물의 보존행위로서 공유물의 인도나 명도를 청구할 수 있다</u>(대법원 1994. 3. 22. 선고 93다9392 전원합의체 판결).

(2) 임차인이 점유할 경우

① 매수지분이 과반수 이상

이 경우는 대항력 문제만 없다면 매수인이 임차인을 상대로 공유물의 관리행위로서 인도명령신청이 가능하다. 나아가 이용방법도 단독으로 결정할 수 있다.

문제는 임차인이 대항력을 갖춘 경우이다. 이 경우는 매수지분만큼 임차인의 권리를 인수해야 한다. 다만 임차인에 대한 보증금반환의무는 불가분의무이므로, 전액을 지급하여야 인도를 받을 수 있다. 자기지분을 넘는 부분은 타 공유자에게 구상권을 행사할 수 있다.

(2) 매수지분이 과반수 미만

① 임차인이 과반수 이상과 계약을 체결한 경우 : 인도 불가

매수지분이 과반수 미만인데, 임차인이 과반수 이상과 임대차계약을 체결한 경우 대항력 여부를 떠나서 이 임대차계약은 유효하며, 매수인이 이러한 계약을 승계하므로, 인도청구가 불가하다. 이 경우 임차인이 대항력이 있으면 매수인은 그 지분만큼 임차인의 권리를 인수해야 한다.

② 임차인이 과반수 미만과 계약을 체결한 경우 : 인도 가능

임차인이 무효한 임대차계약을 체결한 것이므로 매수인은 인도청구가 가능하며 임차인의 임대차보증금에 대하여 반환의무도 없다. 임차인이 임대차계약을 체결한 소수 지분 공유자에 대하여 보증금에 대한 채권을 가지게 되는 것은 별론으로 한다.

07 인도청구 청구취지(주문) 기재 례

가. 토지 인도의 경우

1. 피고는 원고에게 서울 강남구 삼성동 756 대500㎡를 인도하라.

2. 피고는 원고에게 별지 목록 기재 각 토지를 인도하라.

[별지 목록 기재례]

1. 서울 서초구 서초동 1700 대 354㎡

2. 서울 서초구 반포동 1700 잡종지 421㎡

3. 서울 동작구 사당동 333 도로 250㎡. 끝.

나. 건물의 인도

(1) 통상의 경우

피고는 원고에게 서울 서초동 1500 지상 철근콘크리트조 슬래브지붕 3층 영업소 1층 150㎡, 2층 120㎡, 3층 100㎡, 옥탑 10.6㎡를 인도하라.

(2) 현황이 등기부와 다를 경우

만일 등기부상 표시와 현황이 다를 때에는 현황에 따라 표시하고, 등기기록상의 표시는 괄호 안에 병기한다. 인도청구의 경우 토지는 토지대장을 기준으로 표시하고, 건물은 현황으로 표시하는 이유는 토지는 다소 달라도 집행에 지장이 없는데 비해, 건물은 '건축물대장'이 행정편의상 작성된 명부에 불과하고, 집행 시에 '현황'과의 동일성이 매우 중요하므로, '현황'을 기준으로 표시한다.

피고는 원고에게 서울 강남구 삼성동 37-**(봉은사로 40*) 지상 벽돌조 기와지붕 단층 주택 90㎡[등기기록상 표시 : 같은 동 37-**(봉은사로 40*) 지상 시멘트 벽돌조 기와지붕 단층 주택 80㎡]를 인도하라.

(3) 토지 · 건물의 일부분만이 목적물인 경우

1. 피고는 원고에게 서울 강남구 삼성동 756-18 대 500㎡ 중 별지 도면 표시 1, 3, 7, 8, 10, 13, 18, 1의 각점을 차례로 연결한 선내 부분 186㎡를 인도하라.
2. 원고에게, 별지 목록 기재 건물 중,
   가. 피고 갑은 별지 도면 표시 1, 2, 3, 4, 1의 각점을 차례로 연결한 선내 ㉮ 부분 방 30㎡를,
   나. 피고 을은 같은 도면 표시 5, 6, 7, 8, 5의 각 점을 차례로 연결한 선내 ㉯ 부분 창고 20㎡를 각 인도하라.

제8장

철거소송

1 서설
2 누구를 피고로 하는가?
3 청구취지와 철거대상물 특정
4 건물철거와 신의칙

01 서설

  토지낙찰자가 건물소유자를 상대로 제기하는 철거소송은 많은 쟁점을 가지고 있다. 따라서 철거소송은 스스로 진행하는 것 보다는 전문변호사에게 의뢰하는 것이 타당하다.

  철거소송에서는 ① 누가 피고인가, ② 철거가 가능한가, ③ 철거대상물은 어떻게 특정 하는가, ④ 신의칙상 철거가 가능한가, ⑤ 철거와 같이 임료상당의 부당이득금 청구는 가능한가 등의 쟁점이 있다.

  본안소송에 앞서서 건물소유자를 상대로 철거청구권을 보전하기 위해서는 처분금지가처분이, 금전청구권을 보전하기 위해서는 가압류신청이, 퇴거

청구권을 보전하기 위해서는 점유자를 상대로 점유이전금지가처분이 필요하다.

특히 미등기건물의 경우에는 처분금지가처분 등기가 불가하여, 처분금지가처분을 받은 후에 대위등기의 방법으로 가처분권자가 건물등기를 하는 경우가 있으나, 이는 등기될 정도로 건축이 진척되어 있어야 하고 건축과정에 불법적 요소가 없어야 하며, 또한 취득세 납부 등 비용문제도 따른다. 따라서 불안정하기는 하지만 토지인도청구권을 피 보전권리로 하여 토지에 대한 점유이전금지가처분을 하기도 한다. 이를 통해 건물주 변동에 따른 토지 점유자 변동을 어느 정도는 막을 수 있다.

실제 철거판결 후에 실제 집행은 어떻게 하는지도 문제된다. 철거집행은 대체집행결정을 받은 이후에 집행관을 통해 이루어진다. 대체집행결정을 하기 전에 채무자를 심문하여야 한다(법 제262조). 철거대상건물에 대한 채무자의 금전채권자의 가압류, 압류, 담보권행사, 가등기, 가처분 등으로 인해 대체집행이 저지되지는 않는다. 그러나 철거판결은 통상 낙찰자가 압박수단으로 제기하는 것이고, 나아가 세입자에 대한 대항 수단이고 보면, 실제 집행이 이루어지는 경우는 거의 없다. 철거판결이 나면 합의가 이루어지는 경우가 많은 것도 그 원인이다.

통상 토지소유자가 철거소송을 제기하면 건물소유자는 토지를 점유할 권리가 있다는 점을 입증하여야 한다. ① 법정지상권이 있다는 주장, ② 건물 소유를 위한 토지임대차가 있다는 주장, ③ 집합건물에서 분리처분 금지에 위배되어 대지소유권 낙찰자체가 무효라는 주장 등을 한다.

법정지상권은 이 책의 제4장에서 살펴보았다. 집합건물 분리처분 금지 위배 주장은 법정지상권과 분리해서 다루어야 할 거대한 쟁점이므로, 법무법인 강산의 또 다른 '진짜경매'시리즈 책인 「**집합건물 경매ㆍ재건축ㆍ관리 실무**」를 보기를 권하고, 여기서는 생략하기로 한다.

나아가 철거청구를 하면서 토지사용료 상당의 부당이득금반환청구소송을 하는 경우가 많은 바, 이 부분은 이 책의 제9장. 부당이득금반환청구소송, 제11장. 실제 소송 사례에서 살펴보기로 한다.

02 누구를 피고로 하는가?

가. 개설

미등기건물은 원시취득자를 피고로 한다. 일반건물과 집합건물에서 원시취득자가 차이가 있음은 이미 설명하였다.

소유자를 정확히 파악하기가 어렵다면 일단 예상되는 소유자 모두를 피고로 삼아 소송을 제기하고 재판과정에서 소유자로 확인되지 않는 자는 취하를 하거나 패소 판결을 받는 것이 안전하다.

나. 등기부상 소유자

토지를 낙찰 받은 경우 그 지상에 건물이 있거나 지장물이 있는 경우 철거소송을 하여야 할 것이고, 이 경우에 누구를 피고로 할 것인가가 문제된다.

건물이나 지장물의 소유자를 상대로 하여야 하는데, 등기된 건물은 등기부상 소유자를 상대로 철거를 구하면 된다. 문제는 미등기된 경우이다.

다. 미준공건물

미준공건물에 대한 경매에 있어서는 일반건물로 보아야 하는지, 아니면 구분건물로 보아야 하는지에 따라 원시취득자가 달라지므로 주의하여야 한다.

<u>미준공건물의 경우에는 아래에서 보는 바와 같이 사실관계가 명확히 드러나야 피고를 특정할 수 있다. 원시취득자를 상대로 소송을 하여야 하는데, 원시취득자를 탐문하는 것이 쉽지 않다. 엉뚱한 사람을 피고로 하여 소송을 제기하였다가 기각되는 경우가 많다.</u>

따라서 낙찰자로서는 미준공건물의 건축주는 물론 시공회사, 기타 소유자라고 볼 만한 사람을 모두를 피고로 잡아 소송을 제기하고, 소송을 진행하면서 피고들의 답변에 따라 소유와 무관한 자에 대해서는 소를 취하하는 방법으로 대응하여야 할 것이다.

(가) 일반건물 원시취득자

일반건물의 경우에는 독립된 부동산으로서의 건물이라고 하기 위해서는

'최소한의 기둥과 지붕, 그리고 주벽'이 이루어지면 된다는 것은 대법원의 확고한 입장이다(대법원 2001. 1. 16. 선고 2000다51872 판결).[1]

① **수급인이 자기의 노력과 재료를 들여 건축한 경우**

수급인이 자기의 노력과 출재로 완성한 건물의 소유권은 도급인과 수급인 사이의 특약에 의하여 달리 정하거나 기타 특별한 사정이 없는 한 수급인에게 귀속된다(대법원 1990. 2. 13. 선고 89다카11401 판결, 대법원 2011. 8. 25. 선고 2009다67443 판결). 다만 도급계약에 있어서는 수급인이 자기의 노력과 재료를 들여 건물을 완성하더라도 도급인과 수급인 사이에 도급인 명의로 건축허가를 받아 소유권보존등기를 하기로 하는 등 완성된 건물의 소유권을 도급인에게 귀속시키기로 합의한 것으로 보여질 경우에는 그 건물의 소유권은 도급인에게 원시적으로 귀속된다(대법원 1996. 9. 20. 선고 96다24804 판결).

소유권 귀속에 관한 특약은 반드시 명시적일 필요는 없고 묵시적으로도 된다. 즉, 공사도급계약서에 의하면, 공사대금 지불은 공사 후 기성고에 의하여 도급인이 검수 후 지불하기로 하였고, 기성고에 따라 부분 불을 하고 도급인이 인도를 받은 부분에 대한 위험부담은 공사가 완성되어 전부 인도를 받을 때까지 수급인이 지기로 약정하였으며, 도급인은 공사의 기성고에 맞추어 수급인에게 공사대금의 95%에 이르는 금액을 이미 지급한 경우라면, 도급인과 수급인 사이에는 공사도급계약 당시부터 완성된 건축물의 소유권을 원시

---

1 주석민법 총칙(2), 한국사법행정학회(2001), 238면

적으로 도급인에게 귀속시키기로 하는 묵시적 합의가 있었다고 봄이 상당하다(대법원 1994. 12. 9.자 94마2089 결정).

② 하도급과 소유권 귀속

도급인과 수급인의 의사는 물론 하수급인의 의사까지도 종합적으로 고려하여 소유권 귀속을 정하여야 한다는 견해가 있다.[2]

대법원은 하수급인은 도급인과 수급인의 소유권 귀속에 관한 약정에 따라야 하는 것으로 보고 있다. 즉, 도급인과 수급인 사이의 공사도급계약에 있어서 수급인의 비용으로 신축하여 도급인에게 소유권을 귀속시키기로 특약을 하고 수급인(하도급인)과 하수급인 사이에 하도급계약을 체결함에 있어 원도급계약상의 위 특약에 저촉되는 약정을 한 바 없고 이에 대한 이의 제기가 없었다면 하수급인도 위 특약의 효력을 승인한 것으로 보아야 한다(대법원 1990. 2. 13. 선고 89다카11401 판결).

또한 도급인이 수급인에게 공사를 도급함에 있어 수급인은 도급인의 승인이 없이는 공사의 어떠한 부분도 하도급을 시킬 수 없도록 약정하였음에도 수급인이 도급인의 승인을 받지 아니하고 제3자에게 공사의 일부씩을 하도급 하였고, 도급인과 수급인의 사이에 신축 건축물의 소유권을 도급인에 귀속시키기로 하는 합의가 있었다면, 설사 그 제3자가 자신의 자재와 노력을

---

[2] 김홍준, "건설소송의 법률적 쟁점과 소송실무", 2014년, 유로, 86.

들여 하도급 받은 공사를 하였다 하더라도 원도급인에 대한 관계에 있어서는 수급인이 직접 공사를 시행한 경우와 마찬가지로 그 공사로 신축한 건축물의 소유권은 당연히 도급인에 귀속한다(대법원 1994. 12. 9.자 94마2089 결정).

③ 건축주가 공사를 하던 중 중단되고, 제3자가 이를 인도받아 나머지 공사를 완공한 경우

종전 건축주의 사정으로 건축공사가 중단되고 그 후에 신 건축주가 미완성건물을 양수하여 공사를 계속하는 경우에 통상적으로는 위 양도·양수 과정에서 종전 건축주가 미완성건물에 대한 자신의 권리를 모두 포기하거나 이를 신 건축주에게 양도하기로 하는 명시적 또는 묵시적 합의가 성립한 것으로 인정되는 경우가 많고, 그러한 경우에는 위와 같은 문제가 발생하지 않을 것이다.

위와 같은 합의가 부존재할 경우에 민법상 첨부 규정에 따른다. 아래에서 B는 이미 건물로 성립한 부동산에 부합시킨 것이다(일반건물일 경우이다). 즉, 공사가 중단된 시점에서 미완성건물이 이미 사회통념상 독립한 건물이라고 볼 수 있는 형태와 구조를 갖추고 있었다면 원래의 건축주가 그 건물의 소유권을 원시취득한다.

건물상태	원시취득자
○건축주 "갑" 사회 통념상 독립한 건물 ×	▶건물소유권은 미성립, 축조 중인 것은 토지의 부합물로서 토지주가 소유
○이를 A가 인수하여 1층 완성, 그 후 부도	▶A(건축주 "갑"은 어느 정도 비용투자된 것을 A에게 부당이득금 청구 가능)
○이를 B가 인수하여 10층 완성	▶이 경우도 구분소유권이 성립하지 않으면 A가 원시취득(B는 등기를 하면 취득 ※만일 구분소유권이 성립하면 최종 완성한 B가 원시취득

공사 중단 당시의 건물상태를 기준으로(건축허가 10층 건물)

(나) 구분건물 원시취득자

그런데 대법원은 일반건물이 아닌 구분건물이라고 하기 위해서는 ① 객관적·물리적인 측면에서 <u>1동의 건물이 존재</u>하고, ② 구분된 건물부분이 <u>구조상·이용상 독립성을 갖추어야</u> 할 뿐 아니라, ③ 1동의 건물 중 물리적으로 구획된 건물부분을 각각 구분소유권의 객체로 하려는 <u>구분행위가 있어야</u> 한다. 구분건물이 물리적으로 완성되기 전에도 건축허가신청이나 분양계약 등을 통하여 장래 신축되는 건물을 구분건물로 하겠다는 구분의사가 객관적으

---

3 대법원 2010. 2. 25. 선고 2009다83933 판결.

4 새로운 건축주가 원시취득자인 구건축주로부터 소유권을 양도받더라도 완성건물에 관한 소유권이전등기를 경료하지 않으면 그에 관한 소유권을 취득할 수 없으며(대법원 1997. 5. 9. 선고 96다54867 판결 참조, <u>원래의 건축주가 4층까지 전체 골조 및 지붕공사를 완료</u>하여 전체의 45% 내지 50% 정도의 공정에 이르렀을 무렵 부도가 나서 더 이상 공사를 계속할 수 없게 되자, <u>건축허가상의 건축주 명의를 원고로 변경</u>하여 약 20%의 공정을 더 시공하였으나 원고도 부도를 내어 공사를 중지하였고, 그 후 건물의 일부를 취득하기로 한 수분양자 등이 건물에 관한 잔여 공사를 직접 행한 후 소유권보존등기도 마치지 않은 상태에서 일부씩을 점유하고 있는 경우, 건축허가상의 건축주 명의를 변경한 시점에서 <u>위 건물은 4층 전체의 골조와 지붕의 공사가 완료된 상태이어서 사회통념상 독립한 건물이라고 볼 수 있는 형태와 구조를 갖추었으므로 원래의 건축주가 건물을 원시취득하였다고 한 사례.</u>), 새로운 건축주가 구건축주의 지위를 양수 또는 승계하더라도 그에 의하여 원시취득자가 달라지지 않는다(대법원 2005. 7. 15. 선고 2005다19415 판결 참조).

로 표시되면 구분행위의 존재를 인정한다(대법원 2013. 1. 17. 선고 2010다71578 전원합의체 판결).

그런데 여기서 ①, ②의 요건과 관련하여 대법원은 계획한 최종 층수까지 완성되어야 하는지에 대해 다소 엇갈리는 듯 판시하였고,[5] 다만, 전원합의체 판결은 "1동의 건물 및 그 구분행위에 상응하는 구분건물이 객관적 · 물리적으로 완성되면"이라는 표현과, "원심은 2003. 9. 4.부동산담보신탁계약을 체결할 당시 이 ○○아파트가 12층 전부에 걸쳐 기둥과 지붕 및 천장 슬래브의 형태를 갖추고 있어서 집합건물로서의 모습을 갖춘 점,"이라는 표현을 사용하여, 간접적으로는 최소한 최종층수까지 골조, 주벽, 기둥이 완성되어야 구분소유권이 성립한다고 볼 여지는 충분하다.

그런데 이후 위 전원합의체 판결을 인용한 대법원 2015. 6. 24. 선고 2012다109538 판결에서는 명백하게 최소한 건축허가 받은 대로의 전체 층수에 대해 골조공사는 이루어져야 한다고 판시하고 있음을 유의하여야 한다. 특히 일부 완성을 부인한 대법원 2004다67691판결을 인용하고 있기도 하다.

> ※※※대법원 2015. 6. 24. 선고 2012다109538 판결
> 원심은, 이 사건 강제경매절차 당시 이 사건 건물이 완성되지는 아니하였으나 건축허가를 받을 당시부터 이를 구분소유권의 객체로 하려는 건축주들인 피고(선정당사자), 선

---

5 물론 이는 법정지상권존재여부를 판단하는 것과 미준공건물 양 · 수도에서 원시취득자가 누구인지를 판단하는가에 따라 달라지므로 실질은 다른 것이 아니라는 견해도 있다.

정자들, 원심선정자 송○○ 및 원심공동피고와 소외인의 의사가 명백하다고 보이고, 이 사건 건물은 지하 1층, 지상 6층으로 예정된 다세대주택 건물로서 2003. 11. 당시 이미 지상 5층까지 기둥, 둘레 벽 및 천장 공사 등 골조공사가 완료된 상태였으며, 201호 및 202호 등 일부 세대가 일반에 분양되기까지 하였으므로 적어도 위 지상 5층까지의 9세대는 구조상 및 이용상의 독립성을 인정할 수 있다고 할 것이므로 이 사건 건물은 이 사건 강제경매절차 전 이미 집합건물로 존재하여 구분소유관계가 성립하였다고 전제한 다음, 집합건물법 제20조에 의하여 분리처분이 금지되는 집합건물법상 대지사용권이란 구분소유자가 전유부분을 소유하기 위하여 건물의 대지에 대하여 가지는 권리이므로 구분소유자 아닌 자가 집합건물의 건축 전부터 전유부분의 소유와 무관하게 집합건물의 대지로 된 토지에 대하여 가지고 있던 권리는 집합건물법 제20조에 규정된 분리처분금지의 제한을 받는다고 할 수 없다고 할 것인데, 이 사건 공유지분에 관하여는 이 사건 건물이 집합건물로 성립하기 이전에 국민은행 앞으로 근저당권이 설정되어 있었고, 이 사건 공유지분에 관한 이 사건 강제경매절차 과정에서 선정자 2의 지분에 관하여는 국민은행의 임의경매신청에 따른 임의경매절차가 중복하여 진행되었을 뿐 아니라, 나머지 지분에 관하여도 매각부동산 위의 모든 저당권이 매각으로 인하여 소멸되는 이상 국민은행의 임의경매신청이 있었던 경우와 구별할 이유가 없으므로, 이 사건 공유지분은 분리처분이 가능한 경우라고 보아야 할 것이고, 따라서 원고는 이 사건 강제경매절차에 따른 매각을 통하여 이 사건 공유지분을 유효하게 취득하였다고 판단하였다.

원심판결 이유와 기록을 앞서 본 법리에 비추어 살펴보면, 이 사건 건물은 원래 지하 1층, 지상 6층 총 10세대(1층 1세대, 2 내지 5층 각 2세대, 6층 1세대) 규모의 다세대주택으로 예정되어 그와 같은 내용으로 건축허가를 받은 것인데, 공사가 중단될 당시에는 지상 5층까지 9세대의 기둥, 둘레 벽 및 천장 등 골조공사만이 완료된 상태였으므로 그 건물의 구조와 형태 등이 건축허가의 내용과 사회통념상 동일하다고 인정되는 정도로 건물이 축조되었다고 볼 수 없어 아직 객관적·물리적 측면에서 1동의 건물이 존재한다고 보기 어렵고(대법원 2006. 11. 9. 선고 2004다67691 판결 참조), 나아가 건축허가신청

등을 통하여 객관적으로 외부에 표시된 <u>구분행위</u>에 상응하는 <u>구분건물</u>이 모두 완성된 것으로 보기도 어려우므로, 이 사건 강제경매절차 전에 이 사건 건물이 집합건물로 존재하여 그에 관한 구분소유가 성립하였다고 할 수는 없고, 따라서 이 사건 공유지분은 집합건물법 제20조의 분리처분금지의 제한을 받지 아니한다고 할 것이므로 원고는 이 사건 공유지분을 이 사건 강제경매절차에서 유효하게 취득하였다고 보아야 한다.

그렇다면 원심의 이유 설시는 적절하지 아니하나 원고의 이 사건 공유지분 취득이 유효하다고 본 결론은 정당하고, 거기에 상고이유의 주장과 같이 집합건물법 제20조 분리처분금지 규정에 관한 법리를 오해하여 판결에 영향을 미친 잘못이 없다.

(다) 미준공건물의 매매 시 : 양수인이 피고

위와 같이 미준공건물이 원시취득자로부터 제3자에게 매각된 경우 누구를 상대로 건물철거를 하여야 하는지가 문제된다.

미준공건물의 신축은 법률행위에 의하지 아니한 물권의 취득이므로 신축자가 등기 없이 소유권을 원시취득 한다. 그리고 이를 양도하는 경우에는 등기 없이 물권행위 및 인도에 의하여 소유권을 이전할 수 없다 할 것인바, 점유자가 무허가건물의 신축자로부터 이를 매수하여 인도받아 점유하고 있다고 하더라도 그 소유권을 취득할 수 없고, 신축자가 법률상의 처분권한을 상실하였다고 할 수 없다(대법원 1997. 11. 28. 선고 95다43594 판결). 즉, 미등기 건물의 양수인이라도 그 소유권이전등기를 경료받지 않는 한 그 건물에 대한 소유권을 취득할 수 없고, 현행법상 사실상의 소유권이라거나 소유권에 준하는 사용·수익·처분권이라는 어떤 포괄적인 권리 또는 법률상의 지위를 인정하기도 어렵다(대법원 2008. 7. 10. 선고 2005다41153 판결, 대법원 1996. 6. 14. 선고 94

다53006 판결, 대법원 2006. 10. 27. 선고 2006다49000 판결 등 참조).”고 판시하고 있다(동지 대법원 2016. 7. 29. 선고 2016다214483, 214490).

위 판시 취지대로라면 미준공건물이 양도되었다고 하더라도 소유권은 원시취득자에게 유보되어 있으므로, 토지소유자는 원시취득자를 상대로 건물철거소송을 하여야 하는 것이 이론적으로 일관성이 있다.

<u>그러나 주의하여야 할 것은 우리 대법원은 미준공건물의 철거의무에 대하여는 위 이론과는 다르게 판시하고 있다.</u>

대법원은 "건물철거는 그 소유권의 종국적 처분에 해당하는 사실행위이므로 원칙으로는 그 소유자에게만 그 철거처분권이 있으나 <u>미등기건물을 그 소유권의 원시취득자로부터 양도받아 점유 중에 있는 자는 비록 소유권 취득 등기를 하지 못하였다고 하더라도 그 권리의 범위 내에서는 점유 중인 건물을 법률상 또는 사실상 처분할 수 있는 지위</u>에 있으므로 그 건물의 존재로 불법점유를 당하고 있는 <u>토지소유자는 위와 같은 건물점유자에게 그 철거를 구할 수 있다.</u> 건물점유자가 건물의 원시취득자에게 그 건물에 관한 유치권이 있다고 하더라도 그 건물의 존재와 점유가 토지소유자에게 불법행위가 되고 있다면 그 유치권으로 토지소유자에게 대항할 수 없다."라고 판시하고 있다(대법원 1989. 2. 14. 선고 87다카3073 판결).

즉, 타인의 토지 위에 건립된 건물이 미등기이고 그 건물로 인하여 그 토지의 소유권이 침해되는 경우 <u>그 건물을 철거할 의무는 그 건물을 법률상, 사실</u>

상 처분할 수 있는 지위에 있는 양수인이다. 이 점 주의하여야 할 것이다.

대법원 2003. 1. 24. 선고 2002다61521 판결

[1]건물철거는 그 소유권의 종국적 처분에 해당되는 사실행위이므로 원칙으로는 그 소유자(민법상 원칙적으로는 등기명의자)에게만 그 철거처분권이 있다 할 것이고, 예외적으로 건물을 전소유자로부터 매수하여 점유하고 있는 등 그 권리의 범위 내에서 그 점유중인 건물에 대하여 법률상 또는 사실상 처분을 할 수 있는 지위에 있는 자에게도 그 철거처분권이 있다.

[2]미등기건물에 대한 양도담보계약상의 채권자의 지위를 승계하여 건물을 관리하고 있는 자는 건물의 소유자가 아님은 물론 건물에 대하여 법률상 또는 사실상 처분권을 가지고 있는 자라고 할 수도 없다 할 것이어서 건물에 대한 철거처분권을 가지고 있는 자라고 할 수 없다.

대법원 1993. 1. 26. 선고 92다48963 판결

갑이 건물을 신축하여 미등기인 채로 소유하여 오다가 사망 전에 장남인 을에게 증여하고, 을은 그때부터 계속하여 건물의 일부는 자신이 직접 점유하고 나머지 부분은 다른 사람에게 임대하는 등 단독으로 이를 점유 관리해 온 것이라면, 을은 건물의 양수 점유자로서 이를 법률상 또는 사실상 처분할 수 있는 지위에 있어 동 건물로 인하여 대지 소유자의 소유권이 침해되는 경우 건물철거의무를 지고, 위 건물에 관하여 뒤늦게 갑의 상속인들인 을과 병의 공동명의로 재산상속을 원인으로 하는 소유권보존등기가 경료되었다 하여 달리 볼 것은 아니다.

대법원 1991. 6. 11. 선고 91다11278 판결

타인의 토지 위에 건립된 건물이 미등기이고 그 건물로 인하여 그 토지의 소유권이 침해되는 경우 그 건물을 철거할 의무는 그 건물을 법률상, 사실상 처분할 수 있는 지위에 있는 사람이다. 소외 이인0의 소유이던 이 사건 대지위에 소외 삼0종합건설주식회사가 위 이인0 외 2인으로 부터 건축공사를 도급받아 공사비 전액을 투입하여 이 사건 건물을 완공하였는데 위 회사에게 공사비를 대여하여 준 피고가 위 건물 완공 후 위 대여금채권의 대물변제로 이를 양도받아 점유하고 있는 사실과 이 사건 대지를 원고들이 경락받아 그 소유권을 취득한 사실을 확정하였는바, 기록에 비추어 원심의 사실인정은 정당하고 거기에 지적하는 바와 같은 채증법칙을 어긴 위법이 없다.

타인의 토지위에 건립된 건물이 미등기이고 그 건물로 인하여 그 토지의 소유권이 침해되는 경우 그 건물을 철거할 의무는 그 건물을 법률상, 사실상 처분할 수 있는 지위에 있는 사람이라 할 것이므로(당원 1987. 11. 24. 선고 87다카257, 258 판결 참조) 원심이 확정한 바와 같이 <u>피고가 이 사건 건물의 원시취득자인 위 회사로부터 이를 양수하여 사실상의 처분권을 갖게 된 이상 이 사건 건물을 철거할 의무를 진다 할 것이다.</u>

대법원 1987. 11. 24. 선고 87다카257 판결

타인의 토지위에 건립된 건물로 인하여 그 토지의 소유권이 침해되는 경우 그 건물을 철거할 의무가 있는 사람은 <u>그 건물의 소유권자</u>나 그 건물이 미등기건물일 때에는 이를 매수하여 법률상, 사실상 처분할 수 있는 지위에 있는 사람이다. 점유이전금지가처분은 그 목적물의 점유이전을 금지하는 것으로서, 그럼에도 불구하고 점유가 이전되었을 때에는 가처분채무자는 가처분채권자에 대한 관계에 있어서 여전히 그 점유자의 지위에 있는 것일 뿐 <u>목적물의 처분을 금지 또는 제한하는 것은 아니다.</u> 피고 김0예가 위 건물을 위 임윤▽에게 매도하고 퇴거하였다면 설시 점유이전금지가처분에도 불구하고 그것을 매수하여 점유하고 있는 임윤▽가 이에 대하여 법률상, 사실상 처분할 수 있는 자라 할 것이고 피고 김0예는 이를 처분할 수 있는 지위에 있지 아니하므로 설시부분에 건립된 건물부분을 철거할 의무가 없다.

대법원 1986. 12. 23. 선고 86다카1751 판결

건물철거는 그 소유권의 종국적 처분에 해당하는 사실행위이므로 원칙으로는 그 소유

> 자(등기명의자)에게만 그 철거처분권이 있다고 할 것이나 그 건물을 매수하여 점유하고 있는 자는 등기부상 아직 소유자로서의 등기명의가 없다 하더라도 그 권리의 범위내에서 그 점유중인 건물에 대하고 있는 토지소유자는 위와 같은 지위에 있는 건물점유자에게 그 철거를 구할 수 있다.

라. 건물공유자 중 일부만을 상대로 한 철거청구의 경우

건물의 공유자(예컨대 건물의 공동상속인들)들이 부담하는 철거의무는 성질상 불가분채무이다. 따라서 각 공유자가 건물 전체에 대한 철거의무를 부담한다. 대법원도 "공동상속인들의 건물철거의무는 그 성질상 불가분채무라고 할 것이고 각자 그 지분의 한도 내에서 건물 전체에 대한 철거의무를 지는 것이다."라고 판시하고 있다(대법원 1980. 6. 24. 선고 80다756 판결).

다만 각 공유자가 자기의 지분 한도 내에서 위와 같은 의무를 부담하는 것이므로 공유자 전원을 피고로 삼지 않고 그 중 일부만을 피고로 하여서도 건물 전체의 철거를 청구할 수 있다. 그러나 일부 공유자만을 상대로 한 경우에는 다른 공유자에 대한 별도의 집행권원이 추가되지 않는 한 그 판결만으로써는 철거의 집행을 할 수 없다.

<u>따라서 철거를 청구할 때는 필히 공유자 전원을 피고로 잡아야 할 것이다.</u>

마. 점유자는 퇴거청구

건물이 그 존립을 위한 토지사용권을 갖추지 못하여 토지 소유자가 건물소유자에 대하여 당해 건물의 철거 및 그 대지의 인도를 청구할 수 있는 상황에서 건물소유자가 아닌 사람이 건물을 점유하고 있는 경우, 토지소유자가 건물 점유자에 대하여 퇴거청구를 할 수 있다. 이 경우 그 건물점유자가 대항력 있는 임차인인 경우라도 위 퇴거청구에 대항할 수 없다(대법원 2010. 8. 19. 선고 2010다43801 판결).

03 청구취지와 철거대상물 특정

가. 등기 건물

청구취지에는 별지로 처리하고, 별지에 등기부상 기재내용을 적는다.

청 구 취 지

1. 피고는 원고에게 별지 부동산목록 기재 각 부동산을 인도하라.

2. 소송비용은 피고의 부담으로 한다.

3. 위 제1항은 가집행할 수 있다.

라는 재판을 구합니다.

[별지]

부 동 산 목 록

1. 경기도 안양시 만안구 안양동 ** 대 163㎡.

2. 경기도 안양시 만안구 안양동 **

  위 지상

> 벽돌조 슬래브2층 주택 및 대피소
>
> 1층 92.46㎡
>
> 2층 84.66㎡
>
> 지층 17.71㎡
>
> (내역 지층 대피소). 끝.
>
> [수원지방법원 안양지원 안양등기소]

나. 미등기건물

건축물대장이 있으면 그 내용을 기재하고, 없으면 일단 현상을 대충 그려 청구하고, 최종적으로는 측량감정을 신청하여 그 결과를 바탕으로 기재한다.

> **광주지방법원 순천지원 2016. 5. 10. 선고 2015가단5822 판결**
>
> 이 사건 구조물은 벽면이 전혀 없이 단지 철파이프 구조의 기둥 위에 강판 지붕이 얹혀 있는 철골구조물에 불과할 뿐 건물로 보기 어려우므로 건물로서의 요건을 갖추지 못한 이상 법정지상권이 성립할 여지가 없다(동지 판결 제주지방법원 2015. 11. 10. 선고 2015가단50063 판결, 제주지방법원 2016. 7. 5. 선고 2015가단14074 판결).
>
> **주 문**
>
> 1. 피고 C는 원고에게 여수시 D 대 1,930㎡ 중 별지 도면 표시 ㄱ, ㄴ, ㄹ, ㅁ, ㅂ, ㄱ 의 각 점을 순차 연결한 선내 (가)부분 88㎡ 지상 철골구조물을 철거하고 위 선내 (가)부분 토지를 인도하라.

수원지방법원 2017. 10. 11. 선고 2017가단509375 판결

주 문

1. 피고들은 원고들에게,
   가. 화성시 E 전 3,832㎡ 중 별지 도면 표시 ①, ②, ⑨, ⑧, ⑫, ⑬, ①의 각 점을 순차로 연결한 선내 (가)부분 69.66㎡ 지상 관리사(A동), 같은 도면 ⑦, ⑧, ⑪, ⑩, ⑦의 각 점을 순차로 연결한 선내 (나)부분 19.5㎡ 지상 경량철골조 창고(B동) 및 건조기, 같은 도면 ⑭, ⑮, ⑯, ⑰, ⑭의 각 점을 순차로 연결한 선내 (다)부분 18㎡ 지상 컨테이너 창고(C동)을 각 철거하고,
   나. 위 (가), (나), (다)부분 토지를 각 인도하라.
2. 소송비용은 피고들이 부담한다.
3. 제1항은 가집행할 수 있다.

수원지방법원 2003. 6. 3. 선고 2002가단103087 판결

주문

1. 피고는 원고에게,
   가. 별지 목록 제3항 기재 부동산을 철거하고, 별지 목록 제1, 2항 기재 토지들을 각 인도하고
   나. 2003. 3. 1.부터 별지 목록 제1, 2항 기재 각 토지들의 인도완료일까지 매월 금 218,000원의 비율에 의한 돈을 지급하고,
   다. 금 668,000원과 이에 대하여 2003. 2. 28.부터 다 갚는 날까 연 5%의 비율로 계산한 돈을 각 지급하라.

다. 종물

토지의 종물은 토지 낙찰자가 그 소유권을 취득하므로 별도로 청구하지 않고 토지에 대해서만 인도청구 한다.

물건의 소유자가 그 물건의 상용에 공하기 위하여 자기소유인 다른 물건을 이에 부속하게 한 때에는 그 부속물은 종물이다. 종물은 주물의 처분에 따른다(민법 제100조).

이러한 종물은 가급적 사진을 촬영하여 첨부하는 것이 좋다. 그리고 주물을 처분할 때에 특약으로 종물을 제외하거나 종물만을 별도로 처분할 수 있다는 점을 유의하여야 한다(대법원 2000. 10. 28. 선고 2000마5527 판결).

그러나 명인방법을 갖춘 수목의 집단과 미분리과실은 토지와 독립한 소유권의 객체이다(대법원 1969. 11. 25. 선고 69다1346). 이는 별도로 취거 청구를 하여야 할 것이다.

농작물도 토지와 별개의 소유권을 인정한다(대법원 1996. 2. 23. 선고 95도2754).

주유소 지하에 설치된 유류저장탱크와 주유기는 주유소의 종물이다(대법원 2000. 10. 28. 선고 2000마5527 판결).

횟집건물에 붙은 수족관도 건물의 종물이다(대법원 1993. 2. 12. 선고 92도3224 판결).

어느 건물이 주된 건물의 종물이기 위해서는 주된 건물의 경제적 효용을 보조하기 위하여 계속적으로 이바지 되어야 하는 관계가 있어야 한다. 경매법원이 기존건물의 종물이라거나 부합된 부속건물이라고 볼 수 없는 건물에 대하여 경매 신청된 기존건물의 부합물이나 종물로 보고서 경매를 같이 진행하여 경락허가를 하였다 하더라도 <u>그 독립된 건물에 대한 경락은 당연 무효이고 따라서 그 경락인은 위 독립된 건물에 대한 소유권을 취득할 수 없다</u>(대법원 1988.2.23. 선고 87다카600 판결).

라. 부합물

<u>독립된 부동산으로서의 건물이라고 하기 위해서는 최소한의 기둥과 지붕 그리고 주벽이 이루어지면 된다</u>(대법원 2001. 1. 16. 선고 2000다51872 판결, 대법원 1986. 11. 11. 선고 86누173 판결).

따라서 건물이 아닌 것에 대한 철거 청구는 불가하다. 다만 동산으로서 컨테이너 등은 취거 청구를 할 수 있다.

미완성건물은 토지의 부합물로서 별도로 청구하지 않아도 낙찰자가 소유권을 취득하므로 토지인도 청구만 하면 된다.

민법 제256조 (부동산에의 부합) 부동산의 소유자는 그 부동산에 부합한 물건의 소유권을 취득한다. 그러나 타인의 권원에 의하여 부속된 것은 그러하지 아니하다.

제257조 (동산간의 부합) 동산과 동산이 부합하여 훼손하지 아니하면 분리할 수 없거나 그 분리에 과다한 비용을 요할 경우에는 그 합성물의 소유권은 주된 동산의 소유자에게 속한다. 부합한 동산의 주종을 구별할 수 없는 때에는 동산의 소유자는 부합당시의 가액의 비율로 합성물을 공유한다.

제258조 (혼화) 전조의 규정은 동산과 동산이 혼화하여 식별할 수 없는 경우에 준용한다.

타인소유 토지에 농작물을 경작한 경우에도 그 생산물은 사실상 이를 경작한 사람의 소유가 된다(대법원 1968. 6. 4. 선고 68다613,68다614 판결). 남의 땅에 권한 없이 경작 재배한 농작물의 소유권은 그 경작자에게 있고 길이 4,5cm에 불과한 모자리도 농작물에 해당한다(대법원 1969. 2. 18. 선고 68도906 판결). 그러나 사견은 위 판결은 곡식이 귀한 시대의 판결이므로 이제는 변경되어야 한다고 본다. 현재는 쌀이 남아도는 상황이므로, 굳이 불법을 보호할 필요는 없는 것이다.

민법 제256조 단서 소정의 "권원"이라 함은 지상권, 전세권, 임차권 등과 같이 타인의 부동산에 자기의 동산을 부속시켜서 그 부동산을 이용할 수 있는 권리를 뜻하므로 그와 같은 권원이 없는 자가 <u>토지소유자의 승낙을 받음이 없이 그 임차인의 승낙만을 받아 그 부동산 위에 나무를 심었다면 특별한 사정이 없는 한 토지소유자에 대하여 그 나무의 소유권을 주장할 수 없다</u>(대법원 1989. 7. 11. 선고 88다카9067 판결). <u>타인의 토지상에 권원 없이 식재한 수목의 소유권은 토지소유자에게 귀속하고 권원에 의하여 식재한 경우에는 그 소유권이 식재한 자에게 있으므로,</u> 권원 없이 식재한 감나무에서 감을 수확한 것은 절도죄에 해당한다(대법원 1998. 4. 24. 선고 97도3425 판결). 토지의 사용대차권에 기하여 그 토지상에 식재된 수목은 이를 식재한 자에게 그 소유권이 있고 그 토지에 부합되지 않는다 할 것이므로 비록 그 수목이 식재된 후에 경매에 의하여 그 토지를 경락받았다고 하더라도 경락인은 그 경매에 의하여 그 수목까지 경락 취득하는 것은 아니라고 할 것이다(대법원 1990. 1. 23.자 89다카21095 결정). 따라서 이러한 경우에 매수인 또는 경매참여인은 매우 주의하여야 한다.

04 건물 철거와 신의칙

가. 집합건물 철거 소송 가능 여부

구분소유한 전유부분만을 철거하는 것이 사실상 불가능하다고 하더라도 이는 집행개시의 장애요건에 불과할 뿐이어서 철거청구를 기각할 사유에 해당하지 아니한다(대법원 2011. 9. 8. 선고 2011다23125 판결). 다수인이 구분적으로 소유하여 다수의 전유부분으로 되는 계층적 건물을 대상으로 하여 어떤 소유자에 대한 건물철거를 명하는 집행권원에 기하여 그 집행을 하고자 할 때에는 피해를 받는 다른 소유자의 승낙을 받는다든가 또는 이러한 자에 대한 확정판결을 구비하는 것이 그에 대한 집행개시의 요건이 된다(서울동부지방법원 1986. 10. 10. 선고 86타13589 판결).

나. 철거 청구가 신의칙에 기해 제한되는 경우

(1) 통상의 경우

최근 법원 경향은 철거청구에 대해 피고가 신의칙이나 권리남용 항변을 하더라도 거의 받아들이지 않는다. 권리행사가 권리의 남용에 해당한다고 할 수 있으려면, 주관적으로 그 권리행사의 목적이 오직 상대방에게 고통을 주고 손해를 입히려는 데 있을 뿐 행사하는 사람에게 아무런 이익이 없는 경우이어야 하고, 객관적으로는 그 권리행사가 사회질서에 위반된다고 볼 수 있어야 하는 것이며, 이와 같은 경우에 해당하지 않는 한 비록 그 권리의 행사에 의하여 권리행사자가 얻는 이익보다 상대방이 잃을 손해가 현저히 크다 하여도 그러한 사정만으로는 이를 권리남용이라 할 수 없고, 어느 권리행사가 권리남용이 되는가의 여부는 각 개별적이고 구체적인 사안에 따라 판단되어야 한다(대법원 2003. 2. 14. 선고 2002다62319 판결[6]).

(2) 송전선

심지어 송전철탑도 철거판결을 하는 실정이다. 보상 없이 이미 송전시설이 설치된 경우에는 토지소유자는 한전을 상대로 철거 및 토지인도, 부당이득금 반환청구소송을 제기하게 된다. 이 경우에 한전은 권리남용 주장을 하면서 철거 및 인도청구에 대해서는 원고 청구 기각을 구한다. 이에 대해, 대법원은 한전이 1976년경 송전선을 설치하였고, 그 이후 원고들이 소유권을 취득하였고, 선하지 토지가 매우 적은 면적이고, 월 임료가 780원 내지 41,000원 정도인 사안에서, 2심 판결은 권리남용을 이유로 원고패소 판결을 하였으나, 대법원은 원고가 송전선 설치 이후에 소유권을 취득하였거나 송전선에 대해 아무런 이의를 제기하지 않은 사실만으로 한전의 토지사용을 용인하였다고 볼 수 없고(대법원 1995. 8. 25. 선고 94다27069 판결, 대법원 1995. 11. 7. 선고 94다31914 판결 등 참고), 한전은 30년 동안 적법한 사용권을 취득하려고 노력한 사실이 없고, 이 사건 토지는 개발가능성이 있으므로, 비록 송전선이 공익적 기능을 가진 국가 기간시설이고 송전선 변경에 돈이 많이 든다는 이유만으로 권리남용에 해당하지 않는다고 판시한바 있다(대법원 2014. 11. 13. 선고 2012다108108 판결).

---

[6] 이 사건 건물의 시가는 금 7억 원 정도임에 비하여 이 사건 토지의 낙찰가는 금 2억 1,000만 원에 불과하고, 이 사건 건물의 철거에 상당한 비용이 소요되며 그 철거는 사회적·경제적으로 큰 손실이 될 것이기는 하나, 이 사건 건물의 철거로 인한 피고의 이익과 원고들의 손해 간에 현저한 차이가 있다는 사정만으로 권리남용이라고 볼 수는 없다.

(3) 대지소유자가 사용승낙을 하였으면 권리남용

<u>대지소유자의 사용승낙에 기하여 건축한 건물을 분양</u>받은 자들에게 그 철거를 구하는 것은 신의성실의 원칙에 위배된다. 즉, 갑이 그 소유의 토지에 관하여 을로 하여금 건물을 신축하는 데 사용하도록 승낙하였고 을이 이에 따라 건물을 신축하여 병 등에게 분양하였다면 갑은 위 건물을 신축하게 한 원인을 제공하였다 할 것이므로 이를 신뢰하고 136세대에 이르는 규모로 견고하게 신축한 건물 중 각 부분을 분양받은 병 등에게 위 토지에 대한 을과의 매매계약이 해제되었음을 이유로 하여 그 철거를 요구하는 것은 비록 그것이 위 토지에 대한 소유권에 기한 것이라 하더라도 신의성실의 원칙에 비추어 용인될 수 없다(대법원 1993. 7. 27. 선고 93다20986 판결).

그러나 위 판례는 단순히 대지소유자의 사용승낙이 있었기 때문에 권리남용이라고 본 것이 아니라 그 건물이 준공되고 제3자에게 분양까지 되었는데도 불구하고 대지소유자가 그 건물의 철거를 요구하는 경우에 권리남용이라고 보는 것임을 주의하여야 할 것이다. 아래 판례를 보면 그러한 점이 명확해진다.[7]

---

[7] 사견. 만일 위 사안에서 대지가 경매가 되고 대지를 낙찰 받은 자가 철거를 요구할 경우에는 권리남용에 해당하지 않을 것으로 본다.

대법원 1991. 9. 24. 선고 91다9756,9763(반소) 판결

가. 대지에 관하여 매매계약을 체결하면서 매수인들에게 한 대지사용승낙은 그들 간에 매매계약이 유효하게 존속하고 있음을 전제로 이에 터잡은 부수적인 사용대차계약이라고 보아 주된 계약인 매매계약이 적법하게 해제된 이상 부수적인 사용대차계약인 대지사용승낙의 약정도 그와 함께 실효되었다고 본 사례.

나. 위 "가"항의 경우 대지소유자가 건물을 신축하게 한 원인행위자라면 그와 같은 대지사용승낙을 신뢰하여 대지매수인과 건물의 신축에 관한 도급계약을 체결하고 적법하게 건축한 제3자 소유의 견고한 건물을, 그것이 적법하게 준공된 후에 대지에 대한 매수인과의 매매계약이 해제되었음을 이유로 하여 철거를 요구하는 것은, 비록 그것이 대지의 소유권에 기한 것이라고 하더라도 사회적, 경제적 측면에서는 물론이고, 신의성실의 원칙에 비추어서도 용인할 만한 것이 못된다고 본 사례.

제 9 장

부당이득금 청구소송

1 개설
2 누구를 피고로 하는가?
3 점유하되 사용수익을 하지 않는 자에 대한 부당이득 성립여부
4 선의의 점유자와 부당이득반환
5 도로를 낙찰 받은 경우
6 집합건물 대지만 낙찰 받은 경우
7 저수지 하상 토지를 낙찰 받은 경우
8 단순공유인 경우 부당이득금 산정방법
9 구분소유적 공유인지 단순공유인지

01 개설

　인도소송이나 철거소송을 진행하면서 동시에 부당이득금반환청구소송을 진행하는 경우가 많다. 점유자를 압박하는 수단이 되기 때문이다.

　통상 건물(주택)을 낙찰 받은 자가 건물(주택)점유자를 상대로 또는 토지를 낙찰 받은 자가 토지 점유자(건물이 있다면 건물소유자)를 상대로 임료상당의 부당이득금반환청구소송을 제기한다. 불법행위에 의한 손해배상금청구소송도 마찬가지이다.

　이때 부당이득금은 법원의 감정을 통하여 결정된다.

점유를 하나 사용수익을 하지 않는 자에게 부당이득금 반환청구가 가능한지가 문제된다(손해배상청구는 별론으로 한다).

한편 특수물건경매로서 도로나 집합건물의 대지를 낙찰 받고 부당이득금 청구를 하는 경우도 있다.

02 누구를 피고로 하는가?

부당이득금반환청구소송은 건물을 낙찰 받은 자가 그 건물을 인도 받지 못한 경우나 토지를 낙찰 받은 자가 그 지상에 타인의 건물이 존재하는 경우에 제기하는 소송이다.

건물을 낙찰 받은 자가 인도를 받지 못한 경우는 건물 점유자를 상대로 부당이득금반환청구를 하면 된다. 큰 문제가 없다. 측량감정도 필요 없고, 임료감정만 실시하면 된다.

토지를 낙찰 받은 자가 그 토지를 인도받지 못하여 제기하는 경우에 구체적으로 부당이득반환청구의 피고가 누구인지가 문제된다. 통상은 토지 위에 건물 등 지장물을 소유하고 있는 자가 있다면 그 소유자를 상대로 하여야 한다.

03 점유하되 사용수익을 하지 않는 자에 대한 부당이득 성립여부

가. 대법원 판례 : 부정

　법률상의 원인 없이 이득하였음을 이유로 한 부당이득의 반환에 있어 이득이라 함은 실질적인 이익을 의미하므로, 임차인이 임대차계약관계가 소멸된 이후에 임차건물 부분을 계속 점유하기는 하였으나 이를 본래의 임대차계약상의 목적에 따라 사용·수익하지 아니하여 <u>실질적인 이득을 얻은 바 없는 경우</u>에는, 그로 인하여 임대인에게 손해가 발생하였다고 하더라도 임차인의 부당이득반환의무는 성립하지 아니하는 것이고, 이는 임차인의 사정으로 인하여 임차건물 부분을 사용·수익을 하지 못하였거나 임차인이 자신의 시설물을 반출하지 아니하였다고 하더라도 마찬가지이다(대법원 1998. 7. 10. 선고 98다8554 판결). 임차인이 임대차계약 종료 이후에도 동시이행의 항변권을 행사하는 방법으로 목적물의 반환을 거부하기 위하여 임차건물부분을 계속 점유하기는 하였으나 이를 본래의 임대차계약상의 목적에 따라 사용·수익하지 아니하여 실질적인 이득을 얻은 바 없는 경우에는 그로 인하여 임대인에게 손해가 발생하였다 하더라도 임차인의 부당이득반환의무는 성립되지 아니한다 할 것이다(대법원 2001. 2. 9. 선고 2000다61398 판결, 대법원 2003. 4. 11. 선고 2002다59481 판결).

　전대차기간 종료 후 보증금이 미반환된 상태에서 전차인이 전대차목적물을 사용·수익하지 않고 점유만을 계속하고 있는 경우라면, 비록 전대차계약상 관리비를 전차인이 부담하기로 한 특약이 있더라도 이 특약이 전대차기간 종료 이후에도 적용된다고 해석하기 어려운 점, 관리비 중 '경비'는 임차인들이 공동으로 부담하는 것으로서 점포의 사용·수익을 전제로 한다고 볼 수 있으므로 전차인이 <u>점포를 실제로 사용·수익하지 않은 이상 경비지급의무를 부담한다고 보기 어려운 점 등 제반 사정에 비추어, 전대차기간 종료 후 명도 시까지의 관리비는 전대인이 부담하여야 한다</u>(대법원 2005. 4. 29. 선고 2005다1711 판결).

나. 경매 낙찰의 경우

주택이나 건물은 위와 같이 점유자가 사용수익을 하여야만 부당이득금 청구소송이 가능하다. 따라서 폐문부재 상태로 있는 경우에는 부당이득청구소송은 불가하다(손해배상청구는 별론으로 한다).

그러나 토지의 경우에는 다르다. 타인 소유의 토지 위에 권한 없이 건물을 소유하고 있는 자는 그 자체로써 특별한 사정이 없는 한 법률상 원인 없이 타인의 재산으로 인하여 토지의 차임에 상당하는 이익을 얻고 이로 인하여 타인에게 동액 상당의 손해를 주고 있다고 보아야 한다(대법원 1998. 5. 8. 선고 98다2389 판결).

한편 타인 소유의 토지 위에 소재하는 건물의 소유자가 법률상 원인 없이 토지를 점유함으로 인하여 토지의 소유자에게 반환하여야 할 토지의 차임에 상당하는 부당이득 금액을 산정하는 경우에, <u>특별한 사정이 없는 한 토지 위에 건물이 소재함으로써 토지의 사용권이 제한을 받는 사정은 참작할 필요가 없다</u>(대법원 1995. 9. 15. 선고 94다61144 판결).

다만, 경매감정평가 시에는 건물이 소재함으로 인해 토지 이용에 제한받는 가격과 제한받지 않는 가격을 모두 표시한다. 토지 이용에 제한받는 가격은 제한받지 않는 가격보다 30%정도 저감된 가격이다. 대부분의 경매법원은 토지 이용에 제한받지 않는 가격으로 입찰을 시작하지만 경매법원에 따라 토지 이용에 제한받는 감정가를 최저매각가로 정하여 입찰을 시작하는 곳도 있다. 토지 이용에 제한받는 저감된 감정가를 기준으로 한 매각절차에서 토지를 낙찰 받은 낙찰자라도 추후 건물의 소유자에게 받을 부당이득 금액을 산정할 때는 상기 판례에 따라 토지 이용에 제한받지 않는 가격을 기준으로 부당이득금을 산정하게 된다.

04 선의의 점유자와 부당이득반환

선의의 점유자는 점유물의 과실을 취득한다(민법 제201조 제1항). 그렇다면 선의 점유자는 타인의 부동산을 사용수익을 하였다고 하더라도 부당이득반환의무를 지지 않는 것이다.

민법 제201조 제1항에 의하면 선의의 점유자는 점유물의 과실을 취득한다고 규정하고 있는바, 건물을 사용함으로써 얻는 이득은 그 건물의 과실에 준하는 것이므로, 선의의 점유자는 비록 법률상 원인 없이 타인의 건물을 점유 사용하고 이로 말미암아 그에게 손해를 입혔다고 하더라도 그 점유·사용으로 인한 이득을 반환할 의무는 없다(대법원 1996. 1. 26. 선고 95다44290 판결, 대법원 1981. 9. 22. 선고 81다233 판결, 1987. 9. 22. 선고 86다카1996, 1997 판결 각 참조).

민법 제197조 제1항에 의하면, 점유는 선의인 것으로 추정되도록 규정되어 있으나, 같은 조 제2항에는 선의의 점유자라도 본권에 관한 소에 패소한 때에는 그 소가 제기된 때로부터 악의의 점유자로 본다고 규정되어 있는바, 위 민법 제197조 제2항의 취지와 부당이득반환에 관한 민법 제749조 제2항의 취지 등에 비추어 볼 때, 여기서의 본권에 관한 소에는 소유권에 기하여 점유물의 인도나 명도를 구하는 소송은 물론 부당점유자를 상대로 점유로 인한 부당이득의 반환을 구하는 소송도 포함된다(대법원 2002. 11. 22. 선고 2001다6213 판결).

경·공매로 인한 낙찰자에 의해 부당이득금반환청구소송이 제기되는 경우에는 선의의 점유자라 볼 수 없으므로, 낙찰자는 이 문제에 대해 특별히 고민할 필요는 없다.

05 도로를 낙찰 받은 경우

현황이 도로이거나 도로부지를 낙찰 받고 지방자치단체를 상대로 부당이득금청구소송을 하는 경우가 많다. 그러나 도로의 경우 소위 배타적 사용수익 포기이론에 의하여 대부분 패소하는 실정이다.

---

1 도로경매에 대해서는 "도로 · 공원 경매 및 골목길 · 진입도로 해결법"을 참고하기 바란다.

도로 중 ① 공익사업으로서 보상이 실시될 물건(재개발도 포함, 보상이 실시되는 모든 공공사업을 말함), ② 정비사업이 중단되지 않고 진행되는 주택재건축구역의 도로, ③ 도로가 실효나 폐지되면 가치가 상승되는 물건(매우 적을 것으로 예측된다), ④ 주택재개발사업에서 분양권을 받을 목적, ⑤ 주택법상 매도청구대상이 되는 물건(특히 구역에 걸쳐 있는 경우), ⑥ 지적불부합토지 중에 소규모 토지는 매우 투자가치가 높다.

하나만 예를 들면, 홍길동은 단독주택재건축정비사업구역 내에 도로가 경매에 나온 것을 보고 쾌재를 불렀다. 홍길동이 예측한 대로 재건축에서는 토지만 소유한 자는 아파트 분양권이 나오지 않으므로, 사람들이 낙찰을 기피하여 홍길동은 감정가의 30%인 3억 원(감정가 10억 원)에 낙찰을 받았다. 그런데 후일 홍길동은 재건축조합이 제기한 매도청구소송에서 감정가의 70%인 7억 원을 매매가격으로 인정받아, 투자금의 2배가 넘는 돈을 벌었던 것이다. 역발상 투자의 전형이다. 이 사례는 도로를 대지로 평가한 사례이다. 즉, 대법원은 이 사건 각 토지의 현황이 <u>도로일지라도 재건축이 추진되면 아파트 단지의 일부가 되므로 대지로서 평가하되</u>, 다만 그 형태(세장형 등 형태가 불량함), 면적, 단독토지로서의 효용가치 등 획지 조건의 열세와 기여도 등을 감안하여 감액 평가하는 방식으로 '재건축을 전제할 경우의 시가'를 산출하면 된다는 것이다(대법원 2009. 3. 26. 선고 2008다21549(본소), 21556(반소), 21563(반소) 판결, 대법원 2014. 12. 11. 선고 2014다41698 판결).

그러나 도로의 소유자는 보상청구권이 없다. 도로에 대한 매수청구는 지목이 대지이고 그 주된 용도가 대지이며, 10년 장기미집행의 경우에만 가능하다. 도로는 실효되거나 폐지되어도 개발이 불가한 경우가 대부분이다. 또한 부당이득금반환청구도 실익이 없다.

　부당이득청구를 하였다가 재판과정에서 지방자치단체가 이미 보상한 토지인데 소유권이전등기만 하지 않은 토지로 밝혀지는 경우도 있다. 이 경우에는 지방자치단체가 20년간 평온공연하게 점유하였기에 지방자치단체의 취득시효 항변 대상이 되어 오히려 소유권을 빼앗길 수도 있다. 나아가 부당이득금청구소송에서 승소를 하게 된다고 하더라도 또 다른 불이익이 있다. 그동안 100% 감면되었던 재산세를 내야 한다(지방세법 제109조, 대법원 2012. 12. 23. 선고 2010두9105 판결).

　부당이득금반환청구, 매수청구를 목적으로 도로에 투자했을 때 실익이 없는 경우가 대부분이다. 따라서 실효되거나 해제되었을 때 개발이 가능한 도로에 대해서만 투자를 고려해야 한다.

　보상이 안 되거나 개발이 불가능한 도로는 고통을 줄 뿐이다. 도로로 이용 중이므로 비록 재산세는 내지 않는다고 하더라도, 후일 소유자가 사망하면 상속세는 내야 할 것인데, 도로는 잘 팔리지도 않는다. 세금을 낼 돈이 없어서 국세청에 물납을 하려 해도 도로는 물납으로 받아주지 않으므로 대책이 없다. 도로는 기부채납도 잘 받아주지 않는다.

　따라서 도로는 낙찰받기 전에 매우 신중하게 권리분석을 하여야 한다.

06 집합건물 대지만 낙찰 받은 경우

가. 대지 낙찰자는 대지지분에 해당하는 구분소유자를 찾아내어 부당이득 청구가 가능하다. 그리고 후일 부당이득으로 인한 강제경매에 대비하여 임차인이 대항력이 있는지를 파악하여야 한다.

나. 대지사용권이 없는 구분소유자

대지사용권이 없는 전유부분의 소유자는 그 전유부분의 대지권으로 등기되어야 할 지분에 상응하는 면적에 대한 임료 상당액을 그 대지 지분의 소유자에게 부당이득으로 반환하여야 한다(대법원 2011. 1. 27. 선고 2010다72779 판결, 대법원 1992. 6. 23. 선고 91다40177 판결).

다. 구분소유자 상호간에는 부당이득 청구 불가

집합건물인 1동의 건물의 구분소유자들이 그 건물의 대지를 공유하고 있는 경우 각 구분소유자는 별도의 규약이 존재하는 등의 특별한 사정이 없는 한 그 대지에 대하여 가지는 공유지분의 비율에 관계없이 그 건물의 대지 전부를 용도에 따라 사용할 수 있는 적법한 권원을 가진다 할 것이고(대법원 1995. 3. 14. 선고 93다60144 판결 참조), 이 경우 '건물의 대지'라 함은 달리 특별한 사정이 없는 한 집합건물이 소재하고 있는 1필의 토지 전부를 포함하는 것으로 보아야 할 것이다(대법원 2002. 12. 27. 선고 2002다16965 판결[2]).

---

2 집합건물이 서 있는 땅 외의 부분을 지분비율만큼 사용한다는 것은 비현실적이다. 예를 들어, 놀이터에 대해 25평 소유자보다 50평 소유자가 두 배 많은 시간 사용하도록 한다는 것은 말이 안 된다.

라. 구분소유자 외의 다른 공유자가 있는 경우

구분소유자들 사이에서는 대지 공유지분 비율의 차이를 이유로 부당이득 반환을 구할 수 없다. 그렇지만 그 대지에 관하여 구분소유자 외의 다른 공유자가 있는 경우에는 위에서 본 공유물에 관한 일반 법리에 따라 대지를 사용·수익·관리할 수 있다고 보아야 하므로, 다른 공유자가 자신의 공유지분권에 의한 사용·수익권을 포기하였다거나 그 포기에 관한 특약 등을 승계하였다고 볼 수 있는 사정 등이 있는 경우가 아니라면 구분소유자들이 무상으로 그 대지를 전부 사용·수익할 수 있는 권원을 가진다고 단정할 수 없고 다른 공유자는 그 대지 공유지분권에 기초하여 부당이득의 반환을 청구할 수 있다(대법원 2013. 3. 14. 선고 2011다58701 판결). 따라서 위 4층 401호 전유부분의 소유자인 피고 2로서는, 위와 같은 공유물 사용에 관한 합의에 변경이 있다거나 그가 다른 방법으로 대지사용권을 취득하였다는 등의 특별한 사정을 내세우지 못하는 한, 이 사건 토지 중 위 4층 401호의 지분(287.5분의 30.13)에 상응하는 임료 상당액 전부를 그에 관한 대지권 지분을 경락받아 취득한 원고 1에게 지급하여야 할 것이다(대법원 2008. 3. 13. 선고 2005다15048 판결).

마. 전혀 사용수익을 못하는 공유자가 청구

공유토지에 관하여 과반수지분권을 가진 자가 그 공유토지의 특정된 한 부분을 배타적으로 사용·수익할 것을 정하는 것은 공유물의 관리방법으로서 적법하다고 할 것이지만, 이 경우에 비록 그 특정한 부분이 자기의 지분비율에 상당하는 면적의 범위 내라 할지라도 다른 공유자들 중 지분은 있으나 사용·수익은 전혀 하고 있지 아니함으로써 손해를 입고 있는 자에 대하여는 과반수 지분권자를 포함한 모든 사용·수익을 하고 있는 공유자가 그 자의 지분에 상응하는 부당이득을 하고 있다고 보아야 한다. 왜냐하면 모든 공유자는 공유물 전부를 지분의 비율로 사용 수익할 수 있기 때문이다(대법원 2011. 7. 14. 선고 2009다76522, 76539 판결, 대법원 1991. 9. 24. 선고 88다카33855 판결, 대법원 2002. 10. 11. 선고 2000다17803 판결 등 참조).

여러 사람이 공동으로 법률상 원인 없이 타인의 재산을 사용한 경우의 부당이득 반환채무는 특별한 사정이 없는 한 불가분적 이득의 반환으로서 불가분채무이고, 불가분채무는 각 채무자가 채무 전부를 이행할 의무가 있으며, 1인의 채무이행으로 다른 채무자도 그 의무를 면하게 된다(대법원 2001. 12. 11. 선고 2000다13948 판결).

바. 부당이득금액

상호견련성이 있는 경우에는 해당 대지에 견련하는 구분소유자만이 부당이득을 하는 것이므로, 그 구분소유자에게 청구하고, 상호견련성이 없는 경우에는 대지 지분이 부족한 나머지 구분소유자들 모두가 부당이득을 하는 것이다.

예를 들어 30㎡의 대지지분이 경매에 나왔는데, 해당 집합건물 소유자 중에 대지지분을 전혀 소유하지 않은 1명의 구분소유자가 있고, 그 구분소유자가 소유한 구분건물이 필요로 하는 대지지분이 30㎡라면 상기 구분소유자는 해당 대지지분에 대하여 상호견련성이 있다고 볼 수 있다.

집합건물은 층별·위치별 차이에 따른 가격차이가 발생하고 있는바(특히, 주거용건물이 아닌 상가점포의 경우), 그렇다면 전유부분 면적이 아닌 <u>층별, 위치별 차이로 인해 발생한 구분건물가격 차이가 부당이득금에서도 차이를 발생하는 것인지</u>가 문제되나, 하급심에서의 논란 끝에 최근 대법원은 부정적으로 해석하였다. 감정상으로는 층별효용비율에 차이가 있을 수 있더라도, 집합건물 구분소유자들의 대지점유는 단지 관념적인 것에 불과하다는 점에서 실제 이용가치에 따른 차등을 두는 것이 불합리하다는 이유 때문이다(서울고등법원 2014나2014205 판결).

인천지방법원도 "피고들은 이 사건 1 건물 중 101호, 102호, 이 사건 2 건물 중 101호, 102호의 각 실제 현황이 지하층으로서 층별·위치별 효용가치가 낮으므로 다른 구분건물에 비하여 차임이 저렴해야 한다고 주장한다. 그러나 … 그 건물이 구분소유권의 대상이라고 하더라도 전유부분의 층별·위치별 효용가치를 고려하여서는 아니 되고, 따라서 이 사건 각 건물을 구분소유하고 있는 피고들은 전유부분의 면적에 상응하는 토지의 차임을 부당이득으로 반환할 의무가 있다."라고 판시한바 있다(인천지방법원 2012가단3097 판결).

⑰ 저수지 하상 토지를 낙찰 받은 경우

저수지 하상 토지는 낙찰을 받지 않는 것이 타당하다.

대법원은 "조선총독부가 1943년경 실시한 제2차 긴급증미용 수원확충시설사업(第2次 緊急增米用 水源擴充施設事業)은 조선총독부가 그 하상이 되는 토지를 매수하고 소요경비를 보조하기로 하여 전국적으로 실시된 소류지 설치 사업이므로, 소류지 공사가 위 사업의 일환으로 총독부의 보조금에 의하여 면의 주관하에 이루어졌다면, 소류지 설치공사를 실시한 당국이 그 하상이 되는 토지를 매수하고 대금도 지급하였다고 추정하는 것이 경험칙과 논리칙에 부합된다."라고 판시하고 있다(대법원 2006. 12. 21. 선고 2006다52037 판결).

즉, 위 판례에 의하면 저수지 하상 토지에 대해서는 부당이득금청구도 불가하고, 나아가 소유권도 잃을 가능성이 크다.

08 단순공유인 경우 부당이득금 산정방법

여러 사람이 공동으로 법률상 원인 없이 타인의 재산을 사용한 경우의 부당이득반환채무는 특별한 사정이 없는 한 불가분적 이득의 반환으로서 '불가분채무'이고, 불가분채무는 각 채무자가 채무 전부를 이행할 의무가 있으며, 1인의 채무이행으로 다른 채무자도 그 의무를 면하게 된다(대법원 2001. 12. 11. 선고 2000다13948 판결). 공동의 점유 사용으로 말미암아 부담하게 되는 부당이득의 반환채무는 불가분적 이득의 상환으로서 특별한 사정이 없는 한 채무자들이 각자 채무 전부를 이행할 의무가 있는 불가분채무이다(대법원 1991. 10. 8. 선고 91다3901 판결).

따라서 모든 공유자가 소위 연대해서 전체 부당이득금액을 지급할 책임이 있는 것이다.

그런데 그동안 소장을 작성하면서 불가분채무의 경우에는 「피고들은 '각자' 원고에게 금00원을 지급하라.」라고 쓰는 것이 관례였다. 그러나 '각자'라는 용어가 '각'이라는 용어와 구별이 어려워, 최근에는 '각자' 대신 '공동하여'라는 용어를 사용한다.[3]

09 구분소유적 공유인지 단순공유인지

가. 사안의 제시

갑은 단순공유로 판단하고 서울중앙지방법원 2013타경6315 경매절차에서 상가건물의 토지지분 5.76㎡, 건물지분 10.96㎡를 낙찰 받고 2014. 3. 14. 대금을 납부하여 소유권을 취득하였다. 그 후 갑이 위 상가부분을 배타적으로 점유하는 을에게 부당이득금청구소송을 제기하자, 을은 구분소유적 공유자로서 배타적 사용수익권이 있다는 항변을 하면서 다투었다. 2심에서는 단순공유이므로, 을은 갑에게 부당이득금을 지급하라는 판결이 선고되었으나, 을이 대법원에 상고를 제기하였고, 이에 최근 대법원 2017. 11. 9. 선고 2015다223503 판결로 상고 기각되었다.

이처럼 공유물건이 경매에 나올 경우 단순공유인지 아니면 구분소유적 공유인지에 따라 매수인의 지위는 확연히 달라진다.

---

3   사법연수원, 민사실무 2, 2017년, 81.

나. 구분소유적 공유의 정의

구분소유적 공유란 특정부분을 소유하기로 하면서도 등기만은 공유지분으로 등기하기로 약정한 것을 말한다. 이는 주로 토지에서 있을 것이지만 건물에서도 성립할 수 있다.

다만 어떤 건물이 구분소유의 대상이 되려면 집합건물법에 따른 구조상·이용상의 독립성을 구비하여야 하는바, 따라서 집합건물법상 구분소유의 대상이 될 수 없는 건물부분은 원칙적으로 구분소유적 공유의 대상도 될 수 없는 것이다.[4]

1동 건물 중 각 일부분의 위치 및 면적이 특정되지 않거나 구조상·이용상 독립성이 인정되지 아니한 경우에는 공유자들 사이에 이를 구분소유하기로 하는 취지의 약정이 있다 하더라도 일반적인 공유관계가 성립할 뿐, 공유지분등기의 상호명의신탁관계 내지 건물에 대한 구분소유적 공유관계가 성립한다고 할 수 없다(대법원 2014. 2. 27. 선고 2011다42430 판결).

즉, 1동의 건물 중 위치 및 면적이 특정되고 구조상 및 이용상 독립성이 있는 일부분씩을 2인 이상이 구분소유하기로 하는 약정을 하고 등기만은 편의상 각 구분소유의 면적에 해당하는 비율로 공유지분등기를 하여 놓은 경우 공유자들 사이에 상호 명의신탁관계에 있는 이른바 구분소유적 공유관계에

---

4 김미리, "건물의 구분소유적 공유관계의 성립·승계·해소 및 절차 중단을 간과한 하자의 성격 등에 대하여", 2012년, 양창수 대법관 회갑기념 논문집, 432, 2012년.

해당한다.

이렇게 건물부분에 대해서 구분소유적 공유관계가 성립하면, 집합건물법 제8조(분할금지)와 제20조(분리처분금지)가 직접 적용 내지 유추적용 된다.

낙찰에 의한 소유권취득은 성질상 승계취득이어서 1동의 건물 중 특정부분에 대한 구분소유적 공유관계를 표상하는 공유지분을 목적으로 하는 근저당권이 설정된 후 그 근저당권의 실행에 의하여 위 공유지분을 취득한 낙찰자는 구분소유적 공유지분을 그대로 취득하는 것이므로(대법원 1991. 8. 27. 선고 91다3703 판결 참조) 건물에 관한 구분소유적 공유지분에 대한 입찰을 실시하는 집행법원으로서는 감정인에게 위 건물의 지분에 대한 평가가 아닌 특정 구분소유 목적물에 대한 평가를 하게 하고 그 평가액을 참작하여 최저입찰가격을 정한 후 입찰을 실시하여야 할 것이다(대법원 2001. 6. 15. 자 2000마2633 결정).

다. 구분소유적 공유인지 판단법

경매에 참여하는 자는 구분소유적 공유관계를 표상하는 것으로 취급되어 그에 따른 감정평가와 최저경매가격이 결정되고 경매가 실시되지 아니하면, 낙찰자는 구분소유적 공유가 아닌 단순 공유지분을 취득한다. 대법원은 "원고가 강제경매절차에서 이 사건 지분을 경락받았다면, 그 경매절차에서 이 사건 지분이 위 공터 부분에 대한 구분소유적 공유관계를 표상하는 것으로 취급되어 그에 따른 감정평가와 최저경매가격이 결정되고 경매가 실시되었다는 점이 입증되지 아니하는 이상, 원고는 이 사건 전체 대지에 대하여 이 사건 지분에 상응하는 공유지분소유권을 적법하게 취득하고 이 부분에 관한 상호명의신탁관계는 소멸되는 것으로 보아야 할 것이고, 원고가 이 사건 지분을 경락받음에 있어 그것이 구분소유적 공유관계를 표상하는 것으로 인식하고 있었는지 여부에 따라서 달리 볼 것은 아니다. 그런데 기록을 살펴보아도 위 경매절차에서 이 사건 지분이 구분소유적 공유관계를 표상하는 것으로 취급되었다고 볼 아무런 증거가 없고, 오히려 원심이 배척하지 아니한 갑 제4호증(감정평가서)에 의하면 이 사건 지분이 위 경매절차에서 진정한 공유지분으로 감정평가된 것으로 엿볼 수 있을 뿐이다."라고 판시하였다(대법원 2008. 2. 15. 선고 2006다68810 판결).

구분소유적 공유에 해당하기 위하여는 집행법원이 공유지분이 아닌 특정 구분소유 목적물에 대한 평가를 하게 하고 그에 따라 최저경매가격을 정한 후 경매를 실시하여야 할 것이고(대법원 2001. 6. 15.자 2000마2633 결정, 대법원 2002. 5. 14. 선고 2001재다701 판결 등 참조), 그러한 사정이 없는 경우에는 1필지에 관한 공유자의 지분에 대한 경매목적물은 원칙적으로 1필지 전체에 대한 공유지분이라고 봄이 상당하다(대법원 2001. 11. 30. 선고 2001다21038 판결 등 참조).

라. 사안의 시사점

위 사안에서 갑은 경매당시 집행법원이 공유지분이 아닌 특정 구분소유 목적물에 대한 평가를 하였거나 그에 따라 최저경매가격을 정한 후 경매를 실시한 것이 아닌 점을 보고 단순공유라고 판단하였다. 갑이 낙찰을 받은 후 공유물을 배타적으로 점유하는 을에게 부당이득금을 청구하였으니, 대법원 판례가 변경되지 않는 한 갑의 승소는 당연히 예정된 것이었다.

갑이 순조롭게 2심까지 승소를 하였는데도 을이 대법원에 상고를 제기하였다. 갑은 단순공유와 구분소유의 판단에 대한 대법원의 입장이 확고하므로 사건이 '심리불속행기각'될 것이라 예상하였지만, 의외로 사건이 무려 2년간 대법원에서 계류하였다. 사건이 심리불속행기각 되지 않은 것을 보고 혹시 대법원에서 단순공유와 구분소유에 대해 다른 판단을 하려나 생각하였지만 역시 기존 대법원 판결을 다시 확인하는 판결이 선고되었다.

제10장

공유물 분할소송

1 지분경매 시작
2 지분경매의 완성, 공유물분할
3 지분경매 시 유의사항
4 토지분할소송 비법
5 공유자 우선매수청구권 부인

01 지분경매 시작

 요즈음 틈새 경매물건으로 지분경매에 투자하는 투자자들이 늘고 있다. 지분경매를 하는 이유는 간단하다. 비교적 적은 투자금으로 입찰을 할 수 있으며, 낙찰 받은 후 다른 공유자에게 물건을 매각할 수 있기 때문이다. 경우에 따라서는 이시배당으로 가외의 수익을 누릴 수도 있다.

 그러나 세상이치가 그렇듯 좋은 점이 있으면 반대로 위험도 있기 마련이다. 역설적으로 지분경매 건수가 급증하고 있는 것은 공유물에 대한 재산권 행사가 어렵기 때문이다. 이런 땅은 전원주택 등을 지으려 해도 다른 소유권자 전원의 동의가 필요하다. 즉, 개발이 거의 불가능하다는 것이다. 그래서 '애물덩어리'가 된 땅 지분을 처분하려고 주변 부동산중개업소에 내놔보지만 거들떠보는 이가 없다. 일반 매매로 처분하기 어려우니 공유지분이 경매로 나오게 되는 것이다. 이렇게 문제가 많은 공유물이지만적은 돈으로 경매투자를 하려는 사람들은 장점만을 보고 오히려 이런 물건을 선호하기도 한다.

공유지분은 말 그대로 공동으로 소유를 하는 것이다. 이 경우 지분에 대한 처분은 자유롭고, 공유물 전부를 지분의 비율로 사용, 수익할 수 있다(민법 제263조). 그러나 공유자는 다른 공유자의 동의 없이 공유물을 처분하거나 변경하지 못한다(민법 제264조). 한편, 공유물의 관리에 관한 사항은 <u>공유자의 지분의 과반수로써 결정한다</u>. 그러나 보존행위는 각자가 할 수 있다(민법 제265조). 공유자는 그 지분의 비율로 공유물의 관리비용 기타 의무를 부담한다. 공유자가 1년 이상 의무이행을 지체한 때에는 다른 공유자는 상당한 가액으로 지분을 매수할 수 있다(민법 제266조).

정리하면, 공유자의 지분처분은 자유로우나, 공유물 전부에 대한 처분이나 변경은 자유롭지 못하다. 다만 공유물의 보존행위는 각자가 할 수 있고, 공유물 관리는 과반수 지분으로 결정한다. 여기서 공유자는 다른 공유자의 동의 없이 공유물을 처분하거나 변경하지 못한다는 것은 만일 공유물 전부에 대한 개발을 하려면 아무리 적은 지분권자라도 빠짐없이 모두의 동의를 받아야만 가능하다는 의미이다. 즉, 소수지분을 가진 자라도 그 동의를 받지 못하면 개발이 불가한 토지로 되는 것이다.

이처럼 공유물은 지분처분은 자유롭지만 관리행위를 하려면 과반수 이상(참고로 2분의 1 지분은 과반수가 아니다. 이를 조금이라도 넘어야 과반수이다)의 지분이 있어야만 한다. 과반수 이하의 지분이 경매에 나오면 관리권한이 없으므로, 가격이 떨어지는 것이다.

　과반수 이하 지분권자는 관리행위에는 관여할 수가 없고, 단지 자기 지분에 해당하는 차임(또는 부당이득)을 청구할 수 있을 뿐이다. 모든 지분권자는 다른 지분권자에게 자기 지분을 매도할 수 있다. 역으로 다른 지분을 매수하여 과반수 지분권자가 되면 온전한 소유권을 행사할 수 있으며, 만일 다른 지분이 경매에 들어가면 공유자우선매수청구권을 행사하여 유리한 조건으로 그 지분을 매수할 수 있는 기회도 있다. 특히 자기 지분에 해당하는 임료상당금액을 법원 판결(화해는 제외)을 통해 지급받으면 과세소득에 해당하지 않는다.

　하지만 앞서 본 바와 같이 공유물에 대한 지분을 낙찰 받아 사용 수익하고자 한다면 위험성이 있다. 따라서 지분경매 시에는 철저한 권리분석과 투자 목적(즉, 분할을 하여 단독으로 소유할 목적인지, 아니면 임료청구가 목적인지 등)을 명확히 가지고 참여하여야 할 것이다.

02 지분경매의 완성, 공유물분할

　공유지분을 낙찰 받은 후에 이를 분할하여 단독소유로 하면 금상첨화이다. 그러나 현물분할을 하지 못하고 경매를 통하여 가액분할을 해야만 하는 경우가 많으므로 투자 시에 주의를 요한다. 특히 토지는 투기 방지를 위해 각 지방자치단체가 분할을 제한하고 있다.

민법에 의하면, 공유자는 공유물의 분할을 청구할 수 있다. 그러나 5년 내의 기간으로 분할하지 아니할 것을 약정할 수 있다. 분할금지계약을 갱신한 때에는 그 기간은 갱신한 날로부터 5년을 넘지 못한다(민법 제268조). 이러한 분할금지의 특약은 부동산등기법 제89조 후단이 분할금지의 약정에 대해 등기할 것을 요구하고 있다는 점에서, 등기하여야만 승계된다고 본다(대법원 1975. 11. 11. 선고 75다82 판결). 따라서 경매참여자는 분할금지 특약이 등기가 되었는지도 살펴야 할 것이다.

분할의 방법에 관하여 협의가 성립되지 아니한 때에는 공유자는 법원에 그 분할을 청구할 수 있다. 현물로 분할할 수 없거나 분할로 인하여 현저히 그 가액이 감손될 염려가 있는 때에는 법원은 물건의 경매를 명할 수 있다(민법 제269조).

재판에 의하여 공유물을 분할하는 경우에는 법원은 현물로 분할하는 것이 원칙이고, 현물로 분할할 수 없거나 현물로 분할을 하게 되면 현저히 그 가액이 감손(減損)될 염려가 있는 때에 비로소 물건의 경매를 명하여 대금분할을 할 수 있는 것이므로, 위와 같은 사정이 없는 한 법원은 각 공유자의 지분비율에 따라 공유물을 현물 그대로 수 개의 물건으로 분할하고 분할된 물건에 대하여 각 공유자의 단독소유권을 인정하는 판결을 하여야 하는 것이다(대법원 2015. 3. 26. 선고 2014다233428 판결).

즉, 대금분할을 하려면, 재판에 의하여 공유물을 분할하는 경우에 현물로 분할할 수 없거나 현물로 분할하게 되면 그 가액이 현저히 감손될 염려가 있는 때에는 물건의 경매를 명하여 대금분할을 할 수 있는 것이고, 여기에서 '현물로 분할할 수 없다'는 요건은 이를 물리적으로 엄격하게 해석할 것은 아니고, 공유물의 성질, 위치나 면적, 이용상황, 분할 후의 사용가치 등에 비추어 보아 현물분할을 하는 것이 곤란하거나 부적당한 경우를 포함한다 할 것이고, '현물로 분할을 하게 되면 현저히 그 가액이 감손될 염려가 있는 경우'라는 것은 공유자의 한 사람이라도 현물분할에 의하여 단독으로 소유하게 될 부분의 가액이 분할 전의 소유지분 가액보다 현저하게 감손될 염려가 있는 경우도 포함하는 것이다. 재판에 의하여 공유물을 분할하는 경우에 법원은 현물로 분할하는 것이 원칙이므로, 불가피하게 대금분할을 할 수밖에 없는 요건에 관한 객관적·구체적인 심리 없이 단순히 공유자들 사이에 분할의 방법에 관하여 의사가 합치하고 있지 않다는 등의 주관적·추상적인 사정에 터잡아 함부로 대금분할을 명하는 것은 허용될 수 없다(대법원 2009. 09. 10. 선고 2009다40219 판결).

<u>공유물분할의 소는 형성의 소로서 공유자 상호간의 지분의 교환 또는 매매를 통하여 공유의 객체를 단독 소유권의 대상으로 하여 그 객체에 대한 공유관계를 해소하는 것을 말하므로, 법원은 공유물분할을 청구하는 자가 구하는 방법에 구애받지 아니하고 자유로운 재량에 따라 공유관계나 그 객체인 물건의 제반 상황에 따라 공유자의 지분 비율에 따른 합리적인 분할을 하면 된다</u>(대법원 2004. 10. 14. 선고 2004다30583 판결).

토지를 분할하는 경우에는 원칙적으로는 각 공유자가 취득하는 토지의 면적이 그 공유지분의 비율과 같아야 할 것이나, 반드시 그렇게 해야만 하는 것

은 아니고, 토지의 형상이나 위치, 그 이용상황이나 경제적 가치가 균등하지 아니할 때에는 이와 같은 제반 사정을 고려하여 경제적 가치가 지분비율에 상응하도록 분할하는 것도 허용된다. 일정요건이 갖추어진 경우에는 <u>공유자 상호간에 금전으로 경제적 가치의 과부족을 조정하여 분할을 하는 것도 현물분할의 한 방법</u>으로 허용된다(대법원 2011.8.18. 선고 2011다24104 판결).

또한 여러 사람이 공유하는 물건을 현물분할하는 경우에는 분할을 원하지 않는 나머지 공유자는 공유로 남는 방법도 허용된다(대법원 2015. 3. 26. 선고 2014다233428 판결, 대법원 1993. 12. 7. 선고 93다27819 판결). 즉, 공유물분할청구의 소는 형성의 소로서 법원은 공유물분할을 청구하는 원고가 구하는 방법에 구애받지 않고 재량에 따라 합리적 방법으로 분할을 명할 수 있으므로, <u>여러 사람이 공유하는 물건을 현물분할하는 경우에는 분할청구자의 지분 한도 안에서 현물분할을 하고 분할을 원하지 않는 나머지 공유자는 공유로 남게 하는 방법도 허용되나</u>, 그렇다고 하더라도 공유물분할을 청구한 공유자의 지분 한도 안에서는 공유물을 현물 또는 경매·분할함으로써 공유관계를 해소하고 단독소유권을 인정하여야지, 분할청구자들이 그들 사이의 공유관계의 유지를 원하고 있지 아니한데도 분할청구자들과 상대방 사이의 공유관계만 해소한 채 <u>분할청구자들을 여전히 공유로 남기는 방식으로 현물분할을 하는 것은 허용될 수 없다</u>(대법원 2015. 7. 23. 선고 2014다88888 판결). 공동상속인은 상속재산의 분할에 관하여 공동상속인 사이에 협의가 성립되지 아니하거나 협의할 수 없는 경우에 가사소송법이 정하는 바에 따라 가정법원에 상속재산분할심판을 청구할 수 있을 뿐이고, <u>상속재산에 속하는 개별 재산에 관하여 민법 제268조의 규정에 따라 공유물분할청구의 소를 제기하는 것은 허</u>

용되지 않는다(대법원 2015. 8. 13. 선고 2015다18367 판결). 공유관계의 발생원인과 공유지분의 비율 및 분할된 경우의 경제적 가치, 분할 방법에 관한 공유자의 희망 등의 사정을 종합적으로 고려하여 당해 공유물을 특정한 자에게 취득시키는 것이 상당하다고 인정되고, 다른 공유자에게는 그 지분의 가격을 취득시키는 것이 공유자 간의 실질적인 공평을 해치지 않는다고 인정되는 특별한 사정이 있는 때에는 공유물을 공유자 중의 1인의 단독소유 또는 수인의 공유로 하되 현물을 소유하게 되는 공유자로 하여금 다른 공유자에 대하여 그 지분의 적정하고도 합리적인 가격을 배상시키는 방법에 의한 분할도 현물분할의 하나로 허용된다(대법원 2004. 10. 14. 선고 2004다30583 판결).

공유물을 대금분할하기 위한 요건인 '현물분할로 인하여 현저히 가격이 감손된다.'라고 함은 공유물전체의 교환가치가 현물분할로 인하여 현저하게 감손될 경우뿐만 아니라, 공유자들에게 공정한 분할이 이루어지지 아니하여 그 중의 한 사람이라도 현물분할에 의하여 단독으로 소유하게 될 부분의 가액이 공유물분할전의 소유지분가액보다 현저하게 감손될 경우도 이에 포함된다(대법원 1993. 1. 19. 선고 92다30603 판결, 2001. 3. 9. 선고 98다51169 판결).

민사집행법 제81조제1항제2호단서는 등기되지 아니한 건물에 대한 강제경매신청서에는 그 건물에 관한 건축허가 또는 건축신고를 증명할 서류를 첨부하여야 한다고 규정함으로써 적법하게 건축허가나 건축신고를 마친 건물이 사용승인을 받지 못한 경우에 한하여 부동산 집행을 위한 보존등기를 할 수 있게 하였고, 같은 법 제274조 제1항은 공유물분할을 위한 경매와 같은 형식적 경매는 담보권 실행을 위한 경매의 예에 따라 실시한다고 규정하며,

같은 법 제268조는 부동산을 목적으로 하는 담보권 실행을 위한 경매절차에는 같은 법 제79조 내지 제162조의 규정을 준용한다고 규정하고있으므로, <u>건축허가나 신고 없이 건축된 미등기 건물에 대하여는 경매에 의한 공유물분할이 허용되지 않는다</u>[1](대법원 2013. 9. 13. 선고 2011다69190 판결).

공유물의 분할은 공유자 상호간의 지분의 교환 또는 매매를 통하여 공유의 객체를 단독 소유권의 대상으로 하여 그 객체에 대한 공유관계를 해소하는 것을 말하므로 <u>분할의 대상이 되는 것은 어디까지나 공유물에 한한다 할 것이다</u>. 그럼에도 불구하고, 이와 다른 견해에서, <u>이 사건 대지의 소유자이자 이 사건 건물의 3분의 2 지분권자인 원고가</u> 이 사건 대지 및 건물에 대하여 일괄하여 경매를 구하는 것이 인수참가인에게 특별히 불이익하다는 사정이 엿보이지 않으며, 원고 또는 인수참가인이 위 경매에 참여하여 이 사건 건물 및 대지를 경락받을 가능성도 배제할 수 없다는 점 등을 고려하여 볼 때, <u>공유물인 이 사건 건물만을 경매하는 것보다는 이 사건 건물 및 대지를 일괄하여 경매에 부쳐</u> 그 대금 중 경매비용을 공제한 나머지 금액 중 이 사건 대지에 대한 금액 전액을 원고에게 지급하고, 이 사건 건물에 대한 금액을 원고와 인수참가인의 각 지분비율에 따라 분배함이 상당하다는 이유로 더군다나 피고의 반대까지 무릅쓰고 <u>공유물이 아닌</u> 이 사건 대지에 대하여 까지 경매를 명한 원심판결에는 민법 제269조 소정의 공유물 분할의 대상에 관한 법리를 오해한 위법이 있다고 할 것이다(대법원 2002. 4. 12. 선고 2002다4580 판결).

---

1 이 의미는 경매에 의한 공유물분할 판결이 나도 직권보존등기가 불가하므로, 결국 경매의 진행이 불가하여, 결국 경매에 의한 분할은 불가하다는 것이다.

03 지분경매 시 유의사항

「국토의 계획 및 이용에 관한 법률」 제56조 및 동법 시행령 제51조 제1항 제5호는 「건축법」 제57조에 따른 건축물이 있는 대지는 제외하고, 녹지지역·관리지역·농림지역 및 자연환경보전지역 안에서 관계법령에 따른 허가·인가 등을 받지 아니하고 행하는 토지의 분할, 「건축법」 제57조 제1항에 따른 분할제한면적 미만으로의 토지의 분할, 관계 법령에 의한 허가·인가 등을 받지 아니하고 행하는 너비 5미터 이하로의 토지의 분할에 대해서는 허가를 받아야 한다고 규정하여 토지분할허가제를 실시하고 있다. 이에 따라 각 지방자치단체에서는 도시계획조례로 토지분할허가기준을 규정하고 있다. 즉, 구체적인 분할 목적 등을 담은 서류를 제출해 까다로운 심사를 받아야 한다. 이 과정에서 허가를 받고자 하는 토지의 분할이 실수요가 아닌 투기 목적의 땅 쪼개기로 판명나면 지방자치단체는 분할 허가를 내주지 않는다.

따라서 특히 토지지분을 취득하여 현물분할을 하고자 하는 자는 관계법규에 따른 제한을 잘 살펴서 분할이 가능한지를 먼저 확인하고 투자를 하여야 할 것이다. 무턱대고 분할이 가능하다는 말만 믿고 투자 했다가는 상당한 고통을 겪게 된다. 지방자치단체나 전문가에게 철저히 확인을 하고 투자를 하도록 다시 한 번 강조한다. 또한 가분할도가 작성되어 있고 그에 따라 특정한 부분을 매수한다고 해도 안심은 금물이다. 이는 매도자와의 협의이지 후일 실제 분할을 할 다른 공유자와의 협의는 아니기 때문이다.

공유 토지를 분할하기도 전에 자기 지분을 매도하면서 소유권이전등기는 소송을 통하여 분할 후에 넘겨주기로 하는 경우에는 특약(만일 공유물분할소송이 대금분할로 판결이 되면, 본 매매계약은 무효로 하고, 매도인은 즉시 기존 매매대금을 매수인에게 원금 그대로 반환하여야 한다.)이 필요하다. 공유물분할소송을 할 때 현물로 분할할 수 없는 경우도 많기 때문이다.

갑, 을의 공유인 부동산 중 갑의 지분위에 설정된 근저당권 등 <u>담보물권은 특단의 합의가 없는 한 공유물분할이 된 뒤에도 종전의 지분비율 대로 공유물 전부의 위에 그대로 존속하고 근저당권설정자인 갑 앞으로 분할된 부분에 당연히 집중되는 것은 아니므로</u>, 갑과 담보권자 사이에 공유물분할로 갑의 단독소유로 된 토지부분 중 원래의 을 지분 부분을 근저당권의 목적물에 포함시키기로 합의하였다고 하여도 이런 합의가 을의 단독소유로된 토지부분 중 갑 지분 부분에 대한 피담보채권을 소멸시키기로 하는 합의까지 내포한 것이라고는 할 수 없다(대법원 1989. 8. 8. 선고 88다카24868 판결).

04 토지분할소송 비법

공유물분할청구의 소는 분할을 청구하는 공유자가 원고가 되어 다른 공유자 전부를 공동피고로 하여야 하는 고유필수적 공동소송이다(대법원 2014. 1. 29. 선고 2013다78556 판결). <u>이 점에 유의하여 단 한 명의 공유자라도 빠뜨리지 말아야 한다.</u>

공유물분할에 관한 소송계속 중 <u>변론종결일 전에 공유자 중 1인인 갑의 공유지분의 일부가 을 및 병 주식회사 등에게 이전된 사안에서, 변론종결 시까지 민사소송법 제81조에서 정한 승계참가나 민사소송법 제82조에서 정한 소송인수 등의 방식으로 일부 지분권을 이전받은 자가 소송의 당사자가 되었어야 함에도 그렇지 못하면 위 소송 전부가 부적법하다(대법원 2014. 01. 29. 선고 2013다78556 판결).

특히 피고들이 여러 명일 경우 그 중 1명이 소송대리인을 선임하지 않은 상태에서 사망하면 민사소송법 제233조 제1항 본문에 의하여 소송절차가 중단되고, 그렇게 되면 민사소송법 제67조 제3항에 의하여 나머지 모두에게 소송절차를 중단하여야 하고, 이러면 원고는 상속자를 찾아 수계신청을 하여야 할 것이다. 한편 일부만이 항소를 하는 경우에도 분할소송은 필요적 공동소송이므로 전체가 항소심에 이관되며, 전원에 대해서 심리하여야 한다(대법원 2003. 12. 12. 선고 2003다44615,44622 판결).

공유물분할의 소는 기존의 공유관계를 폐지하고 각자가 단독소유권을 취득하는 법률관계를 형성한다는 점에서 성질상 "형성(形成)의 소"라고 한다. 형성요건이 법규에 따로 정해져있지 않아 법원의 자유재판에 일임되어 있다는 점에서 "형식적 형성의 소"로 분류한다. 법원은 당사자가 주장하는 분할에 관한 방법에 얽매이거나 구속되지 않고 "공평"이라는 잣대로 분할의 방법을 정할 수 있다. 그렇다고 해서, 청구취지를 "----공유물을 분할하여 달라"는 식으로만 기재하는 것은 허용되지 않는다. 이런 청구는 청구취지 불특정을 이유로 소가 각하될 수 있다. 대금분할을 명할 때의 판결주문은 대체로 'ㅇㅇ 부동산을 경매에 부쳐 그 대금에서 경매비용을 공제한 나머지 금액을 원고에게 몇 분의 몇, 피고에게 몇 분의 몇의 비율로 분배한다'고 기재된다. 이때 그 분배비율은 특별한 사정이 없는 한 공유지분의 비율대로 결정된다.

> **수원지방법원 여주지원 2010. 2. 18. 선고 2009가합1497 판결**
>
> 별지 제1목록 기재 부동산을 별지 제2목록 기재 '부동산표시' 및 별지 제3목록 기재 '분할 후 부동산의 소유자 현황표'와 같이 원고 및 피고들의 각 소유로 분할한다.

> **대구고등법원 2006. 11. 10. 선고 2005나10426 판결**
>
> 경매분할 주문 예 : 이 사건 대지와 별지 부동산 목록 제2항기재 건물을 각 경매에 부쳐 그 대금에서 경매비용을 공제한 나머지 금액을 원고 및 피고들에게 별지 대지 및 건물 지분일람표 기재 각 지분비율로 분배한다.

만일 공유자 전원이 소송을 통해 땅을 분할할 때 공동 명의자들 사이에 서로 배정받을 땅의 위치 및 면적에 대한 이견이 없을 경우 법원은 현금이 아닌 현물 분할을 판결한다. 한편 공유물분할은 협의분할을 원칙으로 하고 협의가 성립되지 아니한 때에는 재판상 분할을 청구할 수 있으므로 공유자 사이에 이미 분할에 관한 협의가 성립된 경우에는 일부 공유자가 분할에 따른 이전등기에 협조하지 않거나 분할에 관하여 다툼이 있더라도 그 분할된 부분에 대한 소유권이전등기를 청구하든가 소유권확인을 구함은 별문제이나 또다시 소로써 그 분할을 청구하거나 이미 제기한 공유물분할의 소를 유지함은 허용되지 않는다(대법원 1995. 01. 12. 선고 94다30348 판결).

특히 원고 입장에서는 사실조회 등을 통해서 법원 판결을 받는다고 하더라도 실제로 분할이 가능한지에 대해서 지방자치단체의 확인을 받아 두는 것이 안전하다. 대법원은 "개발행위허가권자는 신청인이 토지분할 허가신청을 하면서 공유물분할 판결 등의 확정판결을 제출하더라도 국토계획법에서 정한 개발행위 허가 기준 등을 고려하여 거부처분을 할 수 있으며, 이러한 처분이 공유물분할 판결의 효력에 반하는 것은 아니다."라고 판시하고 있다(대법원 2013. 7. 11. 선고 2013두1621 판결). 따라서 해당관청에 사실조회를 하여 만일 청구취지대로 판결이 선고될 경우 분할이 가능한 지 여부에 대해 사실조회를 실시해 두어야 할 것이고, 청구취지대로는 분할이 불가하다고 회신이 오면 다른 분할방법을 찾아 다시 사실조회를 하고, 그래도 분할이 불가하다고 회신이 오면 대금분할을 신청하는 방법을 강구하여야 할 것이다.

토지에 대한 공유물분할청구소송에 의한 확정판결에 기하여 관할관청에 토지의 분할신청을 하였으나 확정판결에 첨부된 도면이 대한지적공사에서 측량한 측량성과도가 아니라는 이유로 수리가 거부되자, 대한지적공사지사에 확정판결에 첨부된 도면과 동일한 내용으로 지적현황측량을 의뢰하며 그 측량성과도로 새로운 도면을 작성한 후 확정판결에 첨부된 도면을 교체하여 달라는 취지의 판결경정신청을 한 사안에서, 확정판결에 첨부할 도면을 교체함으로써 판결의 집행을 가능하게 하는 취지의 판결경정 신청은 민사소송법 제211조 의 판결에 위산, 오기 기타 이에 유사한 오류가 있음에 명백한 경우에 해당하므로 판결의 경정을 허가함이 상당하다(대법원 2006. 2. 14.자 2004마918 결정).

또한 공유물분할청구권을 보전하기 위해서는 사전에 분할청구의 상대방이 보유하는 공유지분에 대해 처분금지가처분을 하여 두어야 한다. 피고도 마찬가지이다. 원고를 상대로 처분금지가처분을 하여 두지 않으면 불측의 손해를 입는다. 나아가 해당 지분 경매 이전에 공유자들 사이에 이미 공유물분할재판이 있었는지를 살펴볼 필요도 있다. 이미 판결이 있었다면 어떤 내용인지를 알아야 불측의 손해를 피할 수 있기 때문이다.

05 공유자 우선매수청구권 부인

대금분할을 위한 형식적 경매에 있어서는 공유자우선매수권을 규정한 민사집행법 제140조 제1항이 준용되지 않는다. 공유물분할판결에 기하여 공유물 전부를 경매에 붙여 그 매득금을 분배하기 위한 환가의 경우에는 공유물의 지분경매에 있어 다른 공유자에 대한 경매신청통지와 다른 공유자의 우선매수권을 규정한 민사소송법 제649조, 제650조는 적용이 없다(대법원 1991. 12. 16.자 91마239 결정).

▶ **공유물 우선매수권이 부인되는 경우**

대법원 2008. 7. 8.자 2008마693 결정
민사집행법 제139조는 공유물 지분을 경매하는 경우에 다른 공유자의 우선매수권을 보장하는 규정으로서 공유물 전부에 대한 경매에서는 그 적용의 여지가 없고, 공유물 지분의 경매라도 경매신청을 받은 당해 공유자는 우선매수권을 행사할 수 없다.

대법원 2006. 3. 13.자 2005마1078 결정
집행법원이 여러 개의 부동산을 일괄매각하기로 결정한 경우, 집행법원이 일괄매각결정을 유지하는 이상 매각대상 부동산 중 일부에 대한 공유자는 특별한 사정이 없는 한 매각대상 부동산 전체에 대하여 공유자의 우선매수권을 행사할 수 없다고 봄이 상당하다.

대법원 2011. 8. 26.자 2008마637 결정

공유자가 민사집행법 제140조의 우선매수권제도를 이용하여 채무자의 지분을 저가에 매수하기 위하여 여러 차례에 걸쳐 우선매수신고만 하여 일반인들이 매수신고를 꺼릴 만한 상황을 만들어 놓은 뒤, 다른 매수신고인이 없는 때에는 매수신청보증금을 납부하지 아니하는 방법으로 유찰이 되게 하였다가 최저매각가격이 그와 같이 하여 저감된 매각기일에 다른 매수신고인이 나타나면 그때 비로소 매수신청보증금을 납부하여 법원으로 하여금 공유자에게 매각을 허가하도록 하는 것에는 민사집행법 제121조, 제108조 제2호의 "최고가매수신고인이 매각의 적정한 실시를 방해한 사람"에 해당되는 매각불허가사유가 있다고 할 것이다(대법원 2010. 3. 4.자 2008마1189 결정 참조).

*공유자가 민사집행법 제140조의 우선매수권제도를 이용하여 공유 부동산의 채무자 지분에 관한 경매절차에서 두 차례에 걸쳐 우선매수신고를 하였으나 제2회 매각기일까지 다른 매수신고인이 없자 매수신청보증금을 납부하지 않는 방법으로 유찰이 되게 하였다가 제3회 매각기일에 다시 우선매수신고를 하면서 입찰에 참가한 사안

대구지법 2016. 11. 16.자 2016라463 결정

부동산강제경매 사건에서 공유자인 甲이 집행법원에 기일 전 공유자 우선매수신고서를 제출하였는데, 집행관이 제1회 매각기일에서 응찰자가 없자 사건번호 및 공유자 이름을 부르지 않고 매각기일을 종결한 후 제2회 매각기일에서 乙과 丙을 최고가매수신고인으로 결정하자 甲이 절차상 하자를 이유로 매각불허가결정 신청을 한 사안에서, 위 경매절차는 제1회 매각기일의 진행에 중대한 절차 위반이 있어 민사집행법 제121조 제7호에서 정한 '경매절차에 그 밖의 중대한 잘못이 있는 때'에 해당한다고 한 사례
부동산강제경매 사건에서 공유자인 甲이 집행법원에 기일 전 공유자 우선매수신고서

를 제출하였는데, 집행관이 제1회 매각기일에서 응찰자가 없자 사건번호 및 공유자 이름을 부르지 않고 매각기일을 종결한 후 제2회 매각기일에서 乙과 丙을 최고가매수신고인으로 결정하자 甲이 절차상 하자를 이유로 매각불허가결정 신청을 한 사안에서, 공유자가 매각기일 전에 미리 공유자 우선매수신고를 서면으로 한 경우에는 매각기일에 최고가매수신고인이 있을 경우에는 그와 같은 가격으로, 매수신고가 없는 경우에는 최저매각가격으로 각 우선매수권을 행사하겠다는 의사를 표시한 것이므로, 매각기일에서의 지위는 최고가매수신고인과 크게 다르지 않고, 따라서 매각절차를 진행하는 집행관으로서는 최고가매수신고인의 지위에 준하여 사전 매수신고를 한 공유자의 성명과 가격을 부른 다음 매수신고에 따른 민사집행법 제113조의 보증을 제공할 것인지를 확인하여 보증 제공 여부에 따른 후속절차를 진행하고 이를 기일입찰조서에 적절한 방법으로 기재하여야 하는데, 집행관이 매각기일에서 사전 매수신고를 한 공유자를 호명하는 등의 방법으로 출석 여부를 확인하고 그에게 보증의 제공 등 후속 절차를 이행할 수 있는 기회를 부여하지 않았으므로, 위 경매절차는 제1회 매각기일의 진행에 중대한 절차 위반이 있어 민사집행법 제121조 제7호에서 정한 '경매절차에 그 밖의 중대한 잘못이 있는 때'에 해당한다고 한 사례.

제11장

실제 소송 사례

1 미등기부동산 인도 · 철거 · 부당이득금 청구
2 상가 인도청구
3 수목 수거 및 토지인도청구 소장
4 컨테이너, 비닐하우스, 분묘가 있는 토지 인도청구
5 정밀기계가 있는 공장 인도 청구
6 도로 낙찰 후 부당이득금청구
7 도로 낙찰 후 건물철거소송
8 집합건물 철거 및 부당이득금청구
9 지분경매 후 공유물분할소송

01 미등기부동산 인도·철거·부당이득금청구소송

가. 개설

　대금을 납부하면 소유권을 취득하게 되고, 그 이후에 낙찰자는 낙찰 부동산의 인도를 받기 위해 합의를 시도하게 된다. 합의로 인도를 받는 것이 가장 좋은 방법이나, 합의가 되지 않을 경우에는 부득이 인도명령을 신청하게 되고, 대부분은 인도명령으로 종결되게 된다.

　그러나 인도명령의 대상이 되지 않거나 그에 적합하지 않은 사안은 인도소송을 제기하여야 한다. 철거가 필요한 경우는 철거소송을, 부당이득금청구가 필요하면 부당이득금청구를 하게 된다.

아래에서 예를 든 사건은 법정지상권, 미등기건물의 원시취득자, 즉 피고의 특정, 나아가 부당이득금 산정을 위해 측량감정과 임료감정까지 관계된 경우이다. 이 소송을 이해하면 인도소송의 대부분을 알게 되는 것이다.

나. 소송개요

(1) 사실관계
- 원고는 경매에서 토지를 낙찰 받음.
- 토지 지상에 있는 제시외 건물로서 낙찰 대상이 아니었던 창고 사무실 등의 철거를 구함.
- 제시외 건물이 철거되기까지 해당 건물의 소유자에 대해 지료 상당의 부당이득금도 청구함.

(2) 이 사건의 쟁점
- 토지 지상의 구조물이 건물로서의 요건을 갖추었으나, 근저당권 설정 당시에는 존재하지 않아 법정지상권은 성립하지 않는다.
- 문제는 지상 건물이 미등기 건물이라 소유자를 특정하기가 어려움.
  미등기건물이 존재하는 경우에는 소유자 특정이 가장 힘든 작업임.
  그래서 일단 소유자라고 추정되는 자 모두를 피고로 잡아 소송을 제기함.

(3) 재판 진행
- 소장 송달이 순조롭지 않아서 공시송달을 신청함.
- 이 사건 건물의 원시취득자, 즉 피고 특정을 위해 사실조회를 신청.
- 부당이득금 산정을 위해 측량감정과 임료감정을 신청함.

다. 소장

소 장

원 고   주식회사 **개발(180111-***7363)

화성시 노작로 +++, +++호(반송동, +++오피스텔)

대표자

원고의 소송대리인 법무법인 강산

담당변호사 김은유, 임승택, 김태원

서울 서초구 서초중앙로 119, 3층(서초동, 세연타워)

피 고   1. 주식회사 **####(131**1-***8905)

    평택시 00읍상만호길 ++

    대표자 사내이사 박00

2. 최00

    평택시 00읍상만호길 ++

3. 백00(6604**-1******)

    서울시 구로구 가마산로 ++

4. 김00

5. 손00(7608**-2**88**)

    위 원고 4, 5. 주소 충남 아산시 인주면 인주로 ++

토지인도 등 청구의 소

청 구 취 지

1. 원고에게, 피고들은 각자

  가. 별지 토지목록 기재 각 토지를 인도하고,

나. 별지 토지목록 제1항 및 제2항 기재 각 토지 지상 별지도면 표시 1, 2, 3, 4, 5, 6, 1의 각 점을 순차로 연결한 선내 ㉠부분 철골 및 앵글조 강판 및 일부 천막지붕, 단층, 건축자재 창고 380㎡를 철거하고,

다. 별지 토지목록 제3항 기재 토지 지상 별지도면 표시 10, 11, 12, 13, 14, 15, 16, 17, 19, 10의 각 점을 순차로 연결한 선내 ㉡부분 사이딩판넬 아스팔트슁글지붕 및 일부 판넬지붕, 단층, 사무실 약 50㎡를 철거하고,

라. 2017. 1. 10.부터 피고들의 별지 토지목록 기재 각 토지에 대한 점유상실일 또는 원고의 별지 토지목록 기재 각 토지에 대한 소유권상실일까지 매월 100,000원의 비율에 의한 금원을 지급하라.

2. 소송비용은 피고들의 부담으로 한다.

3. 위 제1항은 가집행할 수 있다.

라는 재판을 구합니다.

청 구 원 인

1. 당사자의 지위

원고는 별지 토지목록 기재 각 토지의 소유권자이고(갑 제1호증의 1 내지 3 각 토지등기부등본 참조),

피고 1. 주식회사 **####(이하 "피고 1. **####"이라 합니다)은 평택시 00읍상만호길 ++[1]에 사업자등록을 한 후 별지 토지목록 제1항 및 제2항 기재 각 토지 지상 별지도면 표시 1, 2, 3, 4, 5, 6, 1의 각 점을 순차로 연결한 선내 ㉠부분 철골 및 앵글조 강판 및 일부 천막지붕, 단층, 건축자재 창고 380㎡(이하 "이 사건 창고"라 합니다)를 점유함으로써

---

1 별지 토지목록 기재 각 토지의 도로명 주소지입니다.

이 사건 각 토지를 무단으로 점유하고 있는 것으로 추정되는 자이고,

피고 2. 최00은 별지 토지목록 기재 각 토지 즉 경기도 평택시 00읍상만호길 ++에 '**이엔지'라는 상호로 사업자등록을 하고 또한 전입신고를 한 자로서 이 사건 창고 또는 별지 토지목록 제3항 기재 토지 및 평택시 00리++ 각 토지 지상 별지도면 표시 7, 8, 9, 10, 11, 12, 13, 14, 15, 16, 17, 18, 7의 각 점을 순차로 연결한 선내 ⓒ 및 ⓔ부분 사이딩판넬 아스팔트슁글지붕 및 일부 판넬지붕, 단층, 사무실 105.5㎡(이하 "이 사건 사무실"이라 합니다)를 점유하고 있는 것으로 추정되는 자이고(갑 제2호증 전입세대열람 내역 참조),

피고3. 백00은 위 피고1. **####의 실질적인 운영자로서 원고에게 이 사건 창고 및 이 사건 사무실을 신축하였다고 하는 자로서 이 사건 창고 및 이 사건 사무실의 원시취득 자로 추정되는 자이며(갑 제3호증 명함사본-백00 참조),

피고4. 김00 및 피고5. 손00은 이 사건 창고 및 이 사건 사무실의 불법건축으로 인해 평택시로부터 이행강제금을 부과 받고 있는 자로서 역시 이 사건 창고 및 이 사건 사무실의 소유자로 추정되는 자들입니다.

2. 원고의 별지 토지목록 기재 각 토지에 대한 소유권 취득

별지 토지목록 기재 각 토지에 대해서는 2005. 9. 1. 접수 제47924호로 근저당권자 송악농업협동조합, 채권최고액 84,000,000원의 근저당권이 설정되어 있었고, 위 근저당권자인 송악농업협동조합의 임의경매 신청으로 인해 2015. 12. 8.경 임의경매개시결정이 있었습니다.

원고는 위와 같은 별지 토지목록 기재 각 토지에 대한 임의경매사건에서 낙찰자로 결정

되어 낙찰대금을 모두 납부하였고, 이에 원고는 2017. 1. 11.경 위 각 토지에 대한 소유권을 취득하게 되었습니다(갑 제1호증의 1 내지 3 각 토지등기부등본 참조).

3. 별지 토지목록 기재 각 토지 지상의 미등기 무허가건물의 존재 및 피고들의 이 사건 토지의 무단점유

가. 미등기 무허가건물의 존재

별지 토지목록 기재 각 토지에 대한 채권자 송악농업협동조합 명의의 근저당권이 설정될 당시인 2005. 9. 1.경에는 위 각 토지 지상에는 건축물이 존재하지 아니 하였습니다(갑 제4호증의 1, 2 각 항공사진[2], 갑 제5호증 감정평가서 각 참조).

그런데 위 근저당권설정등기일 이후에 피고들 중 누군가가 별지 토지목록 기재 각 토지 지상에 불법으로 무허가건축물을 신축하였고, 이에 별지 토지목록 제1항 및 제2항 기재 양 토지 지상에는 이 사건 창고가 별지 토지목록 제3항 기재 토지 및 평택시 만호리 408-6 양 토지 지상에는 이 사건 사무실이 위치하고 있습니다.

나. 피고들의 이 사건 토지의 무단점유

별지 토지목록 기재 각 토지 지상에 위치하고 있는 이 사건 창고 및 이 사건 사무실은 모두 미등기건물이고 또한 무허가건물로서, 위 각 건축물에 대해서는 등기부등본이나 건축물대장 등이 존재하지 아니합니다. 이에 현재 원고로서는 이 사건 창고 및 이 사건 사

---

[2] 한편 갑 제4호증의2(항공사진)에서 보는 바와 같이, 2010. 10.경 촬영된 항공사진 상에는 이 사건 창고 및 이 사건 사무실이 존재하는 것으로 확인됩니다.

무실의 소유자와 점유자에 대해서는 정확하게 알 수 없는 상황입니다.[3]

다만 ①피고1. **####의 경우, ⅰ)별지 토지목록 기재 각 토지의 지번으로 사업자등록을 하였다는 점, ⅱ)피고1. **####의 등기부상 대표자인 소외 박00의 명함에 별지 토지목록 기재 각 토지의 도로명주소가 본사 주소지로 기재되어 있다는 점 및 ⅲ)이 사건 창고의 현장사진에는 이 사건 창고의 출입문에 "**"이라는 글자가 적혀 있다는 점 등의 사정에 비추어 보면 피고 **####은 현재 이 사건 창고에서 영업을 하고 있는 것으로 보이고 이에 이 사건 창고 및 이 사건 토지의 점유자인 것으로 추측됩니다(갑 제6호증 명함사본-박00, 갑 제7호증의 1, 2 각 현장사진 각 참조). 또한 아래에서 언급하는 바와 같이 피고3. 백00은 피고1. **####의 실질적인 소유주이자 운영자인 것으로 보이고, 위 피고3. 백00의 발언에 의하면 위 피고3. 백00이 이 사건 창고와 이 사건 사무실을 신축하였다고 하는바, 그렇다면 피고1. **####이 이 사건 창고와 이 사건 사무실의 소유자일 가능성 또한 배제할 수 없습니다.

②다음으로 피고2. 최00의 경우 별지 토지목록 기재 각 토지에 '**이엔지'라는 상호로 사업자등록을 하고 또한 전입신고를 한 자입니다. 이에 피고2. 최00 역시 이 사건 창고와 이 사건 사무실의 점유자일 것으로 추정되는 자입니다.

③또한 피고3. 백00은 아래와 같은 점에 비추어 이 사건 창고 및 이 사건 사무실의 소유

---

3 원고는 별지 토지목록 기재 각 토지를 낙찰 받은 후, 이 사건 창고와 이 사건 사무실의 소유자 및 점유자를 확인하기 위하여 다방면으로 수소문을 하였으나, 피고1. **####의 대표자인 소외 박00은 자신은 **####의 실질적인 운영자가 아니라고 하고 피고3. 백00은 자신이 위 **####의 실 소유자라고 하면서 원고에게 터무니없는 보상금 등의 지급을 요구하고 있습니다. 한편 원고가 평택시 안중출장소에 확인해 본 바에 의하면, 평택시에서는 이 사건 창고와 이 사건 사무실이 무허가건물이라는 이유로 피고4. 김00 및 피고5. 손00 등을 상대로 이행강제금을 부과하고 있는 것으로 들었으며, 그 외의 피고2. 최000이나 피고4. 김00 및 피고5. 손00 등의 연락처와 실제 거주지 등을 전혀 알 수 없습니다. 이에 현재 원고로서는 이 사건 창고와 이 사건 사무실의 소유자와 점유자를 명확하게 확인할 수 없는 상황입니다.

자이자 점유자일 가능성이 매우 큰 자입니다. 즉 원고는 이 사건 창고와 이 사건 사무실의 소유 및 점유관계를 확인하기 위하여 피고1. **####의 대표자로 등기되어 있는 소외 박00을 만났고, 위 박00으로부터 자신은 피고1. **####의 실질적인 운영자가 아니며 피고3. 백00이 피고1. 지상####의 실질적인 운영자라는 말을 들었고, 위 소외 박00으로부터 받은 명함사본에도 위 박00이 (주)**의 과장으로 표시되어 있었습니다. 이에 원고는 피고3. 백00을 수소문하여 위 백00을 만났고, 피고3. 백00은 원고에게 자신이 피고1. **####의 실질적인 운영자로서 이 사건 창고와 이 사건 사무실을 신축하였다고 하였습니다.[4] 따라서 피고3. 백00은 이 사건 창고와 이 사건 사무실을 신축한 자로서 위 각 건물의 소유자일 가능성이 농후하며, 아울러 위 각 건물을 점유하고 있는 자일 가능성 또한 존재합니다.

④마지막으로 피고4. 김00 및 피고5. 손00의 경우, 평택시에서 위 피고들에 대하여 불법건축물의 소유자임을 전제로 이행강제금을 부과하고 있다는 점에 비추어 위 각 피고들이 이 사건 창고 및 이 사건 사무실의 소유자(또는 원시취득자)일 가능성이 있습니다.

이상과 같은 점을 감안하여 살펴보면, 피고들은 이 사건 창고와 이 사건 건물의 소유자이고 또한 위 각 건물을 점유자로서, 위 각 건물이 소유 및 점유를 통하여 별지 토지목록 기재 각 토지를 무단으로 점유하고 있는 자에 해당합니다.

4. 피고들의 별지 토지목록 기재 각 토지의 인도와 이 사건 창고 및 이 사건 사무실의 철거의무 및 부당이득반환의무

---

4 피고3. 백00이 이를 부인하는 경우 원고는 피고3. 백00과의 통화내용을 녹취록으로 제출하도록 하겠습니다.

위에서 살펴본 바와 같이, 원고는 별지 토지목록 기재 각 토지에 대한 소유권자이고, 피고들은 이 사건 창고 및 이 사건 사무실의 소유자 또는 점유자로서 위 각 건물의 무단점유를 통하여 별지 토지목록 기재 각 토지를 무단으로 점유하고 있는 자들입니다.

따라서 피고들은 각자 원고에게 별지 토지목록 기재 각 토지를 인도해 주어야 할 의무가 있고, 미등기 무허가건축물인 이 사건 창고 및 이 사건 사무실을 철거하여야 할 의무가 있으며, 아울러 별지 토지목록 기재 각 토지의 무단점유에 따른 임료상당의 부당이득금을 반환할 의무가 있다고 할 것입니다.

5. 결론 및 향후 입증계획

이상의 점을 감안하시어 원고의 청구를 인용하여 주시기 바랍니다.

한편 위에서 자세히 기술한 바와 같이, 원고는 이 사건 창고 및 이 사건 사무실의 소유자와 점유자를 확인하기 위하여 다방면으로 노력을 하였으나 현재로서는 정확한 소유 및 점유관계를 확인할 수 없고, 이에 부득불 피고들 전부를 상대로 이 사건 소를 제기하게 되었습니다. 이에 원고는 피고들의 답변에 따라 이 사건 창고나 이 사건 사무실의 소유 및 점유와 무관한 것으로 확인되는 자에 대해서는 소를 취하할 예정이며, 정확한 소유 및 점유관계에 따라 청구취지를 변경할 예정이고, 아울러 향후 철거부분의 경계와 면적 등의 확정을 위하여 측량감정을 신청하고 임료 상당의 부당이득액을 확정하기 위하여 임료감정신청을 할 예정입니다.

입 증 방 법

1. 갑 제1호증의 1 내지 3   각 토지등기부등본

1. 갑 제2호증   전입세대열람 내역
1. 갑 제3호증   명함사본-백00
1. 갑 제4호증의 1, 2   각 항공사진
1. 갑 제5호증   감정평가서
1. 갑 제6호증   명함사본-박00
1. 갑 제7호증의 1, 2   각 현장사진

첨 부 서 류

1. 위 입증방법   각 1부
1. 소장 부본   1부
1. 법인등기부등본   각 1부
1. 토지대장   각 1부
1. 소송위임장   1부
1. 담당변호사 지정서   1부

2017. 2. .

위 원고의 소송대리인 법무법인 강 산

담당변호사 김 은 유

담당변호사 임 승 택

담당변호사 김 태 원

수원지방법원 평택지원   귀 중

라. 공시송달신청

공 시 송 달 신 청

사　건　2017가단 0000호　토지인도

원　고　주식회사 **개발

피　고　주식회사 **####　외 4명

위 사건에 있어서 피고 최현중은 **평택시 00읍 상만호길 00**에 주소를 두고 있으나, 2017. 2. 22. 소장 송달은 수취인불명의 사유로 송달되지 아니하였고, 2017. 3. 14. 휴일특별송달 및 2017. 5. 17. 야간특별송달 역시 수취인불명의 사유로 송달되지 아니하였습니다.

위 피고 최00의 주민등록초본을 발급한 결과 2017. 5. 30. 기준으로도 피고 최00의 주민등록기재상의 주소변동은 없는 상태입니다.

따라서, 원고의 책임없는 사유로 송달불능의 반복과 이로 인한 소송절차 지연의 불이익을 입고 있으므로, 이를 시정하고자 이건 공시송달을 신청하오니 이를 허가하여 주시길 바랍니다.

※ 첨부 : 주민등록초본 1부

　　　　　　　　　　　　　　　　　2017.　5.　.

　　　　　　　　　　　　　　　　　원고 소송대리인 법무법인 강산

　　　　　　　　　　　　　　　　　담당변호사 김 태 원

　　　　　　　수원지방법원 평택지원　　민사4 단독　　귀 중

마. 측량감정신청

측 량 감 정 신 청 서

사 건   2017가단 00000호 토지인도

원 고   **주식회사 **개발**

피 고   주식회사 **#### 외 4명

위 사건에 관하여 원고의 소송대리인은 주장사실을 입증하기 위하여 다음과 같이 측량감정을 신청합니다.

- 다   음 -

1. 측량감정의 목적물

가. 경기도 평택시 00리 000 도로 294㎡ 및 같은 리 000 도로 310㎡ 양 토지 지상 별지도면 표시 1, 2, 3, 4, 5, 6, 1의 각 점을 순차로 연결한 선내 ㉠부분 철골 및 앵글조 강판 및 일부 천막지붕, 단층, 건축자재 창고 약 380㎡의 위치 및 면적.

나. 경기도 평택시 00리 408-5 답 223㎡ 토지 지상 별지도면 표시 10, 11, 12, 13, 14, 15, 16, 17, 19, 10의 각 점을 순차로 연결한 선내 ㉡부분 사이딩판넬 아스팔트슁글지붕 및 일부 판넬지붕, 단층, 사무실 약 50㎡의 위치 및 면적

다. 경기도 평택시 00리 000 도로 294㎡ 및 같은 리 000 도로 310㎡ 양 토지 지상 별지도면 표시 20, 21, 22, 23, 20의 각 점을 순차로 연결한 선내 ㉣부분의 구조물, 같은 도면 표시 24, 25, 26, 27, 24의 각 점을 순차로 연결한 선내 ㉤부분의 구조물, 같은 도면 표시 28, 29, 30, 37, 28의 각 점을 순차로 연결한 선내 ㉥부분의 구조물, 같은 도면 표시 30, 31, 35, 36, 37, 30의 각 점을 순차로 연결한 선내 ㉺부분의 구조물 및 같은 도면 표시 31, 32,

33, 34, 31의 각 점을 순차로 연결한 선내 ◎부분의 구조물의 각 위치와 면적 및 위 각 부분 중 위 각 토지를 침범하고 있는 부분의 위치(경계)와 면적.

라. 경기도 평택시 00리000 답 223㎡ 토지 지상 별지도면 표시 38, 39, 40, 41, 38의 각 점을 순차로 연결한 선내 ㉚부분의 위치와 면적 및 위 각 부분 중 위 토지를 침범하고 있는 부분의 위치(경계)와 면적

2. 측량감정의 목적

원고 소유의 평택시 00리 000 도로 294㎡ 및 같은 리 000 도로 310㎡ 및 같은 리 000 답 223㎡ 지상에 피고들이 무단으로 설치한 건축물(구조물)의 위치와 면적을 측량하여, 위 각 구조물들이 원고 소유의 위 각 토지 위에 설치된 사실 및 그 위치와 현황, 면적 등을 파악함으로써, 철거의 대상이 되는 구조물을 특정하기 위함입니다.

3. 측량감정 할 사항

가. 원고 소유의 평택시 00리 000 도로 294㎡ 및 같은 리 000 도로 310㎡ 및 같은 리 000 답 223㎡ 지상에 취한 위 제1항 감정목적물의 위치 및 면적을 각 측량하여 측정하고,

나. 그것을 도면으로 표시해 주시기 바랍니다.

참 고 자 료

1. 참고자료 1   별지도면
1. 참고자료 2   감정평가서

1. 참고자료 3의 1 내지 7   각 소제기 당시의 현황사진

1. 참고자료 4의 1 내지 6   각 감정신청 당시의 현황사진

2017. 7. .
원고의 소송대리인 법무법인 강산
담당변호사 김 태 원

바. 임료감정신청서

임 료 감 정 신 청

사   건   2017가단 0000호 토지인도

원   고   **주식회사 **개발**

피   고   주식회사 **#### 외 4명

위 사건에 관하여 원고의 소송대리인은 주장사실을 입증하기 위하여 다음과 같이 임료감정을 신청합니다.

- 다   음 -

1. 감정목적물

경기 평택시 00읍 00리 000 도로 294㎡, 같은 리 000 도로 310㎡ 및 같은 리 000 답 223㎡.

2. 감정목적

피고는 위 제1항 감정목적물 기재 각 토지 지상에 무단으로 건축물을 신축하여 이를 점유·사용하고 있는바, 피고들의 위와 같은 위 각 부동산의 무단사용·수익에 따른 임료 상당의 부당이득액을 밝히기 위함입니다.

3. 감정사항

감정목적물 기재 각 부동산에 대하여, 2017. 1. 11.부터 감정서 제출일까지의 임료상당의 부당이득액을 산출하되, 각 토지별로 별도의 부당이득액을 산출하여 주시고, 각 월별 임료상당의 부당이득액도 별도로 산출하여 주시기 바랍니다.

2017. 7. .

원고의 소송대리인 법무법인 강산

담당변호사 김 태 원

수원지방법원 평택지원   민사 4단독   귀 중

사. 기타 주문례

대전지방법원 1996. 8. 14. 선고 95나4269 판결

피고는 승계참가인에게,

가. 충남 ○○군 ○○면 ○○리 450의 15, 같은 리 450의 19 양지상에 건축된 별지도면 표시 57, 16, 17, 18, 19, 58, 57의 각 점을 순차 연결한 선내 다, ㄱ표시부분 조립식 함석 지붕 창고 21.6㎡, 같은 리 450의 19 지상에 건축된 별지도면 표시 20, 21, 22, 23, 24, 25, 20의 각 점을 순차 연결한 선내 ㄴ 표시부분 목조 블럭조 천막지붕 점포 14㎡, 별지도면

표시 27, 33, 32, 31, 30, 27의 각 점을 순차 연결한 선내 ㅈ 표시부분 블럭조 스레트지붕 단층주택 26㎡, 별지도면 표시 39, 40, 41, 42, 43, 44, 39의 각 점을 순차 연결한 선내 ㅌ 표시부분 블럭조 스레트지붕 단층주택 51㎡를 각 철거하고,

나. 충남 ○○군 ○○면 ○○리 450의 15 과수원 1399㎡ 중 별지도면 표시 52, 51, 1, 16, 19, 20, 25, 10, 52의 각 점을 순차 연결한 선내 부분 218.4㎡, 같은 리 450의 18 대 43㎡ 중 별지도면 표시 9, 29, 45, 9의 각 점을 순차 연결한 선내 ㅁ 표시부분 3㎡ 및 별지도면 표시 34, 8, 36, 35, 34의 각 점을 연결한 선내 ㅅ 표시부분 10㎡, 같은 리 450의 19 잡종지 37,894㎡ 중 별지도면 표시 1, 2, 3, 4, 5, 6, 44, 39, 38, 37, 36, 8, 34, 31, 30, 27, 28, 22, 23, 26, 29, 9, 10, 25, 20, 19, 16, 1의 각 점을 연결한 선내 부분 634㎡를 각 인도하고,

다. 금 1,239,736원 및 1996. 1. 1.부터 위 토지인도시까지 연 금 236,000원의 비율에 의한 금원을 지급하라.

02 상가 인도청구

가. 사업자등록 명의변경, 또는 추가 등록문제

상가인도청구는 점유자를 상대로 하여야 한다. 만일 그 상가에서 영업을 하는 자가 있는 경우에는 사업자등록증 상 영업자를 피고로 삼아야 한다.

문제는 점유이전금지가처분을 신청하고 나서 결정문이 나와 집행을 하는 사이에 사업자등록증 상 명의가 바뀐 경우이다. 이 경우에는 사실상 점유이전금지가처분의 집행이 잘못된 것이어서 나중에 새로운 사업자등록증 명의자를 상대로 소송을 하지 않는 한 집행이 불가하다.

따라서 상가에서 영업을 하고 있는 경우에는 사업자등록상 명의자가 바뀌는 지를 반드시 체크해 보아야 한다.

황당한 것은 사업자 명의가 '갑'이어서 '갑'을 점유자로 하여 점유이전금지가처분 집행도 마치고 소송도 '갑'을 피고로 하여 변론을 종결하려고 하는 시점에서, 느닷없이 '갑'이 자신은 명의수탁자에 불과하므로 점유자가 아니라고 항변을 하는 경우이다. 그대로 판결을 받으면 집행에 어려움이 생긴다. 따라서 하는 수 없이 승계집행문을 받거나 실제 사업자를 찾아 소송을 하여야 한다. 즉, 집행실무상, 인도판결에 표시된 피고(집행채무자)와 다른 사람이 이미 사업자등록을 하고 집행당시에 집행장소를 점유하고 있다면, 집행관은 이 사람을 집행채무자와는 별개의 점유자로 판단하여 집행을 하지 않는 것이 일반적이다.

반면, 주민등록자의 경우에는 별개의 점유자로 보기 보다는 집행채무자의 점유보조자 정도로 인식하는 경향이 강하다. 따라서 주민등록자가 자신의 독자적인 점유사실을 분명하게 입증하지 못하면 집행채무자에 대한 집행권원만으로 주민등록자에 대해서도 그대로 집행한다.

<u>임차인이 인도집행을 방해하기 위해서 임차인이 아닌 다른 사람 명의의 사업자등록을 추가로 해 두거나, 사업자등록을 변경하는 경우가 있다.</u> 임대인의 허락 없이도 임차인이 아닌 다른 사람 앞으로 사업자등록을 만들기 위해 많이 이용되는 방법은, 허위전차인을 내세워 임차인과 전차인간의 전대차계약서를 작성하고, 이 전대차계약서를 세무서에 제출하여 전차인명의의 사업

자등록을 하는 것이다(수리여부는 세무서마다 다르다). 이런 경우에는 다시 재판을 받아야 하는 문제에 봉착하므로, 수시로 사업자등록여부를 살펴야 한다.

나. 소장

소 장

원 고　○○○ (주민등록번호)
　　　○○시 ○○구 ○○동 ○○(우편번호 ○○○-○○○)

피 고　○○○ (주민등록번호)
　　　○○시 ○○구 ○○동 ○○(우편번호 ○○○-○○○)

상가인도청구의 소

청 구 취 지

1. 피고는 원고에게 별지목록기재 부동산을 인도하라.
2. 소송비용은 피고의 부담으로 한다.
3. 위 제1항은 가집행 할 수 있다.
라는 판결을 구합니다.

청구원인

1. 원고는 별지 목록 기재 부동산을 ○○지방법원 20○○타경 1234호 부동산임의경매 신청사건에 관한 매수인으로 20○○. 5. 15. ○○지방법원 매각허가결정을 원인으로 같은 해 7. 1. 매각대금을 완납하여 소유권이전등기를 마친 소유자입니다.

2. 그런데 피고는 아무런 권원 없이 별지목록기재 부동산을 점유사용하고 있습니다. 이에 원고는 피고에게 위 부동산을 인도하여달라고 요청하였으나, 피고는 이에 응하지 않고 있습니다.

3. 따라서 원고는 청구취지기재와 같이 재판을 받고자 이 건 청구에 이른 것입니다.

입증방법

1. 갑제1호증 등기부등본
2. 갑제2호증 집합건축물대장

첨부서류

1. 위 입증방법 1부
1. 소장부본 1부
1. 법인등기부등본
1. 개별공시지가확인서
1. 납부서

2017. 10. 21.

원고 김00

대리인 법무법인 강산

담당변호사 김태원

수원지방법원 귀중

03 수목 수거 및 토지인도청구

가. 수목이 있는 토지 경매 시 주의사항

경매 대상 토지 위에 수목이 있을 경우가 문제 된다. 수목이 있는 경매 대상 토지를 낙찰 받으면 수목까지 취득할 수 있는 것인지, 아니면 그 수목으로 인해 오히려 토지사용에 지장을 받는 것은 아닌지를 알아보아야 한다.

수목이 존재하는 토지 경매 시 토지 감정은, 수목이 존재하는 상태를 전체적으로 평가하는 방식으로 이루어지는 것이 일반적이다. 예컨대,「제시목록(토지) 이외의 물건으로 본건 지상에 소나무 등이 생육 중」,「본건 지상의 입목은 거래관행에 따라 임지에 포함하여 평가」라는 식이다. 경매에서 수목이 존재하는 토지에 대한 감정평가는, 토지 위에 존재하는 수목의 존재를 반영해서 감정하면서도, 수목에 대한 가치를 별도로 산출하지는 않고 수목의 존재를 고려해서 전체적으로 토지가격을 산출하는 식의 평가가 이루어지는 것이 보통이다.

이에 대해 대법원은 "경매의 대상이 된 토지 위에 생립하고 있는 채무자 소유의 미등기 수목은 토지의 구성 부분으로서 토지의 일부로 간주되어 특별한 사정이 없는 한 <u>토지와 함께 경매되는 것이므로</u> 그 수목의 가액을 포함하여 경매 대상 토지를 평가하여 이를 최저경매가격으로 공고하여야 하는데, 경매 대상 토지인 임야가 도시계획상 자연녹지지역 내에 설치된 공원으로서 그 사용·수익에 있어서 공법상의 제한이 있다고 하여도 그 지상에 식재된 수목이 경제적 가치를 가지지 않는 것은 아니므로, 경매법원으로서는 마땅히 위 수목의 가액을 포함하여 경매 대상이 된 임야의 가액을 평가하여야 함에도 불구하고 위 수목의 가액을 제외시킨 채 오직 토지가격만을 평가하여 이를 그대로 최저입찰가격으로 결정한 것은 그 가격결정에 중대한 하자가 있는 경우에 해당하여 낙찰을 불허하여야 한다."라고 판시하고 있다(대법원 1998. 10. 28.자 98마1817 결정).

그러나 법원이나 감정평가사가 수목의 소유권자를 알기는 어렵다. 만일 수목소유자와 경매 토지소유자가 같다면, 민법 제256조[5]의 부합 이론에 따라 수목은 토지의 구성 부분으로서 토지를 낙찰 받은 사람의 소유가 될 수 있지만, 그러나 반대로 수목소유자가 토지소유자와 다르고, 수목소유자가 토지의 임차인 등과 같이 적법한 권원을 가지고 수목을 식재한 사람이라면, 토지가 낙찰되더라도 수목소유권은 여전히 임차인 등에게 있으므로, 추후 낙찰자가 온전하게 낙찰 받은 토지를 이용하기 위해서는 수목소유자를 상대로 수거 및 토지인도 소송을 해야 하는 것이다. 만약 수목의 소유자가 토지소유자가 아니라면 어떤 경우라도 이를 별도로 감정하여 매각대상에 포함할 수는 없기 때문이다.

① 대법원 1969. 11. 25. 선고 69다1346 판결
명인방법을 갖춘 수목의 집단과 미분리과실은 토지와 독립한 소유권의 객체이다.

② 대법원 1989.7.11. 선고 88다카9067 판결

---

5 민법 제256조 (부동산에의 부합) 부동산의 소유자는 그 부동산에 부합한 물건의 소유권을 취득한다. 그러나 타인의 권원에 의하여 부속된 것은 그러하지 아니하다.

민법 제256조 단서 소정의 "권원"이라 함은 지상권, 전세권, 임차권 등과 같이 타인의 부동산에 자기의 동산을 부속시켜서 그 부동산을 이용할 수 있는 권리를 뜻하므로 그와 같은 권원이 없는 자가 토지소유자의 승락을 받음이 없이 그 임차인의 승락만을 받아 그 부동산 위에 나무를 심었다면 특별한 사정이 없는 한 토지소유자에 대하여 그 나무의 소유권을 주장할 수 없다.

③ **대법원 1998. 4. 24. 선고 97도3425 판결**

타인의 토지상에 권원 없이 식재한 수목의 소유권은 토지소유자에게 귀속하고 권원에 의하여 식재한 경우에는 그 소유권이 식재한 자에게 있으므로, 권원 없이 식재한 감나무에서 감을 수확한 것은 절도죄에 해당한다.

④ **대법원 1990. 1. 23.자 89다카21095 결정**

토지임차권에 기하여 식재된 수목을 토지경락인이 경락취득하는지 여부(소극)

토지의 사용대차권에 기하여 그 토지상에 식재된 수목을 이를 식재한 자에게 그 소유권이 있고 그 토지에 부합되지 않는다 할 것이므로 비록 그 수목이 식재된 후에 경매에 의하여 그 토지를 경락받았다고 하더라도 경락인은 그 경매에 의하여 그 수목까지 경락취득하는 것은 아니라고 할 것이다.

※ 매수인 또는 경락인은 매우 주의하여야 한다.

나아가 낙찰 받은 토지상에 입목[6]등기부가 있다면 낙찰 받은 토지가 법정

---

6 「**입목에 관한 법률**」 **제2조** (용어의 정의)
① 이 법에서 "입목"이라 함은 토지에 부착된 수목의 집단으로서 그 소유자가 이 법에 의하여 소유권보존의 등기를 받은 것을 말한다.
② 전항의 집단의 범위는 대통령령으로 정한다.
제3조 (입목의 독립성)
① 입목은 이를 부동산으로 본다.
② 입목의 소유자는 토지와 분리하여 입목을 양도하거나 이를 저당권의 목적으로 할 수 있다.
③ 토지소유권 또는 지상권의 처분의 효력은 입목에 미치지 아니한다.

지상권의 제한을 받을 가능성이 있다는 것이다. 수목이 「입목에 관한 법률」에 의하여 소유권보존등기를 받게 되면 그 수목의 집단을 立木(입목)이라고 하고, 이런 입목은 동산이 아닌 부동산으로 취급하면서, 입목이 경매 기타 사유로 인하여 토지와 그 입목이 각각 다른 소유자에게 속하게 되는 경우에는 토지소유자는 입목소유자에 대하여 지상권을 설정한 것으로 보고 있다. 따라서 수목에 대하여 입목등기부가 있는 경우에는 자칫 법정지상권이 성립될 우려도 있다. 물론 법정지상권이 성립한다고 하더라도 불운한 일만은 아니다. 법정지상권이 성립된다면 토지 소유자는 입목 소유자에 대하여 지료 청구가 가능하므로 입목소유자의 입장에서도 버티기가 마냥 쉽지만은 않을 것이다.

토지를 낙찰 받을 경우 그 지상에 수목이 존재한다면 <u>수목의 소유자와 토지 소유자가 같은 지를 파악하여야 하고, 입목등기부의 존재여부를 반드시 관할등기소에서 확인할 필요가 있다.</u>

특히 경매법원의 잘못으로 부합되지 못하는 수목의 가치까지 포함하여 감정가격을 정하였다고 하더라도 토지낙찰자가 수목에 대해서까지 소유권을 취득할 수는 없다(창원지방법원 2011. 2. 11.선고 2010나8420 판결[7]).

제6조 (법정지상권)
① 입목의 경매 기타 사유로 인하여 토지와 그 입목이 각각 다른 소유자에게 속하게 되는 경우에는 토지소유자는 입목소유자에 대하여 지상권을 설정한 것으로 본다.
② 전항의 경우에 지료에 관하여는 당사자의 약정에 따른다.
7 소나무를 식재한 사람이 토지 낙찰자를 상대로 소나무에 대한 소유권 확인을 구한 사안에서, 토지와 토지 지상 소나무 일체에 대해서 감정평가 되었다고 하더라도, 소나무 식재가 권원에 의해 이루어졌다면,

이런 경우에는 수목의 소유자 또는 소유자로 예측되는 사람을 모두 피고로 하여 소송을 제기하는 것이 타당하다.

나. 소장

소 장

원 고 ○○○ (주민등록번호)
　　　○○시 ○○구 ○○동 ○○(우편번호 ○○○-○○○)

피 고 ○○○ (주민등록번호)
　　　○○시 ○○구 ○○동 ○○(우편번호 ○○○-○○○)

수목수거 및 토지인도청구의 소

청 구 취 지

1. 피고는 원고에게 ○○시 ○○구 ○○동 ○○ 대 300㎡ 중 별지도면 표시 1, 2, 3, 4, 1의 각 점을 차례로 연결한 선내(가)부분 98㎡ 지상에 식재된 수목을 수거하고 위 (가)부분 98㎡를 인도하라.
2. 소송비용은 피고의 부담으로 한다.
3. 위 제1항은 가집행 할 수 있다.
　　라는 판결을 구합니다.

토지 낙찰자는 소나무 소유권을 취득할 수 없다는 취지의 판단

청 구 원 인

1. 원고는 ○○시 ○○구 ○○동 ○○ 대 300㎡ 부동산을 ○○지방법원 20○○타경 1234호 부동산임의경매신청사건에 관한 매수인으로 20○○. 5. 15. ○○지방법원 매각허가결정을 원인으로 같은 해 7. 1. 매각대금을 완납하여 소유권이전등기를 마친 소유자입니다.

2. 그런데 피고는 아무런 권원없이 원고 소유의 위 같은 동 ○○ 대 300㎡ 중 별지도면 표시 1, 2, 3, 4, 1의 각 점을 차례로 연결한 선내 (가)부분 98㎡ 지상에 단풍나무 10그루를 식재하여 (가)부분을 점유하고 있습니다.

3. 따라서 원고는 ○○시 ○○구 ○○동 ○○ 대 300㎡ 대한 소유권에 터 잡아 방해배제청구권의 행사로서 피고에게 위 대지 가운데 별지도면 표시 1, 2, 3, 4, 1의 각 점을 차례로 연결한 선내 (가)부분 98㎡ 지상에 식재된 수목을 수거하고 위 (가)부분 98㎡를 인도할 것을 청구하기 위해 이 사건 소제기에 이른 것입니다.

입 증 방 법

1. 갑 제1호증의 1, 2   토지등기부등본
1. 갑 제2호증   건물등기부등본
1. 갑 제3호증의 1, 2   각 토지대장등본
1. 갑 제4호증   건축물관리대장
1. 갑 제5호증   지적도등본
1. 갑 제6호증의 1 내지 3   각 사진

첨 부 서 류

1. 위 입증방법   각 1통
1. 토지가격확인원   1통
1. 소장부본   1통
1. 송달료납부서   1통

20○○. ○. ○.

위 원고 ○○○ (서명 또는 날인)

○○지방법원 귀중

[별 지]

목 록

(○○시 ○○구 ○○동 ○○ 대 300㎡)

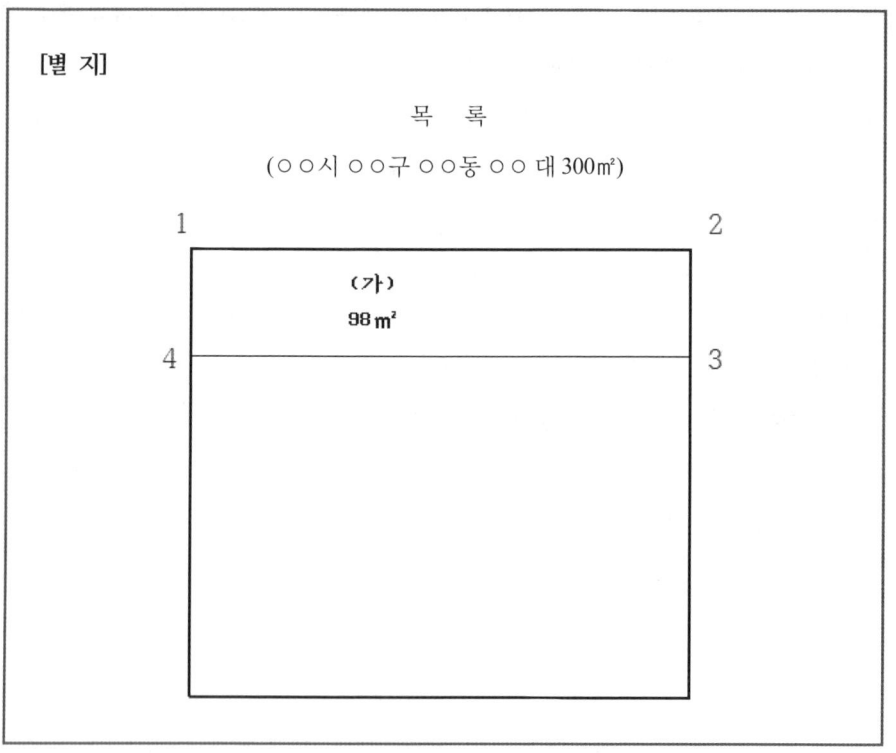

04 컨테이너, 비닐하우스, 분묘가 있는 토지 인도청구

가. 컨테이너 등이 있는 경우 주의사항

경매 토지 지상에 컨테이너가 있는 경우가 종종 있는데, 컨테이너는 건물이 아니므로[8] 법정지상권 성립에 대해서는 걱정할 필요가 없다. 컨테이너는 수목과 달리 토지에 부합하지 않으므로 이를 제거하기 위해서는 컨테이너 수거 및 토지인도 청구를 하여야 하는데, 이때 소유자가 누구인지, 측량감정을 실시하여야 하는지가 문제된다.

재판 중에 컨테이너 소유자가 컨테이너 위치를 옮기는 경우도 있는데, 컨테이너의 위치를 특정하여 측량감정한 후 해당 토지부분에서 지장물을 수거하라는 소송 중에 지장물의 위치가 달라진다면 이에 대한 대처가 매우 어렵다. 반대로 토지 소유자가 컨테이너를 몰래 치워버리는 경우도 있으나, 이런 경우에는 형사 문제로 발전할 수도 있으므로 쉽게 실행해서는 안 된다.

낙찰자로서는 컨테이너 등 지장물의 소유자를 찾고, 측량감정을 통해 지장물이 수거되도록 최선을 다하여야 한다. 소송을 시작하기 전에 지장물에 대한 점유이전금지가처분을 미리 해두어야 할 것이다.

소유자를 찾는 방법은 탐문방법이 최고일 것이다. 그래도 어려우면 일단

---

8 다만, 허가(신고)를 받지 않아서 존치기간의 정함을 알 수 없거나 토지에 단단히 고정되어 있는 경우에는 건물로 볼 여지도 있다.

전 토지소유자와, 성명불상자를 모두 피고로 삼아 소송을 제기한다. 상대방의 인적사항을 알 수 없기 때문에 우선 소장에 피고를 '성명불상자'라고 기재하고, 추후 소송과정에서 사실조회신청 등을 통해 피고의 인적사항이 밝혀지면 그 때 피고를 특정한다.

나. 비닐하우스

비닐하우스가 있는 경우의 최대 난관은 비닐하우스 주인 특정이다. 비닐하우스 주인만 찾으면 점유이전금지가처분 또는 출입금지가처분을 실시하고, 비닐하우스 수거 및 토지인도 청구 소송을 제기하고, 측량감정을 실시하고, 경우에 따라 임료감정을 실시하면 된다.

다. 수목수거 및 토지인도 청구취지

1. 피고는 원고에게 ○○시 ○○구 ○○동 000 대 300㎡ 중 별지 도면 표시 1, 2, 3, 4, 1의 각 점을 차례로 연결한 선내 ㉮부분 72㎡ 지상에 식재된 수목을 수거하고 위 ㉮부분 80㎡를 인도하라.
2. 소송비용은 피고의 부담으로 한다.
3. 제1항은 가집행할 수 있다.

라. 분묘굴이 및 토지인도 청구취지

1. 피고는 원고에게 00 ○○군 ○○면 ○○리 산 100 임야 8,000㎡ 지상의,
   가. 별지 도면 표시 18, 17의 각 점을 순차로 연결한 선부분의 석축 제단(길이 9m, 높이 0.9m), 같은 도면 표시 28, 29의 각 점을 순차로 연결한 선부분의 석축 제단(길이

5m, 높이 0.25m), 같은 도면 표시 (도)부분의 비석 1기(가로 0.55m. 세로 0.2m, 높이 2.1m), 같은 도면 표시 (나)부분의 상석 1개(길이 0.8m, 폭 0.7m, 높이 0.4m) 및 월안 1개(길이 0.8m, 폭 0.1m, 높이 0.38m), 같은 도면 표시 (두), (드)부분의 망부석 각 1개(각 가로 0.2m, 세로 0.2m, 높이 1.5m)를 각 철거하고,

나. 같은 도면 표시 (누), (느)부분의 분묘 각 1기(가로 2.7m, 세로 3m, 높이 1.15m)를 각 굴이하고,

다. 위 임야 중 같은 도면 표시 28, 29, 30, 31, 32, 33, 28의 각 점을 순차로 연결할 선내부분 165㎡를 인도하라.

2. 소송비용은 피고의 부담으로 한다.

3. 제1항은 가집행할 수 있다.

마. 비닐하우스 청구취지

수원지방법원 안양지원 2011. 3. 30. 선고 2009가단20923 판결

청구취지

1. 원고에게,

가.(1)피고 전00은 별지1 기재 토지 중 별지2 도면 표시 1,2,3,4,1의 각 점을 순차로 연결한 선내 (ㄱ)부분 지상 화원용 비닐하우스(*성화원) 95㎡를,

(2)피고 이00은 별지1 기재 토지 중 별지2 도면 표시 5,6,7,8,5의 각 점을 순차로 연결한 선내 (ㄴ)부분 지상 화원용 비닐하우스(*윤농원) 101㎡를,

(3)피고 최00는 별지1 기재 토지 중 별지2 도면 표시 9,10,11,12,9의 각 점을 순차로 연결한 선내 (ㄷ)부분 지상 화원용 비닐하우스(*수농원) 97㎡를,

(4)피고 안00은 별지1 기재 토지 중 별지2 도면 표시 13,14,15,16,17,13의 각 점을 순차로 연결한 선내 (ㄹ)부분 지상 화원용 비닐하우스(*랑농원) 88㎡를,

(5) 피고 안00은 별지1 기재 토지 중 별지2 도면 표시 18,19,20,21,22,18의 각 점을 순차로 연결한 선내 (ㅁ)부분 지상 화원용 비닐하우스(*매화원) 78㎡를,

(6) 피고 소00은 별지1 기재 토지 중 별지2 도면 표시 23,24,25,26,27,23의 각 점을 순차로 연결한 선내 (ㅂ)부분 지상 화원용 비닐하우스(*림농원) 73㎡를,

(7) 피고 김00은 별지1 기재 토지 중 별지2 도면 표시 28,29,30,31,28의 각 점을 순차로 연결한 선내 (ㅅ)부분 지상 화원용 비닐하우스(*지화원) 85㎡, 같은 도면 표시 32,33,34,35,32의 각 점을 순차로 연결한 선내 (ㅇ)부분 지상 창고용 비닐하우스 7㎡를,

(8) 피고 강00는 별지1 기재 토지 중 별지2 도면 표시 4,3,36,37,38,4의 각 점을 순차로 연결한 선내 (ㅈ)부분 지상 화원용 비닐하우스(*니화원) 93㎡를 각 철거하고,

나. 피고들은 각 위 가.항 비닐하우스 내 별지3 기재 수목, 화훼 및 지하매설물 일체를 각 수거 및 이전하고, 각 점유하고 있는 위 가.항 기재 화원용 및 창고용 비닐하우스 부분 토지를 각 인도하라.

2. 피고들은 각 별지4 기재 ①피고별 부당이득금 및 2010. 7. 6.부터 위 제1항 기재 각 물건의 수거, 이전 및 토지의 인도를 완료 또는 소유권 상실할 때까지 매월 별지4 기재 ②피고별 월임료에 의한 금원을 각 지급하라.

3. 소송비용은 피고들의 부담으로 한다.

4. 위 제1항은 가집행할 수 있다.

라는 판결을 구합니다.

별지 3

피고별 수거 및 이전할 수목의 표시[9]

물건의 표시(단위:그루)	합계
팔손이 50, 대엽 3, 남천 4, 홍콩야자 1, 행운목 2, 파키라 2, 알록카리아 1, 벤자민 3, 영산홍 1, 산호수 10	77
팔손이 30, 봉나무 7, 관음죽 1, 황금쥐똥나무 7, 자바 3, 포도나무 1, 야자나무 15, 난 20, 능소화 3	87
팔손이 81, 남천 10, 자바 17, 알록카리아 3, 목향 12, 동백나무 18	141
동백나무 30, 관음죽 5, 측백나무 10	45
동백나무 15, 고나음죽 6, 벤자민 1, 팔손이 15, 자바 10, 자몽 5, 알로에 5, 측백나무 5, 남천 6, 천사의 나팔 1	69
알록카리아 1, 팔손이 14, 관음죽 2, 남천 4, 철쭉 8, 동백나무 4, 홍콩야자 15	48
팔손이 200, 동백나무 70, 은행나무 20, 감나무 40, 무궁화 10, 남천 5, 다육식물 7, 수련목 2, 철쭉 4, 포도나무 6	364
대엽 2, 팔손이 5년생 30, 팔손이 1년생 20, 파키라 20, 홍콩야자 30, 감잎나무 5, 남천 40, 뽕나무 2, 사철나무 1년생 6, 알로에 6, 사철나무 5년생 2	163

---

9 실제 판결문에는 물건의 표시 왼쪽 란에 피고 표시가 되어 있으나, 개인정보보호 문제로 생략함

05 정밀기계가 있는 공장 인도 청구

가. 재판요지 및 집행문제

- 토지와 공장건물을 낙찰 받았는데 공장안에 정밀기계장치가 있다. 이는 제시외 물건으로서 경매목적물이 아니고 채무자가 아닌 다른 사람의 소유이다.
- 이때 누구를 피고로 하여 어떤 소송을 하여야 하는가가 쟁점이다.
- 기계장치 소유자가 공장건물을 점유하고 있다면, 기계장치 소유자를 상대로 기계장치 수거 및 공장건물 인도청구를 하여야 할 것이다. 만일 기계장치 소유자가 아닌 자가 공장건물을 점유하고 있다면, 점유자와 기계장치 소유자를 모두 피고로 잡아 기계장치 수거 및 공장건물 인도청구를 하여야 할 것이다.
- 문제는 원고가 승소를 하여 집행을 할 때도 생긴다.
- 수거 집행을 하는 당일 기계장치 소유자가 나타나, 비디오 및 사진기를 들이대며, 집행과정을 촬영하겠다고 한다. 고도의 정밀기계장치를 잘못 해체하면 다시 조립설치가 불가하고, 그러면 집행관에게 손해배상청구를 하겠다고 으름장을 놓는 것이다. 그러면 통상 집행관은 그냥 돌아가 버린다.
- 이러한 경우는 원고가 그 기계장치를 해체할 수 있는 전문가를 붙여야 하고, 만일 손해배상청구가 들어오면 책임지겠다는 안전장치를 해 주어야 집행관이 집행을 한다.

나. 청구취지

1. 피고는 원고에게 별지 1) 목록 기재 기계를 수거하고, 별지 2) 목록 기재 부동산을 인도하라.
2. 소송비용은 피고의 부담으로 한다.
3. 위 제1항은 가집행 할 수 있다.
   라는 판결을 원합니다.

06 도로 낙찰 후 부당이득금청구

가. 주의점

도로를 낙찰 받고 지방자치단체에 임료상당의 부당이득금반환청구를 하는 소장이다. 거듭 말하지만 도로는 손실보상이 예정된 경우에만 투자를 하는 것이 좋다. 부당이득금을 노리고 투자를 하는 것은 바람직하지 않다. 배타적 사용수익권 포기이론 때문에 승소하기도 어렵지만, 설령 승소를 한다고 하더라도 실익이 크지 않다. 도로이기 때문에 그 동안 면제받았던 재산세를 승소 후에는 내야 한다. 부당이득금반환청구의 소에서 패소한 지자체가 토지소유자에게 부당이득금을 지불하게 되면 더 이상 공익목적에 쓰이는 토지가 아니므로 재산세 담당자가 토지소유자에게 재산세를 부과하는 경우가 많다. 다만, 일부 지방자치단체는 부당이득금청구소송에서 패소하면 이를 매수하여 주는 경우가 있기는 하다.

과거의 부당이득금은 소멸시효로 인하여 5년만 청구가 가능하고, 미래는 피고의 소유권 취득일(피고의 도로폐쇄로 인한 점유상실일) 또는 원고의 소유권 상실일까지 청구가 가능하다. 그러나 미래의 부당이득금을 위와 같이 청구하면 후일 땅 값이 변동하였을 경우 이미 판결 받은 금액을 증액시키기가 어렵다. 따라서 미래의 부당이득금은 5년 정도만 청구하는 것을 검토하여 보기를 권한다. 그리고 10년[10]이 다 가기 전에 다시 부당이득금청구를 하는 방법이 유리하다.

나. 소장

```
                           소    장

원    고    1. 김**(68**24-*******)
              서울특별시 성북구 종암로 24길 00
            2. 홍**(7**725-*******)
              인천광역시 남구 석바위로 96번길 00
            3. 김00(6303**-*******)
              충청북도 진천군 이월면 마산길 00


            위 원고들의 소송대리인 법무법인 강산
            서울 서초구 서초중앙로 119, 3층(서초동, KETI 타워)
```

---

10 2010년에 미래 5년 치 부당이득 청구를 하였으면, 2020년에 2016년부터 2020년 까지 부당이득과 2021년부터 2025년 까지 부당이득을 청구하는 것을 권한다.

담당변호사 김은유, 임승택, 김태원

피　　고　　고양시
　　　　　　고양시 덕양구 고양시청로 10
　　　　　　대표자 시장 최성

부당이득금반환 청구의 소

청 구 취 지

1. 피고는 원고들에게

가. 각 1,000,000원 및 이에 대하여 2015. 10. 29.부터 다 갚는 날까지 연 15%의 비율에 의한 금원을,

나. 이 사건 소장부본 송달일로부터 2020. 10. 29.까지 매월 각 100,000원의 비율에 의한 금원을,

각 지급하라.

2. 소송비용은 피고가 부담한다.

라는 재판을 구합니다.

청 구 원 인

1. 당사자의 지위

원고들은 경기도 고양시 일산동구 성석동 1**2-1 도로 113㎡(이하 "이 사건 토지"라 합니다)를 각 3분의 1 지분으로 소유하고 있는 소유자(공유자)들이며, 피고는 지방자치단

체로서 이 사건 토지를 도시계획시설(도로)에 편입시켜 이를 점유·사용하고 있는 자입니다(갑 제1호증 토지등기부등본 참조).

2. 원고들의 이 사건 토지에 대한 소유권 취득

원고들은 2015. 10. 26.경 피고에 대한 이 사건 토지의 전 소유자인 소외 정00의 지방세 체납에 따른 피고의 공매신청으로 인한 공매절차에서 이 사건 토지의 각 3분의 1 지분권을 취득하였습니다(갑 제1호증 토지등기부등본 참조).

한편 피고는 원고들이 납부한 공매대금에서 소외 정00의 체납 지방세를 배분받았습니다(갑 제2호증 배분계산서 참조).

3. 피고의 이 사건 토지에 대한 점유 및 사용·수익

원고들로서는 피고가 이 사건 토지를 점유 및 사용·수익하게 된 경위를 자세히 알 수는 없으나, 피고의 주장에 의할 때 이 사건 토지는 경기도가 1984년 경에 시행한 「2차 I.B.R.D 군도 및 지방도 개발사업」의 일환으로 추진되던 구 지방도307호선(일산~봉일천 구간) 확장공사 구역에 편입되었으며, 이후 2005. 3. 28.자 노선인정(변경)에 관한 공고(경기도 공고 제2005-175호)를 통해 지방도 363호선의 구역으로 편입되어 현재까지 위 지방도의 부지로 사용중입니다(갑 제3호증 미지급용지 매수 청구에 관한 건에 따른 회신, 갑 제4호증 경기도 공고 제2005-175호, 갑 제5호증 토지이용계획확인원 각 참조).

따라서 피고는 이 사건 토지를 지방도 363호선의 부지로 점유하면서 이를 사용·수익하고 있다고 할 것입니다.

4. 피고의 원고들에 대한 부당이득반환의무

위에서 본 바와 같이 피고는 이 사건 토지를 지방도 363호선의 부지로 점유하면서 이를 사용·수익하고 있는바, 그렇다면 피고는 이 사건 토지의 소유자인 원고들에 대하여 원고들의 소유권취득일로부터 이 사건 소장부본 송달일의 전날까지의 임료상당의 부당이득(이하 '과거부당이득'이라 합니다)으로 각 금 1,000,000원을, 이 사건 소장부본 송달일로부터 2020. 10. 29.까지의 임료상당의 부당이득금(이하 '장래부당이득'이라 합니다)으로 각 금 100,000원을 각 지급할 의무가 있다고 할 것입니다(원고들은 향후 임료감정절차를 통하여 위 과거부당이득 및 장래부당이득의 구체적인 액수에 대하여 이를 주장·입증하도록 하겠습니다).

5. 결 론

이상과 같은 점을 감안하시어 원고들의 이 사건 청구를 인용하여 주시기 바랍니다.

입 증 방 법

1. 갑 제1호증	토지등기부등본
1. 갑 제2호증	배분계산서
1. 갑 제3호증	미지급용지 매수 청구에 관한 건에 따른 회신
1. 갑 제4호증	경기도공고 제2005-175호
1. 갑 제5호증	토지이용계획확인원

첨 부 서 류

1. 위 입증방법	각 1부
1. 소장 부본	1부

1. 위임장 및 변호사지정서　　　　　　　　각 1부

1. 송달료 납부서　　　　　　　　　　　　1부

　　　　　　2016. 7. .

　　　　　　위 원고의 대리인 법무법인 강산

　　　　　　담당 변호사　김　은　유

　　　　　　담당 변호사　임　승　택

　　　　　　담당 변호사　김　태　원

　　　　　의정부지방법원 고양지원　　　　　**귀 중**

다. 판결례

서울고등법원 2013. 9. 5. 선고 2012나96146 판결

[주문]

피고는 원고들에게,

가. 별지2 원고별 인용액 내역표 중 '과거임료 인용액'란 기재 각 금원 및 이에 대하여 2013. 7. 24.부터 2013. 9. 5.까지는 연 5%의, 그 다음날부터 다 갚는 날까지는 연 20%의 각 비율에 의한 금원을,

나. 2012. 5. 28.부터 파주시 교하읍 문발리 산 3-14 임야 1,230㎡ 중 별지1 도면 표시 2, 3, 4, 5, 6, 7, 8, 9, 10, 11, 12, 13, 14, 17, 18, 2의 각 점을 순차로 연결한 선내 (가), (나) 부분 합계 1,006㎡에 대한 원고들의 각 소유권 상실일 또는 피고의 도로폐쇄로 인한 점유종료일까지 별지2 원고별 인용액 내역표 중 '장래임료 인용액'란 기재 각 금원을

각 지급하라.

1. 기초사실

다음 각 사실은 당사자 사이에 다툼이 없다.

가. 원고들은 2009. 8. 28. 파주시 교하읍 문발리 산 3-14 임야 1,230㎡(이하 '이 사건 토지'라 한다)에 관한 임의경매절차(의정부지방법원 고양지원 2008타경28591호)에서 별지2 내역표 '공유지분'란의 각 기재만큼 이 사건 토지의 공유지분을 각 취득하였다.

나. 원고들의 위 소유권 취득 당시, 피고가 이 사건 토지 중 이 사건 도로부분을 도로부지(차도 및 인도 등)로 점유·사용하고 있었고, 피고는 현재까지 이를 도로부지로 점유, 관리하고 있다.

2. 부당이득반환의무 성립 여부

가. 위 인정사실에 의하면 피고는 원고들 소유의 이 사건 도로부분을 점유할 정당한 권원이 없음에도 무단으로 이 사건 도로부분을 도로로서 점유·사용함으로써 그에 대한 사용이익을 얻고 이로 인하여 원고들에게 같은 금액 상당의 손해를 가하고 있다고 할 것이므로, 특별한 사정이 없는 한 피고는 원고들에게, 원고들이 이 사건 도로부분의 소유권을 취득한 2009. 8. 28.부터 이 사건 도로부분에 대한 사용이익 상당을 부당이득으로 반환할 의무가 있다고 할 것이다.

나. 이에 대하여 피고는, 이 사건 토지의 전 소유자들이 이 사건 토지를 도로부지로 제공하여 그 배타적 사용·수익권을 포기하였으므로 피고가 원고들에게 이 사건 도로부분의 점유·사용으로 인한 부당이득을 반환할 의무는 없다고 항변하나, 위 주장사실을 인정할 아무런 증거가 없으므로, 피고의 위 항변은 이유 없다.

07 도로 낙찰 후 건물 철거소송

가. 재판요지

경매로 도로부지를 취득한 후, 측량결과 취득 토지의 일부에 다른 사람이 건축물을 건축하여 점유 중인 사실이 확인된 사건이다. 건축물소유자에 대하여 건물철거소송 진행하였고, 조정으로 고가에 매도하였다.

이처럼 타인의 건물이 도로 위에 건축된 것으로 확인될 경우는 나름대로 투자할 가치가 있다.

나. 소장

소　　　장

원　　고　　1. 이OO(52**02-15***25)
　　　　　　　서울 강동구 아리수로64길 OO
　　　　　　2. 김OO(68**24-10***20)
　　　　　　　서울 성북구 종암동 OOO
　　　　　　3. 최OO(54**10-15***11)
　　　　　　　서울 서대문구 북가좌동 OOO
위 원고들의 소송대리인 법무법인 강산
담당변호사 김은유, 임승택, 김태원
서울 서초구 서초동 1574-14 케이티아이(KETI) 타워 3층

피　　고　　홍○○(350**0-2******)
경북 경주시 동부동 1000

건물철거 등 청구의 소

청 구 취 지

1. 피고는 원고들에게, 경주시 동부동 000 대 21㎡ 중 별지도면 표시 1, 2, 3, 4, 1의 각 점을 순차로 연결한 선내 (가)부분 지상 철근콘크리트조 및 시멘부록조 시멘벽돌조 슬래브지붕 3층 점포 및 주택 20㎡를 철거하라.
2. 피고는 원고들에게, 2010. 2. 24.부터 위 1항 기재 점포 및 주택의 철거일 또는 원고들의 1항 기재 토지의 소유권 상실일까지 매월 금50,000원을 각 지급하라.
2. 소송비용은 피고의 부담으로 한다.
3. 제1, 2항은 가집행할 수 있다.
라는 재판을 구합니다.

청 구 원 인

1. 원고의 토지 소유권의 취득

원고들은 2010. 2. 24. 경주시 동부동 000 대 26㎡를 공동으로 경락받아 각 1/3의 지분에 대한 소유권(지분권)이전등기를 경료하였습니다.

한편 위 동부동 000 대 26㎡ 중 5㎡는 소외 경주시가 점유 관리하는 도로에 편입되어 있음이 확인되어, 경주시에서는 위 5㎡에 대한 보상금을 지급한 후 토지를 분할하였습니다. 이에 위 5㎡ 부분은 경주시 동부동 133-36에 이기되었으며, 원고들은 현재 경주시 동부동 대 22㎡(이하 "이 사건 토지"라 합니다)에 대하여 각 3분의 1 지분권을 가진 공유자들입니다(갑 제1호증 토지등기부등본 참조).

2. 건물의 소유를 통한 피고의 토지 무단점유

피고는, 1999. 3. 9. 이 사건 토지에 인접한 경주시 동부동 000-00 대 22㎡ 및 위 지상 철근콘크리트조 및 시멘부록조 시멘벽돌조 슬래브지붕 3층 점포 및 주택(1층 점포 90.72㎡, 2층 주택 83.98㎡, 3층 주택 71.79㎡, 이하 "이 사건 건물"이라 합니다)을 증여받아 현재까지 소유하고 있는 토지와 건물의 소유자입니다(갑 제2호증 토지등기부등본, 갑 제3호증 건물등기부등본 각 참조).

그런데 피고 소유의 이 사건 건물 중 약 20㎡ 부분이 원고들 소유의 이 사건 토지에 위치하고 있어, 즉 이 사건 토지(22㎡)의 대부분은 피고 소유의 이 사건 건물의 부지로 사용되고 있습니다(갑 제4호증 지적측량결과부, 갑 제5호증 다울전자지번도 각 참조).

이에 원고들은 이 사건 토지에 대한 소유권을 취득한 이후부터 현재까지 이 사건 토지에 대한 소유권을 전혀 행사할 수 없는 상황입니다.

3. 원고들의 협의시도 및 피고의 불응

원고들은 피고 소유의 이 사건 건물이 원고들 소유의 이 사건 토지를 침범하여 위치하고 있어 이 사건 토지의 대부분을 점유하고 있다는 점을 알게 된 이후, 피고와 사이에 협의에 의하여 원만히 문제를 해결하고자 하였고, 피고에게 수차례에 걸쳐 이 사건 토지에 대한 매수의사를 타진하였습니다(갑 제6호증의 1 내지 3 각 내용증명 사본 참조).

그럼에도 불구하고 피고는 원고들에 대하여 어떠한 내용의 답변도 하지 아니한 채, 현재까지 모르쇠로 일관하고 있습니다.

4. 결론 및 향후 입증계획

위와 같이 피고 소유의 이 사건 건물이 원고들 소유 토지의 대부분을 차지하고 있는바, 원고는 이 사건 토지에 대한 소유권을 전혀 행사할 수 없는 상황입니다. 이에 원고는 부득이 이 사건 소를 통하여 토지에 대한 소유권을 행사하고자 하는바, 이와 같은 사정을 감안하시어 원고의 청구를 인용하여 주시기 바랍니다.

한편 원고들은, 측량감정 신청을 통하여 피고 소유의 이 사건 건물이 이 사건 토지를 침범하고 있는 범위와 경계를 정확하게 입증할 것이며, 임료에 대한 감정신청을 통하여 임료상당의 부당이득액수에 대하여 입증을 하도록 하겠습니다.

입 증 방 법

1. 갑 제1호증	토지등기부등본(동부동 13**-2)
1. 갑 제2호증	토지등기부등본(동부동 13**-22)
1. 갑 제3호증	건물등기부등본
1. 갑 제4호증	지적측량결과부
1. 갑 제5호증	다울전자지번도
1. 갑 제6호증의 1 내지 3	각 내용증명 사본

첨 부 서 류

1. 위 입증방법   각 1통

1. 소장부본   1통

1. 토지대장   1통

1. 건축물대장   1통

1. 소송위임장 및 담당변호사지정서   1통

1. 납부서   1통

2013. 10. .

원고들의 소송대리인 법무법인 강산

담당변호사   김 은 유

담당변호사   임 승 택

담당변호사   김 태 원

대구지방법원 경주지원   귀중

다. 화해결정사항

- 대구지방법원 2013가단7243 건물철거 등

> **결정사항**
>
> 1. 원고들은 피고로부터 2015. 4. 15.까지 96,000,000원을 지급받음과 동시에 피고에게 경주시 동부동 133-2 대 21㎡에 관하여 2015. 4. 15.자 매매를 원인으로 한 소유권이전등기절차를 이행한다.
> 2. 만일 피고가 전항의 지급기일까지 원고들에게 전항의 금원을 전액 지급하지 않는다면, 피고는 원고들에게 2015. 6. 30.까지 전항의 토지 지상 별지도면 표시 1, 2, 3, 4, 5, 1의 각 점을 순차로 연결한 선내 (가) 부분 지상 철근콘크리트조 및 시멘부록조 시멘벽돌조 슬래브지붕 3층 점포 및 주택 21㎡를 각 철거하고, 위 토지를 인도하며, 2010. 2. 24.부터 위 점포 및 주택의 철거완료일까지 월 124,530원의 비율에 의한 금원을 지급한다.
> 3. 원고들은 제1항 기재 금원을 지급받음과 동시에 매매계약서 작성 등 소유권이전등기절차에 적극 협력하여야 하고, 향후 제1항 기재 토지에 관한 차임 등 일체의 재산상 권리를 포기한다.
> 4. 원고들의 나머지 청구는 포기한다.
> 5. 소송 및 조정비용은 각자 부담한다.

08 집합건물 철거 및 부당이득금청구

가. 재판요지

- 아파트 대지만 경매로 낙찰을 받은 후에 전유부분을 소유하고 있지 않은 자에 대해 철거청구 및 부당이득금반환청구, 세입자에 대한 퇴거청구를 하는 사건

나. 소장

소 장

원고   00 주식회사 (142-81-XXXXX)

피고1   최00(5**215-XXXXXX)
피고2   고00
피고3   원00

건물등철거 청구의 소

청 구 취 지

1. 피고1은 원고에게 별지1 목록 기재 토지 위에 있는 별지2 목록 기재 건물을 철거하고, 별지1 목록 기재 토지를 인도하라.
2. 피고2, 피고3은 별지1 목록 기재 토지 위에 있는 별지2 목록 기재 건물에서 퇴거하라.
3. 피고1은 원고에게 2015. 10. 2.부터 별지2 목록 기재 건물에 대한 피고1의 소유권 상실일자 또는 철거하여 별지1 목록 기재 토지를 원고에게 인도한 날까지 월 1,025,361원의 비율에 의한 돈을 매월 지급하라.
4. 소송비용은 피고들의 부담으로 한다.
5. 위 제1항, 제2항, 제3항은 가집행할 수 있다.
   라는 판결을 구합니다.

청 구 원 인

1. 당사자들

원고는 서울특별시 관악구 남현동 11**번지 대지 3273㎡중 938.5분의 25.725(이하 "이 사건 대지"라 함)에 해당하는 89.7154㎡에 관하여 서울중앙지방법원 2013타경**296 부동산임의경매 사건에서 경락을 원인으로 하여 2015. 10. 1. 매각대금을 완납하고 그 소유권을 취득한 자입니다[갑제1호증 매각대금완납증명원, 갑제2호증 토지등기부등본].
피고1은 이 사건 대지 지상에 건축된 집합건물인 *성2차 **캐슬아파트 10**호(이하 "이 사건 구분건물"이라 함)를 소유하고 있는 자입니다.
피고2와 피고3은 이 사건 구분건물에 전입하여 점유하고 있는 자입니다(갑제4호증 전입세대열람 내역, 갑제5호증 공매현황보고서).

2. 이 사건 구분건물을 위한 법정지상권이 성립하지 않습니다.

연립주택 8동 202호는 이 사건 대지지분을 대지권으로 보유하였던 구분건물인데(이하 '예전 구분건물'이라 합니다.), 예전 구분건물 등기부에 대하여 1993. 9. 22. (주)*맥주의 근저당 등기가 설정되었던 점, 예전 구분건물은 2001.10.18. **연립 재건축 주택조합에게 신탁등기 되었던 점(위탁자 최00, 수탁자 **연립재건축주택조합), 재건축을 위하여 예전 구분건물에 대하여 멸실등기 된 후에 2001. 12. 30. 대지권이 아닌 것으로 되었던 점[갑제6호증 등기사항전부증명서-집합건물 **연립주택 8동 202호 대지권의 표시 표시번호 2], 그 후 (주)***맥주의 근저당 등 예전 구분건물 등기부에 존재하던 압류와 가압류는 이 사건 대지의 토지등기부에 이기되었던 점, 2001. 11. 16. 이 사건 대지지분을 포함한 서울특별시 관악구 남현동 1**4번지 지상에 00아파트의 건축을 착공하여 2004. 6. 4. 상기 아파트가 사용승인 받았던 점, 2013 타경 30**6 사건의 매각물건명세서를 보면 이 사건 대지지분에 대한 지상 호수는 00아파트 10**호라고 한 점을 고려하건대, 이 사건 구분건물에 대한 대지권이 성립되기(2004. 6. 4.) 이전부터 이 사건 대지지분에 대하여 근저당이 설정되어(1993. 9. 22.) 있었음을 알 수 있습니다[갑제 7호증 건축물 관리대장 표제부, 갑제2호증 토지등기부등본, 갑제8호증 매각물건명세서].

우리 판례는 '동일인의 소유에 속하는 토지 및 그 지상건물에 관하여 공동저당권이 설정된 후 지상 건물이 철거되고 새로 건물이 신축된 경우에, 신축건물의 소유자가 토지의 소유자와 동일하고 토지의 저당권자에게 신축건물에 관하여 토지의 저당권과 동일한 순위의 공동저당권을 설정해 주는 등 특별한 사정이 없는 한, 저당물의 경매로 인하여 토지와 신축건물이 다른 소유자에 속하게 되더라도 신축건물을 위한 법정지상권은 성립하지 않는다... 당초 토지에 관하여 아무런 제한이 없는 나대지로서의 교환가치 전체를 실현시킬 수 있다고 기대하고 담보를 취득한 공동저당권자에게 불측의 손해를 입게 하기 때문으로서, 이러한 법리는 집합건물의 전부 또는 일부 전유부분과 대지 지분에 관하여 공동저당권이 설정된 후 그 지상 집합건물이 철거되고 새로운 집합건물이 신축된 경우에도 마찬가지로 보아야 한다.'(대법원 2014.09.04. 선고 2011다73038 판결)라고 하며 공동저당권자가 불측의 손해를 입지 않도록 보호하고 있습니다.

연립주택 8동 2호에 관하여 1993. 9. 22.자로 소외 (주)***맥주에게 공동저당권이 설정된 후에 **연립주택 8동 2**호의 전유부분이 철거되고 새로이 이 사건 건물이 신축되었던 점, 채무자가 (주)하이트맥주에게 토지의 저당권과 동일한 순위의 공동저당권을 설정해 주는 등 특별한 사정이 없었던 점, 저당물의 경매로 인하여 이 사건 토지는 채권자에게, 이 사건 건물은 채무자에게 각각 속하게 되었던 점을 살펴보면 이 사건 건물을 위한 법정지상권이 성립하지 않음을 알 수 있습니다.

3. 이 사건 구분건물에 대한 채권자의 철거 청구의 적법성

위에서 살펴본 바와 같이 이 사건 구분건물은 법정지상권 없는 건물로서 철거되는 것이

마땅하나 현실적으로 집합건물의 일부 전유부분으로서 현실적으로 철거가 불가능합니다. 그러나 대법원 2011다23125 판결은 '집합건물 부지의 소유자가 대지사용권을 갖지 아니한 구분소유자에 대하여 철거를 구하는 외에 집합건물법 제7조에 따라 전유부분에 관한 매도청구권을 행사할 수 있다고 하더라도 위 조항에 따른 매도청구권의 행사가 반드시 철거청구에 선행하여야 하는 것은 아니다. 또한 피고들이 구분소유한 전유부분만을 철거하는 것이 사실상 불가능하다고 하더라도 이는 집행개시의 장애요건에 불과할 뿐이어서 원고의 철거청구를 기각할 사유에 해당하지 아니하므로, 이를 구할 소의 이익이 없다고 볼 수 없다.'고 하였습니다.

따라서 이 사건 구분건물에 대한 원고의 철거 청구는 적법한 것입니다.

4. 지료 상당의 부당이득금반환청구권 관련

가. 원고의 지료 상당의 부당이득금반환청구권

피고1은 이 사건 구분건물의 소유자로서 법률상 원인 없이 이 사건 대지를 점유하면서 이 사건 대지에 관한 지료 상당의 부당이득을 얻고 있고, 이로 인하여 이 사건 대지를 소유하는 원고에 대하여 같은 금액 상당의 손해를 입혔다고 할 것입니다. 따라서 피고1은 원고가 이 사건 대지의 소유권을 취득한 2015. 10. 1. 다음 날부터 원고에게 매월 지료 상당의 부당이득금을 반환하여야 할 법률상의 의무가 있습니다.

나. 부당이득금의 산정 관련

이에 원고는 이 사건 대지에 대한 서울중앙지방법원 2013타경3**96 부동산임의경매절차에서 실시한 감정평가서에서 평가된 이 사건 대지 89.7154㎡의 감정가 466,520,080원을 기준으로 주거용지 아파트용도의 토지보상평가지침이 정하는 기대이율 연 6%를 반영하여 년간 이 사건 대지의 지료인 금 27,991,204원을 계산하고 이 중 이 사건 구분건물이 그 전유부분을 위해 필요로 하는 대지권면적 39.437㎡(이 사건 구분건물과 전유면적이 동일한 210호의 대지권 면적)에 해당하는 금액인 금12,304,343원을 년간 지료로 피고1에게 구하고자합니다 [갑제9호증 등기사항전부증명서-집합건물 ○○아파트 210호, 갑제 10호증 경매감정평가서].

연간지료 = 이사건 대지감정가 × 기대이율 × 필요한 대지권면적 ÷ 이사건 대지면적
12,304,343원 = 466,520,080원 × 6% × 39.437㎡ ÷ 89.7154㎡

월지료 = 년간지료 ÷ 12
1,025,361원 = 12,304,343원 ÷ 12

5. 이 사건 구분건물에 대한 퇴거청구권의 발생

대법원 2010다43801판결에서 '건물이 그 존립을 위한 토지사용권을 갖추지 못하여 토지의 소유자가 건물의 소유자에 대하여 당해 건물의 철거 및 그 대지의 인도를 청구할 수 있는 경우에라도 건물소유자가 아닌 사람이 건물을 점유하고 있다면 토지소유자는 그 건물 점유를 제거하지 아니하는 한 위의 건물 철거 등을 실행할 수 없다. 따라서 그때 토지소유권은 위와 같은 점유에 의하여 그 원만한 실현을 방해당하고 있다고 할 것이므로, 토지소유자는 자신의 소유권에 기한 방해배제로서 건물점유자에 대하여 건물로부터의 퇴출을 청구할 수 있다. 그리고 이는 건물점유자가 건물소유자로부터의 임차인으로서 그 건물임차권이 이른바 대항력을 가진다고 해서 달라지지 아니한다.'고 판시하고 있습니다.

피고2, 피고3은 현재 이 사건 구분건물의 임차인의 자격으로 이 사건 구분건물을 점유하며 사용하고 있습니다. 그러나 이 사건 건물이 이 사건 토지를 권원 없이 점유한 것으로써 철거될 운명이라면 피고들의 이 사건 건물에 대한 점유 또한 정당화될 수 없으므

로, 피고들은 이 사건 건물에서 퇴거하여야 마땅할 것입니다.

6. 결 어

따라서 원고는 청구취지와 같은 내용의 청구를 구하기 위하여 본 소송에 이르렀습니다.

입 증 방 법

1. 갑 제1호증

첨 부 서 류

1. 위 입증방법	각 1통
1. 토지 목록	1통
1. 건물 목록	1통
1. 법률구조공단 소가계산	1통
1. 토지대장	1통
1. 법인등기부등본	1통

2015.10.27.

위 원고 000

서울중앙지방법원 귀중

다. 판결

서울중앙지방법원 2016. 5. 20. 선고 2015가단5344489 건물등철거

주문

1. 원고에게

   가. 피고 최**은 별지 목록 기재 건물을 철거하고, 서울 관악구 남현동 11** 대 3273㎡ 중 3273분의 39.437 지분을 인도하고,

   나. 피고 고**, 피고 원**는 별지 목록 기재 건물에서 퇴거하고,

   다. 피고 최**은 2015. 10. 2.부터 별지 목록 기재 건물에 대한 피고 최**의 소유권 상실일 또는 위 가.항 기재 토지 지분의 인도 완료일까지 월1,025,361원의 비율로 계산한 돈을 지급하라.

2. 소송비용은 피고들이 부담한다.

3. 제1항은 가집행 할 수 있다.

09 지분경매 후 공유물분할소송

가. 공유물분할소장

소 장

원   고   이00
          경기도 포천시 00
          위 원고의 소송대리인 법무법인 강산

담당변호사 김은유, 임승택, 김태원
서울 서초구 서초중앙로 119, 3층(서초동, KETI타워)

피　　고　　　송00
　　　　　　　경기도 의정부시 00

공유물분할청구

청 구 취 지

1. 별지1. 부동산목록 제1항, 제2항 기재 각 토지 및 같은 목록 제3항 기재 토지 중 별지
   2. 도면 표시 1, 2, 3, 4, 5, 6, 7, 8, 9, 1의 각 점을 순차로 연결한 선내 (가)부분 2,120㎡
   는 원고의 소유로, 같은 목록 제3항 기재 토지 중 별지2. 도면 표시 1, 10, 11, 12, 13,
   14, 15, 16, 17, 18, 19, 20, 21, 7, 8, 9, 1의 각 점을 순차로 연결한 선내 (나)부분 8,453
   ㎡는 피고의 소유로 각 분할한다.
2. 소송비용은 피고의 부담으로 한다.
   라는 판결을 구합니다.

청 구 원 인

1. 당사자의 지위

원고는 포천시 ** 목장용지 453㎡, 같은 리 256-3 목장용지 2,340㎡, 같은 리 256-9 목장
용지 136㎡ 위 각 토지의 소유자인 소외 윤0녀는 원고의 처(處)입니다.
일대에서 돈사(豚舍)를 운영하며 양돈업을 영위하는 자로서 추가적으로 돈사를 지을

목적으로 2012. 4. 20.경 임의경매사건에서 낙찰자로 결정되어 낙찰대금을 모두 납부하여 별지1. 부동산목록 기재 각 토지에 대한 2분의 1 공유지분을 취득한 자이고(갑 제1호증의 1 내지 3 각 토지등기부등본, 갑 제2호증 부동산매매계약서, 갑 제3호증의 1 내지 3 각 토지등기부등본-이 사건 토지 각 참조),

피고는 별지1. 부동산목록 기재 각 토지의 2분의 1 지분권자로서 별지1. 부동산목록 제3항 기재 토지 중 별지2. 도면 표시 1, 9, 10, 11, 12, 13, 14, 15, 16, 17, 18, 6, 7, 8, 1의 각 점을 순차로 연결한 선내 (나)부분 8,453㎡에 조상의 분묘를 설치하여 이를 수호·관리하고 있는 자입니다(갑 제3호증의 1 내지 3 각 토지등기부등본-이 사건 토지, 갑 제4호증 항공사진 각 참조).

2. 공유물분할의 필요성

원고는 2012. 4. 20.경 별지1. 부동산목록 기재 각 토지와 연접한 토지에서 운영하던 돈사(豚舍)를 확대할 목적으로 낙찰 받았습니다. 그리고 최근까지 별지1. 부동산목록 기재 각 토지에 추가적인 돈사를 설치하기 위하여 측량을 실시하는 등 새로운 돈사의 축조를 위한 준비를 해왔습니다.

한편 피고는 별지1. 부동산목록 기재 각 토지에 설치된 분묘를 수호·관리하는 것 이외에 위 각 토지를 사용·수익하고 있지 아니합니다.

이에 원고는 별지1. 부동산목록 기재 각 토지를 분할하여 분할된 토지 지상에 돈사를 축조함에 있어 피고가 수호·관리하고 있는 분묘를 피해서 돈사를 축조할 계획을 수립하였습니다(갑 제5호증 지적도 참조).

따라서 원고의 청구취지와 같은 토지분할이 이루어지는 경우, 원고는 공유물을 그 취득목적에 따라 사용·수익할 수 있게 되고 피고로서도 공유물의 분할에 따른 어떠한 피해도 입지 않게 되는 것입니다.

3. 분할의 방법

위에서 언급한 바와 같이 원고는 양돈업을 영위하는 자로서 기존의 축사와 연접하여 있는 별지1. 부동산목록 기재 각 토지에 새로운 돈사를 설치할 계획으로 별지1. 부동산목록 기재 각 토지의 2분의 1 지분을 매수한 것으로 청구취지와 같은 내용으로 공유물을 분할하여야 할 필요성이 매우 크다고 할 것이며, 원고의 청구취지 기재와 같이 공유물에 대한 분할이 이루어지는 경우 피고로서도 공유물 분할대상 토지에 설치되어 있는 분묘의 수호·관리에 어떠한 영향도 미치지 아니합니다.

또한 아래에서 보는 바와 같이 별지1. 부동산목록 기재 각 토지에 대한 공시지가를 기준으로 원고의 청구취지와 같은 분할시의 토지 가액을 비교해 보더라도 합당한 수준의 분할이 이루어지게 되며, 원고로서는 분할 후 토지의 시가 차액을 현금으로 지급할 용의가 있습니다(갑 제10호증의 1 내지 3 각 토지이용계획확인원 참조).

- 아래(분할시 가액) -

○ **잡종지 545㎡의 가액 : ①17,876,000원(개별공시지가 32,800/㎡)
○ ** 잡종지 17㎡의 가액 : ②567,800원(개별공시지가 33,400/㎡)
○ ** 임야 10,573㎡의 가액 : ③25,586,660원(개별공시지가 2,420/㎡)
○ 분할대상 토지의 가액 합계 : 44,030,460원
○ 원고와 피고의 각 지분(1/2)에 따른 가액 : 22,015,230원

○ 청구취지와 같은 분할시 원고와 피고 소유 부동산의 가액

　- 원고 : 23,574,200원[=①+②+(③×2120/10573)

　- 피고 : 20,456,260원

이에 원고는 수차례에 걸쳐 피고와 사이에 원고의 청구취지 기재와 같은 방법으로 별지 1. 부동산목록 기재 각 토지를 분할할 것을 제의하였고, 피고 역시 원고가 제시한 분할방법에 대략적으로 동의하였습니다(갑 제6호증 문자메시지 사진, 갑 제7호증 사실확인서 각 참조). 그런데 어찌된 이유에서인지 이후 피고는 원고의 공유물분할절차에 협조하지 아니한 채, 원고의 공유물분할청구에 대하여 모르쇠로 일관하고 있으며, 최근에는 기존의 합의조차도 부인한 채 공유물의 분할에 반대하고 있습니다(갑 제8호증 통지서, 갑 제9호증 답변서 각 참조).

이에 부득불 원고로서는 별지1. 부동산목록 기재 각 토지에 대하여 원고와 피고 모두에게 이익이 되고 피해가 발생하지 아니하는 방법인 청구취지와 같은 방법으로 공유물을 분할하여 줄 것을 청구하는 것입니다.

4. 결 론

이상과 같은 점을 감안하시어 원고의 청구를 인용하여 주시기 바랍니다.

입 증 방 법

1. 갑 제1호증의 1 내지 3　　　각 토지등기부등본
1. 갑 제2호증　　　　　　　　부동산매매계약서
1. 갑 제3호증의 1 내지 3　　　각 토지등기부등본-이 사건 토지

1. 갑 제4호증   항공사진
1. 갑 제5호증   지적도
1. 갑 제6호증   문자메시지 사진
1. 갑 제7호증   사실확인서
1. 갑 제8호증   통지서
1. 갑 제9호증   답변서
1. 갑 제10호증의 1 내지 3   각 토지이용계획확인원

첨 부 서 류

1. 위 입증방법   각 1부
1. 소장부본   1부
1. 토지대장   1부
1. 송달료납부서   1부
1. 소가계산서   1부

2015. 12.   .

위 원고 소송대리인 법무법인 강산
담당변호사 김 은 유
담당변호사 임 승 택
담당변호사 김 태 원

의 정 부 지 방 법 원   귀 중

[별지]

부동산목록

1. 경기도 포천시 ** 잡종지 545㎡.
2. 경기도 포천시 ** 잡종지 17㎡.
3. 경기도 포천시 ** 임야 10573㎡. 끝.

나. 경매에 의한 분할의 경매

청 구 취 지

1. 별지 목록 기재 부동산을 경매에 붙이고 그 대금에서 경매비용을 공제한 나머지 금액을 원고와 피고에게 각 2분지 1씩을 각 분배한다.
2. 소송 비용은 피고의 부담으로 한다.
   라는 판결을 구함

청 구 원 인

1. 원고는 별지 목록 기재의 대지 및 건물을 임의경매절차에서 낙찰을 받아 대금을 납부하여 소유권을 취득하여, 현재 피고와 위 부동산의 공동 소유인이 되었습니다.

2. 원고는 피고에 대하여 그 동안 여러 차례 위 공유물에 대한 분할을 청구하였음에도 피고가 정당한 사유 없이 원고의 분할 청구에 전혀 응하지 않고 있습니다.

3. 그런데 이건 건물을 분할함에 있어서 현실적으로 건물을 쪼갤 수도 없음은 물론이고 토지분할에서도 그 경계선이 건물을 지날 것이므로 이를 정확하게 분할하기란 어려울 것이므로 원고가 이건 부동산을 타에 매각하여 그 대금을 서로 균등하게 분할하자고 수차에 걸쳐 요구하였음에도 피고가 응하지 아니 합니다. 때문에 이 건 건물과 토지를 함께 경매하여 그 대금을 2분지 1씩 분할하는 것이 최선의 방법이라 아니 할 수 없습니다.

4. 따라서 원고는 피고가 원고의 청구에 응하지 아니하므로 부득이 재판상의 분할을 청구하기에 이른 것입니다.

제12장

인도·철거 집행방법

1. 집행절차
2. 위법·부당 집행에 대한 구제방법
3. 집행 후 후속처리(위탁보관 물건 매각절차)
4. 낙찰 받은 부동산에 유체동산압류가 되어 있는 경우

01 집행절차(순서)

가. 사법보좌관(집행관) 이해

사법보좌관은 보수적인 결정을 한다. 집행과정에 조금이라도 문제가 있으면 집행하지 않는 일이 흔하다. 집행에 문제가 있을 때 낙찰자는 집행이의신청으로 문제를 풀어가는 것이 좋다.

나. 집행 흐름도

집행 흐름도

1. 강제집행신청 전 검토사항
  가. 집행대상 목적물과 현황 재확인
  나. 특정의 정도

2. 강제집행 준비
  가. 서류접수
  나. 집행비용 납부(1차)
    - 집행관에 대한 비용
  다. 집행예고
    - 열쇠공, 증인 대동, 집행예고고지
  라. 본집행
  마. 집행비용 납부(2차)
    - 용역(노무, 경비), 물류, 창고 실비용

다. 집행문 부여 등

- 판결문에 집행문을 받고, 송달·확정증명원을 준비해야 한다.
- 집행문, 송달·확정증명원은 기록이 있는 법원의 종합민원실에 신청할 수 있고, 당일 발급 가능하다(집행문을 부여받기 위해서는 판결문 원본을 지참해야 한다).
- 인지대를 납부해야 한다(인지대 : 집행문 부여 건당 500원, 송달증명 건당 500원, 확정증명 건당 500원).

① 신 청 서

사 건	서울○○지방법원 201○가단○호 건물명도 등
원고(채권자, 신 청 인)	○○○ 외 2명
피고(채무자, 피신청인)	○○○ 외 4명

위 사건에 (**판결**, 결정, 명령, 화해조서, 인낙조서, 조정조서, 기타 :   )에 대한 아래의 신청에 따른 제증명을 발급하여 주시기 바랍니다.

201○.   ○.

전화번호 : 02-592-6390
신 청 인 : 채무자 소송대리인 법무법인 강산 담당변호사 ○○○

신청할 제증명 사항을 신청번호에 ○표하시고,
필요한 통수와 발급 대상자의 성명을 기재 합니다.

신청번호	발급통수	신청의 종류	발급 대상자의 성명 (※주) 재판서의 당사자 모두에 대하여 신청할 경우에는 기재하지 아니함	
1	1	집행문 부여		
2	1	송달증명		
3	1	확정증명		인지붙이는 곳
4		승계송달증명		
5		재판서 · 조서의 정본 · 등본 · 초본		

서울 ○ ○ 지방법원   귀중

위 증명 문서를 틀림없이 수령하였습니다.	2016. 12.	수령인 법무법인 강산 담당변호사 ○○○

라. 강제집행신청

- 판결문, 집행문, 송달확정증명원(가집행선고 있는 판결문일 경우 송달증명원)이 준비되면 법원집행관실 접수처에 강제집행신청서를 접수한다.
- 채무자가 수인인 경우 채무자별로 집행물 소재지(집행대상)를 구분 표시해서 제출하는 것이 좋다. 설령 판결문에 상세 구분되어 있다 하더라도 법원에 따라서는 별도 요구를 하는 법원이 많다.

강제집행신청서

서울중앙지방법원 집행관사무소 집행관 귀하

채권자	성 명	이○○ 외 2 (별지목록 기재)	주민등록번호 (사업자등록번호)		전화번호	02-592-6390
					우편번호	
	주 소	별지목록 기재				
	대리인	성명(법무법인 강산, 담당변호사 ○○○) 주민등록번호(○○○○○○-○○○○○○○)			전화번호	(담당직원) 010-○○○-○○○○
채무자	성 명	강○○	주민등록번호 (사업자등록번호)	○○○○○○-○○	전화번호	010-○○○-○○○○
					우편번호	
	주 소	서울 강남구 ○○ ○○ (○○동)				

집행목적물 소재지	[도로명주소] 서울 강남구 ○○○○ (○○동) (구 지번주소 : 서울 강남구 ○○동 ○○-○○)
집 행 권 원	서울중앙지방법원 2016가합○○○○ 토지인도 조정을 갈음하는 결정조서 (2017. ○. ○○송달, 2017. ○. ○○확정, 2017. ○. ○○집행문부여)
집행의 목적물 및 집 행 방 법	동산압류, 동산가압류, 동산가처분, 부동산점유이전금지가처분, 건물명도, 철거, (부동산인도) 자동차인도, 기타
청 구 금 액	원(내역은 뒷면과 같음)

위 집행권원에 기한 집행을 하여 주시기 바랍니다.

※ 첨부서류
1. 집행력있는 판결정본   1통
1. 송달, 확정증명원   1통

2017. ○. ○.

채권자 이○○ 외 2
대리인 법무법인 강산 (담당변호사 ○○○)(인) / 담당직원 ○○○

※특약사항

1. 본인이 수령할 예납금잔액을 본인의 비용부담하에 오른쪽에 표시한 예금계좌에 입금하여 주실 것을 신청합니다.

    채권자 대리인 법무법인 강산
    담당변호사 ○○○ (인)

예금계좌	개설은행	○○은행
	예금주	이○○
	계좌번호	○○○-○○-○○

2. 집행관이 계산한 수수료 기타 비용의 예납통지 또는 강제집행 속행의사 유무 확인 촉구를 2회 이상 받고도 채권자가 상당한 기간내에 그 예납 또는 속행의 의사표시를 하지 아니한 때에는 본건 강제집행 위임을 취하한 것으로 보고 종결처분하여도 이의 없습니다.

채권자 대리인 법무법인 강산(담당 변호사 ○○○) (인)

마. 접수증과 납부서 발급

- 법원집행관실 접수처에서 강제집행신청을 수리하게 되면 신청인에게 접수증과 납부서(은행제출용)을 발급해 준다. 이 중 납부서를 들고 법원은행에서 비용을 예납하면 된다. 비용납부사실은 전산처리되므로 집행관실에 따로 영수증을 제출할 필요는 없다.

바. 집행예고

강제집행비용 예납 후 일반적으로 본집행에 앞서 집행예고 절차를 거치게 된다.

1. 집행대상(채무자, 명도대상 등) 확정하고,
2. 채무자의 자발적인 이행(명도)을 촉구하는 한편,
3. 본집행 시 예상되는 견적 및 비용을 산출하기 위한 목적도 있다(물류, 창고업자 동행하는 경우 많습니다).
4. 세부 준비사항은 다음과 같다.

① 집행관사무실과 집행일정 협의
- 통상 집행신청 후 2~4주 사이에 집행예고를 하러 나간다.
- 채무자 부재 시 개문을 위한 열쇠공, 증인을 대동해야 한다.

② 열쇠공
- 집행관 사무실에 열쇠공 연락처를 문의해서 따로 약속을 잡아야 한다.
- 출장 시 개문여부와 상관없이 채무자 1인당 3만원, 개문 시 열쇠종류에 따라 추가비

용 발생한다(출장비 + 비도어락의 경우 5만원, 도어락의 경우 10만원 추가)[1]
- 비용절감 위해 미리 채무자에게 집행일시를 통보하고 참석을 요구하는 것도 방법이나, 역으로 채무자가 악용할 소지도 있는 만큼 상황에 맞게 선택하는 것이 좋다.

③ 증인
- 채무자 부재 시 개문 및 가처분집행을 위해 증인 2인 대동해야 함.
- 채권자 측에서 참석이 어려울 경우 열쇠공에 부탁하면 증인(아르바이트)을 섭외해 주는 경우도 있음. 1인당 4만원.

사. 화물위탁보관

- 본집행 종료 후 물류·창고업자로부터 화물보관위탁계약서를 받아두어야 한다.
- 향후 보관물을 매각하기 위해서 아래 서류와 보관자의 세부정보가 필요하다.
- 창고보관료는 통상 3개월분을 미리 납부한다(5ton 화물차, 3개월 창고보관료 : 약120만원 내외). 집행대상에 따라 장비대여료, 용역비(경비, 노무)가 추가된다.

아. 인도 또는 철거 집행

위 절차를 마치고 별도의 용역회사가 필요한 경우에는 집행관의 주선으로 또는 신청인이 스스로 알아보아 적절한 용역회사와 용역계약을 체결하고 집

---

[1] 이곳에 적혀 있는 금액은 법원마다 다르므로 참고자료로만 활용하여야 한다.

행에 나서게 된다.

아래 기사내용에도 용역업체 직원 600명을 고용하였다.

> ### '버스 차고지 철거' 수백명 충돌 끝에…가까스로 합의
> [JTBC] 입력 2017-08-23
>
> 버스 위에 있는 운전기사들이 용역업체 직원들에게 소화기를 뿌립니다.
>
> 굴착기 한 대가 잇따라 버스 몸통을 흔들고 버스 위에서 떨어진 기사는 누워서 신음합니다.
>
> 서울 송파구 거여동의 송파상운 차고지에서 철거를 진행하려는 용역업체 직원 600여 명과 버스 기사 250여 명이 충돌했고, 10여명의 부상자가 발생했습니다.
>
> 법원은 오늘 오전 이 회사 차고지를 강제 철거하라고 명령했습니다.
>
> 차고지가 거여2-2 재개발 대상지에 포함됐기 때문입니다.
>
> 버스 회사 측은 2013년 토지 보상금을 법원에 공탁 받았지만, 차고지를 대체할 부지를 구하지 못해 재개발 조합 측과 2년 전부터 갈등을 빚었습니다.
>
> [이영균/서울시버스노동조합 송파상운 지부장 : 우리 노동자들은 일할 수 있는 공간만 주면 언제든지 갈 수 있는데…강탈하고 있는 이 현장에 우리는 목숨 걸고 지키고 있는 겁니다.]
>
> 오늘 대치로 운행을 중단한 버스는 9개 노선 104대로, 서울시는 버스 58대를 임시로 투입해 운행했습니다.
>
> 결국 8시간에 가까운 대치 끝에 양측은 근처에 아파트가 들어서지 않는 부지 1000평을 송파상운이 32개월간 사용하는 것으로 협상을 매듭지었습니다.

02 위법·부당 집행에 대한 구제방법

가. 개설

위법집행에 대해서는 즉시항고, 집행에 관한 이의, 사법보좌관처분에 대한 이의로 구제 받는다. 집행법원에 한다.

부당집행에 대해서는 청구에 대한 이의, 제3자 이의로 한다.

기타 집행문 부여에 대한 이의신청, 집행문 부여의 소, 집행문 부여에 대한 이의의 소로 구제 받는다.

나. 집행에 관한 이의 신청

> **법 제16조(집행에 관한 이의신청)** ①집행법원의 집행절차에 관한 재판으로서 즉시항고를 할 수 없는 것과, 집행관의 집행처분, 그 밖에 집행관이 지킬 집행절차에 대하여서는 법원에 이의를 신청할 수 있다.
> ②법원은 제1항의 이의신청에 대한 재판에 앞서, 채무자에게 담보를 제공하게 하거나 제공하게 하지 아니하고 집행을 일시정지하도록 명하거나, 채권자에게 담보를 제공하게 하고 그 집행을 계속하도록 명하는 등 잠정처분(暫定處分)을 할 수 있다.
> ③집행관이 집행을 위임받기를 거부하거나 집행행위를 지체하는 경우 또는 집행관이 계산한 수수료에 대하여 다툼이 있는 경우에는 법원에 이의를 신청할 수 있다.

집행기관은 집행을 개시함에 있어 집행대상이 채무자에게 속하는지를 스스로 조사·판단하여야 하고, 이는 건물철거의 대체집행에서 수권결정에 기초하여 작위의 실시를 위임받은 집행관이 실제 철거를 실시하는 경우에도 마찬가지이다. 그런데 미등기건물에는 소유권을 표상하는 외관적 징표로서 등기부가 존재하지 아니하므로, 집행관이 미등기건물에 대한 철거를 실시함에 있어서는 건축허가서나 공사도급계약서 등을 조사하여 철거대상 미등기건물이 채무자에게 속하는지를 판단하여야 할 것이고, 또한 대체집행의 기초가 된 집행권원에는 철거의무의 근거로서 철거대상 미등기건물에 대한 소유권 등이 채무자에게 있다고 판단한 이유가 기재되어 있기 마련이므로, 집행관으로서는 집행권원의 내용도 확인하여야 할 것이다.

한편 미등기건물의 건축허가상 건축주 명의가 변경되었다고 하더라도, 변경시점에 이미 건물이 사회통념상 독립한 건물이라고 볼 수 있는 형태와 구조를 갖추고 있었다면 원래의 건축주가 건물의 소유권을 원시취득하고, 변경된 건축주 명의인은 소유자가 아니므로, 집행관이 변경된 현재의 건축주 명의인이 채무자와 다르다는 이유만으로 철거대상 미등기건물이 채무자에게 속하는 것이 아니라고 판단하여 철거를 실시하지 않았다면, 이는 집행관이 지킬 집행절차를 위반하여 집행을 위임받기를 거부하거나 집행행위를 지체한 경우에 해당하여 채권자는 집행에 관한 이의신청으로 구제받을 수 있다(대법원 2014. 6. 3. 자 2013그336 결정).

다. 즉시항고

즉시항고는 원칙적으로 두 당사자의 대립을 예상하지 않는 편면적인 불복절차로서 항고인과 이해가 상반되는 자가 있는 경우라도 판결절차에 있어서와 같이 엄격한 의미의 대립을 인정할 수 있는 것이 아니므로, 항고장에 반드시 상대방의 표시가 있어야 하는 것도 아니고, 항고장을 상대방에게 송달하여야 하는 것도 아니다(대법원 1966. 8. 12.자 65마473, 대법원 1997. 11. 27.자 97스4).

집행절차에 관한 집행법원의 재판에 대한 즉시항고는 집행정지의 효력은 없다.

> **제15조(즉시항고)** ① 집행절차에 관한 집행법원의 재판에 대하여는 특별한 규정이 있어야만 즉시항고(卽時抗告)를 할 수 있다.
> ② 항고인(抗告人)은 재판을 고지받은 날부터 1주의 불변기간 이내에 항고장(抗告狀)을 원심법원에 제출하여야 한다.
> ③ 항고장에 항고이유를 적지 아니한 때에는 항고인은 항고장을 제출한 날부터 10일 이내에 항고이유서를 원심법원에 제출하여야 한다.
> ④ 항고이유는 대법원규칙이 정하는 바에 따라 적어야 한다.
> ⑤ 항고인이 제3항의 규정에 따른 항고이유서를 제출하지 아니하거나 항고이유가 제4항의 규정에 위반한 때 또는 항고가 부적법하고 이를 보정(補正)할 수 없음이 분명한 때에는 원심법원은 결정으로 그 즉시항고를 각하하여야 한다.
> ⑥ <u>제1항의 즉시항고는 집행정지의 효력을 가지지 아니한다.</u> 다만, 항고법원(재판기록이 원심법원에 남아 있는 때에는 원심법원)은 즉시항고에 대한 결정이 있을 때까지 담보를 제공하게 하거나 담보를 제공하게 하지 아니하고 <u>원심재판의 집행을 정지하거나 집행절차의 전부 또는 일부를 정지하도록 명할 수 있고</u>, 담보를 제공하게 하고 그 집행을 계속하도록 명할 수 있다.
> ⑦ 항고법원은 항고장 또는 항고이유서에 적힌 이유에 대하여서만 조사한다. 다만, 원심재판에 영향을 미칠 수 있는 법령위반 또는 사실오인이 있는지에 대하여 직권으로 조사

> 할 수 있다.
> ⑧제5항의 결정에 대하여는 즉시항고를 할 수 있다.
> ⑨제6항 단서의 규정에 따른 결정에 대하여는 불복할 수 없다.
> ⑩제1항의 즉시항고에 대하여는 이 법에 특별한 규정이 있는 경우를 제외하고는 민사소송법 제3편 제3장중 즉시항고에 관한 규정을 준용한다

03 집행 후 후속 처리(위탁보관 물건 매각절차)

채무자나 그 밖에 동산을 수취할 권한이 있는 자가 그 동산의 수취를 게을리 한때에는 집행관은 집행법원의 허가를 받아 동산에 대한 강제집행의 매각절차에 관한 규정에 따라 매각한다.

부동산인도 과정에서 발생한 동산, 즉 집행목적물이 아닌 유체동산은 창고에 보관한다고 해서 절차가 끝나는 것이 아니고, 별도의 매각절차를 거쳐야 한다. 이를 게을리 하면 창고보관료를 계속 납부하게 된다. 다만 경우에 따라서는 친절한(?) 집행관은 스스로 유체동산 매각절차를 진행해 주는 경우가 있기는 하다.

1. 보정명령
- 집행관 사무실에 채무자 주소지 확인을 위한 보정명령을 신청한다.

2. 최고서 발송
- 채무자에게 2회 이상 자진 인수를 최고한다.
- 최고서는 따로 형식이 없으나, 보관자(창고업자)의 성명, 주소, 연락처와 채권자의 연락처는 반드시 기재해서 발송해야 한다. 위 최고서는 채무자 최후주소지에 발송하면 족하고, 수령할 것을 요구하지는 않는다.

3. 집행목적물이 아닌 유체동산경매신청
- 집행관 사무실에 최고서(내용증명), 채무자 초본, 위탁계약서를 첨부해서 유체동산경매를 신청하면 된다.

4. 집행비용추납
- 본집행에 집행비용을 추납한다.

5. 매각(현금화절차)
- 호가경매에 따른다.

04 낙찰 받은 부동산에 유체동산압류가 되어 있는 경우

부동산에 대해 인도명령이나 인도판결을 받은 후 인도집행을 위해 개문을 하고 들어갔는데, 이미 압류나 가처분이 된 동산이 있는 경우에는 강제집행이 가능한지가 문제된다. 이에 대해서는 적극설과 소극설이 대립한다.

적극설은 인도집행으로 인하여 유체동산을 보관소에 이동하는 것이 가능하다는 입장으로서, 단순히 보관장소가 채무자 집에서 보관창고로 이동하는 것이므로 기존 유체동산 압류권자의 이익을 침해하지 않는다는 점을 근거로 한다.

소극설은 동산경매를 먼저 실시하여 처분하거나, 가처분을 말소시켜야 인도명령집행이 가능하다는 입장으로서, 인도집행이 가능하다고 하면 기존 유체동산 압류권자에 의해 실시된 압류처분을 후행 집행관이 함부로 할 수는 없다는 점을 논거로 한다.

소극설은 인도청구를 당하는 자가 방어를 하는 측면에서 매우 유용한 방법이다. 사견은 유체동산압류권자에게 아무런 손해가 없으므로, 압류물건장소이동 신청 또는 집행목적물소재지 변경 신청을 통해 해결하면 그만이라고 본다.

다만, 압류한 동산은 3개월 이내 처분하여야 한다. 만일 압류권자가 3개월 이내에 처분하지 않으면 법원은 2회에 걸쳐 처분을 촉구하고, 그래도 처분하지 않으면 직권으로 동산압류를 취소한다. 압류가 취소된 동산은 강제집행에서의 동산과 같은 취급을 받게 된다. 즉 들어내어 밖에 보관한다. 유체동산 압류권자에게 대위변제하고 아예 선행 유체동산압류를 취소시킨 후 집행하는 것, 유체동산 압류권자에게 손해배상 청구를 하겠다는 취지로 압박하는 것도 하나의 방법이다.

한편 압류물을 채권자나 집행관 몰래 원래의 보관장소로부터 상당한 거리에 있는 다른 장소로 이동시킨 경우에는 설사 그것이 집행을 면탈할 목적으로 한 것이 아니라 하여도 객관적으로 집행을 현저히 곤란하게 한 것이 되어 형법 제140조 제1항 소정의 "기타의 방법으로 그 효용을 해한" 경우에 해당된다(대법원 1986. 3. 25. 선고 86도69 판결). 반면에 집행관이 그 점유를 옮기고 압류표시를 한 다음 채무자에게 보관을 명한 유체동산에 관하여 채무자가 이를 다른 장소로 이동시켜야 할 특별한 사정이 있고, 그 이동에 앞서 채권자에게 이동사실 및 이동장소를 고지하여 승낙을 얻은 때에는 비록 집행관의 승인을 얻지 못한 채 압류물을 이동시켰다 하더라도 형법 제140조 제1항 소정의 '기타의 방법으로 그 효용을 해한' 경우에 해당한다고 할 수 없다고 할 것이다(대법원 2004. 7. 9. 선고 2004도3029 판결).

따라서 유체동산 압류권자에게 이동사실 및 이동장소를 고지하여 승낙을 받거나 집행관의 승인을 받으면 형사처벌도 받지 않는다.

제13장

형사처벌

1 공무상비밀표시무효　　2 부동산강제집행효용침해
3 공무상보관물의 무효　　4 업무방해
5 경매 입찰 방해　　　　　6 주거침입
7 권리행사방해　　　　　　8 강제집행면탈
9 사기　　　　　　　　　　10 부당이득
11 공갈　　　　　　　　　　12 재물손괴
13 경계침범　　　　　　　　14 변호사법

01 공무상비밀표시무효

가. 형법규정

형법 제140조(공무상비밀표시무효)
① 공무원이 그 직무에 관하여 실시한 봉인 또는 압류 기타 강제처분의 표시를 손상 또는 은닉하거나 기타 방법으로 그 효용을 해한 자는 5년 이하의 징역 또는 700만원 이하의 벌금에 처한다. <개정 1995.12.29.>
② 공무원이 그 직무에 관하여 봉함 기타 비밀장치한 문서 또는 도화를 개봉한 자도 제1항의 형과 같다. <개정 1995.12.29.>
③ 공무원이 그 직무에 관하여 봉함 기타 비밀장치한 문서, 도화 또는 전자기록등 특수매체기록을 기술적 수단을 이용하여 그 내용을 알아낸 자도 제1항의 형과 같다. <신설 1995.12.29.>

나. 해설

가처분집행을 한 후에 채무자가 이를 어길 경우에 발생하는 범죄이다.

형법 제140조 제1항의 공무상표시무효죄는 공무원이 그 직무에 관하여 봉인, 동산의 압류, 부동산의 점유 등과 같은 <u>구체적인 강제처분을 실시하였다는 표시</u>를 손상 또는 은닉하거나 기타 방법으로 그 효용을 해함으로써 성립하는 범죄이다.

형법 제140조 제1항 규정의 공무상표시무효죄 중 '공무원이 그 직무에 관하여 실시한 압류 기타 강제처분의 표시를 기타 방법으로 그 효용을 해하는 것'이라 함은 손상 또는 은닉 이외의 방법으로 그 표시 자체의 효력을 사실상으로 감쇄 또는 멸각시키는 것을 의미한다(대법원 2004. 10. 28. 선고 2003도8238 판결 등 참조). 공무상표시무효죄에 있어서 '기타 방법으로 그 효용을 해'하는 것이라 함에는 손상 또는 은닉 이외의 방법으로 표시 자체가 지니고 있는 효력과 기능을 사실상 감소시키거나 소멸시키는 모든 무효화 조치가 여기에 속하고, 이는 반드시 표시 자체의 효용을 해하는 데 국한하지 않고 사실상 표시의 무효화를 초래하는 모든 경우를 포괄하기 때문에 재물·문서의 이용가치나 효용을 해하는 일체의 행위를 의미하는 재물·문서손괴죄의 구성요건인 '기타의 방법으로 효용을 해'하는 것보다는 더 신축성 있는 개념이라 할 것이다(대구지법 2004. 4. 16. 선고 2003노2758 판결).

다. 판례

대법원 2016. 5. 12. 선고 2015도20322, 판결

집행관이 법원으로부터 피신청인에 대하여 부작위를 명하는 가처분이 발령되었음을 고시하는 데 그치고 나아가 봉인 또는 물건을 자기의 점유로 옮기는 등의 구체적인 집행행위를 하지 아니하였다면, 단순히 피신청인이 가처분의 부작위명령을 위반하였다는 것만으로는 공무상 표시의 효용을 해하는 행위에 해당하지 아니한다(대법원 2010. 9. 30. 선고 2010도3364 판결 등 참조).

가. 이 사건 가처분결정의 주문은 '① 채무자의 이 사건 부동산에 대한 점유를 풀고 채권자가 위임하는 집행관에게 인도하여야 한다. ② 집행관은 현상을 변경하지 아니할 것을 조건으로 하여 채무자에게 사용을 허가하여야 한다. ③ 채무자는 그 점유를 타에 이전하거나 점유명의를 변경하여서는 아니 된다. ④ 집행관은 그 취지를 적당한 방법으로 공시하여야 한다.'는 것이다. 이러한 가처분결정의 주문 중 ①항, ②항은 집행관의 집행에 관한 부분에, ③항은 가처분결정의 부작위명령 부분에 해당한다.

나. 집행관은 이 사건 가처분결정의 취지가 기재되어 있는 고시문을 이 사건 부동산에 부착함으로써 피고인으로부터 이 사건 부동산의 점유를 인도받고 현상을 변경하지 아니할 것을 조건으로 하여 피고인에게 그 사용을 허가하였다고 할 것이고, 따라서 이 사건 부동산의 '점유'에 대하여는 구체적인 집행행위가 이루어졌다고 볼 수 있다. 반면 원심이 '점유명의'에 해당한다고 본 이 사건 마트의 '사업자등록명의'에 대하여는 집행관의 어떠한 집행행위가 있었다고 볼 증거가 없다.

다. 그렇다면 설령 이 사건 마트의 사업자등록명의가 점유명의에 해당하더라도, 앞서 본 법리에 비추어 살펴보면 피고인이 이 사건 마트의 사업자등록명의를 변경한 것은 구체적인 집행행위가 없는 가처분의 부작위명령을 위반한 것에 불과하여 공무상 표시의 효용을 해하는 행위에 해당한다고 볼 수 없다.

대법원 1992. 5. 26. 선고 91도894 판결
[1] 압류물을 집달관의 승인 없이 임의로 그 관할구역 밖으로 옮긴 경우에는 압류집행의 효용을 해하게 된다고 할 것이므로 공무상비밀표시무효죄가 성립한다.
[2] 위 '가'의 행위를 하면서 변호사 등에게 문의하여 자문을 받았다는 사정만으로는 자신의 행위가 죄가 되지 않는다고 믿는 데에 정당한 이유가 있다고 할 수 없다고 한 사례.

대법원 1986. 3. 25. 선고 86도69 판결
압류물을 채권자나 집달관 몰래 원래의 보관장소로부터 상당한 거리에 있는 다른 장소로 이동시킨 경우에는 설사 그것이 집행을 면탈할 목적으로 한 것이 아니라 하여도 객관적으로 집행을 현저히 곤란하게 한 것이 되어 형법 제140조 제1항 소정의 "기타의 방법으로 그 효용을 해한" 경우에 해당된다.

대법원 2006. 10. 13. 선고 2006도4740 판결
출입금지가처분은 그 성질상 가처분 채권자의 의사에 반하여 건조물 등에 출입하는 것을 금지하는 것이므로 비록 가처분결정이나 그 결정의 집행으로서 집행관이 실시한 고시에 그러한 취지가 명시되어 있지 않다고 하더라도 가처분 채권자의 승낙을 얻어 그 건조물 등에 출입하는 경우에는 출입금지가처분 표시의 효용을 해한 것이라고 할 수 없다.

대법원 1985. 7. 23. 선고 85도1092 판결
집달관이 채무자 겸 소유자의 건물에 대한 점유를 해제하고 이를 채권자에게 인도한 후 채무자의 출입을 봉쇄하기 위하여 출입문을 판자로 막아둔 것을 채무자가 이를 뜯어내고 그 건물에 들어갔다 하더라도 이는 강제집행이 완결된 후의 행위로서 채권자들의 점유를 침범하는 것은 별론으로 하고 공무상 표시무효죄에 해당하지는 않는다.

대법원 1985. 7. 9. 선고 85도1165 판결

법원의 가처분결정에 기하여 집달관이 한 강제처분표시의 효력은 그 가처분결정이 적법한 절차에 의하여 취소되지 않는 한 지속되는 것이며, 그 가처분결정이 가령 부당한 것이라 하더라도 그 효력을 부정할 수 없는 것인바(당원 1968. 4. 23. 선고 67도1130 판결 참조), 원심이 유지한 제1심 판결이 적법하게 인정한 사실에 의하면 피고인은 판시 출입금지 및 건물건축공사방해금지 가처분결정에 기하여 집달관이 실시한 가처분결정 표시의 효력이 존속하고 있는 동안에 그 효용을 해치는 행위를 하였음이 명백하므로 피고인에 대하여 공무상비밀표시무효죄의 성립을 인정한 조치는 정당하고,

02 부동산강제집행효용침해

가. 형법

형법 제140조의2(부동산강제집행효용침해) 강제집행으로 명도 또는 인도된 부동산에 침입하거나 기타 방법으로 강제집행의 효용을 해한 자는 5년 이하의 징역 또는 700만원 이하의 벌금에 처한다.[본조신설 1995.12.29.]

나. 판례

대법원 2014. 1. 23. 선고 2013도38 판결

형법 제140조의2의 부동산강제집행효용침해죄는 강제집행으로 명도 또는 인도된 부동

산에 침입하거나 기타 방법으로 강제집행의 효용을 해함으로써 성립한다. 여기서 '기타 방법'이란 강제집행의 효용을 해할 수 있는 수단이나 방법에 해당하는 일체의 방해행위를 말하고, '강제집행의 효용을 해하는 것'이란 강제집행으로 명도 또는 인도된 부동산을 권리자가 그 용도에 따라 사용·수익하거나 권리행사를 하는 데 지장을 초래하는 일체의 침해행위를 말한다(대법원 2002. 11. 8. 선고 2002도4801 판결 참조).

대법원 2003. 5. 13. 선고 2001도3212 판결
부동산강제집행효용침해죄의 객체인 강제집행으로 명도 또는 인도된 부동산에는 강제집행으로 퇴거집행된 부동산을 포함한다고 해석된다.

03 공무상보관물의 무효

가. 형법

제142조(공무상 보관물의 무효) 공무소로부터 보관명령을 받거나 공무소의 명령으로 타인이 관리하는 자기의 물건을 손상 또는 은닉하거나 기타 방법으로 그 효용을 해한 자는 5년 이하의 징역 또는 700만원 이하의 벌금에 처한다. <개정 1995.12.29.>
제143조(미수범) 제140조 내지 전조의 미수범은 처벌한다.

나. 판례

대법원 1983. 7. 12. 선고 83도1405 판결
제3채무자는 채무자에 대한 채무의 지급을 하여서는 아니된다는 내용 등의 가압류결정 정본의 송달을 받은 것이 형법 제142조 소정의 공무소로부터 보관명령을 받은 경우에 해당한다고 할 수 없다.

대법원 1975. 5. 13. 선고 73도2555 판결
채무자가 채권가압류결정의 정본을 송달받고서 제3채무자에게 가압류된 돈을 지급하였어도 채권가압류결정의 송달을 받은 것이 형법 142조 소정의 공무상 보관명령이 있는 경우도 아니고 형법 140조 1항 소정의 강제처분의 표시가 있었다고 볼 수 없으니 공무상 보관물의 무효죄 또는 공무상 비밀표시무효죄가 성립하지 않는다.

04 업무방해

가. 형법

형법 제313조 (신용훼손) 허위의 사실을 유포하거나 기타 위계로써 사람의 신용을 훼손한 자는 5년 이하의 징역 또는 1천500만원 이하의 벌금에 처한다.<개정 1995.12.29>
형법 제314조 (업무방해) ①제313조의 방법 또는 위력으로써 사람의 업무를 방해한 자는 5년 이하의 징역 또는 1천500만원 이하의 벌금에 처한다.<개정 1995.12.29>
②컴퓨터등 정보처리장치 또는 전자기록등 특수매체기록을 손괴하거나 정보처리장치에 허위의 정보 또는 부정한 명령을 입력하거나 기타 방법으로 정보처리에 장애를 발생하게 하여 사람의 업무를 방해한 자도 제1항의 형과 같다.<신설 1995.12.29>

나. 해설

위계에 의한 업무방해죄에 있어서 위계라 함은 행위자의 행위목적을 달성하기 위하여 상대방에게 오인, 착각 또는 부지를 일으키게 하여 이를 이용하는 것을 말하는 것이고, 업무방해죄의 성립에는 업무방해의 결과가 실제로 발생함을 요하는 것이 아니고 업무방해의 결과를 초래할 위험이 발생하는 것이면 족하다.

유치권자가 허위유치권을 신고하고 목적물을 점유하는 과정에서 매수인의 공사나 영업을 방해한 경우에는 업무방해죄에 해당할 수 있다.

다. 판례

인천지방법원 부천지원 2009고약5103

「이 사건 건물의 4층 부분을 제외한 전층에 대하여 ㅇㅇ증권금융과 ㅇㅇ건설에서 경락을 받아 법원으로부터 인도명령을 받고 ㅇㅇ법률사무소에서 위 건물을 관리하여 오던 중, 피의자는 2009. 2. 17.경 위 법원의 인도명령에 9층이 빠졌음을 이유로 9층의 소유권을 주장하며 이 사건 건물 1층 출입구 현관에 정당한 권한없이 시정장치를 하여 위력으로써 위 ㅇㅇ법률사무소의 건물관리업무를 방해한 것이다.」 이에 법원은 벌금 100만원의 약식명령을 발령하였다

제주지방법원 2015. 6. 26. 선고 2015고단198 업무방해
〈경매로 낙찰 받은 펜션 출입구를 막아 업무방해 인정 사례〉

> 1. 피고인은 2014. 8. 27. 09:30경부터 같은 날 10:00경까지 위 B 펜션에서, 위 통행로에 피고인 소유의 승용차와 모터보트를 세워두어 위 A 펜션을 이용하는 손님들이 출입을 못하게 하는 등 위력으로 피해자의 펜션영업 업무를 방해하였다.
> 2. 피고인은 2014. 10. 28. 14:00경 위 통행로에 구덩이를 파고 철제 빔을 설치하여 위 A 펜션을 이용하는 손님들이 출입을 못하게 하는 등 위력으로 피해자의 펜션영업 업무를 방해하였다.

대법원 1989. 3. 28. 선고 89도110 판결

형법 제314조 (업무방해죄)가 정하는 "업무"라 함은 직업 또는 계속적으로 종사하는 사무나 사업을 말한다 할 것이므로 원심이 확정한 바와 같이 피고인이 피해자가 하는 담장공사를 일시적으로 방해한 것에 불과하다면 그 담장공사를 가리켜 위에 본 "업무"라고는 할 수 없다 할 것이다(당원 1985.4.9. 선고 84도300 판결 참조).

그리고 피해자가 피고인과의 사이에 이 사건 토지에 관하여 2년여에 걸친 재판 끝에 그 토지가 피해자의 소유로 확정되었다 하여 위 담장공사 자체가 "업무" 또는 그와 밀접한 부수적인 업무가 되는 것이 아니다.

대법원 1989. 9. 12. 선고 88도1752 판결

업무방해죄에 있어서의 '업무'라 함은 사람이 그 사회생활상의 지위에 기하여 계속적으로 종사하는 사무나 사업을 의미하는 것으로서, 주된 업무뿐만 아니라 이와 밀접 불가분한 관계에 있는 부수적인 업무도 포함되는 것이지만, 계속하여 행하는 사무가 아닌 공장의 이전과 같은 일회적인 사무는 업무방해죄의 객체가 되는 '업무'에 해당되지 않는다.

대법원 2004. 8. 30. 선고 2004도46 판결

피해자로부터 수급한 건물신축공사의 추가공사대금 16억 원을 지급받지 못하였다는 이유로, 신축 건물 1층의 일부 출입문들을 쇠사슬로 채워 피해자가 보낸 작업 인부들이 출입하지 못하게 함으로써 위력으로 피해자의 내장공사를 방해하고, 그 외에도 7, 8명의 부하 직원들을 동원하여 총 7회에 걸쳐 위력으로 피해자의 내장공사나 하자보수공사를 방해한 행위에 대하여 형법상 업무방해죄에 해당한다고 판단하였다.

대법원 2009. 9. 24. 선고 2007도6185 판결

피고인 3이 종전부터 알고 지내던 공소외 3이 운영하던 정비사업전문관리업자인 공소외 2 주식회사를 00구역 주택재개발사업의 정비사업체로 선정되게 할 목적으로 정비사업체 선정을 위한 00구역 추진위원회 회의에서 추진위원들에게 선정대상업체인 공소외 2 주식회사와 경쟁업체인 공소외 4 주식회사를 비교 설명하면서 공소외 4 주식회사의 사업실적을 실제보다 축소하여 허위로 고지하였던 사실을 인정하고, 피고인 3의 이러한 <u>허위 고지행위는 00구역 추진위원들로 하여금 공소외 4 주식회사의 사업실적에 관하여 오인케 하는 것으로서 위계에 해당하고</u>, 이로 인하여 <u>정비사업체 선정업무의 적정성 내지 공정성을 해할 위험이 이미 발생하였다</u>는 이유로 피고인 3에 대하여 업무방해죄의 성립을 인정하였는바, 이러한 원심판단은 정당하다.

05 경매 입찰 방해

가. 형법

제315조(경매, 입찰의 방해) 위계 또는 위력 기타 방법으로 경매 또는 입찰의 공정을 해한 자는 2년 이하의 징역 또는 700만원 이하의 벌금에 처한다.<개정 1995.12.29.>

나. 해설

경매·입찰방해죄(競賣·入札妨害罪)란 위계 또는 위력 기타 방법으로 경매 또는 입찰의 공정을 해함으로써 성립하는 범죄를 말한다(형법 제315조).

유치권자가 공사대금채권이 없음에도 불구하고 허위로 공사대금채권이 있다고 주장하거나, 자신의 공사대금을 부풀려 주장한 경우에도 형법상 경매입찰방해죄가 성립한다.

범죄행위가 법원경매업무를 담당하는 집행관의 구체적인 직무집행을 저지하거나 현실적으로 곤란하게 하는 데까지는 이르지 않고 입찰의 공정을 해하는 정도의 행위라면 형법 제315조의 경매·입찰방해죄에만 해당될 뿐, 형법 제137조의 위계에 의한 공무집행방해죄에는 해당되지 않는다(대법원 2000. 3. 24. 선고 2000도102 판결).

다. 판례

(1) 유치권 관련 경매방해죄

대구지방법원 2017. 9. 26. 선고 2017고단2845 판결

대구지방법원 2016타경8480호

피고인이 명의상 대표이사를 통해 경매법원에 공사대금액수를 부풀린 유치권신고서를 제출(신고액 240,026,000원, 실제 채권액 109,436,125원)하게 하여 위계의 방법으로 경매의 공정을 해한 사안에서, 본건 매각목적물에 대한 감정평가액은 당초 약 9억 5,130만 원이었는데, 2차례 유찰된 끝에 6억 7,200만 원에 매각된 점, 본건 범행은 사법부의 공정한 경매 업무를 해치는 것일 뿐만 아니라, 채권자·임차인·근저당권자와 매각을 받은 자 등 이해관계인에게 손해는 입히는 행위로서 그 죄책이 가볍지 않은 점, 다만 뒤늦게나마 경매절차 진행 중에 유치권변경신고를 통해 자신의 잘못을 바로잡기 위해 노력하였던 점을 감안하여 피고인에게 경매방해죄로 징역 6월, 집행유예 2년을 선고한 사안

울산지방법원 2016. 6. 21. 선고 2015고단3199 판결
〈경매 아파트 허위 유치권 신고 및 사문서 위조 등 사건〉

피고인들은 경매 아파트에 대해 유치권을 신청하여 경매가액이 하락하면 경락을 받아 분양하여 이익을 나누기로 공모하고, 자격을 모용하여 유치권을 인정한다는 내용의 '공사대금 승계 및 유치권 인낙서'를 작성하고, 이를 법원에 제출하여 행사한 사안에서, 경매절차에서 허위 유치권신고를 하여 범행의 죄질이 불량하나, 피고인 A는 유치권 신고 후 이를 바로잡는 조치를 하였고, 채무자겸 소유자가 피고인들의 처벌을 원하지 않는 점을 고려하여, 피고인 A는 징역 10개월에 집행유예 2년을, 피고인 B는 징역 8개월에 집행유예 2년을 선고한 사례

울산지방법원 2013. 7. 4. 선고 2013고정256 경매방해

변호사 사무실 직원 자문을 받았다 하더라도 허위유치권 신고는 경매방해죄에 해당한다고 본 사례(벌금 200만 원)

피고인은 2011. 8. 5. 변호사사무실 직원을 통하여 울산지방법원에 위 경매사건에 관하여 "00이 2011. 8. 2.경 **의 위임을 받은 &&로부터 이 사건 토지에 대한 공장건물 신축 및 부지 조성 공사를 도급받아 공사에 착수하였음에도 불구하고 그 선수금을 받지 못하여 위 토지를 점유하면서 유치권을 행사하고 있다"라는 내용의 유치권 신고서를 제출하였다. 그러나 사실은 당시 00는 이 사건 토지에 대한 공장건물 신축 및 부지 조성 공사에 착수한 사실이 없었고, 이 사건 토지를 점유하고 있지도 아니하였다. 이로써 피고인은 위 **과 공모하여 위계의 방법으로 경매의 공정을 해하였다.

대법원 2008. 2. 1. 선고 2007도6062 판결

건물에 관한 미지급 공사대금 5,500만 원의 채권을 보유하고 있던 중 이를 당초 약정에 따라 이 사건 건물 중 2층에 관한 임대차보증금 채권으로 이미 갈음하였음에도, 허위의 유치권을 신고하려는 피고인의 요청으로 공사도급계약서에 추가 기재를 하고 추가공사 확인서 등을 조작한 사례에서, 허위의 채권을 가장하여 유치권 신고를 함으로써 위계의 방법으로 경매의 공정을 해하였다는 이유로 경매방해죄의 유죄를 인정하고 있다.

대법원 2007. 4. 12. 선고 2007도654 판결

건물에 관한 채권을 가지고 있었다고 하더라도 유치권을 취득하기 위하여 정당한 법적 절차가 아닌 불법적인 방법으로 건물을 점거하는 것까지 허용될 수는 없다고 하여 주거침입죄로 의율하면서, 아울러, 유치권을 이유로 한 피고인의 형법상 정당행위주장을 배척하였다.

(2) 기타 경매방해죄

인천지방법원 부천지원 2001. 5. 18. 선고 2001고단23 판결

경매의 목적이 된 주택의 실질적 소유자인 피고인이 전처 명의로 허위임대차계약서를 작성하고 이를 첨부하여 경매법원에 전처가 주택임대차보호법상 대항력 있는 주택임차인인 것처럼 권리신고를 하였다면 대항력 있는 주택임차인의 외관을 갖추고 그 사실을 권리신고를 통하여 입찰참가인에게 나타내어 그 보증금액만큼 입찰가를 저감시킴으로써 공정한 경매를 방해한 것이므로, 형법 제315조의 위계의 방법에 의한 경매방해죄가 성립한다. 경매의 목적이 된 주택의 실질적 소유자인 피고인이 전처 명의로 허위임대차계약서를 작성하고 이를 첨부하여 경매법원에 전처가 주택임대차보호법상 대항력 있는 주택임차인인 것처럼 권리신고를 하였다면 대항력 있는 주택임차인의 외관을 갖추고 그 사실을 권리신고를 통하여 입찰참가인에게 나타내어 그 보증금액만큼 입찰가를 저감시킴으로써 공정한 경매를 방해한 것이므로, 형법 제315조 의 위계의 방법에 의한 경매방해죄가 성립한다.

대법원 1990. 10. 30. 선고 90도2022 판결

피고인들이 공모하여 경매신청에 나서려는 성명불상의 2, 3인의 사람들을 경매법정 밖으로 밀어내어 공소외인이 단독으로 경매절차에 참여토록 하였으면 경매방해죄가 성립되는 것이고 원심법원이 경매를 방해한 자 중 피고인들 이외의 자들이나 경매신청에 나서려는 사람들이 구체적으로 누구라고 밝히지 아니하였고, 위 성명불상의 사람들이 실제로 경매에 응찰하려고 착수하였는지 등을 심리하여 밝히지 아니하였다고 하여 범죄사실이 특정되지 아니하였다거나 경매방해의 법리를 오해한 위법이 있다고 할 수 없다.

헌법재판소 2015. 10. 21. 자 2014헌바59 결정

경매방해죄의 보호법익은 경매의 공정성으로서, 여기서 '경매'란 매도인이 매수하려는 다수인으로 하여금 매수할 가격을 구두로써 다투어 높여 부르게 하고 최고가액의 청약자에게 승낙을 하여 매매를 하는 것을 말하고, '경매의 공정'은 경매에서 적정한 가격이 형성되도록 하는 공정한 자유경쟁을 말하며, '공정을 해한다'는 것은 이러한 자유경쟁이 방해될 염려가 있는 상태를 발생시키는 것을 의미한다. 따라서 심판대상조항은 위와 같이 합리적으로 해석할 수 있으므로, 죄형법정주의 명확성원칙에 위배되지 아니한다.

대법원 1976. 4. 13. 선고 75도784 판결

경매방해죄는 위계 또는 위력 기타 방법으로 경매의 공정을 해하는 행위가 있으면 즉시 기수가 되고 행위의 결과 현실적으로 경매의 공정이 행하여지는 것을 필요로 하지 않는 추상적 위태범이다.

06 주거침입

가. 형법

제319조(주거침입, 퇴거불응) ①사람의 주거, 관리하는 건조물, 선박이나 항공기 또는 점유하는 방실에 침입한 자는 3년 이하의 징역 또는 500만원 이하의 벌금에 처한다. <개정 1995.12.29.>

②전항의 장소에서 퇴거요구를 받고 응하지 아니한 자도 전항의 형과 같다.

나. 판례

대법원 2017. 9. 7. 선고 2017도9999 판결

집행관이 집행채권자 甲 조합 소유 아파트에서 유치권을 주장하는 피고인을 상대로 부동산인도집행을 실시하자, 피고인이 이에 불만을 갖고 아파트 출입문과 잠금 장치를 훼손하며 강제로 개방하고 아파트에 들어갔다고 하여 재물손괴 및 건조물침입으로 기소된 사안에서, 점유를 실력에 의하여 탈환한 피고인의 행위가 민법상 자력구제에 해당하지 않는다고 보아 유죄를 인정한 원심판단을 수긍한 사례

대법원 1984. 4. 24. 선고 83도1429 판결

근저당권설정등기가 되어 있지 아니한 별개 독립의 이 사건 건물이 근저당권의 목적으로 된 대지 및 건물과 일괄하여 경매된 경우 이 사건 건물에 대한 경락허가결정이 당연 무효라고 하더라도 이에 기한 인도명령에 의한 집행으로서 일단 이 사건 건물의 점유가 경락인에게 이전된 이상 이 사건 건물의 소유자인 피고인이 위 무효인 인도집행에 반하여 위 건물에 들어간 경우에도 주거침입죄는 성립한다.

대법원 2012. 5. 24. 선고 2010도9963 판결
건조물침입죄는 사실상의 주거의 평온을 그 보호법익으로 하는 것이므로, 사람이 관리하는 건조물에 그 관리자의 명시적·묵시적 의사에 반하여 들어가는 경우에는 건조물침입죄가 성립한다(대법원 1996. 5. 10. 선고 96도419 판결, 대법원 2008. 11. 13. 선고 2006도755 판결 등 참조).

07 권리행사방해

가. 형법

제323조(권리행사방해) 타인의 점유 또는 권리의 목적이 된 자기의 물건 또는 전자기록 등 특수매체기록을 취거, 은닉 또는 손괴하여 타인의 권리행사를 방해한 자는 5년 이하의 징역 또는 700만원 이하의 벌금에 처한다. <개정 1995.12.29.>

나. 판례

대법원 2017. 5. 17. 선고 2017도2230 판결
형법 제323조의 권리행사방해죄는 타인의 점유 또는 권리의 목적이 된 자기의 물건 또는 전자기록 등 특수매체기록을 취거, 은닉 또는 손괴하여 타인의 권리행사를 방해함으로써 성립한다. 여기서 '은닉'이란 타인의 점유 또는 권리의 목적이 된 자기 물건 등의 소재를 발견하기 불가능하게 하거나 또는 현저히 곤란한 상태에 두는 것을 말하고, 그로 인하여 권리행사가 방해될 우려가 있는 상태에 이르면 권리행사방해죄가 성립하고 현실로 권리행사가 방해되었을 것까지 필요로 하는 것은 아니다.

대법원 2010. 2. 25. 선고 2009도5064 판결

형법 제323조의 권리행사방해죄는 타인의 점유 또는 권리의 목적이 된 '자기의 물건'을 취거, 은닉 또는 손괴하여 타인의 권리행사를 방해함으로써 성립하는 것이므로, 그 취거, 은닉 또는 손괴한 물건이 '자기의 물건'이 아니라면 권리행사방해죄가 성립할 여지가 없다.

대법원 2011. 5. 13. 선고 2011도2368 판결[권리행사방해]

형법 제323조의 권리행사방해죄에 있어서의 타인의 점유라 함은 권원으로 인한 점유, 즉 정당한 원인에 기하여 물건을 점유하는 것을 의미하지만, 반드시 본권에 기한 점유만을 말하는 것이 아니라 유치권 등에 기한 점유도 여기에 해당한다.

갑 종합건설회사가 유치권 행사를 위하여 점유하고 있던 주택에 피고인이 그 소유자인 처(처)와 함께 출입문 용접을 해제하고 들어가 거주한 사안에서, 유치권자인 갑 회사의 권리행사를 방해하였다고 보아 형법 제323조의 권리행사방해죄의 유죄를 인정한 원심 판단을 수긍한 사례

대법원 2003. 11. 28. 선고 2003도4257 판결

무효인 경매절차에서 경매목적물을 경락받아 이를 점유하고 있는 낙찰자의 점유는 적법한 점유로서 그 점유자는 권리행사방해죄에 있어서의 타인의 물건을 점유하고 있는 자라고 할 것이다. 임의경매절차에서 건물을 낙찰받아 낙찰대금을 완납하고 점유를 개시하였으나, 사후에 임의경매의 근거가 된 근저당권이 소멸한 것으로 밝혀져 위 경매개시결정이 위법하다고 판정됨으로써 그 소유권을 취득하지 못하게 되었더라도 낙찰인은 위 건물에 대하여 평온하게 점유권을 취득하여 사실상의 점유 상태에 있었다고 할

것이므로 이러한 낙찰인의 점유를 자력으로 침해하였다면 형법 제323조 소정의 권리행사방해죄가 성립함에도 불구하고 무죄를 선고한 원심판결을 파기한 사례

의정부지방법원 2004. 5. 10. 선고 2003노120 판결

임의경매절차에서 임야를 낙찰받았다는 사정만으로 그 임야 위에 식재된 수목에 관하여 형법 제323조가 규정한 '점유' 또는 '권리'를 취득하였다고 볼 수 없어 <u>부동산의 소유자인 피고인이 그 위에 식재된 수목을 캐내어 갔다고 하더라도 위 낙찰자에 대한 권리행사방해죄가 성립하지 않는다</u>고 한 사례

인천지방법원 2011. 4. 1. 선고 2010고단1640 판결

피고인은 피해자 00주식회사가 피고인 소유인 경기 부천시 00동 제00호에 대하여 유치권을 행사하면서 점유하고 있음에도 불구하고 2010. 4. 30. 23:00경 위 00 제00호에서 출입문 시정 장치를 훼손하고 무인경비시스템의 전원을 차단한 다음, 같은 해 6. 말경 박00에게 위 00 제00호를 임대하여 위 박00로 하여금 계속 점유하면서 영업하게 함으로써 피해자의 권리행사를 방해하였다. 이로써 피고인은 피해자가 유치권을 행사하면서 점유하고 있는 물건을 피고인의 점유로 옮겨 피해자의 권리행사를 방해하였다.

08 강제집행면탈

가. 형법

제327조(강제집행면탈) 강제집행을 면할 목적으로 재산을 은닉, 손괴, 허위양도 또는 허위의 채무를 부담하여 채권자를 해한 자는 3년 이하의 징역 또는 1천만원 이하의 벌금에 처한다. <개정 1995.12.29.>

나. 판례

대법원 2017. 4. 26. 선고 2016도19982 판결

형법 제327조는 "강제집행을 면할 목적으로 재산을 은닉, 손괴, 허위양도 또는 허위의 채무를 부담하여 채권자를 해한 자"를 처벌한다고 규정하고 있다. <u>강제집행면탈죄는 강제집행이 임박한 채권자의 권리를 보호하기 위한 것</u>이므로, 강제집행면탈죄의 객체는 채무자의 재산 중에서 채권자가 민사집행법상 강제집행 또는 보전처분의 대상으로 삼을 수 있는 것이어야 한다.

대법원 2015. 9. 15. 선고 2015도9883 판결

강제집행면탈죄는 국가의 강제집행권이 발동될 단계에 있는 채권자의 권리를 보호하기 위한 범죄로서, 여기서의 강제집행에는 광의의 강제집행인 의사의 진술에 갈음하는 판결의 강제집행도 포함되고, 강제집행면탈죄의 성립요건으로서의 채권자의 권리와 행위의 객체인 재산은 국가의 강제집행권이 발동될 수 있으면 충분하다.

대법원 2015. 3. 26. 선고 2014도14909 판결

형법 제327조의 강제집행면탈죄가 적용되는 강제집행은 민사집행법 제2편의 적용 대상인 '강제집행' 또는 가압류·가처분 등의 집행을 가리키는 것이고, 민사집행법 제3편의 적용 대상인 '담보권 실행 등을 위한 경매'를 면탈할 목적으로 재산을 은닉하는 등의 행위는 위 죄의 규율 대상에 포함되지 않는다.

대법원 2014. 6. 12. 선고 2012도2732 판결

형법 제327조에 규정된 강제집행면탈죄에서 재산의 '은닉'이란 강제집행을 실시하는 자에 대하여 재산의 발견을 불능 또는 곤란케 하는 것을 말하는 것으로서, 재산의 소재를 불명케 하는 경우는 물론 그 소유관계를 불명하게 하는 경우도 포함하나, 채무자가 제3자 명의로 되어 있던 사업자등록을 또 다른 제3자 명의로 변경하였다는 사정만으로는 그 변경이 채권자의 입장에서 볼 때 사업장 내 유체동산에 관한 소유관계를 종전보다 더 불명하게 하여 채권자에게 손해를 입게 할 위험성을 야기한다고 단정할 수 없다.

대법원 2012. 6. 28. 선고 2012도3999 판결

형법 제327조의 강제집행면탈죄는 위태범으로서 현실적으로 민사소송법에 의한 강제집행 또는 가압류·가처분의 집행을 받을 우려가 있는 객관적인 상태 아래, 즉 채권자가 본안 또는 보전소송을 제기하거나 제기할 태세를 보이고 있는 상태에서 주관적으로 강제집행을 면탈하려는 목적으로 재산을 은닉, 손괴, 허위양도하거나 허위의 채무를 부담하여 채권자를 해할 위험이 있으면 성립하고, 반드시 채권자를 해하는 결과가 야기되거나 행위자가 어떤 이득을 취하여야 범죄가 성립하는 것은 아니다.

대법원 2011. 7. 28. 선고 2011도6115 판결

피해자 甲은 乙의 채권자로서 乙이 丙소유 부동산 경매사건에서 지급받을 배당금 채권의 일부에 가압류를 해 두었는데, 乙사망 후 피고인과 丙, 乙의 상속인 등이 공모하여 丙

의 乙에 대한 채무가 완제된 것처럼 허위의 채무완제확인서를 작성하여 법원에 제출하는 등의 방법으로 매각허가 결정된 丙소유 부동산의 경매를 취소하였다는 내용으로 기소된 사안에서, 乙의 상속인들이 丙소유 부동산의 경매절차에서 배당받을 배당금지급채권은 강제집행면탈죄의 객체인 '재산'에 해당하고, 피고인 등이 丙의 乙에 대한 채권이 완제된 것처럼 가장하여 乙의 상속인 등을 상대로 청구이의의 소를 제기하고 그 판결에 기하여 강제집행정지 및 경매취소에 이르게 한 행위는 소유관계를 불명하게 하는 방법에 의한 '재산의 은닉'에 해당한다는 이유로, 피고인에게 강제집행면탈죄를 인정한 원심판단을 수긍한 사례.

 사기

가. 형법

제347조(사기) ① 사람을 기망하여 재물의 교부를 받거나 재산상의 이익을 취득한 자는 10년 이하의 징역 또는 2천만원 이하의 벌금에 처한다. <개정 1995.12.29.>
② 전항의 방법으로 제삼자로 하여금 재물의 교부를 받게 하거나 재산상의 이익을 취득하게 한 때에도 전항의 형과 같다.

나. 판례

(1) 유치권 관련 사기죄

대법원은 유치권허위신고만으로는 사기죄가 안 되나, 허위유치권(과대유치권)에 기한 경매신청은 사기죄가 된다고 한다.

즉, 대법원은 "원심은, 부동산 경매절차에서 피고인들이 허위로 유치권을 신고한 사실을 기초로 하고, 법원을 피기망자 겸 처분행위자로 구성하여 소송사기 미수죄로 기소된 이 사건 공소사실에 대하여, 유치권자가 경매절차에서 유치권을 신고하는 경우 법원은 이를 매각물건명세서에 기재하고 그 내용을 매각기일공고에 적시하나, 이는 경매목적물에 대하여 유치권 신고가 있음을 입찰예정자들에게 고지하는 것에 불과할 뿐 처분행위로 볼 수는 없고, 또한 유치권자는 권리신고 후 이해관계인으로서 경매절차에서 이의신청권 등 몇 가지 권리를 얻게 되지만 이는 법률의 규정에 따른 것으로서 재물 또는 재산상 이득을 취득하는 것으로 볼 수도 없다는 점을 근거로 들어, 허위 공사대금채권을 근거로 유치권 신고를 하였더라도 이를 소송사기 실행의 착수가 있다고 볼 수는 없다는 이유로, 피고인들에 대한 이 부분 공소사실을 무죄로 판단한 제1심의 결론을 그대로 유지하였다. 위 관련 법리와 부동산 경매절차에서 유치권자의 지위 등을 종합하여 보면, 원심의 위와 같은 판단은 정당하다."고 판시하였다(대법원 2009. 9. 24. 선고 2009도5900 판결).

그러나 이와 달리 피담보채권인 공사대금 채권을 실제와 달리 허위로 부풀려 유치권에 의한 경매를 신청한 사안에서는, "유치권에 의한 경매를 신청한 유치권자는 일반채권자와 마찬가지로 피담보채권액에 기초하여 배당을 받게 되는 결과 피담보채권인 공사대금 채권을 실제와 달리 허위로 크게 부풀려 유치권에 의한 경매를 신청한 경우 정당한 채권액에 의하여 경매를 신청한 경우보다 더 많은 배당금을 받을 수도 있으므로, 이는 법원을 기망하여 배당이라는 법원의 처분행위에 의하여 재산상 이익을 취득하려는 행위로서 소송사기의 실행의 착수에 해당한다."고 판시하여 사기죄 성립을 인정하였다 (대법원 2012. 11. 15. 선고 2012도9603 판결).

(2) 기타 사기죄 성립사례

대법원 2017. 6. 19. 선고 2013도564 판결

[2] 근저당권자가 집행법원을 기망하여 원인무효이거나 피담보채권이 존재하지 않는 근저당권에 기해 채무자 또는 물상보증인 소유의 부동산에 대하여 임의경매신청을 함으로써 경매절차가 진행된 결과 부동산이 매각되었더라도 그 경매절차는 무효로서 채무자나 물상보증인은 부동산의 소유권을 잃지 않고, 매수인은 부동산의 소유권을 취득할 수 없다.

이러한 경우에 허위의 근저당권자가 매각대금에 대한 배당절차에서 배당금을 지급받기에 이르렀다면 집행법원의 배당표 작성과 이에 따른 배당금 교부행위는 매수인에 대한 관계에서 그의 재산을 처분하여 직접 재산상 손해를 야기하는 행위로서 매수인의 처분행위에 갈음하는 내용과 효력을 가진다.

[3] 피고인이 피해자 갑에 대한 대여금 채권이 없음에도 갑 명의의 차용증을 허위로 작성하고 갑 소유의 부동산에 관하여 피고인 앞으로 근저당권설정등기를 마친 다음, 그에 기하여 부동산임의경매를 신청하여 배당금을 교부받아 편취하였다는 내용으로 기소된 사안에서, 공소사실과 동일성이 인정되고 피고인의 방어권 행사에 불이익을 주지 않는 이상 피해자가 공소장에 기재된 갑이 아니라고 하여 곧바로 피고인에게 무죄를 선고할 것이 아니라 진정한 피해자를 가려내어 그 피해자에 대한 사기죄로 처벌하여야 하고, 공소사실에 따른 실제 피해자는 부동산 매수인 을이므로 을에 대한 관계에서 사기죄가 성립함에도, 이와 달리 진정한 피해자가 누구인지를 가려내지 않은 채 공소사실을 무죄로 판단한 원심판결에 사기죄의 처분행위, 공소사실의 동일성과 심판 범위에 관한 법리

오해의 잘못이 있다고 한 사례

대법원 2009. 7. 9. 선고 2009도295 판결
근저당권자의 대리인인 피고인이 채무자 겸 소유자인 피해자를 대리하여 경매개시결정 정본을 받을 권한이 없음에도, 경매개시결정 정본 등 서류의 수령을 피고인에게 위임한다는 내용의 피해자 명의의 위임장을 위조하여 법원에 제출하는 방법으로 경매개시결정 정본을 교부받은 사안에서, 위 행위는 사회통념상 도저히 용인될 수 없으므로 비록 근저당권이 유효하다고 하더라도 사기죄의 기망행위에 해당한다고 한 사례.

대법원 2009. 7. 9. 선고 2009도295 판결
임대인이 임대차계약을 체결하면서 임차인에게 임대목적물이 경매진행중인 사실을 알리지 아니한 경우, 임차인이 등기부를 확인 또는 열람하는 것이 가능하더라도 사기죄가 성립한다고 본 사례.

울산지방법원 2017. 6. 14. 선고 2016고단4222 경매방해, 사기미수
<허위의 임대차계약서와 허위의 전입신고 서류를 작성하여 경매를 방해하고 금액을 편취하려고 하였으나 미수에 그친 사건>
이 사건 주택에 거주한 진실한 임차인이 아님에도 불구하고 허위의 임대차계약서와 허위의 전입신고 서류를 작성하고 이를 위 경매절차에 제출하여 소액임차인으로 우선변제권을 행사하기로 공모하고, 이를 바탕으로 허위의 임대차계약서를 작성하여 배당철차에서 소액임차인으로 임대차보증금 14,000,000원의 우선 변제권을 주장하는 권리신고 및 배당요구 신청을 하는 방법으로 경매를 방해하며, 동액을 편취하려고 하였으나 미수에 그친 사건.

10 부당이득

가. 형법

제349조(부당이득) ①사람의 궁박한 상태를 이용하여 현저하게 부당한 이익을 취득한 자는 3년 이하의 징역 또는 1천만원 이하의 벌금에 처한다. <개정 1995.12.29.>
②전항의 방법으로 제삼자로 하여금 부당한 이익을 취득하게 한 때에도 전항의 형과 같다.

나. 판례

대법원 2010. 5. 27. 선고 2010도778 판결

형법상 부당이득죄에 있어서 궁박이라 함은 '급박한 곤궁'을 의미하고, '현저하게 부당한 이익의 취득'이라 함은 단순히 시가와 이익과의 배율로만 판단할 것이 아니라 구체적·개별적 사안에 있어서 일반인의 사회통념에 따라 결정하여야 하는 것으로서, 피해자가 궁박한 상태에 있었는지 여부 및 급부와 반대급부 사이에 현저히 부당한 불균형이 존재하는지 여부는 거래당사자의 신분과 상호 간의 관계, 피해자가 처한 상황의 절박성의 정도, 계약의 체결을 둘러싼 협상과정 및 거래를 통한 피해자의 이익, 피해자가 그 거래를 통해 추구하고자 한 목적을 달성하기 위한 다른 적절한 대안의 존재 여부, 피고인에게 피해자와 거래하여야 할 신의칙상 의무가 있는지 여부 등 여러 상황을 종합하여 구체적으로 판단하되, 특히 우리 헌법이 규정하고 있는 자유시장경제질서와 여기에서 파생되는 사적 계약자유의 원칙을 고려하여 그 범죄의 성립을 인정함에 있어서는 신중을 요한다(대법원 2005. 4. 15. 선고 2004도1246 판결, 대법원 2009. 1. 15. 선고 2008도1246 판결 등 참조).

한편, 개발사업 등이 추진되는 사업부지 중 일부의 매매와 관련된 이른바 '알박기' 사건에서 부당이득죄의 성립 여부가 문제되는 경우에도 위와 같은 여러 상황을 종합하여 구체적으로 판단하되, <u>그 범죄의 성립을 인정하기 위하여는 피고인이 피해자의 개발사업 등이 추진되는 상황을 미리 알고 그 사업부지 내의 부동산을 매수한 경우이거나 피해자에게 협조할 듯한 태도를 취하여 사업을 추진하도록 한 후에 협조를 거부하는 경우 등과 같이 피해자가 궁박한 상태에 빠지게 된 데에 피고인이 적극적으로 원인을 제공하였거나 상당한 책임을 부담하는 정도에 이르러야 한다</u>(대법원 2009. 1. 15. 선고 2008도8577 판결 참조).

서울중앙지방법원 2004. 2. 17. 선고 2004노412 판결

형법상 부당이득죄에 있어서 현저하게 부당한 이익인지 여부를 판단함에 있어서는 단순히 시가와 이익 사이의 배율로만 판단할 것은 아니고, 이익 자체의 절대적인 액수도 고려하여야 할 것인바, 피고인은 주택조합이 피고인 소유의 ○○아파트단지를 건축하려는 사정을 알고는 낙찰허가결정까지 이루어진 위 부동산을 공범들로부터 자금을 끌어들여 경매를 취소시킨 후 이를 조합에 되팔아 이익을 분배하기로 공모한 다음 조합에 거액을 요구하며 협상을 끌다가 결국 사업승인신청이 반려될 위기에 놓인 조합의 궁박한 상태를 이용하여 시가 14억 7,000만 원 상당의 부동산을 32억 6,000만 원에 매도함으로써 그 차액 상당의 현저하게 부당한 이익을 취득한 것이라고 보아 부당이득죄의 성립을 인정한 사례.

11 공갈

가. 형법

제350조(공갈) ①사람을 공갈하여 재물의 교부를 받거나 재산상의 이익을 취득한 자는 10년 이하의 징역 또는 2천만원 이하의 벌금에 처한다. <개정 1995.12.29.>
②전항의 방법으로 제삼자로 하여금 재물의 교부를 받게 하거나 재산상의 이익을 취득하게 한 때에도 전항의 형과 같다.

나. 판례

대법원 2013. 9. 13. 선고 2013도6809 판결
공갈죄의 수단으로서의 협박은 사람의 의사결정의 자유를 제한하거나 의사실행의 자유를 방해할 정도로 겁을 먹게 할 만한 해악을 고지하는 것을 말하고, 해악의 고지는 반드시 명시의 방법에 의할 것을 요하지 않고 언어나 거동에 의하여 상대방으로 하여금 어떠한 해악에 이르게 할 것이라는 인식을 가지게 하는 것이면 족하며, 이러한 해악의 고지가 비록 정당한 권리의 실현 수단으로 사용된 경우라고 하여도 그 권리실현의 수단·방법이 사회통념상 허용되는 정도나 범위를 넘는다면 공갈죄의 실행에 착수한 것으로 보아야 하고, 여기서 어떠한 행위가 구체적으로 사회통념상 허용되는 정도나 범위를 넘는 것인지는 그 행위의 주관적인 측면과 객관적인 측면, 즉 추구된 목적과 선택된 수단을 전체적으로 종합하여 판단하여야 한다(대법원 1995. 3. 10. 선고 94도2422 판결 참조).

⑫ 재물손괴

가. 형법

제366조(재물손괴등) 타인의 재물, 문서 또는 전자기록등 특수매체기록을 손괴 또는 은닉 기타 방법으로 기 효용을 해한 자는 3년이하의 징역 또는 700만원 이하의 벌금에 처한다. <개정 1995.12.29.>

나. 판례

대법원 2011. 1. 13. 선고 2010도5989 판결

'피고인은 주식회사 ㅁㅁ건설(이하 'ㅁㅁ건설'이라 한다) ■■팀 대리로 근무하는 자로서 2007. 5. 31. 14:00경 서울 ▨▨에 있는 피해자 소유의 아파트 000호(이하 '이 사건 아파트'라 한다)에 대한 공사대금 채권 확보를 위한 유치권 행사를 이유로 이 사건 아파트 출입문을 열 수 없도록 출입문 외부 6곳에 용접을 하는 등 손괴하여 그 효용을 해하였다.

대법원 2016. 11. 25. 선고 2016도9219 판결

재물손괴죄는 타인의 재물, 문서 또는 전자기록 등 특수매체기록을 손괴 또는 은닉 기타 방법으로 그 효용을 해한 경우에 성립한다(형법 제366조). 여기에서 손괴 또는 은닉 기타 방법으로 그 효용을 해하는 경우에는 물질적인 파괴행위로 물건 등을 본래의 목적에 사용할 수 없는 상태로 만드는 경우뿐만 아니라 일시적으로 물건 등의 구체적 역할을 할 수 없는 상태로 만들어 효용을 떨어뜨리는 경우도 포함된다. 따라서 자동문을 자동으로 작동하지 않고 수동으로만 개폐가 가능하게 하여 자동잠금장치로서 역할을 할 수 없도록 한 경우에도 재물손괴죄가 성립한다.

서울서부지법 2007. 7. 3. 선고 2007노433 판결

아파트 임차인이 대항력을 주장하면서 임의경매절차에서 이를 낙찰받은 매수인에 대하여 인도를 거절하던 중 매수인이 아파트 자물쇠를 임의로 교체하자 아파트에 대한 자신의 점유를 회복하는 과정에서 매수인 소유의 자물쇠를 손괴한 행위가 정당행위에 해당한다고 본 사례

13 경계침범

가. 형법

제370조(경계침범) 경계표를 손괴, 이동 또는 제거하거나 기타 방법으로 토지의 경계를 인식 불능하게 한 자는 3년 이하의 징역 또는 500만원 이하의 벌금에 처한다. <개정 1995.12.29.>

나. 판례

대법원 2010. 9. 9. 선고 2008도8973 판결

「형법」제370조의 경계침범죄는 토지의 경계에 관한 권리관계의 안정을 확보하여 사권을 보호하고 사회질서를 유지하려는 데 그 목적이 있는 것으로서, 단순히 경계표를 손괴, 이동 또는 제거하는 것만으로는 부족하고 위와 같은 행위나 기타 방법으로 토지의

경계를 인식불능하게 함으로써 비로소 성립된다 할 것인데, 여기에서 말하는 경계는 법률상의 정당한 경계인지 여부와는 상관없이 종래부터 경계로서 일반적으로 승인되어 왔거나 이해관계인들의 명시적 또는 묵시적 합의가 존재하는 등 어느 정도 객관적으로 통용되어 오던 사실상의 경계를 의미한다 할 것이므로, 설령 법률상의 정당한 경계를 침범하는 행위가 있었다 하더라도 그로 말미암아 위와 같은 토지의 사실상의 경계에 대한 인식불능의 결과가 발생하지 않는 한 경계침범죄가 성립하지 아니한다 할 것이다(대법원 1991. 9. 10. 선고 91도856 판결, 대법원 1992. 12. 8. 선고 92도1682 판결 등 참조).

대법원 1999. 4. 9. 선고 99도480 판결

[1] 형법 제370조에서 말하는 경계는 반드시 법률상의 정당한 경계를 말하는 것이 아니고 비록 법률상의 정당한 경계에 부합되지 아니하는 경계라고 하더라도 이해관계인들의 명시적 또는 묵시적 합의에 의하여 정하여진 것이면 이는 이 법조에서 말하는 경계라고 할 것이다.

[2] 형법 제370조에서 말하는 경계표는 그것이 어느 정도 객관적으로 통용되는 사실상의 경계를 표시하는 것이라면 영속적인 것이 아니고 일시적인 것이라도 이 죄의 객체에 해당한다.

14 변호사법 위반

가. 법률규정

변호사법 제109조(벌칙) 다음 각 호의 어느 하나에 해당하는 자는 7년 이하의 징역 또는 5천만원 이하의 벌금에 처한다. 이 경우 벌금과 징역은 병과(倂科)할 수 있다.

1. 변호사가 아니면서 금품·향응 또는 그 밖의 이익을 받거나 받을 것을 약속하고 또는 제3자에게 이를 공여하게 하거나 공여하게 할 것을 약속하고 다음 각 목의 사건에 관하여 감정·대리·중재·화해·청탁·법률상담 또는 법률관계 문서 작성, 그 밖의 법률사무를 취급하거나 이러한 행위를 알선한 자

   가. 소송 사건, 비송 사건, 가사 조정 또는 심판 사건

   나. 행정심판 또는 심사의 청구나 이의신청, 그 밖에 행정기관에 대한 불복신청 사건

   다. 수사기관에서 취급 중인 수사 사건

   라. 법령에 따라 설치된 조사기관에서 취급 중인 조사 사건

   마. 그 밖에 일반의 법률사건

2. 제33조 또는 제34조(제57조, 제58조의16 또는 제58조의30에 따라 준용되는 경우를 포함한다)를 위반한 자[전문개정 2008.3.28.]

나. 판례

대전지방법원 2013. 2. 21. 선고 2012고합275 변호사법위반

피고인은 2011. 4. 초순경 세종특별자치시 조치원읍에 있는 상호를 알 수 없는 식당에서, ◎◎◎가 대전지방법원 2010타경21542호 부동산임의경매 사건을 대리 입찰하여 주고 낙찰된 이후에 당해 경매 물건에 설정되어 있는 유치권을 해결해 주면 그 대가를 지불하겠다고 제의하자 이를 승낙하였다.

피고인은 2011. 6. 20. ◎◎◎를 대리하여 입찰에 참가하고, 2011. 7. 19. 위 경매 물건이 ◎◎◎ 명의로 낙찰되자 위 경매 물건에 관하여 ◎◎◎ 명의로 소유권이전등기가 경료되도록 도와주고, ◎◎◎로부터 그 수수료 명목으로 2011. 4. 7.경 피고인의 전처인 □□□ 명의의 동대전농협 비래동지점 자립예탁금통장 계좌로 100만 원을 송금받은 것을 비롯하여 별지 범죄일람표 기재와 같이 총 5회에 걸쳐 합계 1억 500만 원을 지급받아, 변호사가 아니면서 기타 일반 법률사무를 대리하여 주고 그 대가로 금품을 지급받았다.